율곡의 도덕실천 지향 인성교육론

이영경

경북대학교출판부

이영경 李永慶

경북대학교 사범대학 윤리교육과를 졸업하고 같은 대학원에서 석사와 박사 학위를 받았다. 현재 경북대학교 사범대학 윤리교육과 교수이며, 한국윤리교육학회 회장을 역임했다. 주요 저서로는 『한국사상과 마음의 윤리학』, 『율곡의 윤리사상』, 『다산의 윤리학』 등이 있으며, 논문으로는 「율곡의 심성론에 있어서 선악과 도덕의지의 문제」, 「퇴계 수양론의 윤리교육적 의미」, 「정약용의 선악론」 등이 있다.

경북대학교 학술총서 14

율곡의 도덕실천 지향 인성교육론

찍은 날 2024년 2월 6일 • **펴낸 날** 2024년 2월 20일
지은이 이영경 • **펴낸이** 홍원화 • **펴낸 곳** 경북대학교출판부
출판등록 1973년 10월 10일 ㉶97호 • **주소** 대구광역시 북구 대학로 80 • **전화** 053-950-3830
팩스 053-953-4692 • **이메일** press@knu.ac.kr • **홈페이지** www.knupress.com
ISBN 978-89-7180-626-5 93190

정가는 뒤표지에 있습니다. 파본은 바꾸어 드립니다.

이 저서는 〈2023년 경북대학교 학술총서 집필 및 출간지원사업〉의 재원으로 출간되었습니다.

머리말

'실상(實相)'

지금 우리 교육의 모습은 어떠한가?

한 고등학생의 부도덕한 행위를 보도하는 방송에서 인터뷰한 어느 시민의 외침,

"학교가 인성교육을 하지 못할 바에는 차라리 학교를 없애 버려라! 학생들이 학원 공부를 더 중요시하는데 학교가 무슨 필요가 있나!"

교육에 대한 그 거친 질타가 아직도 마음에 아프게 울리지만, 강고하게 굳어 버린 현재의 반(反)인성교육 체제에서 그분이 뿜어낸 절규는 공허하며, 무력하다는 것을 누구나 안다. 이것이 우리 교육의 실상(實相)이다. 입시교육에 매몰된 우리 교육의 실상 그 현전면목(現前面目)은 학생들이 좋은 인성을 함양하고, 행복한 삶을 영위하는 데 있어서 심각한 장애를 초래하는 것임을 의심하는 이들은 없을 것이다. 우리 모두는 이러한 교육의 문제점을 절감하면서도 이제는 멈출 수 없다는 듯이, 가속을 붙여 치달리고 있는 이 위험한 교육열차를 더욱 가열하게 몰아가고 있다.

인성 함양이나 가치로운 삶에 관한 지향을 사실상 포기한 이러한 교육을 우리가 기대하고 바라는 것은 물론 아니다. 그렇다면 좋은

인격을 형성하고 삶을 행복하게 영위할 수 있는 역량 함양이라는 교육 본령을 실현하기 위해서 무엇을, 어떻게 해야 할 것인가?

'수선(首善)'

참된 교육이란 어떤 것이며, 학교란 무엇인가?

조선의 교육 실상을 비판하며 개혁을 지향한 율곡(栗谷) 이이(李珥)의 외침,

"학교는 수선(首善)이다!"

율곡은 당시의 대학에 해당하는 성균관(成均館)의 본령이 '수선(首善)' 즉 '최고선'을 구현하는 데 있다고 규정하였다. 이는 대표적으로 성균관을 거론했을 뿐, 모든 학교가 바로 수선의 교육을 수행하는 곳임을 언명한 것이다. 수선으로서의 학교는 사람들이 품부한 선한 성품을 잘 발현할 수 있도록 함으로써 탁월한 선한 인성을 함양하는 전당(殿堂)이다. 선을 알고, 선을 실천할 수 있는 인격을 형성하는 교육 공동체가 바로 학교임을 율곡은 천명한 것이다.

그렇기에 율곡은 교육의 본령이 곧 '인성교육'에 있다는 철학에 입각하여, 교육과 삶의 문제를 고민하였다. 율곡이 진실되게 주장하고 수행한 도덕실천 지향의 인성교육은 참된 인간이 되는 길, 참된 인간으로 살아가는 길을 밝히는 교학(教學)이었다. 그러므로 그의 인성교육론은 인간으로서 지향해야 할 가장 아름다운 길에 대한 실천적 교육담론이었다고 할 수 있다.

'가야 할 길'

지금 우리 교육에서 절실한 과제는 가치롭고 행복한 삶을 영위할 수 있는 좋은 품성을 함양하기 위한 인성교육을 정립하고 실천하는 것이다. 본 서 『율곡의 도덕실천 지향 인성교육론』에서는 도덕실천적 명제를 본령으로 삼아 구축한 율곡의 인성교육 사상과 그 교육실천 철학을 각성하면서, 좋은 삶을 함께 누릴 수 있는 아름다운 인간을 위한 인성교육의 길로 나아가고자 하는 열망과 의지를 펼친다.

감사드립니다.

2023년 12월

복현(伏賢) 동산에서, 이영경

목 차

제2부 율곡의 인성교육에서 도덕실천의 동력(動力)과 인성 함양

제3부 율곡의 인성교육에서 수기(修己)·정가(正家)·치인(治人)의 도덕실천과 인성 함양

서언

유학(儒學)의 교학(教學)은 그 본질이 '인간'과 '인간다움' 그리고 '인간다운 삶'에 관한 문제에 있다고 할 것이다. 그렇기에 유학은 인간학이며, 윤리학이라고 할 수 있다. 인간학으로서의 유학, 윤리학으로서의 유학 공부의 본질을 구현해 나가는 실제적인 축은 '교육'에 있다. 즉 교육을 통해서 인간의 본질, 인간다움, 인간다운 삶을 논하고 깨우치고 실천하게 되는 것이다. 이 점에서 유학은 '교(教)'와 '학(學)'이 필수적으로 함께 수행되어야 하는 공부라고 할 수 있다.

유학이 집중하고 있는 핵심 가치 즉 인간다운 삶의 문제에 대해 생각하면, 유학의 정신과 본질은 '도덕실천'에 있다고 할 수 있다. 학행일치(學行一致), 도덕적 가치를 배우면 이를 행(行)으로 일관시켜야 한다는 점에서 유학의 인간다운 삶에 대한 공부 체계는 실천으로 귀결되어야 한다는 특성을 지닌다. 그런데 유학사상이 주류사상이었던 조선사회에서도 이와 같은 유학의 본령이 제대로 구현되지 않고 있었던 듯하다. 그렇기에 퇴계(退溪) 이황(李滉)도 당시의 유학자들이 공부하는 태도와 학교교육의 문제에 대해서 개탄한 바 있다. 이와 같은 문제의식은 퇴계만 가진 것은 아니었다. 특히 유학의 실천 문제, 사회태평의 문제에 각별하게 주목하면서 실제적인 개혁방안을 제시했던 율곡(栗谷) 이이(李珥, 1536~1584)는 교육의 문제에 지대한 관심을 가지고 그 해결을 적극적으로 모색한 교육실천적 노력을 전개했다.

율곡이 당시의 교육에 대해서 가진 문제의식의 핵심은 좋은 인성의 함양이라는 유학 본령의 구현 여부에 있었다. 즉 유학은 본질적으로 좋은 인성을 함양하는 공부임에도 불구하고 그러한 공부의 본질이 제대로 실현되지 못하고 있으며, 교육 실제에 있어서도 유학의 도덕실천의 정신과는 유리(遊離)된 형식적인 교육으로 경도되고 있음을 각성한 것이다. 이에 율곡은 성인(聖人)을 지향하는 유교의 교학 목표를 최고 가치로 삼으면서 일상의 삶에서 온전히 인륜(人倫)을 실천할 수 있는 인성 즉 도덕실천에 있어서 결함이 없는 인성의 함양을 위한 교육론을 주창하였다. 율곡이 인성교육에서 인격적 목표로 삼고 있는 성인(聖人)은 수기치인(修己治人)의 도리를 온전히 실천하는 이상적인 인간이다. 따라서 율곡의 인성교육론에서는 수기치인의 도덕실천의 문제가 핵심적인 중요성을 갖게 되는데, 본 서에는 이러한 율곡의 인성교육의 입장을 '도덕실천 지향의 인성교육론'이라고 규정하고자 한다.

흔히 율곡을 사상가(思想家)·관료(官僚)·경세가(經世家)로 이해하지만, 본 서에서는 교육 문제에 큰 관심과 열정을 가지고 몰두한 교육실천가로서의 율곡에 주목하고자 한다. 이러한 입장에서 직접적으로 교육과 관련이 있는 율곡의 저작(著作)을 그의 교육활동과 관련하여 열거해 보면 다음과 같다. 먼저 『격몽요결(擊蒙要訣)』은 율곡이 황해도 해주에서 본격적으로 유생교육을 위해서 집필했다고 스스로 밝힌 교육서(敎育書)로서, 그가 설립한 은병정사(隱屛精舍)에서 가르칠 때 교본(敎本)으로 삼았다. 또한 율곡은 은병정사에서 직접 유생들을 교육함에 있어서 학생들이 지켜야 할 규약인「은병정사학규(隱屛精舍學規)」,「은병정사약속(隱屛精舍約束)」,「문헌서원학규(文憲書院學規)」를 제정하여 교육규범의 중요성을 천명하고 그 규범의 실천을 강조하였다. 그리고 왕명에 의해『학교모범(學校模範)』을 지었는데, 이는 학교교육의 모범이 되는 강령(綱領) 16조(條)와 학교 운영상의 사목(事目)을 구체적으로 진술한 교육서이다. 특히 율곡의 대표적인 논저로 거론되는『성학집요(聖學輯要)』는 성인(聖人)·성왕(聖王)이 되는 요체를 5개 장으로 나누어 상세하게 진술한 교학(敎學)의 심층적인 저술로서, 그 내용 중에 직접적으로 교인(敎人)에 대한 절(節)을 마련하여 교육 문제를 구체적으로 다루고 있다. 또한『동호문답(東湖問答)』에서도 교인(敎人)의 방책을 구체적인 절로 편성하여 당시 조선의 교육에 대해 논하면서 학교의 교육 방향과 교사 본령에 대해 의미 있는 교육 정책을 제시하고 있다.

이렇게 볼 때, 율곡은 조선 당대의 어느 누구보다 교육에 대한 열망이 뜨거운 교육실천가로서 노력하고 활동했음을 알 수 있다. 율곡은 당시의 조선사회에서 윤리가 잘 실천되지 못하고 있다는 점을 직시하면서, 그 핵심적인 이유로 유학의 본령인 인성교육의 부재(不在)를 지적했다. 이러한 관점에 입각하여 율곡은 교육서를 집필하고, 학교교육의 정상화를 위해서 학교규범을 제정했던 것이다. 뿐만 아니라 그는 스스로가 책임 있는 교육자로서 학생들을 가르치는 교육실천을 수행하였다. 이러한 일련의 율곡의 활동들은 곧 유교 인성교육의 본질을 구현하기 위한 실제적인 노력이었다고 할 수 있으며, 구체적으로는 일상에서 도덕실천을 온전히 할 수 있는 성인(聖人)과 같은 인성을 함양하는 인성교육 즉 '도덕실천 지향의 인성교육'을 위해 진력한 것이었다.

율곡의 인성교육론은 철저하게 도덕실천을 지향함에 있었다. 예컨대, 그가 『동호문답(東湖問答)』에서 언급한 학교의 본질과 교사 평가의 핵심은 도덕실천을 일관되게 지향하는 인성교육에 있었던 것이다. 율곡이 제시하는 도덕실천 지향의 인성교육론은 유교교육의 본령을 구현하려는 교육이라고 할 수 있지만, 당시 조선에서는 좋은 인성을 함양하려는 교육적 의지와 노력이 현저히 약화되어 있었기에 도덕실천을 지향하는 인성교육은 수행되지 못하고 있었다. 율곡은 이러한 인성교육의 문제적 실상을 묵과(默過)하지 않고 구체적인 교육적 노력을 수행하면서 도덕실천 지향의 인성교육론을 제시한 것이다. 본 서에서는 이러한 율곡의 인성교육에 대한 문제의식과 논점을 직시하면서 그의 도덕실천 지향 인성교육론에 대해서 탐구하고자 하였다.

본 서 『율곡의 도덕실천 지향 인성교육론』에서는 율곡의 인성교육론을 탐구하기 위해서 3개의 부(部)를 구성하여 논하고자 했는데, 그 세부적인 논의의 맥락을 진술하면 다음과 같다.

제1부에서는, '율곡의 도덕실천 지향 인성교육의 본질과 교육기반의 정립'이라는 제목하에 율곡의 도덕실천 지향 인성교육의 본질과 그 이론적 핵심이 무엇인지를 논하고, 이러한 인성교육을 위한 교육기반으로서 학교규범 정립과 교사 문제 해결에 대한 그의 입장을

분석하고자 했다. 이에 먼저 율곡이 주장하는 도덕실천 지향의 본질과 이 인성교육에서 추구하는 인성 함양의 특징 그리고 인성교육의 기본 방략의 요체에 대해서 탐구하고자 했다. 이를 통해서 도덕실천 지향의 인성교육은 자기가 품부한 선한 본성에 근거하여 일상의 도덕을 온전하게 실천할 수 있는 인성을 함양하는 것임을 논하고자 하였다. 이에 입각하여 율곡의 도덕실천 지향의 인성교육의 본령이 '일상(日常)의 측면에서 생활 도덕의 각성과 실천 역량 함양', '수기적(修己的) 측면에서 인(仁)의 도덕실천 역량 함양', '치인적(治人的) 측면에서 사회태평(社會太平)을 위한 안인적(安人的) 도덕실천 역량 함양'이라는 세 가지로 집약됨을 밝히고 그 논지를 해명하였다. 율곡은 인륜(人倫)을 잘 실천할 인성을 함양할 수 있는 교육기반을 구축하는 것이 중요하다는 인식하에 인성교육의 기반이 되는 학교와 교사의 문제를 논하고 있는데, 이 점에 대해서도 제1부에서 구체적으로 탐구하고자 하였다. 율곡은 제대로 된 인성교육이 이루어지지 못한 중요한 이유로 학교의 교육 방향과 규범의 결여 문제가 심각하다고 비판하면서 유생(儒生)들이 자율적으로 도덕을 실천할 수 있는 인성 함양을 가능케 하도록 학교규범을 정립했다. 이 점에 주목하면서, 학생이 자율적으로 선행(善行)을 하려는 도덕의지를 강화하고, 과오(過誤)를 개선할 수 있는 성품을 함양하도록 자율적·협력적·실천적인 학교 공동체 규범을 정립하고 이에 기반한 인성교육이 이루어져야 한다고 주장한 율곡의 입장을 분석했다. 또한 율곡은 도덕실천을 지향하는 인성교육을 수행하는 핵심 주체인 교사의 문제에 집중하여 인성교육에 대한 명확한 철학을 갖춘 인재를 교사로 선발하는 문제와, 교사 존중 그리고 교사 평가에 이르기까지 집중적인 논의를 전개하고 있다. 이러한 초점에 주목하면서, 그가 강조한 인성교육 기반으로서의 교사에 대한 논점을 해명하였다. 이와 같이 제1부에서는 도덕실천 지향 인성교육의 본질과 이에 근거하여 인성교육을 시행함에 있어서 교육적 기반이 되는 핵심초점으로서의 학교규범과 교사의 문제를 중심으로 탐구하였다.

다음으로 제2부에서는, '율곡의 인성교육에서 도덕실천의 동력(動力)과 인성 함양'이라는 주제에 입각하여 도덕실천을 가능케 하는 동력(動力)의 문제를 중심으로 논하고자 하였다. 도덕실천의 동력은 도덕적 가치와 도리를 실천할 수 있도록 마음을 작동시키는 추동적(推動的)인 힘이라고 할 수 있는데, 이는 인륜(人倫)의 실천을 가능케 하는 도덕적 역량을 의미한다. 도덕실천의 동력은 도덕적 행(行)의 온전성과 완결성을 담보하는 데 있어서 매우 중요하다. 그러므로 율곡은 도덕실천의 동력에 해당하는 논점을 구체적으로 제시하고 그 인성교육적 의미를 논한다. 이러한 맥락에 근거하여, 제2부에서는 인성 함양을 위한 도덕실천의 동력(動力)과 '실심(實心)', '성의(誠意)', '기질변화(氣質變化)', '인덕(仁德)과 의덕(義德)의 실천' 등에 대한 율곡의 입론을 세부적으로 탐구하고자 하였다. 이에 율곡이 주장하는 도덕실천의 동력을 지적(知的) 동력, 발현적(發現的) 동력, 주체적(主體的) 동력 등으로 초점을 분류하면서 그 특성과 의미를 해명했다. 이와 관련하여 율곡이 강조한 실심(實心)의 문제를 중심으로 성의(誠意)의 도덕실천과 실천적인 마음의 강화를 위해 전개한 그의 인성교육에 대한 입장을 살펴보고자 하였다. 또한 기질변화를 위한 실천적인 노력을 통하여 도덕실천의 동력을 강화하고 인륜 실천의 인성을 함양하려고 한 것이 율곡의 인성교육론에서 두드러진 특징임을 논하고자 했는데, 이 초점에서는 특히 극기(克己)·치기(治氣)·양기(養氣)·양인의지심(養仁義之心)의 인성교육적 특성과 맥락을 추적하였다. 또한 도덕실천의 동력으로서 측은지심(惻隱之心)의 발현과 인덕(仁德) 실천 역량 강화의 측면 그리고 사생취의(捨生取義)의 공부와 의덕(義德) 실천 역량 강화의 측면을 주목하면서 인성 함양의 문제를 논구하였다.

마지막으로 제3부, '율곡의 인성교육에서 수기(修己)·정가(正家)·치인(治人)의 도덕실천과 인성 함양'에서는 실제적인 도덕실천을 통해서 인성 함양을 도모하는 율곡의 입장에 대해서 상론하고자 하였다. 율곡이 도덕실천 지향의 인성교육을 통하여 함양하고자 한 이상적인 존재인 성인(聖人)은 수기치인(修己治人)의 도리를 온전히 수행하는 인격이다. 따라서 성인이라는 윤리적 인격에 부합하는 덕을 함양하기 위해서 어떠한 도덕실천의 노력을 해야 하는지를 율곡은 구체적으로 언급하고 있는데, 제3부에서는 이 점을 인성 함양을 위한 수기(修己)·정가(正家)·치인(治人)의 도덕실천이라는 논점을 중심으로 논하였다. 『성학집요(聖學輯要)』와 『격몽요결(擊蒙要訣)』에서 율곡은 수기(修己)·정가(正家)·치인(治人)의 도덕실천의 가치와 실천의 논점을 상세하게 거론하고 있다. 본 서에서는 수기(修己)의 도덕실천의 방법으로서는 수렴(收斂), 검신(檢身), 회덕량(恢德量), 보덕(輔德), 돈독(敦篤)의 실천에 대해서 그 윤리적 의미와 인성교육의 방법적 특성을 탐색하였다. 또한 『대학(大學)』의 정신을 중시한 율곡이 정가(正家)의 도덕실천을 위한 방법으로 효경(孝敬)을 논한 점을 분석하면서, 그가 합리주의적이고 실용주의적인 효경(孝敬)·예경(禮敬)의 실천윤리관을 견지한 점을 확인하고자 하였다. 이 초점에서는 율곡이 효경(孝敬)과 간쟁(諫諍)의 도덕실천 문제를 개진하면서, 효덕(孝德)를 통한 인덕(仁德)의 사회적 가치 확장의 윤리적 특성을 논한 점을 파악하기 위해서 『성학집요(聖學輯要)』에 표명된 입론을 분석하였다. 효경이라는 가정윤리의 확장을 통하여 그 인덕(仁德)을 치인(治人)의 영역으로 적용·확대·발전시켜 나가는 율곡의 논지는 매우 정치(精緻)한 실천적 체계를 담지하고 있다. 또한 율곡은 치인(治人)에 대해서 애민(愛民)·혈구지도(絜矩之道)·구민생(救民生)·교민(敎民)의 도덕실천을 중심으로 접근하고 있는데, 이는 위민(爲民)·안인(安人)의 인덕(仁德)을 행함으로써 먼저 사람들의 삶을 경제적으로 넉넉하고 안정되게 해야 한다는 무실(務實)의 윤리정신에 입각한 것이다. 이러한 입장에서 율곡은 사회적으로 가장 중대한 치인의 도덕적 책무를 지고 있는 성왕(聖王)의 도리를 논하면서 덕치(德治) 즉 왕도정치(王道政治)를 실천할 수 있는 역량을 함양해야 한다고 주장했는데, 이에 대한 논지를 분석하면서 그가 강조하는 치인의 본령을 해명하고자 하였다. 그리고 율곡이 치인(治人)의 도리로써 교민(敎民)의 실천을 강조하며 '선민생후교화(先民生後敎化)'의 도덕실천의 논지를 전개하고 있음을 주목하면서 그 윤리적 특성을 탐구하고자 하였다. 이와 같이 제3부에서는 율곡이 인성의 함양은 수기(修己)·정가(正家)·치인(治人)의 도덕실천을 통해서 가능하다고 주장하는 인성교육적 입장의 실천적 특성과 그 인성 함양의 의미를 밝히고자 하였다.

율곡의 도덕실천 지향 인성교육론은 철저하게 인격적·실천적·생활 중심적이다. 율곡은 당시의 유학교육이 유학의 본령에 충실하지 못한 채로 관념적이고 허식적인 상황에 놓여 있다고 반성하면서 참된 인간의 길, 가치 있는 삶의 길을 모색하고 이를 교육으로 구현할 수 있는 도덕실천 지향의 인성교육을 제시한 것이다. 본 서에서는 이러한 율곡의 인성교육론의 진면목을 탐구하고, 그 실천윤리적 의미를 논하고자 한다.

제1부

율곡의 도덕실천 지향 인성교육의 본질과 교육기반의 정립

제1장

도덕실천 지향 인성교육의 본질과 이론적 핵심

지금 우리 교육에서는 인성교육이 화두가 되고 있다. 정부에서는 「인성교육진흥법」을 제정하여 초중등학교에서 다양하고 집중적인 인성교육이 시행될 수 있는 제도적인 토대를 마련했다. 그러나 이러한 법적 토대의 구축에도 불구하고 인성교육은 잘 이루어지지 않고 있다. 우리 사회가 안고 있는 다양하고 심각한 윤리적 문제들을 해결하기 위해서 내실 있고 효과적인 인성교육의 시행이 반드시 필요하다고 인식된다. 이 점에서 어떠한 목표와 방법의 인성교육이 시행되어야 하는지 많은 고민이 요청된다.

우리 사회에서 인간의 위기, 교육의 위기에 대처하기 위해 제기되고 있는 인성교육은 조선시대부터 교육의 본령으로 자리해 왔다. 율곡(栗谷) 이이(李珥, 1536~1584)는 조선시대 사람들의 삶의 문제와 윤리 문제를 논하면서 교육의 중요성을 역설했다. 율곡은 가르침과 배움 즉 교학(敎學)의 중요성을 인식하고, 교육적 가치의 실현을 위해 『격몽요결(擊蒙要訣)』, 『학교모범(學校模範)』, 『성학집요(聖學輯要)』 등을 집필하였다. 그리고 학교규범으로서 「은병정사학규(隱屛精舍學規)」, 「은병정사약속(隱屛精舍約束)」, 「문헌서원학규(文憲書院學規)」를 제정하였으며, 은병정사(隱屛精舍)에서 제자 교육을 실천하였다. 이와 같이 율곡은 지속적으로 교육의 문제점을 제기하고, 교육의 방향을 제시하였으며, 교육 규약을 정립하면서, 몸소 교육실천을 수행한 것이다. 율곡은 교육을 통해서 사람들이 자기 본성과 도리를 깨치게 되고, 참된 인간으로서의 삶을 살아갈 수 있다고 인식하면서, 교육 사상을 전개하고 제자 교육을 실제적으로 수행함으로써 사람들에게 좋은 인격과 가치 있는 삶에 대한 근본적인 각성을 불러일으키고자 한 것이다. 율곡이 유생(儒生)들을 가르치고, 대중들에게 제시하고 일깨우려 한 교육의 정체(正體)는 바로 '인성교육'이다.

율곡은 교육의 본질이 인성교육에 있다는 입장에서, 인성교육의 수행과 이를 통한 실제적인 교육 효과를 현시하기 위해 진력한 것이다. 이 점에 주목하면서 본 서(本書)는 율곡의 인성교육론의 윤리적 특성과 의미를 탐구하고자 한다. 필자가 생각하기에 율곡의 인성교육론은 명백하게 도덕실천을 지향하고 있다. 그렇기에 율곡의 인성교육론을 '도덕실천 지향의 인성교육론'이라고 규정하면서, 이에 대해 해명하고자 한다.

본 서의 제1장에서는 율곡의 도덕실천 지향 인성교육의 본질과 이론적 핵심을 논하면서 그의 인성교육론의 가치와 특성에 대해서 탐구하고자 한다. 이러한 율곡의 인성교육론에 대한 연구를 통해서 오늘날의 인성교육에 의미 있는 시사점을 찾을 수 있을 것이다.[1]

본 장에서는 율곡의 인성교육론이 도덕실천을 지향하는 입론이라는 관점에 근거하면서 먼저, 유학교육의 본질이 바로 인성교육이라는 점을 논할 것이다. 이어서 율곡이 주장하는 도덕실천 지향 인성교육의 핵심 가치가 무엇인지를 탐구할 것이다. 이러한 맥락에서 율곡의 도덕실천 지향 인성교육에서 추구하는 인성 함양의 특성을 분석하고자 한다. 그리고 인성교육을 위한 교육 방략으로 율곡이 강조하는 도덕의 탐구와 실천 방법의 요체에 대해서도 논하려 하는데, 이러한 논의들은 도덕실천 지향 인성교육의 기초적 이론을 제시하는 것에 해당한다. 그리고 율곡이 인성교육의 핵심적인 주체로서, 그리고 한편으로는 주요한 교육기반으로서 '학교'와 '교사'의 문제를 거론한 점에 주목하여, 도덕실천 지향 인성교육을 가능케 하는 학교와 교사의 문제에 접근하는 기본 입장을 논하고자 한다. 본 장의 목적은 이러한 탐색을 통해서 율곡이 주장하는 도덕실천 지향 인성교육론의 기본 개념과 특성을 해명하려는 데 있다.

1. 도덕실천 지향 인성교육의 본질과 이론적 핵심

율곡은 교육을 절대적이고 본질적인 것으로 간주한다. 이는 교육

1 율곡의 인성교육론과 관련한 연구로는, 김미라·이미림의 「『擊蒙要訣』에 나타난 인성교육론」(『사회사상과 문화』 20집 2호, 동양사회사상학회, 2017. 6.), 김익수의 「율곡의 인성교육론 -주로 『擊蒙要訣』을 중심으로-」(『한국사상과 문화』 73집, 한국사상문화학회, 2014. 6.), 이영경의 「율곡의 인성교육론」(『유교사상문화연구』 69집, 한국유교학회, 2017. 9.) 등이 있다. 율곡의 인성교육론과 관련된 직접적인 연구가 생각보다 적다는 것은 다소 아쉬운 상황이다. 이러한 실정을 고려하면, '외면적으로는' 인성교육의 중요성이 강조되고 있는 지금의 교육 상황에서 인성교육론 연구에 대한 지평을 확장하고, 오늘날의 인성교육 이론과 실제의 모색에 기여할 수 있는 율곡의 인성교육론을 탐구하는 것이 의미가 있다고 생각된다.

을 통해서 비로소 참된 인간이 될 수 있으므로 교육을 인간이 선택적으로 해야 할 활동이 아니라, 절대적으로 필요한 과정이라고 보는 것이다. 즉 교육이란 인간이 인격적 가치를 구현하는 데 있어서 마땅히 수행되어야 할 본질적인 활동이라고 보는 것이다. 그러므로 율곡은 가르침[敎]과 배움[學]을 중시한다. 율곡은 당시 사람들의 도덕성 결여 문제가 심각하다고 인식하고, 이 문제를 해결하기 위한 교육적인 노력을 수행했다. 즉 율곡은 『학교모범(學校模範)』에서 인간의 특성이 도덕성에 있다고 인식하면서, 교육이 인간의 도덕성을 구현할 수 있는 활동이 되어야 한다고 주장한다.

> 천(天)이 인간을 낳으니 사물이 있고 법칙도 있다. 천부(天賦)의 아름다운 덕을 그 누가 타고나지 않았을까만, 사도(師道)가 끊어지고 교화(敎化)가 밝지 못한 연유로 인해 크게 떨칠 수가 없었다.[2]

이 인용문을 통해서 율곡이 가진 다음과 같은 입장을 확인할 수 있다. 첫째, 인간은 도덕적 존재이며, 둘째, 교육은 인간의 도덕적 본성과 마음을 잘 보존하고 확충할 수 있도록 하는 것이며, 셋째, 교사가 교육의 질을 좌우할 수 있다는 것이다. 이 세 가지는 바로 율곡의 인간관, 윤리관, 교육관이라고 할 수 있다. 율곡은 이러한 입장에 의거하여 자신의 인성교육에 대한 철학을 정립하고 있다.

---

2 『栗谷全書』 卷15, 「學校模範」: 天生蒸民, 有物有則, 秉彝懿德, 人孰不稟, 只緣師道廢絶, 敎化不明, 無以振起作成.

율곡은 유가(儒家)들의 일반적인 관점과 같이, 인간의 본질은 인의예지(仁義禮智)의 덕성을 품부한 선(善)함에 있다고 생각한다. 그렇기에 인간을 가치로운 존재라고 여기는 것이다. 그러나 율곡은 인간이 비록 천부적으로 선한 도덕성을 부여받고 있지만, 이 선성(善性)은 스스로의 노력 없이는 구현될 수 없으므로 부단한 노력을 통해서 비로소 좋은 인성을 함양할 수 있다고 주장한다. 그러므로 교육은 바로 인간이 선한 자기 본성을 깨칠 수 있도록 도와주고, 선한 본성을 구현할 수 있도록 하는 필수적인 활동이다. 교육을 통하여 인간다운 품성을 함양할 수 있다고 인식하는 율곡의 입장은 교육의 본령을 '인성교육(人性教育)'에 두고 있음을 말한다.

율곡은 도학(道學) 즉 성리학(性理學)이 궁극적으로 지향하는 것은 배움과 가르침을 통하여 인간의 선한 본성을 온전하게 실현할 수 있는 인격 함양이라고 주장하는데, 이는 도학 교육의 본질이 인성교육임을 표명한 입장이다. 도학의 근본 입장은 '배움을 통해서 비로소 인간다운 인간이 될 수 있다.'는 것이다. 율곡은 말한다.

> 초학자(初學者)는 먼저 입지(立志)하여 반드시 성인(聖人) 될 것을 스스로 기약하여, 조금이라도 자신을 하찮게 여겨서 물러나려는 생각을 해서는 안 된다. 대개 보통 사람과 성인(聖人)의 본성이 같다. 비록 기질에는 맑고 흐리고 순수하고 잡박한 차이가 없을 수 없지만, 진실로 참되게 알고 실천하여 구습(舊習)에 물든 것을 버리고, 본성을 회복할 수 있다면, 털끝만큼도 더 보태지 않아도 모든 선함을 온전히 갖출 수 있다.[3]

처음 배우는 이들이 가져야 할 배움의 궁극적인 목표는 '성인(聖人)이 되는 것'이다. 성인은 인성교육이 지향하는 이상적(理想的) 인간상이다. 즉 인성교육을 통해서 함양해야 할 품성이 바로 성인의 인격이며, 구현해야 할 인간의 참된 모습이 바로 성인인 것이다. 따라서 성인이 된다는 것은 인성교육의 목표를 달성한다는 것과 같은 의미를 갖는다. 율곡이 주장하는 인성교육의 목표로서 성인 됨은, 사람은 누구나 선천적으로 선한 본성을 품부받았다는 '성선(性善)'과 누구나 자기의 선한 본성을 온전히 구현할 수 있다는 '가능성', 이 두 가지 요소를 전제로 하고 있다. 그리고 이 두 가지 요소는 모든 사람에게 부여되어 있다는 보편적 의미를 갖는다. 율곡을 비롯한 도학자들은 인간이 성선적(性善的)인 자기 본성을 온전히 구현하는 성인이 되는 것이 자신의 삶에서 가장 중요한 과업이라고 규정한다. 율곡이 언급한 '참되게 알고 실천하여 구습(舊習)을 버리고 본성을 되찾는 것'은 배움을 통하여 인성을 함양하는 도학 공부의 실천적 이념을 의미한다.

율곡은 "인간이 이 세상에 태어나서 학문을 하지 않으면 인간다운 인간이 될 수 없다."[4]고 천명한다. 즉 공부를 통해서 자기의 도덕성을 실천할 수 있어야만 비로소 참된 인간이 될 수 있다는 것이다. 학문을 통해서 자기 본성의 선함을 깨치면, 일상에서 일어나는 윤리적인 문제에 대한 이치를 명확하게 알게 되고, 이를 바르게 실천할 수 있는 것이다. 학문을 한다는 것은 현묘한 형이상(形而上)의 문제에 몰

---

3 『栗谷全書』 卷27, 「擊蒙要訣」: 初學先須立志, 必以聖人自期, 不可有一毫自小退託之念. 蓋衆人與聖人, 其本性則一也, 雖氣質不能無淸濁粹駁之異, 而苟能眞知實踐, 去其舊染, 而復其性初, 則不增毫末, 而萬善具足矣.

4 『栗谷全書』 卷27, 「擊蒙要訣」: 人生斯世, 非學問, 無以爲人.

두하는 것이 아니라 일상의 윤리에 충실한 것이다. 그러므로 율곡에게 있어서 인간다운 인간의 최고점에 위치하는 성인(聖人)이 되는 것은 인륜(人倫)을 잘 실천하는 사람이 되는 것을 의미한다.

> 모든 선(善)이 나에게 갖추어져 있으니, 달리 구하기를 기대하지 말라. 더 이상 망설이고 의심하거나 기다릴 것도 없으며, 더 이상 두려워하며 어려워하거나 머뭇거릴 것도 없다. 곧바로 천지(天地)로서 마음을 세우고, 민생(民生)으로서 표준을 삼으며, 옛 성인(聖人)을 표준으로 삼아서 단절된 학문을 계승하고, 온 세상을 위해 태평(太平)을 열어 주는 것을 목표로 삼아야 한다.[5]

사람들은 성인을 목표로 공부해야 하는데, 교육은 성인을 성취하기 위한 조력적·상호적 활동이다. 율곡이 상정하는 성인은 내성(內聖)에 치우친 자기 수양의 지극한 모범으로서의 인성을 의미하는 것이 아니라, 세상을 태평케 하는 외왕(外王)의 본령도 다하는 안인적(安人的) 인격자를 의미한다. 자기의 내면 수양을 통해서 경세제민(經世濟民)의 치인적 도리를 능히 수행하는 사람이어야 성인이 될 수 있는 것이다.[6]

---

5 『栗谷全書』 卷15, 「學校模範」: 萬善備我, 不待他求, 莫更遲疑等待, 莫更畏難趦趄. 直以爲天地立心, 爲生民立極, 爲往聖繼絶學, 爲萬世開太平爲標的.

6 김경호는, 율곡이 상정하는 이상적인 인간은 '삶의 가치를 자각한 인간'으로 규정될 수 있다고 말하면서, 이 인간 유형은 곧 '經濟之士'로서 백성들의 삶의 질을 높이기 위해 노력하는 인간이라고 표현하고 있다.(김경호, 「조선후기 율곡교육사상의 전승과 변용」, 『율곡학연구』 22집, 율곡연구원, 2011, 182쪽 참조) 이러한 입장은 곧 安人的 본령을 중심으로 율곡이 추구하는 이상적 인간상을 설명한 것으로써 율곡의 治人·爲政의 실천정신을 잘 드러낸 것이

요컨대, 율곡이 견지하는 도덕실천 지향의 인성교육론은 성인(聖人)이라는 윤리적 인격을 이상으로 삼고 있으며, 내용적으로는 수기(修己)와 치인(治人)의 도덕을 온전하게 실천함으로써 가치 있고 윤리적인 삶을 영위할 수 있는 인성을 함양하는 것을 목표로 하고 있다.[7] 즉 율곡이 도덕실천의 인성교육을 통해서 함양하고자 하는 인성은 선천적으로 도덕적 본성을 품부하고 있으며, 교육을 통해서 이 선성(善性)을 자각하면서 삶을 영위하는 가운데 다양한 윤리적 상황과 인간관계에서 도덕을 실천할 수 있는 도덕적 역량을 갖춘 품성을 의미한다.

2. 도덕실천 지향 인성교육에서 추구하는 인성 함양의 특징

율곡은 교육이란 좋은 인격을 형성하는 데 있어서 마땅히 수행되어야 할 본질적인 활동이라고 규정한다. 유교윤리에서 인간의 진정한 가치는 인격으로 표현되며, 인격적 가치의 핵심은 도덕성의 실천이라고 할 수 있다. 그러므로 유교교육은 곧 선천적인 도덕성을 각성하고 이를 실천할 수 있도록 하는 인성교육이 본질이다. 교육은 그 실제적 활동이 기본적으로 가르침[敎]과 배움[學]으로 구성되어 있으므로 가르침은 필수적으로 배움을 전제하고 있으며, 배움 역시 가

라고 할 수 있다.

7 지준호는, 율곡이 말하는 聖人은 혼란한 현실을 극복하고 도덕적인 이상사회를 건설하기 위해서 자기 혁신적인 노력으로 도덕심을 배양하고 이를 토대로 교육적 大義를 실천한 인간이라고 규정한다.(지준호, 「율곡 이이의 도덕교육론」, 『유교사상문화연구』 67집, 한국유교학회, 2017, 29쪽 참조)

르침을 필수적인 전제로 삼고 있다. 이러한 맥락에서 율곡과 같은 유가(儒家)들에게 교육은 곧 교학(敎學)을 의미하며, 유교윤리에 대한 교와 학은 '교학상장(敎學相長)'이라고 이해되는 바와 같이 교학은 좋은 인격을 형성하기 위한 상호 조력적인 공부의 과정이 된다.

율곡은 인성교육 역시 교학의 상장(相長) 가운데 조화롭게 이루어져야 한다고 보면서 도덕실천 지향의 인성교육론을 전개한다. 그 본령을 요약하면 '일상(日常)의 측면에서 생활 도덕의 각성과 실천 역량 함양', '수기적(修己的) 측면에서 인(仁)의 도덕실천 역량 함양', '치인적(治人的) 측면에서 사회태평(社會太平)을 위한 안인적(安人的) 도덕실천 역량 함양'이라는 세 가지로 집약되는데, 그 구체적인 의미는 다음과 같다.

첫째, 일상의 측면에서 생활 도덕의 각성과 실천 역량의 함양이다.

율곡은 초학자들을 위한 교육서(敎育書)로 지은 『격몽요결(擊蒙要訣)』에서 유교의 교학(敎學)은 인성교육을 본령으로 한다는 것을 밝힌다.

> 이른바 학문이란 이상하고 별다른 것이 아니다. 반드시 부모는 자애해야 하며, 자식은 효도해야 하고, 신하는 충성해야 하며, 부부간에는 분별이 있어야 하고, 형제간에는 우애해야 하며, 젊은이는 어른을 공경해야 하고, 친구 간에는 신의가 있어야 하는 것이다. 일상에서 하는 모든 일에 있어서 일에 따라 각각 마땅한 바를 취할 뿐이요, 현묘한 것에 마음이 치우쳐 기이한 효과를 바라서는 안 된다.[8]

율곡은 학문을 해야만이 참된 인간이 될 수 있다는 입장에서 배움은 인간에게 본질적이고 필수불가결한 것이며, 인간의 윤리적 본성을 깨닫고 자기 정체성을 구현하도록 도와주는 결정적인 과정이라고 이해하고 있다. 율곡은 참된 인간이 되는 데 필요한 교학은 형이상(形而上)의 진리 터득을 근간으로 하는 것이 아니라는 입장이다. 도덕실천 지향의 인성교육이 바로 유학의 본질이라고 보면서 일상의 규범과 도리의 온전한 실천을 강조하는 것이다. 율곡이 인성교육에서 이상으로 삼는 성인은 형이상학에 능통한 관념론자가 아니라, 일상생활의 도리를 온전히 실천할 수 있는 '도덕의 일상적 실천' 혹은 '일상의 도덕실천'을 가장 완결적으로 할 수 있는 자인 것이다. 그러므로 율곡이 제시한 성인은 실제로 누구나 될 수 있으며, 또한 누구나 되어야 하는 인격인 것이다. 이 점에서 율곡이 규정하는 인성교육의 본령은 생활 속에서 마땅히 지켜야 할 도덕을 잘 각성하고 실천하는 데 있으며, 그 생활 도덕은 부자(父子)·부부(夫婦)·형제(兄弟)·장유(長幼)·군신(君臣) 등의 관계적인 가치를 바르게 실천하는 것에 있다.

둘째, 수기적(修己的) 측면에서 인(仁)의 실천 역량의 함양이다.

율곡은 배움의 본령은 도덕의 온전한 실천에 있다고 본다. 맹자적인 성선(性善)의 입론을 종지(宗旨)로 삼는 율곡의 도학 체계에서 도덕의 실천은 곧 선(善)의 실천을 말하며, 그것은 인간의 선한 본성의 자기 구현이라는 점에서 기본적으로는 수기적(修己的)인 명제에 근본을

8 『栗谷全書』卷27, 「擊蒙要訣」: 所謂學問者, 亦非異常別件物事也, 只是爲父當慈, 爲子當孝, 爲臣當忠, 爲夫婦當別, 爲兄弟當友, 爲少者當敬長, 爲朋友當有信, 皆於日用動靜之間, 隨事各得其當而已, 非馳心玄妙, 希覬奇效者也.

두고 있다. 그리고 이 인성교육의 수기적인 명제는 인(仁)이라는 유교의 대표적인 덕성을 온전히 실천하는 것으로 집약된다. 율곡이 지향하는 도덕실천의 인성교육은 인간다움을 구현할 수 있는 교육을 표방한 것이다. "인(仁)은 인간다움이다.[仁者人也]"[9]라고 규정되는 대로 인(仁)은 인간으로서 품부한 자기 덕성이다. 율곡은 성인이 되는 것은 인(仁)을 함으로써 가능하다고 본다. 따라서 참된 인간이 되도록 하는 인성교육은 인덕(仁德)의 실천 역량을 함양하는 것으로 전개된다. 그리고 인(仁)은 표덕(表德)이어서 의(義)를 포괄하므로 인(仁)의 실천은 곧 인의(仁義)의 도덕실천을 의미한다. 율곡은 수기를 강조하면서, "도학의 본령은 인륜(人倫)에 있다. 그러므로 인륜에 있어서 그 도리를 극진하게 하는 것이 도학이다."[10]라고 규정한다. 도학에서 수기는 인간의 도리에 대해서 배우고 실천하는 공부로서 그 본질이 바로 인의(仁義)의 실천에 있으며,[11] 이를 위한 교육이 인성교육인 것이다. 그러므로 율곡은 수기적 측면에서 도덕실천 지향의 인성교육을 통해서 인(仁)의 도덕실천 역량 함양을 위해 정밀한 논의를 구축하고 있다.

셋째, 치인적(治人的) 측면에서 사회태평(社會太平)을 위한 도덕실천 역량의 함양이다.

율곡은 유교적 인성교육의 궁극적 이상이며, 도학 공부의 최고 목표로서 성인(聖人)을 제시하였다. 율곡은 성인이 되는 공부의 요체를 『성학집요(聖學輯要)』에서 체계적으로 밝히고 있다. 그리고 인성교육

---

9 『中庸』「20章」: 仁者人也, 親親爲大, 義者宜也, 尊賢爲大.
10 『栗谷全書』 卷31, 「語錄(上)」: 道學本在人倫之內, 故於人倫盡其理, 則是乃道學也.
11 『孟子』「告子上」: 仁人心也, 義人路也.

을 위한 학교교육의 전범(典範)인 『학교모범(學校模範)』에서 모든 사람은 성인이 될 수 있는 근본 품성을 지니고 있으므로 반드시 성인이 되도록 노력해야 한다고 주장하면서 사회태평(社會太平)을 지향하는 안인적(安人的) 실천 이념을 천명하여 "곧바로 천지(天地)로서 마음을 세우고, 민생(民生)으로서 표준을 삼으며, 옛 성인(聖人)을 표준으로 삼아서 단절된 학문을 계승하고, 온 세상을 위해 태평(太平)을 열어 주는 것을 목표로 삼아야 한다."[12]고 천명한 것이다.

율곡은 인성교육이란, 인간이 천부적으로 갖춘 선한 성품을 함양하기 위한 학습 활동이며, 배움의 목표는 성인이 되는 것이라고 인식하고 있다. 율곡에게 있어서 성인은 자기 내면의 덕을 닦는 수양(修養)에 집중하여 그 온전함을 이룬 내성(內聖)에만 그쳐서는 안 되고, 사회의 문제를 해결해 주어 사람들을 평안하게 하는 외왕(外王)의 본령 즉 안인적(安人的)인 도리를 온전히 실천하는 인격자를 의미한다. 따라서 율곡은 자기의 내적인 인덕(仁德)의 수양을 통해서 다른 사람의 삶의 어려움을 해결해 주는 치인적(治人的)인 측면에서의 덕성을 잘 실천할 수 있어야 한다고 강조한다.[13] 이 점에서 율곡이 주

12 『栗谷全書』 卷15, 「學校模範」: 直以爲天地立心, 爲生民立極, 爲往聖繼絶學, 爲萬世開太平爲標的.

13 율곡은 인성교육이 나라의 근본을 세우는 활동이므로 교육을 바로 세우는 것이 곧 나라를 바로 세우는 것이며, 사람들이 삶을 잘 영위하도록 하는 방책이라고 인식한다. 이 점에서 율곡은 "천하의 일은 根本이 있고 末端이 있지 않음이 없다. 가르치기를 道德과 敎化로써 하는 것은 다스림의 근본이요, 防衛하기를 방패와 城으로써 하는 것은 다스림의 말단이다."(『栗谷全書』 拾遺 卷4, 「文武策」: 天下之務, 莫不有本而有末, 道之以德敎者, 爲治之本也, 衛之以干城者, 爲治之末也.)라고 주장한다. 나라를 잘 다스리고 나라의 근본을 바로 세우는 것은 인성교육에 달려 있다는 것이다. 그러므로 율곡은 당시 교육의 문제점을 극복하는 개혁이 필요하다고 보았다. 즉 교육을 바로 세우는 것은 나라를 잘 다스리는 근본이며, 이는 제대로 된 인성교육의 실현에 있다고 강조한 것이다.

장하는 인성교육은 수기(修己)와 치인(治人)을 온전히 수행하는 인격을 함양하는 교육이라는 점을 알 수 있다.

율곡이 제시하고 있는 이 세 가지의 도덕실천 지향 인성교육의 본령은 일상적 도덕의 실천, 수기(修己)의 도덕실천, 치인(治人)의 도덕실천이라는 본령으로 구성되어 있다. 이는 바로 율곡의 인성교육이 이상적 목표인 성인 즉 일상의 도덕을 온전히 실천하는 자, 수기치인(修己治人)의 도덕을 온전히 실천하는 자로서의 가치를 구현할 수 있는 역량을 함양하는 것을 의미한다. 이러한 율곡의 도덕실천 지향 인성교육의 본령은 『동호문답(東湖問答)』에서 교인(教人)에 대해 논한 대목에서 압축적으로 규정되고 있다.

> 배움은 인륜(人倫)에 근본을 두고 사물의 이치를 밝히고 선(善)을 택하며, 수신(修身)하여 덕을 성취하는 것으로 기약하며, 치도(治道)에 통달하여 경세제민(經世濟民)으로 뜻을 삼게 해야 한다.[14]

율곡은 인간은 누구나 선한 성품을 타고났으므로 인륜이라는 도덕을 실천할 수 있기에 유학의 교육 이념은 바로 그러한 도덕적 품성을 각성케 하고 함양하는 것이 본령이라고 강조하고 있다. 인륜은 인성교육을 통한 배움으로 온전히 깨닫고 실천할 수 있다. 그렇기에 율곡은 '이치를 밝힘[窮理]', '선을 택함[擇善]', '몸을 닦음[修身]'이라는

14 『栗谷全書』 卷15, 「東湖問答」: 其學必本於人倫, 明乎物理, 擇善修身, 以成德爲期, 曉達治道, 以經濟爲志.

세 가지를 제시하고, 이를 통하여 '덕을 이룸[成德]'과 '다스리는 도에 통달함[達治道]'을 능히 할 수 있는 수기치인(修己治人)의 인격적 품덕의 함양을 주장한 것이다. 특히 율곡은 반드시 경세제민(經世濟民)을 잘하는 데까지 이르러야 비로소 성인이라고 지칭할 수 있다는 점을 언급하는데, 이 점은 율곡의 인성교육론의 목표로 제시되는 윤리적인 인간은 반드시 사회의 평안이라는 치인적(治人的)인 실천을 능동적으로 수행해야 하는 존재임을 강조한 것이다.

3. 도덕실천 지향 인성교육의 기본 방략(方略)의 요체

인성교육을 위한 기본 방략으로 율곡이 강조하는 것은 '도덕의 탐구와 실천'이다. 율곡의 인성교육은 사람들이 품부한 자기의 도덕성을 깨닫고 이를 잘 실현할 수 있는 능력 함양의 교육을 의미하며, 도덕성의 실현은 선한 본성에서 우러난 마음으로 일상의 도덕을 실천하는 것이다.[15] 이는 곧 자기의 선한 본성의 각성을 토대로 실제 생활에서의 도덕을 탐구하고 실천하는 것 즉 '선의 탐구'와, 그 탐구된 선을 행하는 '선의 실천'이 중핵적인 방법이 된다.

율곡은 도덕의 탐구와 실천이라는 도덕실천의 인성교육의 기본 방략을 궁리(窮理), 거경(居敬), 역행(力行)으로 설명한다. 즉 "배우는

15 이 점에서 율곡의 인성교육에서 지향하는 도덕실천은 개인이 품부한 선천적인 도덕성을 일상에서 자각·실현하는 과정 즉 후천적인 노력을 통하여 선험적인 도덕성을 실제의 도덕적 사태에서 활동케 하며 능동적으로 선을 탐구하고 실천하는 것을 의미한다.(이영경, 『율곡의 윤리사상』, 철학과 현실사, 2005, 134쪽 참조)

길은 성인(聖人)의 가르침 속에 들어 있는데, 그 요체는 세 가지로서 곧 궁리와 거경과 역행이다."[16]라고 주장한다. 이렇게 율곡은 궁리·거경·역행을 인성교육의 핵심 방략으로 설명하고 있는데, 궁리와 역행은 곧 선의 탐구와 실천의 공부를 말한다. 그리고 거경은 궁리와 역행을 온전하게 할 수 있도록 하는 바탕이 되는 실천적인 공부라고 할 수 있다. 그렇다면 율곡은 궁리가 왜 필요하며, 어떻게 하는 것이 궁리의 바른 방법이라고 생각할까?

> 도리를 알지 못하면서 모르는 사이에 자연히 도리에 합치되는 사람은, 익히고 있으나 살피지는 못한 사람이다. 대개 도를 안 연후에 신하가 되면 충(忠)을 다하고 아들이 되면 효(孝)를 다할 수 있다. 만약 도를 알지 못하면 비록 어느 정도 충과 효를 한다고 하더라도, 어찌 행하는 것이 모두 도에 합치할 수 있겠는가?[17]

도학 즉 유학은 인륜을 알고 실천하는 공부이다. 이치를 탐구한다는 의미의 궁리는 인륜에 대한 것이며, 도리의 탐구·선의 탐구이다. 인성교육의 본령이 궁극적으로는 선의 실천에 있다고 할 수 있고, 선을 잘 실천하고자 한다면 선행적(先行的)으로 선에 대해서 이해하고 알아야 한다. 즉 충(忠)과 효(孝) 같은 도덕을 실천하려는 마음은 인간에게 본성적으로 부여되어 있지만, 사람마다 처한 상황과 맥

---

16 『栗谷全書』 卷5, 「萬言封事」: 學問之術, 布在謨訓, 大要有三, 曰窮理也, 居敬也, 力行也.
17 『栗谷全書』 卷31, 「語錄(上)」: 不知道而暗合者, 是習而不察者也, 大抵知道, 然後爲臣盡忠, 爲子盡孝. 如不知道, 雖有一段忠孝, 豈能所行皆合於道乎.

락에 따라 그 덕과 도리를 적합하게 행하기 위해서는 정밀한 이해와 성찰이 필요하다. 따라서 궁리는 인륜을 바르게 실천하기 위한 탐구와 성찰의 공부에 해당한다. 이에 율곡은 말한다.

> 배우는 자는 항상 마음을 보존하여 사물에 휘둘려서는 안 된다. 모름지기 궁리(窮理)하고 명선(明善)한 연후에 마땅히 행해야 할 도리가 앞에 명확하게 보여서 진보할 수 있다. 그러므로 도(道)에 들어가는 데는 궁리보다 먼저 할 것이 없고, 궁리하는 데는 글을 읽는 것보다 먼저 할 것이 없으니, 이는 성현들이 마음을 쓴 자취와 본받을 선이나 경계할 것들이 모두 책에 있기 때문이다.[18]

궁리가 철저해야 한다는 이러한 입장은 선에 대한 자율적인 탐구와 성찰을 강조하는 것이다. 이는 유학의 공부가 도리와 선에 대한 맹목적인 수용과 주입을 전제로 한 타율적 공부 중심이 아님을 보여준다. 율곡이 강조하는 인성교육에서의 궁리는 도리와 선 즉 인륜의 이치에 대한 탐구를 의미하며, 이는 오늘날의 인성교육에서 도덕적 행위의 근거와 이유에 대해서 탐구하고 성찰하는 공부를 강조하는 맥락과 다르지 않다. 그러므로 율곡은 "그 소당연(所當然)과 소이연(所以然)을 아는 것이 바로 격물치지(格物致知)하는 것이니, 만약 소이연을 알지 못하면 그칠 데를 안다고 말할 수 없다."[19]고 주장한다.

---

18 『栗谷全書』 卷27, 「擊蒙要訣」: 學者常存此心, 不被事物所勝, 而必須窮理明善, 然後當行之道, 曉然在前, 可以進步. 故入道莫先於窮理, 窮理莫先乎讀書, 以聖賢用心之迹及善惡之可效可戒者, 皆在於書故也.

'소당연(所當然)' 즉 마땅히 해야 할 당위적인 규범의 특성과 의미를 이해하는 것도 중요하지만, 왜 그것이 당위적인 규범이 되는지 그 까닭과 이유인 '소이연(所以然)'을 묻고 생각하는 것이 근본적이라는 것이 율곡의 관점이다. 이 점에서 율곡의 인성교육론은 탐구 중심적임을 알 수 있다. 즉 강요나 주입이 아니라 학습자가 자율적으로 인륜의 가치를 이해하는 탐구가 강조되고 있는 것이다.

궁리하는 방법에 대한 율곡의 설명은 세 가지의 측면을 염두에 두고 구체화되고 있는데 이에 대해 율곡은 "궁리하는 데는 많은 단서가 있는데, 혹은 책을 읽어서 의리(義理)를 밝히기도 하고, 옛날과 지금의 인물(人物)을 논하여 시비(是非)를 분별하며, 사물(事物)에 응접하여 그 당연한 바와 당연하지 않은 바를 처리하는 것이 모두 궁리다."[20]라고 언급한다. 궁리의 교학 방법으로 독서(讀書), 논인물(論人物), 접물(接物)을 거론하고 있는 것이다. 이에 대해 상론하면, 첫째, 책을 읽어서 의리를 해명하는 것은 도리(道理), 인륜(人倫), 선(善), 의(義), 덕(德) 등의 도덕적 개념을 이해하는 것을 의미한다. 즉 도덕적 개념에 대한 올바른 이해이다.[21] 둘째, 옛날이나 지금의 인물(人物)을 논하여 그 시비(是非)를 분별하는 것은 사람들의 행위의 올바름을 성

19 『栗谷全書』 卷14, 「晦齋大學補遺後議」: 知其所當然與其所以然, 乃是格物致知也, 若不知所以然, 則恐不可謂之知止也.

20 『栗谷全書』 卷20, 「聖學輯要2」 第2 修己(上): 窮理亦多端, 或讀書講明義理, 或論古今人物, 而別其是非, 或應接事物, 而處其當否, 皆窮理也.

21 율곡은 『聖學輯要』에서 讀書하는 취지를 논하면서, 富貴나 利慾을 구하거나 외양을 修飾하는 폐단을 경계하여야 하며, 오직 정밀하게 性理를 탐구하는 데 힘써서 몸소 바른 도리를 행할 수 있도록 해서 經傳을 헛되게 해서는 안 된다고 강조하였다.(『栗谷全書』 卷20, 「聖學輯要2」 第2 修己(上): 深懲此弊, 務精性理, 實之以躬行, 不使經傳爲空言.) 이와 같은 율곡의 관점은 窮理의 목적이 躬行에 있음을 표명한 도덕실천의 입장이다.

찰하는 것이다. 즉 인간 행위의 올바름과 덕실천에 대한 가치 판단을 말한다. 셋째, 사물(事物)에 접하여 그 당연한 바와 당연하지 않은 바를 처리하는 것은 도덕적 문제 상황에서의 처신, 대처, 대응하는 것이 도덕적으로 정당한지 아닌지를 파악하는 것이다. 즉 도덕적 문제 사태에서의 대응의 올바름에 대한 것이다. 이렇게 본다면 궁리는 선(善)과 같은 도덕적 개념에 대한 이해, 인간의 도덕적 행위에 대한 판단, 도덕적 문제 사태에서의 대응의 타당성 등을 성찰하고 해명하는 탐구적이고 성찰적인 공부인데,[22] 이를 통해서 자율적으로 인륜에 대한 판단 능력을 함양하고 궁극적으로 인륜의 실천을 독실하게 할 수 있는 것이다.

율곡의 인성교육론에서 강조하는 인성은 도덕실천적 인성을 말하며, 궁리는 역행(力行) 즉 선의 실천을 잘하기 위한 것이다. 그러므로 율곡이 궁리의 중요성을 강조하는 본의는 역행이라는 선과 도리의 실천에 있다. 율곡은 은병정사(隱屛精舍)에서 유생(儒生)들이 공부하면서 경계해야 할 가르침의 말을 집약하여 "초학자의 공부는 선(善)을 행하고 악(惡)을 버릴 뿐이다. 오늘 자리에 있는 제군(諸君)들이 앞으로 선을 행하고 악을 함이 없는 것이 곧 내가 바라는 바이므로 제군들은 힘쓰라."[23]라고 말한 바 있다. 즉 학생들이 공부에서 가장 중시

---

22 율곡이 讀書·論人物·接物을 통하여 도덕적 개념에 대한 이해, 도덕적 행위에 대한 판단, 도덕적 문제 사태에서의 타당한 대응을 논한 것은 그의 윤리적 사유의 체계성을 보여 주는 대목이다. 이에 입각해서 본다면, 율곡의 인성교육이란 도덕 개념과 이론, 인간 행위의 본질과 특성, 도덕적 상황의 복잡성과 특성을 온전히 이해하면서 선을 실천할 수 있는 인성을 함양하는 것을 의미한다고 볼 수 있다.

23 『栗谷全書』 卷31, 「語錄(上)」: 初學功夫, 爲善去惡而已, 今日在坐諸君, 他日皆爲善而無惡, 則吾之望也, 諸君勉旃.

해야 할 명제가 바로 행선(行善)·위선거악(爲善去惡)이며, 이는 인성교육의 본령이 된다. 그러므로 율곡은 말한다.

> 성리(性理)를 정밀하게 연구하는 것은 몸소 실천하는 것을 바르게 하기 위한 것이다. 그런데 성리를 정밀하게 연구하고서 도리어 몸소 실천하는 것을 불문(不問)에 부치는 것은 무엇 때문인가?[24]

가르치고 배우는 과정에서 선의 실천이 궁극의 목적이지만, 당시의 학자들은 선의 실천을 오히려 경시하였다. 율곡은 이치의 탐구에 머물 뿐 실천하지 않는 실상을 비판함으로써 교학의 문제점을 반성하고 있다. 당시의 인성교육의 문제는 도덕실천의 부재(不在)에 있다는 것이다. 따라서 율곡은 이론적인 탐구에만 그치는 인성교육의 문제점을 직시하면서 역행(力行)을 특히 강조한다. 그러나 인륜의 실천으로서의 역행은 간단치 않다. 역행은 일시적이어서도 안 되며, 단박에 되는 것도 아니다. 이에 대해 율곡은 길을 가는 여정에 빗대어 설명한다.

> 먼 곳에 가려는 사람이 한걸음에 도달할 수 없으니 반드시 가까운 데서부터 점차로 나아가야 한다. 높은 곳에 오르려는 사람이 단번에 뛰어오를 수 없으니 반드시 낮은 곳에서부터 점차 올라가야 한다. 만약 길을 잃지 않고 날마다 부지런히 노력하여 나아가고 물러나지 않는다면 멀다고 못 갈 곳이 없고, 높다고 못 오를 곳이 없다.[25]

---

24 『栗谷全書』 卷20, 「聖學輯要2」 第2 修己(上): 精性理, 爲正躬行設也, 反置躬行於不問, 何爲耶.
25 『栗谷全書』 卷22, 「聖學輯要4」 第2 修己(下): 行遠者, 非一步而可到, 必自邇而漸往, 升高

비유로 설명되고 있는 역행에 대한 율곡의 입장은 점진적·지속적·과정적 특성을 갖는다고 할 수 있다. 일상의 기본 도리를 지속적으로 실천하는 역행은 생활 중심적이고, 점진적인 방법을 통하여 인성교육의 목적이 효과적으로 성취될 수 있다고 생각하고 있다. 일상의 도덕의 실천은 한 번으로 완성되는 것도 아니며, 단박에 홀연히 이루어지는 것도 아니다. 인내심을 가지고 늘 매 순간마다 성실하게 도리를 행하는 것이 도덕실천의 참된 자세이다. 이러한 점진적이고 지속적인 과정을 통해서 인덕(仁德)을 온전히 실천할 수 있는 성인(聖人)이 되는 길에 대해 율곡은 다음과 같이 강조한다.

> 군자로서 멈춤 없이 나아가고 나아간다면 어찌 성인(聖人)의 경지에 이르지 못하겠는가? 처음에는 바람직한 선(善)에서부터 시작하여 마침내 참천지찬화육(參天地贊化育)함에 이르는 것은 앎을 쌓고 행을 지속하여 인(仁)을 숙달되게 하는 데 있을 따름이다. 성현(聖賢)이 큰 도를 명백하고 평탄하게 보여 주었지만 이 길을 따르는 사람이 드무니 탄식하지 않을 수 없다.[26]

군자가 지향하는 진보의 길의 목적지는 인성교육의 궁극적 지향으로서의 성인 됨이다. 성인되는 길은 형이상(形而上)의 문제에 몰입

者, 非一超而可詣, 必自卑而漸登. 苟能不失其路, 而勉勉循循, 日有功程, 有進無退, 則無遠不屆, 無高不及矣.

26 『栗谷全書』 卷22, 「聖學輯要4」 第2 修己(下): 君子而進進不已, 則豈不至於聖域乎. 始自可欲之善, 終至於參天地贊化育者, 只在積知累行, 以熟其仁而已. 聖賢指示大道, 明白平坦, 而人鮮克由之, 可勝歎哉.

하는 것이 아니라 일상의 도리를 제대로 실천하는 가운데서 천인합일(天人合一)하는 경지에 도달하는 것이다. 일상의 도덕을 잘 탐구하고 실천하는 것은 곧 일상에서 선을 행하고 덕을 쌓아 나감으로써 인(仁)을 온전히 실천하는 것이다.

선의 실천을 역행의 본질로 규정하는 율곡은 극기(克己)를 논하면서 "역행은 극기하여 기질의 병을 다스림에 있다."[27]고 언급하며, 몸의 욕망으로부터 유발되는 사욕(私欲)을 경계하고 극복하여 사사로움을 이기고 대공(大公)의 마음을 가져야 한다고 지적한다.[28] 이러한 역행은 선을 실천하는 지성(至誠)의 길인데, 이에 대해 율곡은 "경(敬)으로써 예를 회복하여 천리(天理)를 온전히 하면 이것이 지성(至誠)의 도가 아니겠는가?"[29]라고 말한다. 극기의 노력으로 예를 회복하는 역행은 거경을 통하여 온전하게 이루질 수 있다는 것이다. 이 점에서 율곡이 성인의 가르침의 근본이면서 인성교육의 핵심적인 방법으로 궁리, 거경, 역행 세 가지를 거론하는 맥락과 의미를 이해할 수 있다.

도덕의 탐구와 실천이라는 인성교육의 핵심적인 방법으로 제시되는 궁리, 거경, 역행 중에서 거경은 근본 바탕으로서의 의미를 갖는다. 퇴계(退溪) 이황(李滉)과 마찬가지로 율곡 역시 "경(敬)은 성인(聖人)되는 공부의 시작이자 마침을 이루는 것"[30]이라고 이해할 정도로 거경 공부를 중시한다. 율곡은 경이야말로 인성교육의 실질적 효과를

---

27 『栗谷全書』 卷5, 「萬言封事」: 力行在於克己, 以治氣質之病.
28 최정묵, 「율곡철학에 있어 도덕교육의 방법과 의의」(『철학논총』 41집, 새한철학회, 2005. 7.), 500쪽 참조.
29 『栗谷全書』 拾遺 卷6, 「四子立言不同疑」: 敬以復禮, 以全天理, 則此非至誠之道乎.
30 『栗谷全書』 拾遺 卷6, 「四子立言不同疑」: 敬也者, 學者之所以成始成終者也.

극대화할 수 있는 가장 기본적인 방법이라고 주장한다. 그러므로 율곡은 미발(未發)과 이발(已發)을 모두 관통하는 공부로 경을 강조한다. 즉 마음이 발할 때나 발하지 않을 때의 모든 상황에서 온전하게 경을 행해야 한다는 것이다. 이렇게 율곡은 궁리와 역행의 강조를 통해서 도덕의 탐구와 실천은 서로를 돕는 구조임을 역설하면서, 궁리와 역행을 잘하기 위해서는 거경을 온전히 해야 한다고 주장하는 것이다. 율곡은 말한다.

> 궁리는 바로 격물(格物)·치지(致知)이고, 거경과 역행은 바로 성의(誠意)·정심(正心)·수신(修身)이다. 이 셋을 함께 닦고 동시에 진보시켜 나가면 이치가 밝아져서 접촉하는 곳마다 막힘이 없게 되고, 내면이 곧아져서 의로움이 행위로 나타나게 되며, 자신을 극복하여 본래 성품을 회복하게 된다. 이에 성의(誠意)와 정심(正心)의 공이 몸에 쌓여서 윤택하고 화락한 모습이 몸에 가득 드러나고, 집을 바르게 다스려 형제들이 본받을 만하게 되고, 이것이 온 나라에 통달하게 되어 교화(敎化)가 행해지고 풍속이 아름답게 될 것이다.[31]

궁리·거경·역행은 서로를 도와서 나아가는 공부이며, 거경은 궁리와 역행을 잘하게 도와주는 토대와도 같다. 즉 거경이 바탕이 되지 않는다면 궁리와 역행이 온전하게 이루어질 수 없다. 경을 잘해야만이

---

31 『栗谷全書』 卷5, 「萬言封事」: 窮理, 乃格物致知也, 居敬力行, 乃誠意正心修身也. 三者俱修竝進, 則理明而觸處無礙, 內直而義形於外, 己克而復其性初. 誠意正心之功, 蘊乎身而睟面盎背, 刑于家而兄弟足法, 達于國而化行俗美矣.

도덕적 문제 상황에 직면할 때나 문제 상황에 직면하기 전에 마음을 잘 다스리고 바르게 하여, 선을 탐구하고 실천하는 것이 분명해진다. 율곡은 경이란 마음을 바르게 하는 것[正心]과 몸을 단속하는 것[檢身]이라고 규정하면서, 거경을 통해서만이 비로소 궁리와 역행을 온전하게 할 수 있다고 보았다. 이러한 맥락에서 율곡은 궁리, 거경, 역행을 도덕의 탐구와 실천이라는 인성교육의 방략적 요체로 설명한 것이다.

4. 도덕실천 지향 인성교육을 위한 교육기반 구축의 방향

율곡은 학교교육을 중심으로 도덕실천 지향 인성교육을 효과적으로 시행할 수 있도록 하기 위한 교육기반 구축의 필요성을 인식한 바탕에서 학교의 교육규범과 교사의 문제를 제기한다.

율곡이 문제 삼는 인성교육의 기반이 되는 주체 중 하나는 '학교'이다. 율곡은 당시의 학교가 도덕실천을 위한 인성교육의 장(場)이 아니라, 과거(科擧) 준비에 주력하였기 때문에 오히려 인성교육에 반(反)하는 경향이 뚜렷했다고 인식한다. 그러므로 율곡은 도덕실천 지향의 인성교육에 부합하는 학교교육의 정립 문제를 고민하게 된다. 율곡은 "양민(養民) 다음에는 교화(敎化)를 베풀어야 하는데 교화를 베푸는 방법은 학교가 으뜸이다."[32]라고 언급한 바와 같이 교화의 중심 기구가 학교임을 밝히면서, 인성교육의 주체인 학교가 교육적

32 『栗谷全書』 卷15, 「東湖問答」: 養民然後, 可施敎化, 設敎之術, 莫先於學校.

본령을 제대로 수행할 수 있어야 한다는 점을 역설하면서 당시 학교 문제의 해결을 고민한다.

율곡은 교육이 바로 서지 못하고 있는 중요한 이유를 거론하면서 학교 정책에 대해서 논하고 있다. 즉 학교의 문제가 교육 정책의 부재(不在)에 있다고 지적하면서, "지금 학교 정책은 어떻게 해 볼 수 없는 지경에 두고도 좋은 방도를 강구하지 않기 때문에 그 효과를 보지 못하는 것이지 노력을 했는데도 효과가 없는 것은 아니다."[33]라고 말한다. 율곡은 학교교육의 가치를 긍정하는 입장에 서고 있다. 그러나 현실적으로 교육은 여러 문제점을 노출하고 있으며, 그 원인은 인성교육을 위한 좋은 교육 정책이 제시되지 못하는 데 있다고 본다.

이러한 입장에서 율곡은 학교 인성교육의 올바른 시행은 학규(學規)의 정립과 그 실천을 통해서 학생들이 덕을 자율적으로 함양할 수 있도록 함으로써 가능하다는 입장을 취한다. 율곡은 황해도 해주에 은병정사(隱屛精舍)를 건립하고, 유생들을 교육하는 데 진력하면서 은병정사의 학칙(學則)에 해당하는 「은병정사학규(隱屛精舍學規)」와 「은병정사약속(隱屛精舍約束)」을 제정했다. 학당의 교육 방향과 규범을 제시한 이 학규에는 인성교육을 위한 학교교육 규범들이 구체적으로 열거되어 있다. 또한 율곡은 『학교모범』을 집필하여 공부의 방향, 학생들이 준수해야 할 기본 교육규범들을 정립하였다. 율곡이 「은병정사학규」와 『학교모범』에서 표명하고자 한 교육의 방향과 규범들은 유생들이 자율적으로 덕을 함양하도록 권장하는 것이다. 율

33 『栗谷全書』卷15, 「東湖問答」: 今之學校之政, 付之無可奈何之域, 不求善策, 故未見其效耳, 非有功而無效也.

곡은 학교라는 교육기관에서 지향하는 교육의 목표는 근본적으로 인성교육에 있으며, 인성교육은 타율적인 강제나 주입이 아니라 유생들 개개인의 자율적인 노력과 협동으로 덕을 실천하고 선을 행하는 것을 근본 방향으로 삼고 있다.

율곡은 인성교육을 위한 학교의 교육 역할을 강화하기 위해서 학생들의 학당 입재(入齋) 문제를 고민하기도 하는데, 이에 대해 율곡이 취한 입장은 '유교무류(有教無類)'[34]의 관점에 근거하여 신분의 차이로 인해 학당의 입재(入齋)에 제약을 두지는 않는 것이다. 율곡은 「은병정사학규」에서 "학문에 뜻이 있는 사람은 모두 재(齋)에 들어오는 것을 허락한다."[35]는 기본적인 입장을 취한다. 이에 근거하여 율곡이 도덕실천 지향의 인성교육을 위해서 염두에 둔 핵심적인 관심은 입학하려는 학생들의 덕성(德性)의 유무(有無)이다. 즉 율곡은 은병정사에 입재(入齋)하려는 유생들의 기본적인 덕행(德行)을 점검하여 도덕적인 과오(過誤)가 없어야 비로소 정사(精舍)에서 공부하는 것이 가능하다고 표명한다. 이에 율곡은 「은병정사학규」에서 "만일 이전에 패악(悖惡)했던 사람이 들어와서 공부하기를 원한다면 그에게 먼저 스스로 개과(改過)하고 조심하게 한 다음, 행동하는 것을 면밀하게 관찰하여 행위가 개선되었음을 확실히 안 뒤에야 들어오는 것을 허락한다."[36]고 규정한 것이다.

34 『論語』, 「衛靈公」.

35 『栗谷全書』 卷15, 「隱屛精舍學規」: 入齋之規, 勿論士族庶類, 但有志於學問者, 皆可許入.

36 『栗谷全書』 卷15, 「隱屛精舍學規」: 若前日悖戾之人願入, 則使之先自改過修飭, 熟觀所爲, 決知其改行, 然後許入.

율곡이 유생의 입교 과정을 까다롭게 규정하는 이유는, 유생이 인성 함양 공부를 할 수 있는 기본적인 마음가짐과 덕성을 갖추고 있는지를 점검하기 위한 것이다. 이것은 학생들의 배움에 대한 자기 의지와 행실을 보는 것인데, 이는 인성교육을 수행함에 있어서 학생들에게 요청되는 기본적인 태도에 해당하는 것이라고 하겠다. 율곡에게 있어서 교육이란 자기의 본래적 덕성을 깨우치고, 그 덕을 생활 가운데서 실천해 나가는 과정을 의미한다. 덕의 각성과 실천은 본래 갖추어진 선한 성품의 각성과 이에 따른 선의 실천이라는 점에서 외재적이거나 타율적인 명제라기보다는 자율적인 것이어야 한다. 그러므로 율곡은 은병정사에서 배우는 유생들의 마음가짐이 자율적인 덕의 실천에 목적을 두고 전념으로 이를 실천할 수 있어야 한다고 주장하며, 이를 인성교육을 통해서 구현하려고 한 것이다.

인성교육의 효과적인 수행을 위한 교육기반으로서 율곡은 다른 하나의 주체인 '교사'의 문제에 주목한다. 율곡은 『학교모범』을 지어 유생(儒生)들의 교육규범을 제시했는데, 여기서 '사도(師道)가 끊어지고, 교화(敎化)가 밝지 못하여' 인간이 품부한 선한 본성이 잘 발휘되지 못하고 있다고 지적했다. 즉 율곡은 교육의 주체인 교사가 바로 서지 못하고, 교육이 제대로 이루어지지 못하고 있는 실상을 개탄하면서, 교육이 인간의 선한 본성을 잘 밝히고 실천할 수 있는 인성교육의 본령을 실현하는 데 부합해야 한다고 주장하고 있다. 율곡은 당시의 교육이 인성교육의 본령을 구현하지 못하고 있다고 인식하기에 스스로 이 문제를 해결하기 위해 학당(學堂)을 세우고, 학교규범을 제정하였으며, 실제로 유생들을 가르치는 교사로서의 소임을 다한 것이다.

율곡은 인성교육의 성공은 교사에게 달려 있다고 인식하고, 교사 문제에 대해서 집중적으로 논한다. 즉 율곡은 "스승이 자격을 갖추지 못하면 선비의 풍기가 날로 쇠퇴하여질 것임은 이치로 보면 필연적이므로 괴이하게 여길 것이 없다."[37]고 하였다. 이러한 입장에서 율곡은 내실 있는 인성교육을 위해서 좋은 교사의 양성과 선발을 제도화하고, 교사의 교육 성과를 평가하여 교육에 대한 책임을 강화해야 할 필요가 있다고 인식하였다. 그리고 율곡은 인성과 실력 면에서 우수한 자질을 가진 교사를 선발하였으면 이들의 교육을 존중해야 한다고 강조한다. 즉 "학교의 스승 되는 사람의 자격을 정선(精選)했으면 예의에 맞도록 대우하여 자중하는 선비가 그 직분에 만족하도록 해야 한다."[38]라고 하여, 교사의 교육적 전문성을 인정한 바탕에서 교사의 교육권을 존중해야 한다고 주장하였다. 이러한 교사 존중의 궁극적인 목적은 교사가 교직에 대한 자긍심을 가지고 교육에 최선을 다할 수 있는 환경을 조성하기 위한 것이다.

특히 율곡은 교사들의 인성교육을 더욱 적극적으로 진작하기 위해서 도덕실천적 성과 중심으로 교사를 평가하는 문제를 적극적으로 검토해야 한다고 생각한다. 즉 율곡은 교사의 교육 성과를 평가할 때 독서나 이론 중심이 아니라 철저하게 학생들의 도덕실천 행위의 성과 중심으로 해야만이 인성교육의 참된 결실이 나타날 것이라

---

37 『栗谷全書』 卷15, 「學校模範」: 師旣非人, 則士風日衰, 理勢必然, 無足怪者.

38 『栗谷全書』 卷15, 「學校模範」: 學枝之師, 旣已精擇其人, 則亦須待之以禮, 使自重之士, 得安其職.

고 여겼다. 따라서 교사가 교육을 함에 있어서 유생들이 문장을 잘 짓는 것과 출세에만 뜻을 두고 과거(科擧)에만 몰두하도록 하는 점을 경계하였다. 그리하여 율곡은 인성교육의 본래적 목적 구현을 위해 교사들이 교육에 전념·헌신하도록 하고, 이에 입각하여 가르친 학생들의 인성 함양의 성취도를 직접 판단·평가하여 교사의 인성교육적 역량과 성과를 명확하게 파악할 수 있어야 한다는 점을 역설한다. 이와 같이 율곡은 도덕실천 지향의 인성교육을 위해서 그 교육기반이 되는 주체인 교사의 문제를 직시하고 해결하기 위해 노력한 것이다.

5. 장을 마치며

본 장에서는 교육이란 본질적으로 인성교육이어야 한다는 입장에서 제시한 율곡의 도덕실천 지향 인성교육의 본질과 핵심 가치 그리고 이 교육을 통해서 함양하고자 하는 인성의 특징에 대해서 탐구했다. 또한 도덕의 탐구와 실천을 위한 인성교육의 기본 방략이 무엇인지를 논했으며, 인성교육을 위한 기반이 되는 핵심 주체인 학교와 교사의 중요성을 율곡이 어떻게 이해하고 있는지도 검토해 보았다. 이러한 논의를 통해서 율곡의 도덕실천 지향 인성교육론의 개념적 의미와 기본 특성을 해명하고자 했다.

율곡은 유학교육의 본령이 인성교육에 있다는 입장에서 정밀한 인성교육 이론과 실천의 문제를 논하고 있는데, 그 지향의 핵심은 도덕실천에 있다. 이 점에서 율곡의 인성교육론은 도덕실천 지향의 인성교육론이라고 규정할 수 있다. 도덕실천 지향의 인성교육을 통해서 구현해야 할 참된 인간은 성인(聖人)이며, 성인은 인성교육의 목표가 되는 인격이다. 율곡은 인성교육의 목표로서 성인 됨은, 선천적으로 선한 본성을 품부받았다는 성선(性善)과 그 선한 본성을 온전히 구현할 수 있다는 실현 가능성, 이 두 가지 요소를 전제로 하고 있다. 그리고 이 요소들은 모든 사람에게 부여되어 있다는 점에서 보편성을 갖는다. 율곡은 인간이 품부한 성선적(性善的)인 자기 품성 즉 도덕성을 일상의 삶에서 실현하는 도덕실천을 강조한다. 이러한 도덕실천 지향의 인성교육은 자기가 품부한 도덕 본성에 입각하여 일상의 도덕을 온전하게 실천할 수 있는 역량을 함양하는 것이라고 할 수 있다.

율곡의 도덕실천 지향 인성교육의 본령을 분석하면, '일상(日常)의 측면에서 생활 도덕의 각성과 실천 역량 함양', '수기적(修己的) 측면에서 인(仁)의 도덕실천 역량 함양', '치인적(治人的) 측면에서 사회태평(社會太平)을 위한 안인적(安人的) 도덕실천 역량 함양'이라는 세 가지로 집약된다. 이는 인간이 선과 도리를 인식·자각·실천할 수 있는 선성(善性)을 지닌 존재라는 전제에서 출발한다. 이에 유학 공부에서 가장 중요한 가치로 여기는 인륜(人倫) 즉 일상의 도덕을 각성하고 실천할 수 있는 역량을 함양하는 것이 인성교육의 본령으로 제시되고 있는 것이다. 또한 인성교육을 통해서 구현하고자 하는 본령은 바로 수기치인(修己治人)에 있음을 율곡이 역설하는 바탕에서 수기적 측면에서의 인(仁)의 도덕실천 역량 함양과 치인적 측면에서의 사회태평적 도덕실천 역량 함양이라는 두 가지 본령이 제시되고 있다.

율곡의 도덕실천 지향 인성교육을 수행하는 방략의 기본 요체는 거경(居敬), 궁리(窮理), 역행(力行)이다. 이는 인성교육을 통한 도덕실천적 인성 함양을 위한 전 과정에서 기본이 되는 실천적 방략으로서의 거경, 도덕적 앎과 선(善)에 대한 이론적 탐구의 방략으로서의 궁리 그리고 탐구된 도덕을 실제의 생활 과정에서 온전하게 실천하는 방략으로서의 역행을 조직적으로 구축하고 전개함으로써 교육의 효과를 현시할 수 있다는 것이다. 이러한 인성교육의 기본 골격이 되는 방략에 근거하여 율곡은 다양하고 체계적인 교육 방안을 제시한 것이다.

또한 율곡은 합리적이고 체계적인 도덕실천 지향 인성교육을 수행하기 위해서 필요한 기반 구축의 필요성을 논하고 있는데, 이는 인성교육의 핵심적인 주체라고 할 수 있는 학교와 교사의 문제를 거론하는 것으로 나타난다. 율곡은 인성교육의 핵심 주체로서 그 역할을 해야 할 학교가 인성교육의 전당(殿堂)이 아니라, 개인의 자기 이익만을 증대시키는 방법을 배우는 장소로 전락한 점을 비판하면서 인성교육을 바로 세우기 위해 학교의 문제점을 제기한 것이다. 즉 율곡은 인간의 선한 성품을 잘 함양하여 자율적으로 선을 정밀하게 탐구하고, 선의 실천 능력을 함양할 수 있는 인성교육을 위해서 덕행(德行)을 중심으로 학생을 선발하고, 학생들이 상호 협력적으로 덕을 함양할 수 있도록 하는 학교규범의 정립 문제를 제기한 것이다. 그리고 인성교육을 책임지는 주체로서 교사의 중요성을 인식하고, 교사의 문제로 인해 인성교육이 제대로 수행되지 못하는 점을 지적하면서 교사에게 자율적이고 책임 있는 인성교육의 수행을 전적으로 맡기는 책임교육의 문제를 중심으로 교육 주체의 교육 주권(主權)

에 대한 논의를 제기한 점도 주목할 만하다. 본 서의 제1장에서 제기된 이러한 학교와 교사의 문제는 각각 제2장과 제3장에서 구체적으로 상론하면서 율곡이 주장하는 도덕실천 지향 인성교육을 위한 학교와 교사의 본령을 밝힐 것이다.

율곡의 도덕실천 지향 인성교육론 체계는 어떤 측면에서는 오늘날의 한국 교육의 인성교육 체계보다 더욱 잘 구성되어 있고, 실질적인 교육 효과를 담보할 수 있는 내용이라고 할 수 있다. 오늘날 우리 교육에서는 인성교육의 중요성을 강조하고 있지만, 교육 실제에 있어서는 인성교육의 가치가 헛구호에 그치고 있다. 지금의 우리 교육처럼 지식 위주 교육과 무자비한 경쟁 교육으로 일관한다면 제대로 된 인성교육이 불가능할 것이다. 그렇다면 어떻게 해야 지금의 이러한 인성교육의 문제점을 개혁할 수 있을 것인가? 이에 대해서는 율곡의 도덕실천 지향의 인성교육론에서 의미 있는 시사점을 얻을 수 있다고 본다.

율곡은 인성교육론이 교육의 본질이며, 이 본질의 구현을 위해서 학생 자신은 물론 학교와 교사가 모두 인성교육을 중시하고 이에 전념하는 일체화된 교육 체계를 구축해야 한다고 주장하고 있다. 바람직한 인성교육을 위해서는 인성 함양을 위한 학교규범을 정립하며, 교사의 윤리적 품성의 탁월성이 강조되어야 한다. 그리고 학생들이 가치로운 삶을 영위할 수 있고 다른 사람들과 함께 행복한 삶을 영위할 수 있는 인성 함양을 가능케 하는 교육 체계를 구축하는 것이 바로 오늘날의 인성교육을 바로 세우는 길이 될 것이다. 이 점에서 율곡은 바람직한 인성교육론의 한 전형을 제시하였다고 할 수 있다.

제2장

도덕실천 지향 인성교육을 위한 교육기반으로서 학교규범의 정립

율곡(栗谷)의 유교윤리사상 체계에서 본다면 인간다운 삶이란 윤리적인 삶을 의미하는데, 이는 곧 인간이 선천적으로 품부한 선한 성품을 온전히 구현하는 삶을 말한다. 유가(儒家)들은 인간의 가치를 존엄하게 여기면서 인간다운 삶의 영위를 중요한 삶의 목표로 삼아 왔다. 그리고 인간의 선한 성품을 함양하기 위한 체계적인 학습과정으로 인성교육을 강조해 왔다. 율곡은 도덕실천 지향의 인성교육론을 통해서 인간의 도덕성에 대한 근본적인 성찰을 토대로 품성을 함양하는 방법을 탐구하고 실천적 인성 공부 체계를 구축하기 위해 노력했다.

율곡은 유교윤리의 실천적 구현과 좋은 인성의 함양을 위해서 교학(教學)의 중요성을 각성한 바탕에서 인성교육론을 체계적으로 전개하면서 교육적 성취를 위해서 실제적인 역량을 발휘한 실천적인 유교사상가이자 교육자였다. 즉 율곡은 『격몽요결(擊蒙要訣)』, 『학교모범(學校模範)』, 『성학집요(聖學輯要)』, 「은병정사학규(隱屏精舍學規)」,

「은병정사약속(隱屛精舍約束)」, 「문헌서원학규(文憲書院學規)」[39] 등의 교육 관련 글을 통하여 교육의 방향을 제시했으며, 은병정사(隱屛精舍)에서 유생(儒生)들을 가르치는 활동을 함으로써 도덕실천 지향의 인성교육을 몸소 실천한 교육사상가로서의 면모를 보여 주었다.

율곡은 인성교육을 통해서 사람들이 자신의 도덕성 본성과 인륜의 도리를 깨칠 수 있고, 이를 바탕으로 참된 인간으로서의 삶을 살아갈 수 있다고 주장한다. 율곡은 이러한 도덕실천의 인성교육을 위해서는 학교라는 교육 주체가 실제로 학생들에게 적절하고 효과적인 교육을 시행할 수 있어야 한다는 입장을 견지한다. 이에 따라 율곡은 인성교육을 위한 주요 기반으로 학교를 규정하고 학교의 인성교육적 역할에 대해서 주목하였다. 율곡이 도덕실천 지향의 인성교육을 주장함에 있어서 학교를 특별한 의미를 부여하면서 강조한 이유는 당시의 학교가 인성교육이라는 교육의 본령을 제대로 구현하지 못하고 있다고 인식하였기 때문이다. 따라서 율곡은 인성교육의 효과를 극대화함으로써 교육적 성취도를 높이기 위해서 학교의 문제를 집중적으로 논한 것이다.

이러한 맥락에서 본 장에서는 율곡이 제기한 도덕실천 지향 인성교육론의 특성을 학교규범(學校規範)을 중심으로 탐구하고자 한다. 율곡은 인성교육의 기반이 되는 교육 주체로서 학교가 학생들이 도덕실천적인 인성을 함양할 수 있도록 도와주기 위해서 어떠한 역할

39 「文憲書院學規」는 율곡이 1578년에 지은 文憲書院의 규범을 정한 學規이다. 율곡은 이 서원에서도 儒生들을 가르치며, 함께 공부했다는 기록이 있다. 「文憲書院學規」는 율곡이 지은 학규로서 중요한 위상을 지닌 「隱屛精舍學規」와 거의 비슷한 내용이다. 따라서 본 장에서는 「隱屛精舍學規」를 중심으로 내용을 분석하고자 한다.

을 수행해야 하는지를 고민하면서, 이를 위해 특히 학교규범의 중요성을 각성하고 그 정립의 문제를 강조했다. 이에 본 장에서는 율곡이 도덕실천 지향의 인성교육 이념에 입각하여 제정한 「은병정사학규」와 『학교모범』을 통하여 그의 인성교육의 특성을 탐구할 것이다. 즉 그가 도덕실천 지향 인성교육을 체계적으로 수행하기 위해서 제시한 학교규범을 분석하여, 어떠한 학생 교육 방향과 행위 규범을 정립하고자 했는지를 해명하고자 한다.

1. 도덕실천 지향 인성교육을 위한 학교규범 정립의 필요성

율곡은 조선의 교육 실제를 직시하면서 도덕실천의 교육이 공고하게 이루어지지 못하고 있다고 비판한다. 즉 율곡은 "천(天)이 인간을 낳으니 만물에는 법칙이 있다. 인간은 모두가 아름다운 천부적(天賦的)인 덕을 받았지만, 사도(師道)가 끊어지고 교화(敎化)가 밝지 못했으므로 그것을 크게 떨칠 수가 없었다."[40]라고 지적하고 있다. 여기서 우리는 율곡이 얼마나 교육을 중시하는지를 알 수 있다. 율곡은 인간이 선한 본성을 온전히 구현하는 것은 교육에 달려 있다는 입장을 취하고 있다. 인간은 선한 성품을 천부적으로 품부하고 있으나, 교육의 부실(不實)로 인해 선한 성품을 온전히 구현하지 못하고 있다

40 『栗谷全書』 卷15, 「學校模範」: 天生蒸民, 有物有則, 秉彝懿德, 人孰不稟, 只緣師道廢絶, 敎化不明, 無以振起作成.

는 것이 율곡의 판단이다. 그러므로 율곡은 인간이 선한 자기 본성을 깨치고 구현할 수 있도록 도와주는 도덕실천 지향의 인성교육의 온전한 시행을 역설했다.

율곡은 인성교육을 본령으로 삼는 기관이 바로 '학교'라고 규정한다. 즉 율곡은 학교의 중요성을 언급하여, "백성을 잘 기른 다음에는 교화(敎化)를 베풀어야 하는데 교화를 베푸는 방법은 학교가 으뜸이다."[41]라고 하였다. 이에 율곡은 성균관(成均館), 사부학당(四部學堂), 서원(書院), 향교(鄕校) 등의 학교를 통한 인성교육의 의미를 역설하였다. 인성교육은 타인과의 관계에서 도리를 잘 실천하고, 사회의 윤리적 문제를 해결하는 데 능력을 발휘할 수 있으며, 공공(公共)의 선(善)을 능동적으로 실천할 수 있는 인성을 함양하는 교육이다. 이러한 기능을 제대로 수행할 때 비로소 학교는 인성교육의 전당(殿堂)이 될 수 있는 것이다. 그러나 율곡은 당시의 학교가 올바른 인성교육의 전당 역할을 하지 못하고 있다고 비판한다.

> 지금의 반궁(泮宮)은 수선(首善)인데 사람(士林)들의 풍습이 날로 천박해져서 학문을 모르고 영리(榮利)만 얻으려고 하니 이것을 어떤 방법으로 해결할 것인가?[42]

반궁(泮宮)은 당시 최고의 교육기관인 성균관(成均館)을 지칭하는데,

---

41 『栗谷全書』 卷15, 「東湖問答」: 養民然後, 可施教化, 設教之術, 莫先於學校.

42 『栗谷全書』 卷15, 「東湖問答」: 今之泮宮, 首善之地, 而士習日偸, 不知學問, 徒慕榮利, 亦何術而可救耶.

이는 교육기관의 상징이다. 성균관으로 대표되는 학교는 선(善)을 교육하는 전당(殿堂)이며, 최고의 교육기관인 성균관은 '으뜸 선' 즉 선을 교육하는 기관 중에서도 최고의 모범적인 기관이다. 이 점에서 율곡이 성균관을 '수선지지(首善之地)'라고 지칭한 것[43]은 학교교육의 본질과 목표가 무엇인지를 극명하게 보여 준다. 교육은 인간의 선한 본성을 잘 실현하도록 도와주는 것이며, 인격 함양을 위한 것이라는 점에서 수선(首善)을 지향하는 조선의 교육은 인성교육이 그 본질이다. 그러나 율곡은 성균관조차도 교육 본질을 제대로 구현하지 못하는 문제에 봉착해 있다고 보았다. 그리하여 율곡은 교육의 전당인 학교가 인성 함양이라는 교육 본령에 충실하지 못한 현실을 비판하면서 이 문제 해결을 위한 길을 모색하려고 하였다.

율곡은 사람들이 현실적으로 그 본래적인 선한 도덕성을 잘 유지하지 못하게 된 근본 원인은 교육에 있다고 본다. 이러한 인식에 근거하여 율곡은 교육을 바로 세우는 문제에 진력하게 된다. 즉 교육이론을 정립하고, 교육 현실의 문제점을 개혁하기 위한 방안을 제시하며, 학교의 규범을 바로 세우기 위해 노력한다. 이러한 율곡의 교육에 대한 의지는 인성교육의 온전한 실천에 있었다.

율곡은 학교가 인성교육을 제대로 실천하기 위해서는 학교규범을 바르게 정립해야 한다고 주장한다. 율곡이 제시한 대표적인 학교규

---

43 『漢書』「儒林傳序」에서도 '首善之地'라는 표현이 등장하는데, 여기서도 '敎化를 행하는 학교'로 그 의미를 새기고 있다. 이 점을 고려하면, 율곡은 '首善之地'를 좁은 의미에서는 成均館을 지칭하고, 넓은 의미에서는 모든 종류의 學校를 지칭하는 것으로 사용했다고 할 수 있다. 『東湖問答』에서는 율곡이 成均館을 지칭하는 '泮宮'이라는 개념과 함께 사용하고 있기 때문에, '首善之地'를 가장 우월한 곳이나 地位라고 이해하기보다는, 善을 교육하는 가장 모범이 되는 최고의 교육전당으로서의 成均館을 의미한다고 보는 것이 적절하다.

범인 「은병정사학규(隱屛精舍學規)」, 「은병정사약속(隱屛精舍約束)」, 『학교모범(學校模範)』을 통해서 그가 지향한 인성교육의 성격과 방향을 읽을 수 있다. 율곡은 은병정사(隱屛精舍)를 설립하여 유생들을 교육하면서 학칙(學則)을 만들고 이를 「은병정사학규」라고 이름하였다. 이 학칙은 유생들이 학교에서 지켜야 할 도리와 규칙으로서, 학생들의 인성교육을 위한 규범들이 체계적으로 제시되어 있다. 율곡은 유생들이 학교에서 지켜야 할 또 다른 규범으로 『학교모범』을 지었다. 율곡은 『학교모범』에서, 사도(師道)와 교화(敎化)의 부재(不在)를 거세게 질타하면서 학교규범의 정립을 통하여 바른 인성교육의 길을 제시하려 하였다.

이러한 율곡의 인성교육 실천 의지는 그가 교육자로서 유생(儒生)들을 가르치는 과정에서 분명하게 드러난다. 율곡은 황해도 해주에 기거할 때 유생들을 교육하고, 교육서를 짓게 된 계기를 『격몽요결(擊蒙要訣)』에서 다음과 같이 밝히고 있다.

> 내가 해산(海山)의 남쪽에 머물고 있을 때 학생 몇 명이 찾아와 학문을 물었다. 나는 스승이 될 만한 식견이 없음을 부끄럽게 여기면서도 초학자들이 배움의 방향을 모르고, 강한 의지도 없이 그냥 배우겠다고 한다면 도움이 되지 않고 도리어 남의 비웃음만을 사게 될 것이 걱정되었다. 그래서 간략하게 책 한 권을 써서 마음을 정립하고, 몸을 다스리고, 부모를 봉양하고, 남을 응대하는 방법을 대략적으로 서술하여 『격몽요결』이라고 이름하였다. 학생들로 하여금 이 책을 읽고 마음을 씻고 곧바로 공부에 힘을 다하도록 하고자 한다.[44]

초학자(初學者)를 위한 인성교육의 필요성을 인식하고『격몽요결』을 지어서 이를 유생들이 배우도록 하고, 교사들이 교육하는 교재로 삼도록 했다. 율곡은 초학자들이 새겨야 할 교육의 본질이 몸과 마음을 닦고, 부모에게 효도하며, 남을 대하는 윤리를 공부하는 데 있음을 보여 주고 있다. 즉 교육은 자기의 심신(心身)을 수양하고, 도덕을 실천하는 데 있다고 보는 점에서 인성교육의 가치 구현이 본질이라고 본 것이다. 이렇게 율곡이 교사로서 유생들을 가르치는 데 있어서 유념하고 반성한 근본 교육 방향이 바로 인성교육에 있으며, 이 점에서『격몽요결』역시 인성교육의 전범(典範)이다. 사람들이 도덕적으로 수월한 인격을 함양하여 좋은 삶을 영위하기 위해서는 인성교육이 절대적으로 필요하다는 입장에서 율곡은 조선의 교육이 노정하고 있는 문제점을 직시하면서 인성교육을 내실 있고 명실상부하게 구현할 수 있는 학교규범을 정립해야 한다고 주장한 것이다.

2.「은병정사학규」의 학생 자율성 중심의 인성교육 규범

은병정사(隱屛精舍)는 율곡이 43세 되던 해인 1578년에 인성교육을 위해서 해주에 설립한 사학(私學)이다.[45] 은병정사에서 기본 교재로

---

44 『栗谷全書』卷27,「擊蒙要訣」: 余定居海山之陽, 有一二學徒, 相從問學. 余慙無以爲師, 而且恐初學不知向方, 且無堅固之志, 而泛泛請益, 則彼此無補, 反貽人譏. 故略書一冊子, 粗敍立心飭躬奉親接物之方, 名曰擊蒙要訣, 欲使學徒觀此, 洗心立脚, 當日下功.

45 隱屛精舍는 율곡이 1578년에 제자 교육을 위해서 황해도 해주 石潭에 설립한 學堂이다. 은병정사는 講學공간과 祭享공간으로 구성되어 있는데, '學徒들이 모여들어 자리가 없을 정

사용한 책은 율곡이 은병정사 건립 전해인 1577년에 저술한 『격몽요결』이었다. 율곡은 『격몽요결』 서문에서 학문하는 목적은 올바른 사람이 되는 것에 있다는 점을 강조한 데서 알 수 있듯이, 은병정사의 교육은 도덕실천의 인성교육이 주된 방향이었다. 율곡은 은병정사에서 인성교육을 효과적으로 시행하기 위해서는 학생들이 학교에서 공부하는 규범을 정하고 이를 엄정하게 실천토록 하는 것이 중요하다고 인식했다.[46] 그리하여 율곡은 「은병정사학규」를 지어서 학교의 규범을 명확하게 제시했다.[47]

도였다.'고 할 정도로 번성했다. 심지어는 호남지방에서 온 儒生들도 있었으니, 이로써 율곡의 학문을 배우려는 학도들의 열정을 엿볼 수 있다. 은병정사는 1610년에 紹賢書院이라는 賜額을 받음으로써 서원으로서의 위상을 세우고 더욱 체계적인 교육을 수행하게 되었다.(박균섭, 「은병정사 연구: 학문과 학풍」 『율곡사상연구』 19집, 율곡학회, 2009. 12., 163~168쪽 참조) 율곡이 은병정사를 유생들의 道學 공부를 위한 殿堂으로 삼았다는 점은, 이 학당의 이름을 지을 때 '隱屛'이라는 단어를 사용하였다는 데서 상징적으로 드러난다. 朱熹가 隱屛山에 武夷精舍를 짓고 敎學을 실천한 것에 영향을 받아 율곡은 학당 이름을 隱屛精舍라고 짓고, 도학의 정신을 구현하는 인성 함양 교육을 실천하려 한 것이다.

46 율곡은 門徒들과 함께 聽溪堂에 모여서, 隱屛精舍에서 공부할 때 어떠한 마음가짐을 가져야 할지를 논하면서, 문도들의 인성 함양 공부에 대한 의지를 강화하기 위해서, 율곡 자신이 솔선수범할 것을 다짐하며 교육자로서 도학 공부에 더욱 정진하겠다는 자세를 천명한다. 그리고 이를 바탕으로 儒生들의 분발을 다음과 같이 이끌고 있다. "學者가 모두 學問한다는 이름은 있으나 학문의 열매가 없는 것은 무슨 까닭인가? 이는 욕심이 있는 것을 스스로 극복하지 못하기 때문이다. 지금부터 나는 몸을 검속하는 공부를 倍로 하겠다. 제군들도 더욱 착실하게 공부해서 물러서는 뜻이 없도록 하여 다른 사람들의 비웃음을 사는 일이 없게 하라."(『栗谷全書』 卷31, 「語錄(上)」: 學者皆有學問之名, 而顧無學問之實, 何故, 以其所欲有在, 未能自克故也. 自今以後, 吾倍做檢飭之工, 諸君亦十分做著實功夫, 無有退轉之意, 無買外人之譏.)

47 퇴계도 1559년에 「伊山院規」를 제정했는데, 이 院規의 특징은 書院 운영상의 구체적인 내용을 적시하기보다는 큰 틀에서 학문의 원칙과 방향을 제시하고 있다는 점이다. 구체적으로는, 서원에서 공부해야 할 책을 세 가지 기준으로 구분하여 제시하고, 諸生들 상호 간의 경각심을 일깨우기 위한 揭壁書를 제시했으며, 서적의 반출과 여성의 출입을 금지하는 등 학풍을 바로 세우기 위해 서원이 지향해야 할 원칙과 방향을 제시했다. 「伊山院規」는 이후 조선에서 서원의 학규를 제정할 때 지역과 학파를 초월하여 중요한 참고 체계로 원용되었다.(한재훈, 「조선시대 서원 학규의 시기별 경향」, 『韓國書院學報』 13집, 2021. 12., 174쪽 참조)

「은병정사학규」에는 입학생들의 자격에 대해서 규정한 내용이 있다. 즉 "입재(入齋)의 규칙은, 사족(士族)과 서류(庶類)를 막론하고 학문에 뜻이 있는 사람이라면 모두 재에 들어오는 것을 허락한다."[48]라고 하였으며, 또한 "마을에서 배우기를 원하는 사람들은 모두 양정재(養正齋)에서 공부하게 한다."[49]라고 하였다. 사족(士族)은 양반의 자식을 지칭하는데, 이 점에서 은병정사는 양반을 대상으로 한 교육을 기본 방향으로 하고 있음을 알 수 있다. 그러나 한편으로는 '마을에서 배우기를 원하는 사람들을 모두 교육시켜야 한다.'는 것을 명기함으로써 사족(士族)이 아닌 평민이나 하층 신분의 유생에게도 교육받을 수 있는 기회를 제공해야 한다는 점을 밝히고 있다. 즉 율곡은 신분 때문에 학당의 입재가 차단되는 것을 경계하면서, 교육의 길은 누구에게나 열려 있어야 한다는 입장을 취한 것이다.

인성교육의 전당인 은병정사에 입학하려는 학생들에게 가장 중요시된 것은 덕성(德性)의 유무(有無)였다. 이것은 은병정사에 입학하려는 유생들이 도덕적으로 완성되어 있어야 한다는 전제가 아니라, 학생의 기본적인 행위에 도덕적인 과오(過誤)가 없어야 한다는 점이 초점이다. 율곡은 「은병정사학규」에서 이와 관련한 규범을 다음과 같이 제시하고 있다.

> 먼저 들어온 사람들이 의논하여 들어와도 된다고 한 뒤에야 들어오도록 허락한다. 만일 이전에 패악(悖惡)했던 사람이 들어오기를

48 『栗谷全書』 卷15, 「隱屏精舍學規」: 入齋之規, 勿論士族庶類, 但有志於學問者, 皆可許入.
49 『栗谷全書』 卷15, 「隱屏精舍學規」: 鄉中願學者, 皆姑接養正齋.

> 원한다면 그로 하여금 먼저 스스로 개과(改過)하고 조심하게 한 다음, 그 행동하는 것을 면밀하게 관찰해서 행위가 개선되었음을 확실히 안 뒤에야 들어오는 것을 허락하며, 만일 평소의 행위의 내력을 모르는 자가 들어오기를 원하면 그로 하여금 우선 가까운 마을(혹은 양정재)이나 산사(山寺)에 왕래하면서 배우고 묻게 한 다음, 그 뜻과 행하는 것을 살펴보아서 선하다고 여겨 취할 만함이 있음을 안 뒤에야 들어오기를 허락한다.[50]

율곡은 유생이 학당에 입학하려면 반드시 통과해야 할 절차가 있다고 보았다. 첫째는 먼저 입당한 유생들의 동의가 있어야 한다는 점이다. 이는 학교에서 유생들에게 요구되는 제1의 규범은 덕행(德行)이라는 점에 입각하여, 입교를 원하는 유생들이 배움에 임할 수 있는 기본적인 덕을 갖추고 있는지를 먼저 입교한 유생들이 논의하여 입교를 동의하거나 거부하는 것을 말한다. 이는 선배나 후배 할 것 없이 덕행에 대해서 스스로 엄정해야 한다는 자율적인 성찰의 규범을 부과한 것이다. 둘째는 과거의 잘못을 고친 뒤라야 입교가 가능하다는 점이다. 즉 패악하여 부덕한 소행을 저지른 유생의 경우, 잘못을 스스로 고치도록 하고 그 개과(改過) 행위가 충분하다고 판단되어야 비로소 입교가 가능하다는 것이다. 셋째는 과거의 행적을 잘 알지 못하는 사람이 입교하기를 원한다면, 예비 과정을 두어 거기서

50 『栗谷全書』 卷15, 「隱屛精舍學規」: 齋中先入者, 僉議以爲可入. 然後乃許入. 若前日悖戾之人願入, 則使之先自改過修飭, 熟觀所爲, 決知其改行, 然後許入, 素昧平生者願入, 則使之姑接近村(或養正齋)或山寺, 往來問學, 觀其志趣操履, 知其可取然後許入.

충분히 그의 덕행이 인정되어야 비로소 입교가 가능하도록 규정하고 있다. 이와 같은 은병정사의 규범을 통해서 파악할 수 있는 것은 입교 희망 유생들의 기본 덕성의 유무(有無)가 입교 허락에 중요한 기준이 된다는 것이다. 이 점에서 율곡은 학교를 '도덕 학습 공동체'로 이해하고 있다고 할 수 있는데, 이러한 입장은 「은병정사학규」에서 일관되게 나타나고 있다.

또한 율곡은 「은병정사학규」에서 학생들의 자율적·협동적인 도덕 학습과 상호 존중적인 인성교육을 지향하는 학교규범을 다음과 같이 제시하였다.

> 친구 사이에는 서로 화목하고 공경하기를 힘쓰고, 과실(過失)을 서로 바로잡아 주고, 선행을 하도록 서로 권하며, 귀함·현명함·부유함·부모의 권세·많은 지식 등을 자부하여 함께 지내는 무리들에게 교만을 부려서는 안 된다. 또 함께 지내는 무리들을 나무라거나 능멸하며 서로 실없는 말로 농지거리를 해서는 안 된다.[51]

율곡은 은병정사를 학생들이 자율적·협동적으로 인격을 함양하는 배움의 공동체로 인식하면서, 이러한 관점이 반영된 학교규범을 제시한 것이다. 학생들이 서로 과실(過失)을 바로잡아 주고, 착한 일을 하도록 서로 권하게 하는 학교 규칙은 학생들의 자율성(自律性)에 기반하여 협동적으로 도덕실천과 인격 형성을 지향하는 것을 보여 준

---

51 『栗谷全書』 卷15, 「隱屛精舍學規」: 朋友務相和敬, 相規以失, 相責以善, 毋得挾貴挾賢挾富, 挾父兄, 挾多聞見, 以驕于儕輩, 且不得譏侮儕輩, 以相戲謔.

다. 이 점은 은병정사가 전적으로 교사의 지시나 명령에 의해 훈육하는 타율적(他律的)인 교육 공동체가 아니라, 학생들의 자율성에 기반한 협력 학습의 교육 공동체로서의 성격을 가진다는 것을 나타낸다. 또한 학생들 상호 간에 화목하고 공경하는 교육 공동체 정신이 기본이 되는 상호 존중의 교육 문화를 형성하기 위한 규범을 정립하고 있다. 즉 학생 상호 간의 존중 문화를 천명하고, 이에 반하는 부당한 일들이 학생들 사이에 일어나는 것을 강하게 규제하고 있다. 예를 들면, 「은병정사학규」에서 제시하고 있는 바와 같이, 귀함·현명함·부유함·부모의 권세·많은 지식 등에 따른 학생들의 교만한 태도를 경계하고 있는데, 이는 곧 신분의 고하(高下), 학습의 우열(優劣), 부귀(富貴)와 빈곤(貧困), 부모의 권세(權勢) 여부, 지식의 많고 적음 등의 이유로 다른 학생들을 무시하거나 거만을 부리는 작태를 엄금(嚴禁)하고 있음을 의미한다. 이러한 규범은 은병정사가 오직 인성교육이라는 본령에만 충실한 교육 공동체라는 점을 명확하게 밝힌 것이다. 또한 학생들이 다른 학생들을 놀리고 따돌리는 등의 행위를 엄격히 규제하고 있는데, 이러한 은병정사의 규칙은 상호 존중적인 문화에 입각하여 학생들의 도덕적인 품성을 함양하기 위한 규범이라고 할 수 있다.

유교적 인성교육에서 가장 중시되는 것은 도덕의 실천이다. 그렇기에 성인(聖人)이 되고자 하며, 도덕실천을 지향하는 유학의 공부는 마땅히 행위로 귀결되어야 한다는 것이 율곡의 도학적 인성교육의 본령이 되고 있다. 이에 율곡은 참된 인격을 함양하기 위한 은병정사 규범으로서, 생활 중에 일관성 있게 도덕실천을 해야 함을 다음과 같이 강조한다.

가끔 집에 돌아가더라도 학당에서 하던 습관을 절대 망각하지 말고 부모를 섬길 때나, 사람들을 응대할 때, 몸단속을 할 때, 일을 처리할 때, 모두 존심(存心)을 잘하여 천리(天理)를 따르고 인욕(人欲)을 제거하는 데 힘써야 한다. 학당에 들어와서는 몸을 삼가고 학당을 나가서는 방만하다면, 이는 두 가지 마음을 가진 것과 같으니 용납할 수 없다.[52]

학교 안에서 유생(儒生)들 상호 간에, 그리고 사제(師弟) 간에 교육과 생활 중에 이루어지는 다양한 관계와 상황에서 도덕적 행위를 해야 한다는 것은 학교 인성교육의 기본 방향을 제시한 것이다. 또한 율곡은 「은병정사학규」에서 학교 안에서뿐만 아니라 귀가(歸家)나 귀향(歸鄕) 시에도 도덕실천의 태도가 일관성 있게 견지되어야 한다고 주장한다. 이러한 학교의 규범은, 학교 내에서만 도덕적 행위를 하는 것이 아니라 일상의 삶에서 도덕을 온전하게 실천할 수 있는 인성을 함양하는 데 있음을 반영한 것이다. 즉 유교적 도덕실천의 근본이 되는 '존천리거인욕(存天理去人欲)'의 수양 공부가 학교 밖의 생활에서도 일관되게 이루어져야 한다는 도덕실천의 규범을 천명한 것인데, 이는 학당에서의 배움이 반드시 생활 속에서 실천되어야 한다는 '생활 중심적인 인성교육'을 지향하고 있음을 보여 준다. 그리하여 율곡은 『격몽요결』에서 초학들에게 가르치고자 했던 지신(持身), 혁구습(革舊習), 사친(事親), 거가(居家), 접인(接人), 처세(處世) 등

52 『栗谷全書』 卷15, 「隱屏精舍學規」: 有時歸家, 切宜勿忘齋中之習, 事親接人, 持身處事存心, 務循天理, 務去人欲. 如或入齋修飭出齋放倒, 則是懷二心也, 不可容接.

의 요목들이 함의하고 있는 가치들을 일상생활에서 실천해야 함을 규범화하여 「은병정사학규」로 정립한 것이다.

또한 학교에서나 학교 밖에서 유생들이 어떠한 행위를 하는지를 기록하여 체계적으로 유생들을 평가하려 한 생활 중심적·도덕실천 중심적인 규범 특성이 「은병정사학규」에 나타난다.

> 직월(直月)은 '선악을 기록하는 장부[善惡籍]'를 맡아서 기록하되, 유생들이 학재에 있을 때와 집에 있을 때 한 행동을 면밀하게 살피는데, 만일 언행이 도리에 맞는 자와 학규를 위반한 자가 있으면 이를 모두 기록해서 매월 초하루에 사장(師長)에게 올려서[학규를 위반한 자는 직월이 당장(堂長)과 장의(掌議)에게 알려 고치도록 꾸짖고 만일 고치지 않으면 스승에게 고하고, 고치면 그 기록을 지워 버릴 것이며 스승에게 고하지 않는다.] 선한 자는 권장을 하고 악한 자는 벌을 주어 가르치는데, 끝까지 가르침을 잘 따르지 않으면 학재에서 내쫓는다.[53]

이 규범 제정의 본의는 유생들의 악행(惡行)을 고치고 선행(善行)을 더욱 잘하도록 이끄는 데 있다. 여기서 주목되는 것은 첫째, 학교 안과 밖에서의 행위를 모두 「선악적(善惡籍)」에 기록하여 판단한다는 것이며, 둘째, 유생들의 상호 자율적인 행위 개선을 기본으로 한다

---

53 『栗谷全書』 卷15, 「隱屛精舍學規」: 直月掌記善惡之籍, 審察諸生居齋處家所爲之事, 如有言行合理者及違學規者, 皆記之, 月朔呈于師長[凡違學規者, 直月遍告于長掌議, 共加規責, 若不悛則乃告于師, 若悛改則爻其籍, 勿告于師], 善者奬勸之, 惡者鐫誨之, 終不受敎則黜齋.

는 것이며, 셋째, 퇴학(退學)과 관련된 의견을 학생들도 제시할 수 있다는 것이다. 「선악적(善惡籍)」에 유생들의 선행과 악행을 기록한 것은 생활에서의 도덕실천의 면모를 평가하기 위한 것이다. 일종의 생활기록부와 같은 이 「선악적(善惡籍)」은 율곡이 학교뿐 아니라 향약(鄕約)에서도 활용할 정도로 매우 중시한 교육 방안이었다.[54] 「선악적(善惡籍)」 활용의 의도는 덕행과 악행을 가장 중요한 학생 평가 준거로 삼는다는 점과, 학생들의 상호 논의를 통하여 행위를 객관적으로 공정하게 기록하고, 이에 근거하여 권장(勸獎)과 징계(懲戒)를 하기 위함이었던 것이다. 이와 같이 유생들의 행위를 「선악적(善惡籍)」에 기록하여 교육적으로 활용함에 있어서 학생 상호 간의 자율적인 권선개과(勸善改過)를 지향한 점이 주목된다. 즉 학교나 집에서 행한 선행과 악행을 기록하고, 잘못을 행한 학생이 스스로 반성하고 고치도록 '직월-당장-장의'가 먼저 권한다는 점에서 은병정사는 학생들의 협력성과 자율성에 기반한 인성교육을 근본으로 삼았다고 할 수 있다. 은병정사의 규범은 학생이 자율적으로 잘못을 시정하도록 기회를 주고 그래도 고치지 않는 경우에 스승에게 고하도록 하였다. 그리고 악행을 끝내 고치지 않는 유생을 학교에서 출재(黜齋) 즉 퇴학시킨다는 점은 은병정사의 교육 본령이 도덕실천 지향의 인성교육에 있음을 나타낸다.[55] 이와 같은 「은병정사학규」의 내용을 통해서 율곡이 지향하는

54 「善惡籍」의 래원을 살펴보면, 세종 19년에 成均 主簿 송을개가 지방 각 고을의 학교에서 학생들의 선행을 「善簿」에 기록하고, 악행을 「罰簿」에 기록해야 한다는 의견을 제시하였고, 이것이 그즈음 시행된 것으로 보인다. 율곡은 이 일종의 생활기록부를 「隱屛精舍學規」와 『學校模範』에서 「善惡籍」이라고 명명하고 있는데, 그는 학교뿐만이 아니라 자신이 만든 「西原鄕約」과 「海州鄕約」에서도 지역민들의 敎化를 위해 「善惡籍」의 활용을 제시하였다.

55 「隱屛精舍學規」는 총 22항으로 되어 있는데, 인성교육적 교육 방향에 입각하여 구체적인

인성교육은 자율적·협동적·생활 중심적인 교육임을 확인할 수 있다.

3. 『학교모범』의 성인(聖人) 지향의 인성교육 규범

『학교모범』은 율곡이 선조 15년(1582)에 왕명에 따라 지은 학교규범이다. 서문(序文), 16조목(條目), 10사목(事目)으로 구성된 『학교모범』은 학교교육의 기본 방향과 학생이 따르고 익혀야 할 규범들을 제시하고 있다. 즉 『학교모범』은 조선의 대표적인 교육기관인 성균관(成均館)·사학(四學)·향교(鄕校)에서 학생들을 가르치는 교육의 표준을 제시하려 한 규범인데, 율곡은 『학교모범』을 제정한 요의(要義)를 다음과 같이 설명하고 있다.

> 과거의 나쁜 습행(習行)을 씻어 버리고 선비의 기풍을 크게 변화시키기 위해서, 선비를 잘 선별하고 가르치는 방법을 다하고 성현의 가르침을 본받아서 『학교모범(學校模範)』을 만들어 선비들로 하여금 몸을 다스리고 일을 처리해 나가는 규범으로 삼게 하니 이는 모두 16개의 조목으로 되어 있다.[56]

학생 규범을 제시하고 있다. 즉 1항과 2항은 서원의 인적 구성에 관한 내용, 4항~9항은 학생들의 생활 규범, 12항~18항은 공부할 때 유념해야 할 규범으로 내용이 구성되어 있다. 특히 「隱屛精舍學規」 11항에서는 '科擧를 위한 공부를 하려면 다른 곳에 가서 하라.(『栗谷全書』 卷15, 「隱屛精舍學規」: 若欲做科業者, 必習于他處.)'고 명확하게 적시함으로써, 율곡은 자신이 목표로 하는 교육이 도덕실천 지향의 인성교육임을 천명하였다.

56 『栗谷全書』 卷15, 「學校模範」: 一洗舊染, 丕變士風, 旣盡擇士敎誨之道, 而略倣聖賢謨訓, 撰成學校模範, 使多士以爲飭躬制事之規, 凡十六條.

『학교모범』의 16개 조목은 학교에서 학습해야 할 수신(修身)과 처사(處事)의 도리를 위한 규범으로서, 이 규범에 따라 공부에 전념하면 좋은 인격을 형성할 수 있다고 한다. 율곡은 『학교모범』 서문에서 "제자는 마땅히 올바른 도리를 지켜 행해야 되고, 스승은 더욱 이 법규로써 먼저 자신을 바로잡아 이끄는 도리를 다해야 할 것"[57]이라고 이 규범의 의미를 강조하였다. 이 점에서 『학교모범』은 학생들이 준칙으로 삼아야 할 핵심 규범이며, 인격적으로 모범이 되어야 할 교사도 마음에 새겨야 할 규범이라는 점에서 학생과 교사가 모두 존중해야 할 학교 공동체의 이상적인 규범이라고 할 수 있다.

『학교모범』에서 제시되고 있는 16개 조목은 입지(立志), 검신(檢身), 독서(讀書), 신언(愼言), 존심(存心), 사친(事親), 사사(事師), 택우(擇友), 거가(居家), 접인(接人), 응거(應擧), 수의(守義), 상충(尙忠), 독경(篤敬), 거학(居學), 독법(讀法)으로 구성되어 있다. 이 조목들은 개인윤리, 가정윤리, 사회윤리, 학교윤리라는 네 가지 핵심 범주로 집약될 수 있는데, 여기에서도 수기(修己)와 치인(治人)의 교육이 중시되고 있음을 알 수 있다. 학교에서 닦아야 할 근본적인 규범으로 제시되고 있는 이 네 가지 범주는 율곡이 지향하는 성인(聖人) 즉 온전한 윤리적 인격의 형성이라는 목표에 부합하는 것이다.

율곡의 도학(道學)은 수기(修己)와 치인(治人)의 덕을 온전하게 실천하는 성인 됨을 지향하므로 '성학(聖學)'이라고 일컬어지기도 하는데, 이러한 도학의 본의가 『학교모범』의 교육규범으로 정립되고 있다.

57 『栗谷全書』 卷15, 「學校模範」: 爲弟子者, 固當遵行, 而爲師者, 尤宜先以此正厥身, 以盡表率之道.

도학은 덕의 함양을 바탕으로 치인(治人)·안인(安人)의 사회적 도리를 다하는 윤리적 인간 즉 성인이 되는 것을 지향한다. 율곡의 성인론에서는 사회윤리적인 맥락의 치인(治人) 이념이 매우 강조되고 있는데, 『학교모범』 '입지장(立志章)'에서는 "천지(天地)로 마음을 정립하고 민생(民生)으로 표준을 삼으며, 옛 성인(聖人)을 표준 삼아 끊어진 학문을 계승하고, 세상을 위해서 태평(太平)을 열어 주는 것을 목표로 삼아야 한다."고 천명하고 있다. 이를 통해서 율곡이 제시하는 인성교육의 궁극적인 목표는 개인적 덕 수양에만 치우치는 인간 양성이 아니라, 다른 사람을 위해서 헌신하여 민생(民生)과 사회의 문제점을 해결함으로써 공동체의 평안을 이룰 수 있는 역량을 함양한 인간이 되도록 하는 것임을 알 수 있다. 이와 같이 『학교모범』은 선한 성품을 잘 함양하고, 사회적 가치를 실천할 수 있는 성인을 형성하기 위한 교육규범이다.

『학교모범』 16개 조목 중에서 접인(接人), 응거(應擧), 수의(守義), 상충(尙忠), 독경(篤敬)은 치인(治人)의 규범을 드러낸 것이다. 이들 중에서도 특히 수의(守義)와 상충(尙忠)은 치인의 핵심적인 규범이 된다. 율곡은 수의(守義)에 대해서 규정하기를 "의(義)는 어떤 사사로운 이익을 염두에 두고 행하는 것이 아니다. 조금이라도 이익을 추구하려는 목적이 있다면 이는 도적(盜賊)의 무리가 하는 것과 같다."[58]라고 하였다. 인간관계나 윤리적 상황에서 의(義)를 행하는 것은 오직 도덕적 올바름을 실천한다는 순수한 동기에서 해야 하며, 자기 이익

---

58 『栗谷全書』 卷15, 「學校模範」: 義者, 無所爲而爲之者也, 稍有所爲, 皆是爲利蹠之徒也.

을 염두에 두면서 의(義)를 빙자하는 것은 오히려 다른 사람을 해치는 나쁜 일과 다를 바 없다는 것이다. 즉 도덕실천에 있어서 자기 이익을 도모하는 사욕이 개입되면 이는 의(義)를 자기 이익 추구의 수단으로 악용하는 것이 된다는 점을 지적하고 있다. 그리고 상충(尙忠)의 조목과 관련해서는, “학문한다는 선비로서 자신의 재주와 권위만을 믿고 남을 경멸하고 모욕한다면 그 피해는 이루 말할 수 없다.”[59]라고 개탄하면서, 반드시 예의에 관한 학문을 밝혀 사회에서 충직함을 다해야 한다고 주장하였다. 이러한 수의와 상충은 마땅히 견지하고 실천해야 할 사회윤리와 치인의 도리이며, 도학적 윤리의식에 부합하는 성인의 규범이다.

율곡의 『학교모범』에서 주목되는 또 다른 조목은 응거(應擧) 즉 ‘과거(科擧)에 응시하는 것’을 하나의 규범으로 설정한 점이다. 유교교육의 본령은 좋은 인성을 함양하는 데 있기 때문에 과거가 공부의 궁극적인 목표가 되어서는 안 된다. 그러나 조선의 많은 유생들은 과거를 통해서 관직에 나아가는 것을 현실적인 목표로 삼고 있었다. 과거 공부는 인격 형성이라는 인성교육의 본령 그 자체를 목표로 삼는 것이 아니라, 등과(登科)를 목표로 한다. 그러므로 과거 공부에 치중하게 되면 자연스럽게 유교 공부의 본령을 경시하게 될 수밖에 없다. 그렇다면 과거 공부를 전면적으로 금지해야 하는가? 율곡은 학교에서 유생들이 과거 공부에 대해서 어떻게 접근해야 하는지를 다음과 같이 명시하고 있다.

---

59 『栗谷全書』 卷15, 「學校模範」: 名爲學問之士, 而挾才挾賢, 輕人侮物者, 其害不可勝言.

과거(科擧)는 비록 뜻있는 선비로서는 절박하게 구해야 할 바는 아니지만 오늘날에는 그것이 벼슬에 나아가는 통상적인 길이 되었다. 만일 도학에 마음을 쏟아서 진퇴(進退)를 예의로 하는 사람이라면 과거의 의미를 높일 까닭이 없지만, 나라의 빛나는 일들을 보고 과거에 응한다면 성심으로 공부를 해야 하고 부질없이 세월만을 보내서는 안 된다. 단지 과거를 통해서 얻는 것과 잃는 것에 마음을 빼앗겨 자신이 지키는 지조(志操)를 잃어서는 안 되며, 항상 자신을 바로 세우고 도를 행하여 임금에게 충성하고 보국(報國)하는 생각을 해야 하며, 구차하게 의식(衣食)을 넉넉하게 하려는 것에 뜻을 두어서는 안 된다. 참되게 도를 지향하여 게으름이 없게 하고, 일상으로 행하는 일이 도리에 어긋남이 없어야 한다. 과거 공부도 일상에서 하는 한 가지 일에 해당하니 실제의 공부에 방해되는 것이 무엇이 있겠는가? 오늘날 사람들이 과거에 뜻을 빼앗길까 염려하는 것은 그 얻음과 잃음으로 마음이 동요함을 면치 못하기 때문이다. 또 오늘날의 선비들의 공통된 병폐는 게으르고 방종해서 독서에 힘쓰지 않고 도학(道學)에 뜻을 두고 있다고 하면서 과거 공부를 달갑게 여기지 않아 헛되이 세월만 보내고 학문과 과거 공부 이 두 가지 중에서 한 가지도 이루지 못하는 자가 많으니 이것이 가장 경계해야 할 바이다.[60]

---

60 『栗谷全書』 卷15, 「學校模範」: 科第雖非志士所汲汲, 亦近世入仕之通規. 若專志道學, 進退以禮義者, 則不可尙已, 如或觀國之光, 不免應擧, 則亦當以誠心做功, 勿浪過時月. 但不可以得失, 喪其所守, 且常懷立身行道忠君報國之念, 不可苟求溫飽而已. 苟能志道不怠, 日用無非循理, 則科業亦日用間一事也, 何害於實功. 今人每患奪志者, 不免以得失動念故也, 且近日士子通病, 怠惰放弛, 不務讀書, 自謂志慕道學, 不屑科業, 而悠悠度日, 學問科業, 兩無所成者多矣, 最可爲戒.

율곡은 응거(應擧)에서, 과거 공부를 금할 것이 아니라 과거 공부를 하되, 첫째는 인격의 함양이라는 공부의 본령을 잊어서는 안 되며, 둘째는 과거 공부를 하려고 하면 마땅히 최선을 다해야 한다고 언급하고 있다. 율곡은 현실적으로 과거가 유생들의 공부 목적이 되고 있음을 인정한 바탕에서, 자기 이익 추구에만 사로잡히지 않고 도덕적 품성의 함양이라는 인성교육의 본령을 마음에 새기면서 과거 공부를 해야 한다고 강조한 것이다. 그렇다면 만약 자기의 덕성을 닦는 것에는 전혀 관심을 두지 않은 채로 악행을 일삼으면서 과거 공부에만 몰입하는 유생들을 어떻게 해야 할 것인가? 율곡은 그러한 유생들에게는 과거에 응시할 수 있는 자격을 박탈해야 한다고 주장한다. 즉 『학교모범』에서는 유생이 학당의 교육 목표인 선한 인성의 함양에 이르지 못했다면 과거에 응하는 자격을 부여하지 말아야 한다고 규정하고 있다. 유생들이 행한 선행(善行)과 악행(惡行)을 기록한 '선적(善籍)'과 '악적(惡籍)'을 보고, 또 평소의 소행을 참작해서 윤리적인 문제가 없는 유생에게만 과거 응시를 허락해야 한다고 주장했다. 학교교육의 본령이 인성교육에 있으므로 학생들의 행실이 도덕적이라고 평가될 때 비로소 과거 시험 기회를 부여해야 한다는 것이다. 이 점은 율곡의 인성교육론의 특성을 잘 보여 주는 것이다. 실제로 이러한 교육규범을 엄격하게 적용한다면, 비록 과거 공부를 하는 유생이라 하더라도 도덕실천이라는 유교 공부의 본령을 무시할 수 없을 것이다. 이렇게 하여 등과(登科)했을 때, 자기 이익만을 위한 공직 수행이 아니라 민생을 구하는 경세제민(經世濟民)의 뜻을 펼치고 겸선(兼善)하는 성인의 도리를 다할 수 있을 것이라는 율곡의 믿음이 이러한 교육규범으로 제시되고 있는 것이다.

율곡은 도학적 성인 형성을 지향하는 『학교모범』에서도 자율적인 덕 학습의 인성교육을 강조하여, 유생들의 선행과 악행을 관찰하고 기록한 「선악적(善惡籍)」을 만들어서 이를 토대로 칭찬하고 벌주어야 한다고 주장한다. 이러한 점은 『학교모범』과 「은병정사학규」에서 일관되게 관철되고 있는데, 이는 유생들이 자율적이고 협력적으로 덕을 함양하는 것을 이상으로 삼는 율곡의 인성교육의 방향을 보여 준다. 율곡은 유생들에게 유교적 가치를 주입하는 것이 아니라, 유생들 스스로가 자율적인 주체로서 선을 탐구하고 실천해 나갈 수 있도록 학교의 규범을 정립함으로써 체계적인 인성교육 기반을 구축하고자 한 것이다.[61]

---

61 율곡은 학생들의 자율적인 덕 학습의 학교 공동체 정신을 강조하면서, 악행을 저지른 유생은 마땅히 黜齋되어야 한다고 하면서도 그 黜齋된 유생이 학교에서 다시 공부하는 길을 완전히 차단해서는 안 된다고 강조하고 있다. 즉 "除籍된 유생이 자신을 원망하고 꾸짖어 현저하게 선을 지향하는 자취가 뚜렷이 보이는 것이 3년여 지난 후에 그것이 독실하게 여겨질 때는 다시 입학을 허가한다."(『栗谷全書』 卷15, 「學校模範」)라고 규정한 것이다. 이렇게 율곡은 黜齋된 유생이 나중에 改過하는 확실한 노력을 했다면 유생들이 재차 논의하여 학교에 다시 들어올 수 있도록 허락해야 한다고 주장했다. 또한 율곡은 『학교모범』의 事目에서 선행과 악행을 기록함에 있어서, 유생들에게 조금이라도 부당한 기록을 해서는 안 되므로 명확한 규정과 근거에 따라 기록과 처벌이 이루어져야 한다는 점을 규정하고 있다. 즉 "잘못을 기록할 때는 반드시 법규를 세운 뒤에 기록하고, 법규를 세우기 전의 허물은 소급하여 논하지 않고 그가 스스로 고칠 길을 열어 주어야 한다. 그래도 여전히 고치지 않으면 그때에 처벌을 논한다."(『栗谷全書』 卷15, 「學校模範」)라고 천명하였다. 이는 임의적으로 학생을 처벌하는 것을 막기 위해서 엄격한 規定主義를 채택하고 있음을 보여 주는데, 그 목적은 교육 과정에서 유발될 수 있는 학생의 피해를 최소화하기 위한 것이라고 이해된다. 이러한 율곡의 입장은 학생들의 자율적인 성찰과 도덕실천, 교육에 대한 학생들의 신뢰, 엄정한 규준에 입각한 행위의 도덕성 평가 중심의 인성교육론의 특성을 나타낸다.

4. 장을 마치며

율곡은 「은병정사학규」와 『학교모범』을 통해 학교규범을 정립하여 인성교육을 올바르게 시행하려고 노력했다. 「은병정사학규」와 『학교모범』에는 학생들의 공부 방향과 지켜야 할 대표적인 규범들이 제시되고 있는데, 이 규범들은 율곡의 인성교육론의 특성을 명확하게 보여 준다. 율곡은 인성교육의 목표로 수기치인(修己治人)의 도리를 온전히 다할 수 있는 성인(聖人)을 제시하고 있는데, 성인은 최고의 품덕을 갖춘 윤리적 인격을 의미한다. 율곡은 학교교육은 근본적으로 인성교육을 본령으로 해야 한다고 인식하고, 학생들이 서로 협동하면서 자율적으로 선을 깨닫고 실천하는 것을 기본 방향으로 삼는 학교규범을 정립한 것이다. 율곡은 조선의 학교가 인성교육의 전당이 아니라 자기 이익만을 다투어 구하는 이익 기관으로 전락한 현실을 비판하면서, 선한 성품을 잘 함양하며 선을 정밀하게 탐구하고 온전히 실천할 수 있는 능력을 갖춘 인격을 형성할 수 있는 교육이 구현되어야 한다고 역설했다. 그리고 이러한 인성교육을 위해서는 학생의 자율적인 선행(善行)의 의지와 과오(過誤)의 개선을 가능케 하는 자율적·협력적·실천적인 학교 공동체를 구축해야 한다고 주장했다. 이에 율곡은 학교가 유교윤리의 형식적인 명분만을 강조하면서 학생들의 윤리적 인격 형성이라는 교육 본령의 실현을 위해서는 노력하지 않는 허식적(虛飾的)인 면모를 혁파하고, 실질적인 인성교육의 전당이 되도록 지향한 것이다. 오늘날 우리의 학교 인성교육 실상을 상기하면, 율곡의 인성교육론의 의미가 더욱 각별하게 여겨진다. 현대의 학교규범들은 이념적으로는 인성교육을 지향한다고 하면서도 학생들에게 적용하는 실제에 있어서는 구두선(口頭禪)에 그치고 있으며, 입시 위주의 지식교육을 위한 장식품에 불과한 실정이다. 학생들이 자율적으로 자신의 행위를 성찰하지 못하게 하고, 상호 협력적으로 인격을 함양해 나가도록 권장하지 못하는 현재의 학교규범의 문제점들이 존재하는 한 인성교육의 긍정적인 효과는 담보될 수 없다. 율곡이 「은병정사학규」와 『학교모범』에서 제시하고 있는 학교규범들은 인성교육론이 교육의 본령이며, 이 본령의 구현을 위해서 학생 자신은 물론 교사와 사회가 모두 일체가 되어 전념해야 함을 강조하고 있다. 오늘날 제시되고 있는 학교규범들은 형식적으로는 인성교육을 위한 것이라고 표명되고 있지만, 실질적으로는 인성교육의 실현을 지향하지 못하고 있다는 비판을 면할 길이 없다. 이러한 현실은 학생들로 하여금 인성교육은 도덕실천적인 인격 함양 교육이 아니므로 도덕적 가치는 실천할 필요가 없다고 오인(誤認)케 하는 심각한 문제점을 야기하고 있다. 이 점에서 볼 때, 현대의 인성교육 현실을 개선하는 데 있어서 학교규범을 통해서 표명되고 있는 율곡의 실천적인 인성교육론은 많은 시사점을 제공한다고 여겨진다.

제3장

도덕실천 지향 인성교육을 위한 교육기반으로서 교사 문제의 해결

율곡(栗谷)은 도덕실천 지향의 인성교육이 효과적으로 이루어지기 위해서는 학교 외에 또 하나의 교육 주체인 교사의 역할이 매우 중요하다고 인식하였다. 그렇기에 율곡은 스스로 교육서(敎育書)를 저술하고, 교육 정책을 제시했으며, 서원(書院)의 규범을 정립하였을 뿐만 아니라, 은병정사(隱屛精舍)를 설립하여 교사(敎師)로서 직접 교육을 실천하였다. 율곡은, 교육이란 교사를 통해서 이루어지는 학생과의 상호학습 행위이자 과정이므로 교사가 교육의 핵심 주체라고 여긴다. 그러므로 조선사회에서 교사와 관련한 많은 문제점들이 상존하고 있음을 직시하고, 도덕실천 지향 인성교육의 기반으로서 교사의 교육권을 강화하기 위한 다양한 방안들을 제시했다.

율곡이 인성교육을 주장함에 있어서 그 교육기반으로서 거론하는

* 이 장은 필자의 「율곡의 敎師論」(『유교사상문화연구』 78집, 한국유교학회, 2019. 12.)의 내용을 수정 보완한 것이다.

교사의 문제는 특별하게 주목되어야 할 주제라고 생각된다.[62] 왜냐하면 율곡과 동(同)시대의 유가(儒家)들의 경우 교사의 문제를 율곡만큼 집중적으로 제기한 경우를 볼 수 없기 때문이다. 율곡이 인성교육을 논함에 있어서 교사의 문제를 이와 같이 강조한 점은 그가 교육을 얼마나 중요하게 여기고 있는지를 보여 주는 것이라고 생각된다. 교육은 교사의 질을 넘을 수 없다는 다소 극단적인 교사 중시적 입장도 있을 정도로 교육에서 교사의 역량은 초미의 관심이 되고 있다. 율곡 역시 직접 교육을 담당한 한 사람의 교사로서 이 문제에 각별하게 주목하고 있는 것이다.

율곡의 저작(著作)이나 교육활동을 보면, 그가 도덕실천 지향의 인성교육 목표를 실현함에 있어서 교사를 핵심적인 교육기반으로 간주하고 있음이 명확하다. 이 점을 감안하면 율곡의 인성교육론을 탐구할 때 교사의 문제를 다룬 그의 입장을 분석하는 것이 반드시 필요하다고 인식된다. 율곡은 당시 조선의 상황이 인성교육을 제대로 수행할 수 있는 교사를 확보하는 데 중대한 제도적인 결함이 있다고

62 율곡의 교육사상에 대하여 이루어지고 있는 연구를 분야별로 분류하면, 첫째, 『擊蒙要訣』이나 『學校模範』 등의 교육 저술에 대한 연구, 둘째, 유교교육 이론 연구, 셋째, 서원교육 연구라는 세 가지로 대별된다. 첫째의 교육 저술에 대한 연구는 교육 이념이나 내용 그리고 학교교육의 목표·방법 등을 분석한 것이 많다. 둘째의 유교교육 이론에 대한 연구는 효교육, 수양론, 사회교육 등의 방법과 내용을 다룬 것이 많다. 셋째의 서원교육 연구는 隱屛精舍와 文憲書院을 중심으로 한 서원교육의 방법을 연구한 것들이 주류를 이룬다. 율곡의 교육사상을 탐구한 이러한 연구들은 다양하고 심층적으로 이루어지고 있어서 그의 교육론의 특성과 의미를 해명하는 데 많은 성과가 있다고 할 수 있다. 그러나 지금까지 우리 학계의 연구 동향을 보면, 율곡의 教師論 그 자체에 대한 연구는 매우 희소한 편이다. 율곡의 교사론에 대한 연구 부족은 그의 인성교육 연구에 있어서 해결해야 할 중요한 문제점이라고 여겨진다. 따라서 율곡의 교사론에 대한 본격적인 연구를 통해서 그의 교육론의 의미를 구명하는 작업이 필요하다고 할 것이며, 이러한 맥락에서 본 장에서는 인성교육의 핵심 기반이라고 할 수 있는 교사에 대한 율곡의 입장을 상론하고자 하는 것이다.

보았다. 따라서 율곡은 인성교육의 성과를 고양하기 위해 좋은 교사를 안정적으로 교직에 확보하고, 그들이 책임 있게 교육을 수행할 수 있는 여건과 제도를 마련하려고 노력했다. 이러한 맥락에서 본 장에서는 율곡이 도덕실천을 온전히 할 수 있는 인성 함양을 위한 교육을 효과적으로 수행하기 위해서 교사의 문제를 어떻게 논하고 있는지를 밝히고자 한다. 이에 따라 인성교육에 최적의 교사를 선발하는 문제, 교사 존중의 문제, 인성교육을 기준으로 교사를 평가하는 문제 등에 대한 율곡의 입장을 해명할 것이다.[63] 이러한 탐구를 통해서 인성교육의 성취도를 높이는 데 기여할 수 있는 교사의 역할과 의미를 통찰하고자 한다.

1. 도덕실천 지향 인성교육을 위한 교사 문제 해결의 필요성

도학 공부의 목표인 인성 함양은 교육을 통해서 이루어질 수 있기에 율곡은 교육을 특별히 중시한다. 율곡의 『학교모범』은 성균관(成均館)·사학(四學)·향교(鄕校) 등과 같은 공교육 기관 즉 학교에서 준수되어야 할 핵심적인 교육규범을 정립한 것인데, 그는 이 교육규범을 제대로 시행할 때 비로소 학교교육이 정상적으로 이루어질 수 있

63 본 장에서 '敎師'라 함은, 선비를 양성하는 조선의 교육기관 즉 官學과 私學에서 유생들을 가르치는 일을 본업으로 하는 직군에 종사하는 사람들을 통칭한다. 예를 들면 官學인 成均館·四學·鄕校와 私學인 書院을 망라한 조선의 公·私의 교육기관에서 교육을 담당하는 사람인 '敎官', '校官', '敎授', '訓導', '師長', '師' 등을 모두 통칭하여 '교사'라고 부르기로 한다. 율곡은 여러 관직을 역임한 관료로서 피폐해진 조선의 공교육을 바로 세우기 위해서 官學 교사의 문제점과 그 해결책을 중심적으로 제시하고 있다. 따라서 본 장에서 다루는 율곡의 교사론은 官學의 교사에 대한 그의 입장을 분석하는 것을 본의로 삼는다.

다고 생각했다. 율곡은 '교화(敎化)를 베푸는 방법은 학교가 으뜸'이라는 입장에서 학교를 교육의 핵심기관으로 규정했으며, 성균관을 수선(首善)이라고 하여 학교가 바로 인성교육을 위한 곳이라고 강조했다. 퇴계 역시 '학교는 풍속과 교화의 본원이고 선(善)을 솔선하는 곳'[64]이라고 언급하고 있듯이, 유학자들은 학교교육의 중요성을 인성교육의 맥락에서 강조하고 있다.

율곡은 교육의 본령이 바로 인륜(人倫) 즉 도덕을 공부하고 실천하는 데 있음을 다음과 같이 설명한다.

> 오직 정학(正學)을 강명(講明)함에 힘쓰게 할 것이니 그 학문은 인륜(人倫)의 근본이 되게 하고, 사물의 이치를 밝혀 선(善)을 택하고 수신(修身)하여 덕을 성취하는 것으로 목적을 삼고, 치도(治道)에 통달하여 경세제민(經世濟民)으로 뜻을 삼아야 한다.[65]

율곡은 학교교육의 본령이 수신(修身)으로서의 덕 함양과 치도(治道)로서의 경세제민(經世濟民)이라는 수기치인(修己治人)의 가치를 온전히 실천할 수 있는 선비[士], 진유(眞儒), 성인(聖人)을 양성하는 것에 있음을 강조하였다. 이러한 입장은 공자의 '수기이안인(修己以安人)'의 정신[66]을 교육으로 전승하고 있는 율곡의 실천유학의 관점을 반영하

---

64 『退溪全書』 卷41, 「諭四學師生文」.

65 『栗谷全書』 卷15, 「東湖問答」: 惟以講明正學爲務, 其學必本於人倫, 明乎物理, 擇善修身, 以成德爲期, 曉達治道, 以經濟爲志.

66 治人·安人·安百姓을 儒家들의 본령으로 인식하는 공자의 정신은, 『論語』 「憲問」에서 管仲의 主君인 공자 糾를 죽인 桓公을 도운 管仲을 仁하다고 한 공자의 태도를 통해서 드러난

는 것이다.[67]

율곡은 당시의 조선 교육이 매우 많은 문제점을 안고 있다고 인식했으며, 이에 따라 교육 개혁에 대한 열망을 강하게 표출했다. 율곡은 조선 교육의 문제의 심각함을 『학교모범』에서 구체적으로 언급하고 있다.

> 사도(師道)가 끊어지고 교화가 밝지 못해서 진작시켜 이룰 수 없었다. 따라서 선비의 습속이 경박해지고 양심이 마비되어 부명(浮名)만 숭상하고 실행을 힘쓰지 않아서 위로는 조정에 인재가 부족하고 벼슬에 빈자리가 많으며, 아래로는 풍속이 날로 퇴폐하고 윤리 기강(紀綱)이 무너지고 있다.[68]

사람이 비록 선천적으로 선한 본성을 품부받았지만 그 선함을 실현하지 못하고, 양심이 마비되고, 풍속이 퇴폐하며, 윤리 기강이 붕

다. 공자는 완전히 세속과 섞이지 않는 獨也青青하는 삶을 넘어서서 다소 먼지가 좀 묻었더라도 세상을 위한 治人·安人·安百姓의 역할을 수행하는 것이 더욱 가치가 있다는 입장을 취한 것이다.(임종진, 「동양적 의리론의 함의」, 『사회사상과 문화』 18권 4호, 동양사회사상사학회, 2015. 12., 228쪽 참조)

67 율곡이 "天地로 마음을 세우고 민생과 옛 聖人을 표준 삼아서 끊어진 학문을 계승하고, 세상을 위해서 太平을 열어 주는 것을 목표를 세워야 한다."(『栗谷全書』 卷15, 「學校模範」 '立志章')고 언급한 데서 알 수 있듯이, 聖人이 되는 준거는 修己로서의 덕 함양을 바탕으로 하여 백성들의 삶의 어려움을 해결해서 사회를 太平케 하는 治人의 면모를 갖추는 것임을 강조하고 있다. 율곡은 修己만 잘한다고 해서 반드시 聖人이라고 칭할 수 없으며, 治人도 부족함 없이 잘해야 비로소 聖人이라고 부를 수 있다는 입장을 견지한다. 그러므로 율곡에게 있어서 성인은 內聖外王의 품덕을 함께 갖춘 聖人 즉 자기의 선한 본성을 잘 실현하고, 일상의 人倫을 바르게 실천하며, 사회적 책무를 온전히 수행하는 인격자를 의미한다.

68 『栗谷全書』 卷15, 「學校模範」: 只緣師道廢絶, 教化不明, 無以振起作成, 故士習偸薄, 良心梏亡, 只尙浮名, 不務實行, 以致上之朝廷乏士, 天職多曠, 下之風俗日敗, 倫紀斁喪.

괴되는 것은 '사도(師道)가 끊어지고 교화가 밝지 못하였기 때문'이라고 율곡은 지적하고 있다. 즉 참된 교사가 부재(不在)하고, 올바른 교육이 이루어지지 않기 때문에 사람들이 본성을 잘 함양하지 못하고 반(反)윤리적으로 되어 가고 있다고 비판한 것이다. 이렇게 율곡은 교육 문제의 심각성을 토로하고 있다.

그렇다면 왜 조선의 교육 문제가 그렇게 심각해졌는가? 율곡은 "교화하는 방법은 스승[師]을 가리는 것보다 우선할 것이 없다."[69]라는 관점에 입각하여, 교육에서 가장 중요한 주체는 교사라고 생각한다. 따라서 당시 조선의 학교교육 문제를 야기한 데는 여러 원인이 있겠으나, '사도(師道)가 끊어진 것'과 같은 교사의 문제가 조선 교육의 핵심 문제가 된다고 보았다. 율곡은 사도가 끊어진 상태에서는 적절한 인성교육이 시행될 수 없다고 하면서 "지금과 같이 하면서 좋은 인재의 배출을 바라는 것은 나무 위에 올라가서 물고기를 잡는 것과 같다."[70]고 지적한다. 교사는 도학의 본령인 인성교육을 실현하기 위한 교육 주체이지만, 당시에 교사의 문제로 인해서 교육이 부실화되는 현상이 야기되고 있다고 비판한 것이다.

당시 조선 교육의 상황을 보면, 성균관 교육도 문제가 적지 않았으며, 사학(四學)도 교육 수행에 있어서 문제가 많았던 것으로 보인다. 이와 같은 교육의 문제점은 조선의 유학자들이 언급한 바 있는데, 퇴계 역시 「사학(四學)의 사생(師生)에게 유시(諭示)하는 글」에서

---

69 『栗谷全書』 卷15, 「學校模範」: 教化之具, 莫先於擇師.
70 『栗谷全書』 卷15, 「東湖問答」: 如是而欲望作成人才, 何異於緣木而求魚耶.

교실 붕괴의 교육 현실을 적나라하게 비판한 바 있다.[71] 특히 지방의 향교는 학교로서의 기능을 상실하고 있었다고 할 정도로 교육 황폐화가 심했다. 조선 초기에는 사족(士族)의 자식들도 향교에 많이 다녔으나, 조선 중기에 이르러서는 향교를 하류들이 모인 곳으로 치부하면서 향교에 다니지 않게 되었고, 향교에서 공부하는 유생들도 훈도를 제대로 된 스승으로 여기지 않는 현상이 팽배했는데, 이러한 향교 교육의 문제점의 근원은 교사의 부실(不實)에 있었다고 지적된다.[72]

율곡은 교사의 문제로 인해서 인성교육이 제대로 이루어지지 못한다고 인식하고 있기 때문에 그의 교사론은 개혁적인 특성을 나타내고 있다. 교육 문제를 해결할 수 있는 핵심적인 방법은 덕망 있는 교사를 선발하고, 이들이 인성교육을 잘 실천하는 것이라고 율곡은 생각했다. 그러므로 율곡은 교사 선발과 양성, 교사 존중, 교사 평가와 상벌 등의 측면에서 문제가 상존하는 조선의 교육 현실을 비판하고, 그 문제 해결을 위한 개혁적인 방안을 제시하면서 이를 통해 인성교육의 내실화를 도모한 것이다.

---

71 퇴계는 "오늘날의 학교를 보면, 師長이든 生徒든 서로 그 도리를 잃음을 면치 못하고 있다. 學規만 講明되지 않을 뿐 아니라 學令까지 크게 무너져서 교사는 엄하지 못하고, 生徒는 공경하지 못하여 오히려 서로 해를 입히고 있다. 國學에도 이런 일이 없다고 할 수는 없지만 四學은 더 심하다. 얼핏 들으니 四學의 儒生들이 師長 보기를 길 가는 사람 보듯이 하고, 學宮 보기를 여관방 보듯이 하며, 평상시에 예복을 갖춘 자가 열 명 중에 두세 명도 없고, 흰옷과 검은 갓 차림으로 왕래하며, 師長이 들어오면 수업을 받고 가르침을 청하는 것은 고사하고 揖하는 禮를 행하는 것까지 꺼리며 부끄럽게 여긴다고 한다."(『退溪全書』 卷41, 「諭四學師生文」)라고 교육 실상을 비판했다. 교사도 제대로 된 역할을 하지 못하며, 학생들은 교사를 무시하고 제멋대로 여서 마치 학교교육이 붕괴된 지경과 같다는 퇴계의 진술이 뼈아프게 느껴진다.

72 이원재, 「조선초 향교 교관 정책에 대한 검토」, 『교원교육』 35집 2호(한국교원대학교 교육연구원, 2019. 4.), 99쪽 참조.

2. 교사 선발 원칙의 개선

율곡은 교사 문제의 중요한 원인 중의 한 가지로 교사 선발 제도를 지적하고 있다. 즉 당시에 인성교육을 담당할 수 있는 학문적·인성적 능력을 갖춘 교사를 선발하지 못하는 문제가 있다는 것이 율곡의 판단이었다. 율곡은 당시 교사 선발의 문제점에 대해서 다음과 같이 개탄한다.

> 근래에 훈도(訓導)를 임명함에 자격을 가리지 않고 청탁(請託)에만 따르므로 스승의 자리가 가난한 선비의 밥벌이 수단이 되고 말았다. 그러므로 훈도의 이름이 천(賤)하게 되어 서로 비웃고 나무라는 데까지 이르렀다.[73]

교사가 될 만한 역량이 없는 사람들이 청탁(請託)으로 교사 자리를 차지하는 문제를 지적하고 있다. 교사 자리가 교육에 대한 소명의식도 없고, 능력도 없는 사람들의 호구지책(糊口之策)으로 전락한 현실에서 교사는 조롱거리가 되고 있으니 제대로 된 교육이 애당초 불가능했을 것이다. 이러한 상황에서 율곡은 인성교육에 있어서 가장 중요한 일은 좋은 교사를 세우는 일이라고 판단하고, 교사 선발을 위한 개혁의 필요성을 다음과 같이 천명한다.

---

73 『栗谷全書』 卷15, 「學校模範」: 而近來訓導之任, 不擇其人, 徒循請囑, 皐比之座, 反爲寒生餬口之資, 故訓導之名, 爲人所賤, 至相訾謷.

> 스승이 자격이 있는 사람이 아니면 선비의 기풍이 날로 쇠퇴해지는 것이 이치와 형세(形勢)상으로 필연이므로 이상할 것이 없다. 오늘날 비록 옛 법규를 바꾸어 사장(師長)을 택하더라도 사람들이 크게 믿지 않아서 부임(赴任)을 기쁘게 여기지 않는다면 좋은 법과 가치 있는 뜻도 결국 실속이 없게 되고 말 것이요, 학교에 적(籍)을 둔 선비들이 학문에 뜻이 없고 피할 것을 꾀한다면 스승을 모시더라도 배울 사람이 없게 될 것이다. 만약 이전의 잘못된 자취를 일거에 바꾸어 다른 사람의 이목(耳目)을 새롭게 하지 않는다면 공부의 효과를 이루기를 기대할 수 없다.[74]

율곡은 교육 문제를 개선하기 위해서 교사 선발 제도를 혁신하고, 학교의 규범을 새롭게 정립해야 한다고 주장한다. 그리고 그러한 교육의 변화는 '남의 이목을 새롭게 해야 한다.'는 표현에서 드러나듯이, 모든 사람들이 확연하게 체감할 수 있을 정도의 대담한 교육 개혁이어야 한다고 율곡은 강조하고 있다. 교사와 유생들이 이전과는 다른 새롭고 엄정한 마음으로 교육에 임할 수 있는 근본적인 교육 개혁이 필요하다는 것이다. 이렇게 할 때 비로소 좋은 인성을 함양하는 교육 성과를 기대할 수 있다고 본 것이다.

그렇다면 율곡은 인성교육을 잘 수행할 수 있는 능력을 갖춘 교사를 선발하기 위해서 어떠한 방책을 제시하고 있는가? 율곡의 교

74 『栗谷全書』卷15,「學校模範」: 師旣非人, 則士風日衰, 理勢必然, 無足怪者. 今雖欲變舊規, 別擇師長, 而人多不信, 不樂赴任, 良法美意, 終歸文具, 而且學校付籍之士, 亦皆無意於學問, 以避役爲計, 雖得其師, 無可學之人. 若不一變前轍, 以新耳目, 則作成無期.

사 선발 방책을 분석하기 전에 먼저, 조선의 초·중기 교사 선발 제도를 파악해 보는 것이 필요하다. 조선에서는 태종 때부터 문과 출신의 유학 교수관을 주와 부에 파견하고, 문과 출신 교수관이 파견되지 못한 군과 현에는 도의 관찰사가 학장을 선출하여 교육을 전담케 했다. 교수관에는 주와 부에 파견된 6품 이상의 직책인 교수와, 군과 현에 파견된 7품 이하의 직책인 훈도가 있었다. 조선에는 대체로 330여 개의 군과 현이 있었기에 이곳에 훈도를 모두 파견한다는 것은 쉽지 않았으므로 각 지역의 생원·진사 중에서 선발하여 관인이 아니면서도 교관직을 담당하는 교도직(教導職) 혹은 학장(學長) 등을 맡도록 하였다.[75] 이들 향교의 학장이나 교도직은 정식 관료도 아니고 급료도 지급받지 못했기 때문에 학장이나 교도가 되려고 지원하는 사람이 적었고, 학생들도 이들에게 배우는 것을 좋아하지 않았다. 이러한 문제를 해결하기 위해서 세종(世宗)은 생원·진사 중에서 가르칠 자격이 있는 사람을 교도로 선발하고 급료도 지급하는 방책을 시행하였다.[76]

이러한 상황에서 율곡이 생각하는 교사 선발 방책이 『동호문답(東湖問答)』에 구체적으로 진술되어 있다.

> 지금의 계책으로는 8도의 감사(監司)로 하여금 여러 고을에 관리를 보내서 3년마다 한 번씩 그 고을 사람 중에서 경사(經史)에 능통하고 공부의 방향을 알아서 남의 스승이 될 만한 사람을 뽑아 그 이

75 정낙찬 외 편저, 『한국의 전통교육』(영남대학교출판부, 2002), 211쪽 참조.
76 위의 책, 212쪽 참조.

> 름을 적어 감사에게 보고하게 하고, 감사는 여러 고을에서 선발된 자를 모아서 이조(吏曹)에 보내고, 이조에서는 그 명부를 살펴서 널리 여러 사람의 의견을 들어본 뒤에 다시 잘 택해야 한다. 훈도(訓導)를 임명할 때에는 필히 그 고을 사람을 임명하고, 그 고을에 적당한 사람이 없으면 이웃 고을 사람을 임명하고, 이웃 고을에도 적당한 사람이 없으면 그 도(道) 사람을 임명하되, 임기에 제한을 두지 말고 오직 교육을 완성시키는 것으로써 기약해야 한다.[77]

율곡이 『동호문답』에서 제시하고 있는 이러한 교사 선발 방책은 다음의 네 가지로 요약될 수 있다.

첫째, 감사(監司)가 3년마다 스승이 될 만한 사람을 선발하여 이조(吏曹)에 명단을 보내어 선택토록 한다. 이 방책은 교사 선발 기간에 대한 것인데, '매 3년마다' 교사를 선발해야 한다고 언급한 것은 안정적으로 좋은 교사를 선발하기 위한 제도의 정립을 강조한 것이다.

둘째, 교사의 자격은 경사(經史)에 능통하고 공부의 방향을 아는 자여야 한다. 즉 경학(經學)과 사서(史書)에 통달하면서, 무엇을 교육해야 할지 교육의 지향점을 잘 아는 교육적 역량을 갖춘 선비가 교사가 되어야 한다. 이는 학문적 역량과 교육적 역량을 겸비한 교사를 선발해야 한다는 것이다.

셋째, 한 고을의 교사는 원칙적으로 그 고을 사람을 임명해야 한

77 『栗谷全書』 卷15, 「東湖問答」: 爲今之計, 莫如使八道監司, 移文列邑, 每三年一度, 選其鄕人之能通經史, 稍知向方, 可爲人師者, 錄其名, 報于監司, 監司合諸邑之選而移于吏曹, 吏曹案其簿, 博採公論, 更加精擇. 凡差訓導之際, 必以其邑之人授之其, 邑無人, 則授鄰邑之人, 鄰邑又無人, 則授以其道之人, 不限其箇滿, 惟以成敎爲期.

다. 해당 고을에 주거지를 두고 있는 사람을 교사로 임명하여 교육에 매진할 수 있도록 해야 한다는 것이다. 이는 그 고을 사람이 아닌 교사를 임명하면 대개의 경우 자기의 주거지역으로 옮겨 가려고 애쓸 것이기에 이로 인해 교육에 전념하지 못할 수도 있음을 우려한 때문이다.

넷째, 교육을 제대로 할 수 있도록 교사의 임기를 보장해 주어야 한다. 유능한 교사를 선발하여 교육을 맡겼으면 충분한 교육 기간을 확보해 주어서 교육의 효과가 나타날 수 있도록 해야 한다는 것이다. 이는 교사의 교육 주권(主權)을 보장해 주는 의미가 있는 것으로 해석될 수 있다.

율곡은 이와 같이 교사 추천, 교사의 자격, 교사의 임용지역, 교사의 임기에 대한 방책을 제시하였다. 위의 방책은 율곡의 나이 34세 때 지은 『동호문답』에 언급된 것으로서, 교사론에 대한 그의 초기 입장이라고 할 수 있다. 율곡은 47세 때 지은 『학교모범』에서는 초기 입장을 보완한 교사론을 다음과 같이 제시하고 있다.

> 학문과 덕행이 있어서 다른 사람으로부터 높이 받듦을 받아 사표(師表)가 될 만한 자를 해마다 서울은 한성부(漢城府)와 5부에서, 지방은 감사(監司)와 수령(守令)들이 착실하게 듣고 보아서 그 실상을 파악하여 명단을 적어 올리면 임금의 재가를 얻어서 명단을 이조(吏曹)에 보내고, 성균관 당상관(堂上官) 역시 관학(館學)의 유생들을 모아 공천(公薦)하게 하여 적합한 자의 명단을 이조(吏曹)에 보고한다. 이조(吏曹)는 다시 자세히 살펴서 자리가 비는 대로 차출하여

사는 곳에서 가까운 고을에 직무를 준다.[78]

『학교모범』에서는 다음과 같은 몇 가지 점에서 교사의 자격과 교사 선발 방책을 보다 분명하게 언명하고 있음을 알 수 있는데, 『동호문답』에서 피력한 입장과 비교하면서 그 특성을 분석하면 다음과 같다.

첫째, 『동호문답』에서는 교사의 자격을 '경사(經史)에 능통하고 공부의 방향을 아는 사람'으로 규정한 것도 있지만, 또 "유신(儒臣) 중에서 학문이 성취되고 행실이 높은 사람을 발탁하여 태학(太學)과 사학(四學)의 관원으로 삼아 유생을 가르치게 한다."[79]고도 하였다. 이 점에서 율곡은 반드시 학문과 덕행을 겸비한 사람이 교사가 되어야 한다는 입장을 취함을 알 수 있다. 율곡은 『학교모범』에서 명시적으로 교사의 자격을 '학문과 덕행이 있어서 사표(師表)가 될 만한 사람'으로 규정하고 있다. 즉 위기지학(爲己之學) 공부를 충실하게 하여 도덕에 대한 지식을 통달하고, 도덕실천을 온전히 하는 모범적인 스승의 역량을 갖춘 사람이 교사가 되어야 한다는 것이다. 학문적 탁월성은 교사 선발의 최고 준거가 아니라 중요한 기본 조건이며, 가장 중요한 최고 준거는 '도덕적 품성의 함양 여부'이다. 이러한 맥락에서 율곡은 학문과 덕행으로 알려지지 않은 사람은 그 능력과 자격을 엄격하게 시험해서 요행으로 교사가 되는 폐단을 없애야 한다고 하여,[80] 교사의 자격을 철저하게 검증할 것을 주장한다.

---

78 『栗谷全書』 卷15, 「學校模範」, '事目': 凡有學行, 爲人所推重, 可堪師表之任者, 每年, 京則漢城府五部, 外則監司守令, 悉心聞見, 得其實狀, 鈔名啓下吏曹, 館堂上亦會館學諸生, 使之公薦可合者, 鈔名報吏曹, 吏曹更加詳察, 隨闕塡差, 例受所居近邑.

79 『栗谷全書』 卷15, 「東湖問答」: 別擇儒臣之學成行尊者, 爲太學及四學之官, 使誨諸生.

둘째, 『동호문답』에서는 '3년마다' 교사를 선발할 것을 제안했으나, 『학교모범』에서는 '해마다' 교사를 추천하도록 하여 교사 선발을 연례적으로 시행해야 할 중요 국가 사무로 강조하였음을 알 수 있다. 이는 당시 조선의 사학(私學)이나 향교(鄕校)의 교사 부족 문제를 직시한 개혁적인 방책이다. 예를 들면 조선 초기에는 사부학당(四部學堂)의 교관을 성균관 교관이 겸임하게 하여 성균관의 사무와 겹치게 되었으므로 사부학당의 교육을 소홀히 할 수밖에 없었다. 이후 사부학당에 교수(敎授)와 훈도(訓導) 2명을 두되, 성균관 전적(典籍) 이하의 관원으로 겸임케 했는데, 이렇게 사부학당에서는 교관의 겸임제와 전임제를 번갈아 시행했지만 사학(四學)의 교육을 잘하지는 못했다고 한다. 그 이유는 사학(四學)에는 교관이 늘 부족했고, 충원된 교관들의 경우도 결근이 빈번하여 유생 교육에 문제점이 많았기 때문이다.[81] 율곡은 이러한 교사 부족의 실상을 직시하고, 연례적인 교사 선발과 임용을 주장하였다.

셋째, 교사의 임용지역에 관해서 『학교모범』에는 '사는 곳에서 가까운 고을에 자리를 준다.'고 규정되어 있는데, 이는 『동호문답』에서 '훈도를 임명할 때에는 반드시 그 고을 사람을 임명한다.'고 한 맥락과 일치한다. 교사들이 자기의 주거지역에 거주하면서 안정적으로 교육의 소명을 다한다면 교사의 빈번한 이동으로 인한 교육 부실을 막을 수 있을 것이라고 판단한 것이다. 이는 교사들이 임지(任地)

---

80 『栗谷全書』 卷15, 「學校模範」, '事目' 참조.
81 김성혜, 「四學 교관에 관한 일 연구」, 『교원교육』 30집 4호(한국교원대학교 교육연구원, 2014. 10.), 261쪽 참조.

를 이탈하고 바꾸려고 하는 일이 빈번했던 당시 조선의 현실을 직시한 것이다. 조선 후기에 이르러서야 비로소 교수나 훈도를 중앙에서 파견하지 않고 각 지방에서 향교 교관이 될 만한 사람을 관(官)에서 선발하여 향교의 강학을 담당케 했는데, 이러한 변화가 가능했던 것은 교사 임용지역 배정에 대해서 율곡이 주장한 것과 같은 의견들이 지속적으로 제기된 결과라고 볼 수 있다.

또한 율곡은 선비들이 관직에 나가기 전에 먼저 교사직을 주어서 그 수행 능력을 본 후에 조정의 적절한 관직을 주어 관리로 등용케 하는 방안을 제시하고 있다. 즉 "서울과 지방에서 높은 학문과 덕행이 있어서 추천받아 벼슬하게 된 자와 생원·진사로 벼슬할 만한 자는 먼저 교관으로 시험 삼아 채용한 다음에 그 능력 여부에 따라 임기가 다하지 않았더라도 수시로 등용해서 교관과 조정의 관리를 섞어서 한 길이 되게 해야 한다."[82]라고 주장했는데, 율곡은 이렇게 한다면 선비들이 교사직으로 나아가는 것을 꺼리기는커녕 관직으로 진출하는 데 큰 도움이 된다고 여겨 교육에 최선을 다할 것이라고 생각했다. 그러면 선비들도 교사로 선발 임용되는 것을 영예롭게 여기므로 더 이상 교사직이 천한 직분이 아니라고 인식하게 될 것이라고 기대하였다. 이러한 율곡의 방책은 비록 문제가 없지는 않지만, 조선 유림들이 교사직에 대해 가지고 있던 낮은 인식을 개선하기 위한 고육지책(苦肉之策)이라고 이해할 수 있다.

---

82 『栗谷全書』 卷15, 「學校模範」, '事目': 京外以學行可用被薦將入仕者, 及生進可堪入仕者, 先試之校官, 觀其能否, 雖不待仕滿, 間間登仕, 使校官朝士, 混爲一途.

3. 교사 존중 규범의 강화

율곡은 조선의 교사 문제가 심각했던 이유로 교사의 처우(處遇)가 매우 취약한 점, 교사에 대한 존중의 규범이 약화된 점에 주목했다. 교사에 대한 처우와 존중의 문제는 다른 사람들이 교사를 바라보는 인식 및 교사의 자기 직분에 대한 자긍심과 연결된다는 점에서 교사의 심리에 영향을 미치는 상당히 중요한 요소라고 할 수 있다. 율곡은 당시 교사의 지위와 행태에 관련된 문제점을 다음과 같이 묘사하고 있다.

> 지금은 훈도를 매우 천한 직분이라고 여겨서 빈곤하고 재산 없는 사람을 훈도로 임명하여 굶주림을 면하게 하니, 훈도가 된 사람도 학생을 이용하고 획책하여 자기 배나 채울 뿐이니 교육이 무엇을 하는 일인지를 누가 알기나 하는가?[83]

교사를 천한 직업으로 치부하는 사회의 인식, 자질을 보고 교사를 임용하는 것이 아니라 빈곤한 사람들이 굶주림을 면하기 위한 호구지책(糊口之策)으로 교직을 찾고 이들을 교사로 임용하는 현실, 교사가 학생에게 금전 등을 수뢰(受賂)하는 부도덕한 현실을 율곡은 적나라하게 기술하고 있다. 율곡은 이런 점들과 관련된 교사의 문제를 개선하는 것이 교육을 바로 세우는 데 필수적이라고 생각했다. 그리하여 교사의 처우를 개선하고, 교사를 존중하는 방안을 제시한 것이다.

---

83 『栗谷全書』 卷15, 「東湖問答」: 今者, 以訓導爲至賤之任, 必得貧困無資者而授其位, 使免其飢寒, 爲訓導者, 亦徒知侵漁校生以自肥而已, 夫孰知教誨之爲何事耶.

교사의 처우는 특히 녹봉 지급과 관련한 교사의 경제적인 문제가 가장 중요하게 여겨졌다. 조선 전기에 향교 교관의 녹봉을 지급한 상황에 대한 『세종실록(世宗實錄)』 내용 중에는 관(官)의 녹봉이 매우 박하여 수령이 멸시하고 예(禮)로써 대하지 않는다고 진술된 것이 있다. 이로써 볼 때, 녹봉의 지급량은 물론 지급 시기에 있어서도 그 실상이 교관들이 기본적인 생활을 영위하는 데 상당한 어려움이 있는 상황이었음을 파악할 수 있다.[84] 이러한 상황을 직시한 율곡은 교사가 교육활동에 충실하게 임할 수 있도록 그들의 경제적 문제를 개선해 주어야 한다고 생각했다. 그래서 율곡은 『학교모범』 '사목(事目)'에 교사의 급료 지급 문제를 구체적으로 거론하였다.[85] 율곡은 당시의 열악한 교사의 급료 상황을 인식하고, 안정적인 급료를 교사에게 제공해야만 교사들이 기본 생계를 해결하고 교육에 전념할 수 있다고 여겼다. 그리하여 율곡은 비록 교사들에게 충분한 수준의 급료를 제공하지는 못하더라도, 급료를 규정으로 정하여 매월 일정하게 지급하여 교사들의 안정적인 생활을 보장함으로써 교직 수행에 보

---

84 김명우, 「조선시대 향교 교관: 예우와 파견중단 시기를 중심으로」, 『中央史論』 10·11합집(중앙대학교 중앙사학연구소, 1998. 12.), 92쪽 참조.

85 율곡은 『學校模範』에서 교사의 급료에 대해서 구체적으로 언급하고 있다. 예를 들면 牧使가 있는 고을 이상은 매달 쌀과 콩 각 두 섬, 벼 넉 섬을 급료로 주도록 하였다. 그리고 都護府에서는 매달 쌀 두 섬, 콩 한 섬, 벼 석 섬을 급료로 주도록 하였으며, 郡에서는 매달 쌀 한 섬 닷 말, 콩 한 섬, 벼 두 섬, 그리고 縣에서는 매달 쌀·콩·벼 각각 한 섬을 급료로 주도록 정함이 적당하다고 주장한다. 그리고 郡 이상으로서 고을의 경제 사정이 매우 나쁜 경우에는 감사가 이를 감안하여 교사의 급료를 적당히 감하여 지급할 수 있다고 언급하였다.(『栗谷全書』 卷15, 「學校模範」, '事目': 定其廩料, 牧以上則月給米太各二石租四石, 都護府則月給米二石太一石租三石, 郡則月給米一石五斗太一石租二石, 縣則月給米太租各一石, 皆以耗穀計給, 郡以上尤甚殘邑, 則監司量宜減給.) 이와 같이 율곡은 교사가 생활인으로서 기본적이고 안정적인 생계를 유지하고, 이를 바탕으로 교사로서의 기본 품위를 지켜 나갈 수 있도록 하기 위해서 교사의 열악한 급료 문제의 해결을 적극적으로 모색한 것이다.

다 집중토록 한 것이다.

교사들이 자부심을 갖고 교직을 수행할 수 있도록 여건을 개선하려는 율곡의 방책은 단지 급료를 통한 처우 개선에만 그치는 것이 아니라, 교사들을 실질적으로 존중하는 규범을 제시하는 데까지 이르고 있다. 율곡은 교사가 인성교육을 담당하는 주체라는 점에서 가장 존중받아야 할 직군으로 보고 있다. 그러므로 율곡은 초학자들부터 교사를 존중하는 태도를 가져야 한다고 주장하면서 『학교모범』에서 '사사(事師)'에 대해서 언급한다.

> 배우는 자가 참된 마음으로 도에 뜻을 두었다면 반드시 먼저 스승 섬기는 도리를 잘해야 한다. 사람은 왕·스승·부모 덕택에 태어나고 살고 배우게 되므로 섬김을 대등하게 해야 하니, 어찌 마음을 다하지 않을 수 있겠는가? 함께 거하면 아침·저녁으로 뵙고, 따로 있으면 수업을 받을 때 뵙고, 초하루와 보름에는 함께 모여서 예(禮)를 행한 다음에 두 번 절하고 뵙는다. 평상시에 모시고 받듦에 존경을 다하고, 교훈을 돈독히 믿어서 항상 명심하고 잊지 말아야 한다. 만일 스승의 언행(言行) 중에 의심나는 점이 있을 때에는 조용히 질문하여 그 옳고 그름을 가려야 할 것이며, 곧바로 자기의 사견(私見)으로 스승을 비난하면 안 된다. 또는 올바른 이치를 생각하지 않고 스승의 말을 맹목적으로 믿어서도 안 되며, 봉양(奉養)하는 정도에 있어서는 힘에 따라 성의를 극진히 하여 제자의 도리를 다해야 한다.[86]

86 『栗谷全書』 卷15, 「學校模範」: 謂學者誠心向道, 則必須先隆事師之道, 民生於三, 事之如一,

율곡은 유생들이 스승을 존중하는 태도를 결코 잃지 말아야 한다는 점을 강조하고 있다. 특히 주목되는 것은 교사들의 언행에 오류가 있다고 생각되는 경우, 유생들이 이를 문제 삼지 않는 것이 아니라 교사를 존중하는 입장에서 조용히 질문하고 시비를 밝혀야 한다고 언급한 점이다. 이는 교사들의 권위를 존중하면서도 교사의 언행 즉 가르침에 문제가 있는 경우에는 반드시 그 오류를 밝히고 바로잡아야 한다는 점을 지적한 것이다. 또한 율곡은 교사의 가르침이 이치에 맞는지 따지지 않고 맹목적으로 수용하는 무비판적인 태도를 가져서도 안 된다는 점을 언급하고 있다. 율곡이 강조하는 것은 유생들이 교사의 권위를 인정하면서 교사를 존경하는 태도를 가져야 한다는 것이며, 교사의 가르침을 반성적·비판적으로 성찰하지 않고 맹목적으로 수긍하고 순종하라는 뜻이 아니다. 여기서 율곡이 생각하는 진정한 교사 존중의 뜻과 교육의 바른 길을 읽을 수 있다.

또한 율곡은 교사들이 관리들에게 천대받고 부림을 당하는 일을 지적하면서 그 개선을 주장한다.

> 학교의 스승은 그 사람의 자격을 잘 살펴서 선발했으면 예(禮)에 맞도록 대우해서 자중(自重)하는 선비가 그 직분을 편안하게 여기도록 해야 한다. 감사와 수령이 교관을 늘 존중하는 예를 갖추어서 부임하지 않는 자에게는 취임하도록 돈독히 권하고, 왕명을 받

其可不盡心歟. 同處則晨昏參謁, 異處則於受業時參謁, 朔望齊會, 行禮見再拜, 平居侍奉, 極其尊敬, 篤信敎誨, 服膺不失, 如値言論行事. 有可疑者, 則須從容講問, 以辨得失, 不可直以己見, 便非議其師, 亦不可不思義理而只信師說, 至於奉養之宜, 亦當隨力致誠, 以盡弟子之職.

> 고 온 사신을 영접할 때는 『대전(大典)』에 의거하여 대문 밖에서 기다리게 하고, 사자(使者)의 말머리에 서게 하지 말아야 한다.[87]

일반 관리들이 교사들을 폄하하고 천시하는 행태를 문제 삼으면서, 교사들을 예의로 대해야 한다고 주장하고 있다. 예의로 교사들을 대해야 하는 이유는 교사들이 직분에 자부심을 가지고 교직에 충실할 수 있도록 그들의 자존감과 사기를 높여 주어야 하기 때문이다. 그러므로 율곡은 감사(監事)와 수령이 교사들을 예의로 대하고 스승으로 우대해야 한다고 강조한다. 이와 관련하여 개선해야 할 하나의 사례로서, 왕명을 받고 온 사신을 맞이할 때 교사들을 마치 낮은 직급의 관리들처럼 사신의 말머리에 서게 하여 천시(賤視)하는 처우 규범을 폐지할 것을 제안한 것이다.

또한 율곡은 국명(國命)을 받아 지방에 오는 신하도 교사를 예우하고 존중해야 한다는 것을 『동호문답』에서 주장하고 있다.

> 명(命)을 받고 간 신하도 훈도를 예(禮)로써 대우하여 향교에 들어가지 않으면 훈도가 마중 나오지 말게 하고, 유생들의 시강(試講)을 제외한 모든 공회(公會)에 참석하지 않도록 한다. 이렇게 해서 훈도로 하여금 몸가짐을 자중(自重)토록 하고 배움에 힘써 노력하도록 해야 한다.[88]

---

87 『栗谷全書』 卷15, 「學校模範」, '事目': 學枝之師, 旣已精擇其人, 則亦須待之以禮, 使自重之士, 得安其職. 監司守令, 常加優禮, 如未赴任者, 敦勸令就, 迎命時, 只依大典, 候于大門之外, 勿立于馬頭.

88 『栗谷全書』 卷15, 「東湖問答」: 使命之行, 待之以禮, 不入鄕校, 則不使祗迎, 除儒生試講之

율곡은 조선의 관리들이 교사의 직이 미천하다고 여겨서 이런저런 행사 자리에 불러 교사의 자긍심을 손상시키고 교육에 전념하지 못하도록 하는 행태를 비판한 것이다. 이와 관련하여 율곡은 관리들이 교사를 진심으로 존중하는 것은 교사들이 인성교육이라는 중차대한 직분을 더 엄정하게 수행하도록 면려하는 데 그 본의가 있다는 것을 강조하고 있다. 이처럼 율곡은 교사의 처우와 존중을 위한 법적 규정의 개선과 규범의 정립을 강조했는데, 그 뜻은 전적으로 인성교육의 정상화에 있었다.

4. 교사 평가 방향의 인성교육적 특성

율곡은 교사들의 처우 향상과 교사 존중의 문화를 정립한 바탕에서 교사 평가를 엄격하게 시행해야 한다고 주장한다. 교사가 자긍심을 가지고 교육에 임할 수 있도록 여건을 조성해 주고, 교사의 교육활동에 대한 책임을 강조하는 맥락에서 엄정한 교사 평가의 실시를 제안한 것이다. 인성교육이 실패하고 있다고 할 정도로 조선의 교육실상이 부정적이라고 인식한 율곡은 교사의 교육 수준을 향상시키는 것이 교육을 살리는 길이라고 생각했다. 이를 위해서 율곡은 교사의 교육활동을 평가하는 체계적이고 개혁적인 방책을 제시하였다.

조선에서는 이미 율곡 이전인 개국 초기부터 교관들의 평가를 실

外, 凡公會竝不來參, 使訓導持身自重, 勉勵學者.

시해 왔으며, 교관 평가 준거를 제정했다. 예를 들면 세종 4년(1422)에는 「외방교관고찰조건(外方教官考察條件)」을 만들어 지방 교관을 평가하는 항목을 구체적으로 제시했는데, 그 핵심 내용은 다음과 같다.[89]

- 교관이 임명된 후 즉시 부임하지 않거나, 부임 후 꾀를 부려 면하려고 하는 자에게는 죄를 논단할 것
- 고을의 수령은 배우는 생도 이름 밑에 읽은 경서(經書)와 수업한 교관의 성명을 써서 마지막 달마다 감사(監司)에게 보고하고, 감사는 문서를 올려 뒷날 고사에 참작할 것
- 관찰사가 지방을 순행할 때 강(講)을 시험하되, 성인(成人)은 그 의리(義理)를 잘 풀고, 동몽(童蒙)은 잘 외는 것을 취하여 그 이름을 기록하여 성적(成績)의 우열을 평정(評定)하는 날에 이를 빙고(憑考)하여 시행하고, 성적의 우열을 보고하는 계본(啓本)에는 교관의 이름 밑에 경서(經書)를 통달하게 아는 생도(生徒)와 경서를 잘 외는 생도의 수를 적을 것
- 고을의 수령은 교관이 실제로 출근한 것과 신병과 휴가 등 사고로 결근한 것을 명확히 파악하여 감사에게 보고하고, 성적을 매기는 날에 그 근만(勤慢)을 상고하여 보고할 것

이 규정은 지방 교사들의 성적을 평가하고 상벌을 부여하는 준거라고 할 수 있는데, 이 준거들은 기본적으로 사학(四學)의 교사 평가

89 『世宗實錄』 18卷, 世宗 4年(1422) 11月 14日 丁卯, '외방교관고찰조건을 정하다' 참조.

시에도 적용되었다. 위의 「외방교관고찰조건」에 나타난 교사의 평가 기준을 정리하면 대체로 다음과 같다.

첫째, 교관이 임명 후 즉시 부임했는지와 부임 후 교육을 회피하려고 했는지를 파악하여 교관의 책임성 여부를 평가한다.

둘째, 교관의 출근과 결근 상황을 파악하여 교관의 근만(勤慢)을 평가한다.

셋째, 교관이 교육을 담당하는 유생들 중에서, 경서의 이치를 잘 해석하고 통달하는 성인(成人) 유생의 수와 경서를 잘 외는 어린 유생의 수를 파악하여 교관의 교육 능력과 성과를 평가한다.

이 중에서 첫째와 둘째는 교사의 근무 상황에 대한 것이다. 이 평가 준거와 관련하여 역시 세종 대에 시행된 「오부학당생도육성책(五部學堂生徒育成策)」에서도 3년마다 교사의 근만을 조사하고, 지도한 유생 중에 성취한 자가 많은지 여부를 평가했다.[90] 그러나 이후에는 상시적으로 근만을 평가하여 부지런한 자에게는 상을 주고 태만(怠慢)한 자에게는 벌을 주었다.[91] 그리고 셋째는 교사의 교육 능력에 대한 것인데, 이는 가르친 유생 수와 유생들의 성취도 평가가 중심이 된다.

그러면 율곡의 교사 평가 방책은 어떠한 특성이 있는가? 먼저, 율곡은 교사를 직접 평가하는 것이 아니라, 학생의 성취도 평가를 통한 교사 평가를 지향하고 있는데, 이 점은 당시에 시행되던 교사 평

---

90 『世宗實錄』 18卷, 世宗 4年(1422) 11月 14日 丁卯, '이조에서 오부학당 생도 육성책을 아뢰다' 참조.

91 김성혜, 앞의 논문, 266쪽 참조.

가 방향과 다르지 않다. 예를 들면, 율곡은 『학교모범』에서 "가르친 유생의 학문 능력 여부와 몸가짐의 공경과 방종만을 살펴서 포폄(褒貶)하며, 훈도는 시강(試講)하지 않고 단지 가르치는 방법만을 헤아려 논한다."[92]고 함으로써 교사를 직접 시강(試講)케 하여 이를 평가하는 것은 적절치 않다는 입장을 취한다. 그러므로 유생의 성취도에 따라 교사를 평가하고 이에 따른 상벌을 엄하게 해야 한다고 주장한 것이다. 율곡은 이러한 맥락에서, 또한 "한 해 걸러 8도의 모든 고을에 사신(使臣)을 위임하여 보내서 생도들의 학업을 시험하고 몸가짐을 살펴 그것으로 교관의 능력 여부를 등급으로 매기어 보고하게 한다."[93]는 방안을 제시하기도 하였다.

율곡은 구체적으로 유생들을 평가하여 그들을 가르친 교사의 등급을 나누고 그 등급에 따라 관직에 등용케 하는 방안을 다음과 같이 제시하였다.

> 성과를 보고 그중에서 공적이 뛰어나고 선비의 기풍을 변화시킨 자는 품계를 올려서 관직을 주고, 그다음으로 직책에 충실하여 성과가 있는 자는 벼슬에 나갈 수 있도록 길을 열어 주며, 또 그다음으로 성과가 있는 자는 임기가 되면 다른 고을에 옮겨 가서 성과가 더욱 드러난 뒤에 벼슬에 나갈 수 있도록 한다.[94]

92 『栗谷全書』 卷15, 「學校模範」, '事目': 只考所敎儒生之學問能否, 持身敬肆, 以爲褒貶, 而訓導則勿試講, 但與商論敎誨之術.

93 『栗谷全書』 卷15, 「學校模範」, '事目': 每間一年, 委送使臣于八道列邑, 試諸生學業, 且考持身之狀, 第其校官之能否以啓.

94 『栗谷全書』 卷15, 「學校模範」, '事目': 觀者成效, 其中功績卓異, 丕變士風者, 陞品授實職,

최고의 성과를 보여 준 교사는 품계를 올려 일반 관직을 주고, 그 다음의 우수한 성과를 보인 경우에도 벼슬을 주며, 그다음의 성과가 있는 경우는 임기가 만료되면 다른 고을에서 교사를 계속하도록 했다가 더 좋은 성과를 보이면 일반 관직을 준다는 방안이다. 즉 교직을 잘 수행한 교사에게 일반 관직으로 진출할 수 있는 길을 열어 주는 인센티브 제도를 채택하고 있는 것이다.

여기서 주목해야 할 것은, 율곡이 교사의 평가 준거를 제시함에 있어서 특별히 한 가지에 초점을 두고 있다는 점이다. 그것은 도학의 교학 본령에 입각한 인성교육의 명제에 철저하게 충실하려고 한 입장이다. 위의 교사 평가에 대한 『학교모범』 내용의 인용에서 볼 수 있듯이, '유생의 학문 능력 여부와 몸가짐의 경건(敬虔)이나 방종(放縱)만을 살펴 포폄한다.', '생도들의 학업을 시험하고 몸가짐을 살펴 그것으로 교관의 능력 여부를 등급으로 매긴다.', '공적이 남달리 뛰어나고 선비의 기풍을 변화시킨 자는 품계를 올려서 실직(實職)을 준다.'는 방안에서 드러나는 것은 유생들의 성취도 측정에 있어서 '몸가짐의 경건'과 '선비의 기풍'을 특별히 중시한 점이다. 이는 유생들의 덕행에 대한 것이다. 율곡은 기본적으로 교사가 가르친 유생들이 경학에 얼마나 통달하느냐 하는 이론적 측면과, 덕행을 얼마나 갖추었느냐 하는 실천적 측면을 공히 중시했지만, 교육의 본질은 덕행의 실천에 있다고 강조한다. 앞에서 본 「외방교관고찰조건」에서는 유생들의 덕행은 비교적 가볍게 다루어지고 경서의 통달을 강조하였

其次稱職有效者, 卽通仕路, 又其次則仕滿, 更遷他邑, 成效益著, 然後乃入仕路.

다. 그러나 율곡은 도덕실천 지향의 인성교육의 입장에 의거하여 유생들의 덕행 측면에서의 성취를 더욱 중요시했던 것이다. 이러한 율곡의 입장은 인성교육의 본령에 충실한 교사 평가라 하겠는데, 『동호문답』에서는 이에 대해 상세하게 제언하고 있다.

> 매년 감사(監司)가 직접 가서 그 성적을 살펴서, 단지 유생만을 시험하고 훈도는 시험하지 말아야 한다. 만일 유생으로 하여금 도학을 숭상할 줄 알게 하고 몸가짐을 바르게 하고 그 행실을 잘 검속하거나 독서함에 있어서 궁리(窮理)에 힘쓰도록 했다면 공적이 상급이요, 유생으로 하여금 독서를 게을리하지 않게 하고 행실에 잘못이 없게 하며 비록 과거(科擧)를 중시하는 속습(俗習)을 면하지 못했더라도 출세에 뜻을 빼앗기지 않게 했다면 그다음이요, 유생으로 하여금 글의 뜻을 잘 이해하게 하고 글을 잘 짓게 했다면 또 그다음이다.[95]

율곡은 여기서 덕행을 가장 중시하는 학생 성취도 평가 준거를 제시하고 있다. 즉 가르친 유생의 덕행이 어떠하냐에 따라 교사의 등급이 결정되는 것이다. 교육받은 유생들이 도학을 숭상하고 잘 실천하여 덕행이 뛰어나면 교사가 최상 공적으로 평가받는다는 것은 교사 평가에서 도덕실천적 인성교육의 성취 여부가 가장 핵심임을 나

95 『栗谷全書』 卷15, 「東湖問答」: 然後每年監司親臨, 考其成績, 但試儒生, 不試訓導. 若使儒生能知道學之可尙, 整其威儀, 飭其行檢, 其讀書, 務以窮理爲要, 則績之上也, 若使儒生讀書不倦, 操行無疵, 雖不免科擧之習, 而不至奪志於榮進, 則其次也, 若使儒生曉解文義, 能善製述, 則又其次也.

타낸다. 그리고 유생들이 독서도 잘하고, 행실에 문제가 없고, 자기의 공명(功名)만을 이루기 위해서 과거(科擧) 공부에 치중하는 것이 아니라면 교사는 그다음 공적으로 평가받는다는 것 역시 덕행 중시의 입장을 보여 주며, 한편으로는 과거 공부의 의미를 인정하는 관점을 드러낸다.[96] 그러나 유생이 단지 글을 잘 짓는 데만 능통하다면 교사의 공적은 좋게 평가받을 수 없다. 물론 유생들이 작문이나 논술을 잘하는 것도 교육 성과의 한 단면이라고 할 수 있지만, 이는 도덕실천이라는 유교교육의 본질에 부합하지 않는다는 것이 율곡의 입장이다. 이와 같이 인륜의 실천을 유생들의 공부와 교사 평가에 있어서 가장 중요한 준거로 삼고 있다는 점은 율곡의 도덕실천 지향 인성교육의 입장을 명확하게 보여 준다. 율곡은 덕행 중시라는 평가준거에 입각해서 교사의 교육 성과를 평가하고, 이에 따라 엄격하게 상벌을 부과해야 한다고 주장한다. 즉 율곡은 상(償)을 주고, 관직을 내려서 벼슬길을 열어 주고, 재정적인 지원을 해 주거나 격려하는 등 그 등급에 따라서 적절하게 포폄(褒貶)하는 방책을 『동호문답』에서 제시하였다. 그리고 "탐욕이나 부리고 학생을 토색질하는 자는

---

96 조선 후기의 『大典會通』의 교사 평가 규정을 보면, '가르치는 학생들이 科擧에 얼마나 많이 합격했는지'를 교사 평가의 중요 준거로 제시한 내용이 있는데, 이 준거는 실은 조선 초기부터 채택되어 온 것이다.(박수정 외, 「전통사회 교원평가의 원칙과 실제: 조선 후기 예조 소속 교원을 중심으로」, 『교육행정학연구』 30권 2호, 한국교육행정학회, 2012. 6., 234쪽 참조) 이와 같이 조선의 官學 교육에서는 국가의 인재 배양이라는 측면에서 科擧 공부를 중요하게 여겨 왔음을 알 수 있다. 율곡의 입장은 유생들의 과거 공부를 인정하되, 그것은 반드시 安人·治人의 도학적 가치를 구현하기 위한 것이어야 한다는 주장이다. 율곡은 단지 爲人之學의 뜻으로 과거 공부하는 것은 자기 자신과 사회에 해악이 될 수 있다는 점을 각성하고 경계하였다. 그렇기에 도학의 본질에 충실한 교육을 강조하고 이러한 교육의 시행 여부를 교사 평가의 핵심 준거로 삼은 것이다.

법에 따라 죄를 다스려야 한다."[97]고 강조하였다. 교육을 빙자해서 학생들을 착취하는 교사들을 법에 따라 엄하게 응징해야 한다는 율곡의 입장은 철저한 사도(師道)의 실천을 강조하는 데 있다.

율곡 당시의 교사 평가는 대체로 교사가 가르치는 유생의 경전 학습 성취도를 중심으로 이루어졌으나, 율곡은 경전의 암송이나 통달이 근본적으로 중요한 것이 아니라 경전을 통해서 배운 유학의 가르침을 유생들이 생활 속에서 어떻게 실천하느냐 하는 행적(行的)인 측면의 평가를 중시한 것이 특징이다. 이러한 율곡의 교사 평가의 입장은 교육에 있어서 궁리(窮理) 즉 지적(知的)인 이해 중심의 평가가 아니라, 역행(力行) 즉 행적인 실천 중심의 평가를 강조한 것이다. 율곡이 제기한 교사 평가의 핵심은 인성교육의 실현에 있었다. 모범적으로 덕을 실천하는 인격적인 교사가 인성교육을 실시할 때, '선비 된 사람은 모두 덕과 의(義)를 존숭할 것이며 문예(文藝)만을 일삼지 않고, 모든 백성들도 흥기하여 사방에서 이를 따를 것'이라고 율곡은 주장한다.[98] 교사들이 덕성을 잘 갖추고 참된 인성교육을 실현할 때, 학교에서는 유생들이 인의예지(仁義禮智)의 도리를 다하는 인재로 성장할 수 있으며, 사회에서는 교사가 덕행의 모범으로서 사람들의 감화(感化)를 일으켜 윤리적인 삶을 영위하도록 하는 데 기여할 수 있다는 것이다. 유덕한 교사의 모범적인 자기 처신과 수월한 인성교육의 실현은 학교교육적인 측면에서는 인성교육을 바로 세우는

---

97 『栗谷全書』 卷15, 「東湖問答」: 又若依舊貪鄙, 誅求校生者, 按律治罪.

98 『栗谷全書』 卷15, 「東湖問答」: 則爲士者, 皆知德義之可尊, 不徒文藝之爲尙, 凡民興起而四方風動矣.

길이며, 사회적인 측면에서는 조선사회의 윤리적 성숙을 가능케 하는 중요한 의미를 갖는다고 율곡은 인식하고 있다. 이 점이 바로 율곡이 교사 문제에 대해서 지대한 관심을 갖고 다양한 방책을 제시한 연유라고 할 것이다.

5. 장을 마치며

율곡은 도학의 본령을 구현하기 위한 인성교육의 입장에서 교사론을 제시하고 있다. 조선의 교육이 정상적인 기능을 수행하지 못하고 있는 데 대한 율곡의 비판은 통렬했고, 교육 개혁에 대한 그의 의지는 강렬했다. 율곡은 도덕실천 지향의 인성교육을 의미 있게 시행하기 위해서는 교사의 문제를 개선하는 것이 가장 절실한 과제라고 인식했다. 그렇기에 율곡은 교사의 선발, 교사의 존중, 교사의 평가 등에 관한 입장을 구체적으로 제시했는데 그 핵심적인 내용은 다음과 같이 요약될 수 있다.

첫째, 도학 교육의 본질은 인간이 선천적으로 품부한 선한 본성을 잘 실현하는 성인(聖人)이 되도록 하는 인성교육이므로 교사는 반드시 인성교육을 잘할 수 있는 역량을 가진 사람이어야 한다.

둘째, 청탁(請託)을 통해서 교사가 되는 길을 원천적으로 차단하고, 경학(經學)에 능통하며 덕행(德行)이 뛰어난 교사를 선발하여 충분한 교육 임기를 보장해 줌으로써 책임감 있게 인성교육을 할 수 있도록 해야 한다.

셋째, 교사의 경제적인 처우를 개선해 주고, 교사를 천시(賤視)하는 규범들을 바꾸어 교사가 존중받는 가운데 교육에 임할 수 있도록 경제적·사회적 여건을 확보해 주어야 한다.

넷째, 가르친 학생들의 덕행 함양의 성취도를 준거 삼아 엄정하게 교사 평가를 실시하고, 평가 결과에 따라 합당한 상벌을 부과해야 한다.

이렇게 보면, 율곡의 교사 문제 개혁의 핵심은 학문과 덕행을 겸비한 교사의 선발과 평가를 강조한 점이지만, 교사의 지적(知的)인 학문 역량은 도덕을 실천하기 위한 바탕이므로 교육의 본질은 도덕의 실천에 있음을 강조하는 데 있다. 그러므로 율곡의 교사론은 덕행을 핵심으로 삼고 있다고 규정할 수 있다. 즉 율곡은 덕성(德性)을 교사의 자격 중에서 가장 중요하게 여기며, 교사가 교육해야 하는 핵심 가치 역시 학생들의 덕성을 잘 함양하는 데 있다고 보았다. 조선의 주류사상인 유학의 본령은 덕행을 중시하는 것이었으나, 당시에는 교육에서 학생들의 덕성 함양 교육이 실제적으로 잘 이루어지지 않고 있었다. 그러므로 율곡은 인성교육을 잘 수행할 수 있는 교사를 양성하고, 이들이 인성교육에 매진할 수 있도록 현실적인 문제를 해결할 수 있는 개혁적인 교사론을 전개한 것이다. 인성교육을 지향하면서 교사의 인성을 중시하고, 인성교육의 관점에서 교사의 교육 성취도를 평가해야 한다고 강조한 율곡의 교사론은 오늘날 우리 사회의 교사 문제를 해결함에 있어서 반추될 필요가 있다. 그리하여 실천적인 인성교육을 통해서 학생들이 좋은 인격을 함양하고, 좋은 삶을 살 수 있도록 깨우쳐 나가는 교육활동을 수행할 수 있는 훌륭한 인성을 가진 참된 교사를 양성하고 선발하기 위해서 교사 교육 체계와 교사 선발 체계를 개혁하는 방안을 모색해야 할 것이다.

제2부

율곡의 인성교육에서 도덕실천의 동력(動力)과 인성 함양

제4장
인성 함양을 위한 도덕실천의 동력(動力)과 실심(實心)

도학(道學) 즉 성리학(性理學)은 근본적으로 '도덕실천의 학'이다. 도학은 도덕적 가치와 도리의 온전한 실천을 위해서 도덕적 앎을 정밀하게 추구하였기 때문에 주지주의적(主知主義的)인 특성이 있다고 인식되기도 하지만,[1] 도학의 궁극적 목적은 도덕실천을 온전하게 할 수 있는 인격을 형성하는 데 있음은 의심의 여지가 없다. 그러므로 율곡(栗谷)은 도학의 공부론에서 교학(教學)을 논하면서 도덕실천 지향의 인성교육을 통해서 유학의 본령을 구현하고자 한 것이다. 따라

* 이 장은 필자의 「율곡사상에서 도덕실천의 動力과 實心」(『율곡학연구』 47집, 율곡학회, 2022. 3.)의 내용을 수정 보완한 것이다.

1 예를 들면 王陽明은 朱子學者들이 이론적인 탐구에 집착하여 실천을 경시하고 있다고 다음과 같이 지적한다. "오늘날 사람들은 이미 알고 있는 天理를 기꺼이 보존하려고 하지 않고, 이미 알고 있는 人欲을 기꺼이 제거하려고 하지 않으면서, 다만 모두 알아낼 수 없을까[不能盡知] 근심하고, 오로지 한가하게 講說만 하고 있는데 무슨 보탬이 있겠는가?"(王陽明 저, 정인재 외 역주, 『傳習錄(上)』, 청계, 2004, 217쪽) 이러한 陽明의 주자학자들에 대한 비판은 주자학의 본령이 지식 중심이라고 보는 그의 인식에 바탕하고 있다.

서 일상(日常)의 도덕, 인륜(人倫)의 도덕을 온전히 실천할 수 있는 인성을 함양하는 교육은 진유(眞儒)가 되기를 자임한 율곡이 가장 긴요하게 여기는 소명이었던 것이다.

그렇다면 도덕실천은 어떠한 동력을 근거로 가능한가? 이러한 의문을 제기하면서 본 장에서는 구체적으로는 '도덕실천의 동력(動力)'이라는 주제를 중심으로 율곡의 인성교육론을 탐구하고자 한다.[2] 도덕실천의 동력은 도덕적 가치와 도리를 실천할 수 있도록 마음을 작동시키는 추동적(推動的)인 힘을 말한다. 도덕실천의 동력은 도덕적 행(行)의 온전성과 완결성을 담보하는 데 매우 중요한 의미를 갖는다. 율곡은 도덕을 실천함에 있어서 반드시 지선(至善)을 이루어야 한다는 목표에 입각하여 실천적인 윤리사상을 정립하였으며, 특히 실심(實心) 개념을 중심으로 창의적인 인성교육론을 제시하고 있다.

따라서 본 장에서는 다음과 같은 논의의 초점을 정하고, 이에 따라 율곡이 주장하는 도덕실천의 동력과 실심에 대해서 탐구하고자 한다. 먼저 율곡이 주장하는 도덕실천 동력의 구조와 특성을 지적(知的)·발현적(發現的)·주체적(主體的) 실천 동력이라는 측면에서 분석할 것이다. 도덕실천을 추동하도록 하는 지적(知的)인 실천 동력은 도

2 도덕실천을 추동하는 동력 혹은 역량에 대한 연구로는, 안재호의 「도덕 실천 역량에 관한 율곡의 이론체계 淺析: 心·意를 중심으로」(『철학탐구』 제61집, 중앙대학교 중앙철학연구소, 2021. 2.)와 高海波의 「道德實踐的動力問題: 以東亞的性理學爲例」(『道德和文明』 2019年 第5期, 2019. 7.)가 있다. 안재호의 연구는 人心道心과 意·志를 초점으로 삼아 도덕실천의 主動性 문제를 논하고 있다. 그리고 高海波의 연구는 도덕의 실천 동력을 情感, 意志, 理性이라는 세 가지로 제시하면서 이에 대한 朱子學와 陽明學의 입장을 논하고 있다. 이들 두 연구와는 달리, 본 장에서는 '實心'이 도덕실천의 문제에서 핵심적인 의미가 있음을 밝히고, 이에 대해 논증한다.

덕적 이치와 도리 등에 대한 궁리(窮理)를 중심으로 논할 것이며, 발현적인 실천 동력은 심성(心性)이 발한 정(情)·의(意)·지(志)라는 작용을 중심으로 그 특성을 탐색할 것이다. 그리고 도덕실천을 위한 주체적인 동력에 대해서는 율곡이 특별하게 강조하는 실심(實心)이라는 주체적인 마음을 중심으로 논할 것이다. 실심이 '주체' 동력이 된다는 것은, 마음이 '발현된' 동력인 정·의·지와는 달리 도덕실천을 위해서 마음을 '발현케 하는' 주체적인 동력이 되기 때문이다. 이러한 도덕실천의 동력에 대한 분석에 입각하여, 경(敬)은 어떻게 실심을 강화하는 핵심 방법이 되고 있는지 그 맥락에 대해서도 논할 것이다. 이러한 연구를 통하여 인성 함양을 위해 도덕실천의 동력을 적실성 있게 구축하고 활약토록 해야 할 당위성을 확인할 것이다.

1. 도덕실천의 지적(知的) 동력인 궁리(窮理)와 인성 함양

도덕실천은 도덕적 앎에 근거하여 이루어지는 것이어야 한다는 점에 입각하여 유가(儒家)들은 도덕적 앎을 매우 중시하였다. 즉 인(仁), 효(孝), 예(禮) 등의 실천은 기본적으로 그러한 도리의 이해로부터 가능하므로 도덕적 가치·덕·도리에 대한 탐구가 강조되어 왔다. 도덕적 가치와 도리에 대한 성리학자들의 치밀한 탐구 노력은 격물치지(格物致知)의 궁리(窮理)로 도덕적 앎을 극진한 데까지 이루려는 지적(知的)인 노력으로 나타난다.

궁리(窮理)의 지향 본질은 도덕적 앎이 온전하지 않으면 도덕의 실천도 온전하게 이루어질 수 없다는 명제에 근거한다. 궁리는 행적(行的)인 실현성을 배제한 채 앎 자체를 이루는 데 궁극의 목적이 있는 것이 아니다. 율곡은 올바르게 실천하려는 사람은 성리(性理)를 정밀하게 연구하고, 성리를 정밀하게 연구하는 것은 올바르게 실천하기 위한 것이라고 주장한다.[3] 이는 성리에 대한 공부를 정밀하게 하는 것은 실천을 위한 것이며, 정밀한 연구가 결여되면 올바른 실천이 불가(不可)하다는 입장이다. 성리를 연구하는 궁리 공부의 본질은 행적(行的) 완전성을 담보하는 데 있다는 것이 율곡이 주장하는 핵심이다. 이 점에서 율곡의 공부는 도덕실천학으로서의 특성을 가지며, 그의 사상은 도덕실천이라는 행적 명제로 일체가 통관(通貫)된다. 궁리의 궁극적인 지향이 바로 도리의 실천을 위한 것이며, 궁리가 시발(始發)이 되어야만 도리의 온전한 실천이 가능하다는 점에서 궁리는 도덕실천에 있어서 매우 중요한 역량이라고 할 수 있다. 격물치지(格物致知)하여 궁리를 하면 궁극적으로 심리합일(心理合一) 즉 내외합일(內外合一)하므로 도덕적 앎을 이루면 마음의 밝음을 확충하게 되고, 이때 도덕적 앎을 행하면 윤리적 타당성이 온전히 확보되는 것이다. 그렇기에 궁리는 도덕실천의 지적(知的)인 동력(動力)이 된다

3 율곡이 性理를 연구하는 목적이 도덕실천에 있음을 역설한 것은, 당시 조선의 儒家들이 실천은 도외시한 채로 性理에 대한 形而上의 논변만을 일삼고 있던 虛學的인 태도를 염두에 둔 연유라고 할 수 있다. 율곡은 성리학 공부가 현실과는 동떨어진 주제에 몰입하는 관념적인 공부가 아니라, 도덕실천학으로서의 본령에 충실해야 한다는 맥락에서 務實을 특히 강조한 것이다. 南冥 曺植 역시 도덕실천의 문제를 고려하지 않는 性理 공부의 문제점에 대해서 통렬하게 비판하고 있는데, 그는 性理說만을 논하며 현실의 도덕 문제를 경시하는 儒家들을 '돼지'에 비유하면서, "마치 달아나 버린 돼지를 뒤좇듯이 사람들이 모두 그를 좇고 있으니, 끝내 어느 곳에 몸을 두겠는가?"라고 하였다.(정우락, 「21세기 活學으로서의 남명학」, 『南冥學』 23집, 남명학연구원, 2018. 3., 32쪽 참조)

고 할 수 있다.

율곡은 "학문을 하지 않는 사람은 마음이 막히고 식견이 좁으므로 반드시 독서(讀書)하여 궁리(窮理)하고 마땅한 행위의 도리를 밝힌 후에야 행함이 올바르게 되고, 실천에서 중(中)을 얻게 된다."[4]고 주장한다. 도리의 구명 즉 궁리를 통한 도덕적 가치와 이치에 대한 이해가 있어야 중도(中道)에 맞는 실천이 가능하다. 율곡은 도덕실천을 가능케 하는 역량인 궁리는 기본적으로 소당연(所當然)과 소이연(所以然)에 대한 탐구임을 밝힌다.

> 그 소당연(所當然)과 소이연(所以然)을 아는 것이 바로 격물치지(格物致知)인데, 만약 소이연을 알지 못하면 그칠 데를 안다[知止]고 말할 수 없다.[5]

소당연은 마땅한 이치·도리 즉 도덕규범을 의미하며, 소이연은 마땅한 이치·도리가 되는 도덕근거를 의미한다. 격물치지는 도덕적 당위 그 자체와 도덕적 당위가 되는 이치를 밝히는 것이다. 율곡은 특히 소이연을 알지 못하면, 궁리를 통해 알게 된 도덕적 가치를 실제의 도덕 상황에서 실천하는 과정에서 '그칠 데를 알지 못하게 된다.'고 강조한다. '그칠 데를 아는 것[知止]'은 중(中)을 알고 지선(至善)을 아는 것을 의미한다. 율곡은 도덕적 당위가 되는 윤리적 근거를 문

---

4 『栗谷全書』 卷27, 「擊蒙要訣」: 不學之人, 心之茅塞, 識見茫昧, 故必須讀書窮理, 以明當行之路, 然後造詣得正, 而踐履得中矣.

5 『栗谷全書』 卷14, 「晦齋大學補遺後議」: 知其所當然與其所以然, 乃是格物致知也, 若不知所以然, 則恐不可謂之知止也.

제 삼고, 그 정합성을 판단할 수 있어야 합리적이고 자율적인 도덕 실천이 가능하다고 인식한다. 중과 지선을 알지 못하면 행이 도리에 온전히 부합할 수 없기에 도덕적 근거에 대한 이해 즉 소이연을 아는 것이 중요함을 강조한 것이다. 이와 관련하여 주희(朱熹)도 궁리를 함에 있어서 '소이연을 알기 때문에 그 뜻이 미혹되지 않고, 소당연을 알기 때문에 그 행이 어긋나지 않는다.'라고 하였다.[6] 소이연의 중시는 유교 윤리가 일방적인 도덕적 당위 규범을 강요하는 것이 아니라, 당위의 근원·근거에 대한 탐구를 통하여 당위의 타당성을 확보하는 윤리 체계임을 보여 주는 논거가 된다고 할 수 있다.

율곡은 궁리의 실천적 의미에 대해서 다음과 같이 퇴계에게 말한 바 있다.

> 만약 사물에 대해서 하나하나 궁리해서 그 당연한 법칙을 각각 알게 된다면 때에 임해서 응접함이 마치 거울이 사물을 비추어 보는 것과 같아서 동요하지 않고 상황에 적절히 응답하되 마음의 본체는 그대로인데, 이는 평소에 사리(事理)를 분명하게 했기 때문이다.[7]

도덕적 상황이 발생하기 전(前)이나 이미 발생했을 때 즉 무사(無事)·유사(有事)시에 궁리를 통해서 도리에 대해 탐구하는 도덕적 앎의 과정이 있어야 함을 율곡은 강조하고 있는 것이다. 실제로 발생하는

---

6 『朱子文集』 卷64, 「察於天行之樂循天理」: 窮理者, 欲知事物之所以然與其所當然者而已, 知其所以然故志不惑, 知其所當然故行不謬.

7 『栗谷全書』 卷9, 「上退溪先生別紙」: 若於事物上, 一一窮理, 而各知其當然之則, 則臨時應接, 如鏡照物, 不動其中, 東應西答, 而心體自如, 因其平昔斷置事理分明故也.

도덕적 상황은 단순하고 간이(簡易)한 조건에 해당하는 것도 있지만, 일반적으로 그 상황이 복잡하고 다층적인 경우가 많으며, 또한 상황에 직면하여 즉각적인 이해와 도덕 판단이 필요한 경우가 적지 않다. 이때 '마음이 동요하지 않고 자유자재로 응답하되 마음의 본체는 그대로인' 경지에서 적합한 도리를 행하기 위해서는 평소에 면밀하고 충실하게 도덕적 상황에 대한 가정(假定)과 사례 분석(分析), 도덕적인 추론(推論)과 판단(判斷) 등을 수행하는 궁리의 노력을 하는 것이 필요하다고 율곡은 주장한다.[8]

궁리가 도덕실천의 지적(知的) 동력이 되는 것은 인간의 도덕 본성, 도덕 개념, 도덕 행위와 가치의 원리, 그리고 도덕적 상황에서 타당한 도리를 판단할 수 있는 실천적인 도덕적 앎을 구축하는 것이기 때문이다. 따라서 행과 무관한 이론적인 앎의 탐구가 아니라, 도덕실천을 추동할 수 있는 실질적인 작용을 할 수 있게 궁리함이 과제가 된다. 이와 관련해서는 진래(陳來) 역시 지행(知行)의 문제를 도덕지식과 도덕실천의 관계로 인식하면서, 지(知)를 주관성으로 그리고 행(行)을 객관으로 드러나는 외재적 행위로 규정하고, 도덕적 앎이라는 주관성을 그 본의에 일치하는 객관 즉 행으로 구현하는 과제 해결의 중요성을 강조하고 있다.[9] 궁리를 통해서 자기 주관의 가치를

8 율곡은 궁리가 실제적인 도덕적인 상황과 관계를 염두에 두면서 도덕적 원리·도리를 탐구하는 것이 되어야 한다고 강조한다. 예를 들면, 인간관계의 국면인 在家·接人·應事 등에 있어서 마땅히 행해야 할 도리에 대해 사유하는 것이 중요하다는 것이다. 이러한 실제적인 도덕 상황에서 是非·得失·治亂이 나타나게 되는 계기를 잘 살펴서 마땅히 실천해야 할 적절한 도덕규범을 탐구하는 노력을 수행하는 것이 참된 궁리의 방법이라고 주장한다.(『栗谷全書』 卷5, 「萬言封事」 참조)

9 陳來 저, 전병욱 역, 『陽明哲學』(예문서원, 2003), 163쪽 참조.

외적이며 객관인 생활 세계에서 구현하는 도덕실천의 역량이 발휘되지 못한다면, 도덕적인 앎을 정밀하게 갖추고 있다고 하더라도 실제적인 상황에서 실천윤리적 의미를 갖지 못하는 관념에 불과하게 될 것이다.

그렇다면 실제적인 상황에서 효(孝)·제(悌)·자(慈)·서(恕)·신(信) 등과 같은 도덕의 실천에서 궁리의 역량이 발휘될 수 있는 실천적 앎은 어떤 것일까? 율곡은 이를 '진지(眞知)'라고 주장한다. 진지는 선(善)의 실천을 위해 최적화된 도덕적 앎의 경지를 일컫는다. 즉 진지는 '실제적인 도덕실천을 통해서 구축된 앎'이다. 율곡은 진지에 대해서 다음과 같이 말한다.

> 명목의 이치를 깨달아 명료하게 심목(心目)의 사이에 있고, 또 능히 실천하고 역행(力行)해서 그 앎을 충실하게 하고, 그 지극함에 이르러서는 직접 그 경지를 밟고 몸소 그 일을 행하여, 다만 눈으로 보는 것뿐만이 아니어야 하니, 이와 같이 한 뒤에야 비로소 진지(眞知)라고 할 수 있다.[10]

명목의 이치는 도덕적 이치·원리·도리에 대한 개념적 앎을 말하는데, 이는 아직 본격적으로 행으로 전개되지 않은 이론적 앎에 해당한다. 이러한 명목의 이치·도리를 실제적인 도덕적 상황에서 행함으로써 이론적으로 터득한 앎이 실천적 맥락에서 구현될 때 나타나는

10 『栗谷全書』 卷10, 「答成浩原」: 有旣悟名目之理, 瞭然在心目之間, 而又能眞踐力行, 實其所知, 及其至也, 則親履其境, 身親其事, 不徒目見而已也, 如此然後, 方可謂之眞知也.

부적합과 미진함을 성찰·수정·보완하여 보다 정밀해진 앎을 다시 실천하면서 온전하게 구축된 도덕적 앎을 진지라고 율곡은 규정한다. 이에 율곡은 진지를 구하는 것은 지행병진(知行竝進)으로 가능하다고 주장한다.

> 이치를 탐구하는 것과 실천하는 것이 두 가지 공부이긴 하지만 반드시 동시에 나아가야 한다[一時竝進]. 그러므로 위에서 주로 이치를 탐구하는 것에 대해서만 논했더라도 또한 실천의 뜻을 겸하고 있다.[11]

진지는 이와 같이 지행병진을 통해서 구축되는 도덕실천적인 앎이다.[12] 이는 선(先) 이해를 통해서 알게 된 도리를 행함으로써 내용적 측면에서 온전성을 갖게 된 도덕적 앎을 의미한다. 진지의 개념은 곧 궁리의 극점이 행적(行的)인 과정을 통해서 이루어져야 한다는 것을 강조하는 데 있으며, 또한 이렇게 행을 통해서 지적(知的)인 완전성이 확보될 때, 도덕적 앎이 비로소 그 실천적인 힘을 강화하게

---

11 『栗谷全書』 卷20, 「聖學輯要2」 第2 修己(上): “窮格踐履, 雖是兩項工夫, 要須一時竝進, 故已上主論窮格, 而亦兼踐履之意.”

12 퇴계 역시 “궁리하여 실천을 징험해야만 비로소 眞知가 되고, 敬을 주로 하여 마음에 다른 것이 없어야 바야흐로 實得이 된다.”(『退溪全書』 卷14, 「答李叔獻」)라고 언급함으로써, 眞知는 실천을 통해서 검증되고 깨닫게 된 앎이라고 주장한다. 이와 같이 眞知는 도덕실천의 無誤謬를 담보하는 핵심 개념이다. 또한 율곡의 知行竝進의 주장도 퇴계에 의해 표명된 바 있다. 퇴계는 “眞知와 行은 수레의 두 바퀴와 같아서, 어느 하나가 빠져도 안 되며, 또한 사람의 두 다리와 같아서 서로 도와서 나아간다.”(『退溪全書』 卷6, 「戊辰六條疏」)라고 한다. 율곡이나 퇴계 모두 지행병진 개념을 통해서 知와 行의 상호보완적 의미를 표명한 것이 핵심이다. 지행병진을 도덕적 앎의 차원을 중심으로 이해하면, 앎은 행을 통하여 실천적 맥락에서 그 온전함이 발휘될 수 있도록 보완되어야 한다는 점을 강조한 것이다.

된다고 율곡은 강조하고 있다. 행을 통해서 점검되고 성찰되고 개선된 도덕적 앎인 진지는 도리를 실천하는 데 최적(最適)의 앎이다. 지속적이고 반복적으로 도리를 행하면서 실천적인 앎인 진지를 갖추게 되면, 어떤 구체적인 상황에 직면했을 때, 지적(知的) 역량은 도덕 실천으로 연결될 가능성이 높다고 할 수 있다.

2. 도덕실천의 발현적(發現的) 동력인 정(情)·의(意)·지(志)와 인성 함양

도덕실천을 위해서 심성이 발현(發現)된 동력은 바로 정(情)·의(意)·지(志)이다. 이들은 그 자체가 도덕적 행의 특성을 지니면서, 아직은 궁극의 목표인 행의 완전함 즉 지선(至善)에 이르지는 못했지만 이 지점에 이를 수 있도록 하는 동력적 특성을 갖는다.

먼저, 정(情)은 사물과 접촉하여 현상적으로 나타난 마음의 작용인데 그것은 선정(善情)이나 악정(惡情)으로 발출된다. 율곡은 "선악(善惡)의 정은 사물에 감응하여 동(動)하지 않음이 없다. 그 감응하는 데 정(正)과 사(邪)가 있고, 그 동할 때는 중(中)도 있고 과불급(過不及)도 있으니, 여기서 선악의 구분이 있게 된다."[13]라고 주장한다. 일반적으로 정은 사단(四端)과 칠정(七情)으로 분류되는데, 사단은 인의예지(仁義禮智)의 성이 발현하여 나타난 감정으로서 도덕적인 감정 즉 선

---

13 『栗谷全書』 卷9, 「答成浩原」: 善惡之情, 無非感物而動, 特所感有正有邪, 其動有中有過不及, 斯有善惡之分耳.

(善)한 정, 중절(中節)의 정이다.[14] 윤리적인 관점에서 볼 때, 정의 발출은 도리를 실천하기 위한 마음의 발현이라는 점에서 행의 시작이라고 할 수 있다. 따라서 얼마나 적절하게 도덕적인 감정을 잘 발출하느냐에 따라 인의예지의 덕실천의 성과가 좌우된다. 즉 도덕적인 상황에서 효도나 배려의 덕을 실천하려는 감정을 중절(中節)하고, 과불급(過不及)하지 않게 발현하는 것은 도덕실천의 문제에서 감정에 주목해야 하는 핵심적인 문제가 된다.

율곡은 도덕적 감정을 논함에 있어서 어린아이가 우물에 빠지는 상황에 직면하여 인(仁)의 실천을 위한 측은지심(惻隱之心)이 발현(發現)하는 과정을 예로 든 적이 있다. 이는 맹자(孟子)가 제시한 성선(性善)과 이에 근거하여 발현되는 도덕 감정에 대한 고전적인 담론이다. 율곡은 이러한 유자입정(孺子入井)의 상황에서 측은지심이 생긴다고 하더라도 누구나 모두 그 아이를 구하는 인(仁)을 온전히 실천하는 것은 아니라는 점을 지적하면서, 발현된 도덕 감정은 반드시 행적으로 결핍함이 없이 실천되어야 한다는 점을 강조하였다.[15] 이 점은 사

---

14 율곡은 도덕적 감정인 사단을 칠정과 비교·설명하면서, "喜怒哀懼愛惡欲의 정이 발하면서 형기에 가려지지 않고 바로 그 성의 본연을 이루면 선하여 中節하니, 그것은 인의예지의 단서가 될 수 있다."(『栗谷全書』 卷9, 「答成浩原」: 此情[喜怒哀懼愛惡欲]之發, 而不爲形氣所揜, 直遂其性之本然 故善而中節, 可見其爲仁義禮智之端也.)고 언급한다.

15 율곡은 "어린아이가 막 우물에 빠지려는 것을 보고서 급히 달려가서 구한다면 이것은 곧 절도에 맞는 정이지만, 다만 서서 보기만 하면서 가엾다고 한다면, 비록 냉담한 자보다는 낫지만 역시 不善한 정이라고 말할 수 있다."(『栗谷全書』 卷31, 「語錄(上)」)고 함으로써, 우물에 빠지려는 아이를 구하는 행동을 하지 않는 것은 不善이라고 규정한다. 이는 비록 動機主義的으로 본다면 惻隱之心이라는 도덕적 감정이 발했으므로 선하지 않다고 말할 수는 없으나, 그러한 측은지심이 실제 상황에서 발동한 것은 반드시 행으로 이어져야 할 당위성을 가지므로 結果主義的 맥락에서 볼 때 어린아이를 구하지 않은 행위는 그 당위성을 지키지 않은 것이 되므로 선하지 않다는 것이다. 이러한 입장은 측은지심과 같은 도덕 감정은 단지 발동하는 그 자체에 의미를 두어야 하는 것이 아니라, 반드시 행으로 귀결되어야 함을 강조한

단과 같은 도덕 감정의 발현이 진정한 도덕실천의 동력이 될 때 비로소 그 의미가 달성될 수 있다는 점을 지적한 것이다. 이와 같은 사단의 실천에 대한 율곡의 입장은 맹자보다 더 명료한 행적(行的) 특성을 표명한 것이다. 『맹자(孟子)』「공손추상(公孫丑上)」의 측은지심의 설명[16]은 도덕적 감정이 발생하는 상황, 발생의 원인 그리고 그 감정의 확충(擴充)을 중심으로 논지를 전개하고 있다. 따라서 측은지심이라는 도덕적 감정의 발현에 따른 즉각적인 실천의 문제는 중심적으로 다루어지지 않고 있다. 이렇게 본다면 행적 결과주의에 입각하여 도덕 감정을 해석하고, 그 실천을 명료하게 강조한 것은 도덕실천 문제를 강조하는 율곡 윤리사상의 특성을 보여 준다고 할 수 있다.

마음의 발현으로 주목되는 또 하나의 개념은 의(意)다. 율곡은 심(心)·성(性)·정(情)의 관계적 의미를 "성은 마음의 리(理)요, 정은 마음이 움직인 것이니, 정이 움직인 뒤에 정을 인연(因緣)하여 계교(計較)하는 것이 의(意)가 된다."[17]라고 규정하였다. 의(意)는 '정을 인연하여' 나타난 것 즉 정으로부터 연유한 특성을 갖는다. 이 점에서 의(意)는 속성상 정과 공유하는 점도 있으나, 정과는 다른 차별적인 특성을 분명하게 가진다. 즉 정과 공유하는 의(意)의 특성은 '발(發)한 것'이라는 점이며, 정과 차별적인 의(意)의 특성은 '계교(計較)한다.'는 점이다. '계교'는 도덕적 상황에서 타당한 가치와 도리가 무엇인지

율곡의 실천 윤리적 사유 특성을 보여 주는 것이라고 할 수 있다.

16 『孟子』,「公孫丑上」: 今人乍見孺子將入於井, 皆有怵惕惻隱之心, 非所以內交於孺子之父母也, 非所以要譽於鄉黨朋友也, 非惡其聲而然也.

17 『栗谷全書』卷14,「雜記」: 性是心之理也, 情是心之動也, 情動後, 緣情計較者爲意.

를 헤아리는 도덕적 사유를 의미한다. 율곡은 정과 의(意)의 특성에 대해서 다음과 같이 설명하기도 한다.

> 마음이 적연(寂然)하여 동(動)하지 않을 때가 성(性)의 경계요, 감동(感動)하여 수통(遂通)하는 때가 정(情)의 경계요, 감동한 바에 따라 생각을 찾아내고 헤아리는 것[紬繹商量]이 의(意)의 경계가 된다.[18]

정은 감동(感動)하는 것이고, 의는 '주역상량(紬繹商量)' 즉 도덕적 상황에 직면하여 이전에 궁리하여 알게 된 도덕 원리와 이치 그리고 행을 통하여 반성된 지식을 활용해서 무엇이 최선의 도리인지 생각하며 찾아내고 헤아리는 것이다. 이렇게 의는 도덕적 상황에서 주체와 사물이 접촉함으로써 이루어지는 도덕적 사유·판단의 성찰적 작용을 의미한다. 정이 사유의 성찰 과정이 없는 즉발적(卽發的)인 것인 반면에, 의는 도덕적 사유를 본질로 하는 반성적 차원의 마음의 발현을 의미한다. 이 점에서 의는 '도덕적 가치 판단력과 이성적 반성력을 가진 의식 작용'이라고 규정할 수 있다.

의는 마음의 발현으로서 계교상량(計較商量)하는 도덕적 사유이지만, 의가 곧바로 선의(善意)인 것은 아니다. 즉 의는 그 작용에 따라 선념(善念)과 악념(惡念)을 일으키는 것이다. 이에 대해서 율곡은 말한다.

---

18 『栗谷全書』卷14,「雜記」: 心之寂然不動時是性境界, 感而遂通時是情境界, 因所感, 而紬繹商量爲意境界.

의(意)는 이 정(情)을 연계하여 맺어져서 상량하는 것이다. 상량함이 리(理)를 좇으면 선정(善情)이 곧바로 이루어져서 악념(惡念)이 생길 수 없으나, 상량함이 마땅한 바를 잃으면 악념이 곁에서 생겨나게 된다.[19]

마음의 상량함이 도덕적 이치에 따르면 선념(善念)이 일어나고, 따르지 못하면 악념(惡念)이 일어나게 된다. 구체적인 도덕적 상황에서 의가 발현되는 선념이나 악념이 일어날 수 있으며, 이에 따라 행위할 때 그 선이나 악의 생각에 따라 행위의 방향도 좌우된다. 이러한 맥락에서 본다면, 의를 어떻게 도덕적 이치에 부합하게 발현되도록 할 것인지가 도덕실천을 위한 공부에서 매우 중요한 과제가 된다.

이 점과 관련하여 율곡은 의(意)의 작위적(作爲的)인 특성을 주목하면서, "의는 거짓으로 할 수 있지만 정은 거짓으로 할 수 없다. 따라서 성의(誠意)라는 말은 있지만 성정(誠情)이라는 말은 없다."[20]고 하였다. 성찰의 과정 없이 바로 발현하는 즉발적(卽發的)인 정(情)과는 달리, 의는 사유과정의 작위(作爲)에 따라 바르고 선한 방향이나 옳지 못한 방향으로 계교상량이 이루어질 수 있기에 '의는 거짓으로 할 수 있다.'고 한 것이다. 주희 역시 의(意)가 참되지 못하고 불선(不善)할 수 있는 점에 주목하여, "의(意)는 스스로 참되지 못한다.[意不能以自誠]"라고 언급하기도 했다.[21] 이와 같이 의가 불선한 방향으로 작용할 수도

19 『栗谷全書』 卷31, 「語錄(上)」: 意緣是情而商量者, 商量循理, 則善情直遂, 惡念無自而生, 商量失宜, 則惡念傍生矣.
20 『栗谷全書』 卷20, 「聖學輯要2」 第2 修己(上): 意可以僞爲, 情不可以僞爲, 故有曰誠意, 而無曰誠情.
21 『朱子文集』 권60, 「答汪易直」.

있다는 점은 도덕적 행의 문제를 논함에 있어서 주목해야 할 대목이다. 이러한 맥락에서 율곡은 의가 도덕적 이치에 어긋나지 않도록 하는 실천 개념으로 성의(誠意)를 주장한 것이다. 성의(誠意)는 '의를 참되게 하는 것'으로서 의가 도리에 부합하도록 작용케 하는 것을 말한다. 즉 마음이 발현하여 계교상량함에 있어서 선(善)하게 할 수 있도록 하는 노력이 바로 성의(誠意)인 것이다. 율곡은 '정밀하게 살피는 것과 살피지 않는 것은 모두 의(意)가 하는 것이므로 자기 수양의 공부는 성의(誠意)보다 먼저 해야 할 것이 없다.'고 성의(誠意)의 중요성을 언급하였다.[22] 이는 성의(誠意)를 해야만이 도덕적 사유와 가치 판단 작용이 도리에 부합할 수 있다는 점을 강조한 것이다.[23]

의(意)가 마음이 발하여 작용한 것이라면, 지(志)는 마음이 발하여

22 『栗谷全書』 卷9, 「答成浩原」: 知其氣之用事, 精察而趨乎正理, 則人心聽命於道心也, 不能精察而惟其所向, 則情勝慾熾, 而人心愈危, 道心愈微矣, 精察與否, 皆是意之所爲, 故自修莫先於誠意.

23 발현된 마음의 도덕실천 동력으로서 情과 意를 논함에 있어서 이들과 기본적인 속성을 같이 하는 道心에 대해 생각해 볼 필요가 있다. 도심은 道義의 실현을 위해 발현된 마음이다. 예를 들면, 孝나 忠을 하기 위해 작동한 마음인 것이다. 그러므로 도심은 실체적이고 주체적인 마음이 아니라 도덕적 상황에 따라서 나타난 발현적인 마음이다. 즉 도심은 발한 정이며, 하나의 마음의 작용·발용·발현이라고 지칭된다. 율곡은 "인심과 도심은 비록 두 가지 이름이지만 근원은 단지 하나의 마음이다. 그 발함이 혹은 理義를 위하기도 하고 혹은 食色을 위하기도 하기 때문에 그 발함에 따라 이름을 달리한 것이다."(『栗谷全書』 卷10, 「答成浩原」: 人心道心雖二名, 而其原則只是一心其發也, 或爲理義, 或爲食色, 故隨其發, 而異其名.)라고 규정한다. 이처럼 인심과 도심은 근원이 하나이며 흐름이 둘로 나뉘어 나타난 마음이다. 율곡은 발현된 도심은 보존하고 길러 확충하고 인심은 過不及을 살펴서 다스리는 治心을 강조하면서, 意念이 발생할 때 도심은 擴充하고 인심은 精察해서 반드시 도심으로 절제해야 한다고 주장한다.(『栗谷全書』 卷14, 「人心道心圖說」: 治心者, 於一念之發, 知其爲道心, 則擴而充之, 知其爲人心, 則精而察之, 必以道心節制.) 이 초점에서 주희는 인심이 도심의 명령을 듣도록 해야 한다는 聽命을 강조하면서, 聽命은 바로 '이치로 情을 부린다.'는 것이라고 해석하였다.(勞思光 저, 정인재 역, 『中國哲學史(宋明篇)』, 탐구당, 1987, 354쪽 참조) 이와 같이 도심은 올바른 이치의 실천을 위해서 나타난 情과 意가 아울러 나타난 마음이며, 도심을 확충하고 따르는 것은 善의 실천에 매우 중요한 계기가 된다.

가치적인 방향으로 정하여 나아가도록 하는 것을 의미한다. 율곡은 지(志)를 다음과 같이 규정한다.

> 지(志)는 마음이 가는 바로서 정(情)이 이미 발하여서 그 가는 추향(趨向)을 정(定)한 것인데, 선으로 가거나 악으로 가는 추향을 정하는 것은 모두 지(志)이다.[24]

마음이 발현하여 선으로 가거나 악으로 가는 방향을 정하는 것을 지(志)라고 한다. 율곡이 언급한 지(志)의 특성으로서의 '추향(趨向)'은 나아가는 방향을 의미한다. 그러므로 지(志)는 정(情)이 발하고서 마음의 작용이 선이나 악으로 정(定)해져서 나아가는 것을 말한다. 그러므로 율곡은 도덕적 방향을 정하는 지(志)는 도덕실천에서 매우 중요한 동력이라고 인식한다.

율곡은 도덕실천의 문제와 관련하여 지(志)에는 두 가지 중요한 의미가 있다고 본다. 첫째는 "지(志)에는 정향(定向)이 있는데 그것은 시비(是非)를 명백히 하고 선을 향하며 악을 배척한다."[25]고 하는 점에서, 지(志)는 선으로 나아가는 것이다. 둘째는 "지(志)는 기(氣)를 통수하므로 지(志)가 한결같으면 기(氣)가 움직이지 않음이 없다."[26]고 하는 점에서, 지(志)는 기를 다스려 사특하게 나아가지 못하도록 하는

---

24 『栗谷全書』 卷20, 「聖學輯要2」 第2 修己(上): 志者心有所之之謂, 情旣發而定其趨向也, 之善之惡皆志也.

25 『栗谷全書』 卷32, 「語錄(下)」: 所謂志有定向者, 是非明白, 向善而背惡也.

26 『栗谷全書』 卷20, 「聖學輯要2」 第2 修己(上): 志者氣之帥也, 志一則氣無不動.

것이다. 이 두 가지 초점은 지(志)의 발현적 의미가, 마음 작용이 선을 지향하는 것과 기를 통제하여 악을 일으키지 못하도록 한다는 데 있음을 보여 준다. 마음이 발현하여 나아감에 있어서 선으로 정(定)하는 것은 도덕적 가치의 실천을 완성해 나가는 과정이다. 이와 같은 지(志)의 의미는 주희가 '그 지(志)를 견지하라.[持其志]'는 입장으로 설명한 바 있다. 주희는 '지(志)를 견지하는 것'은 바로 마음을 기르는 것 즉 양심(養心)이며, 이는 마음을 확고하게 붙들어 안정시킨다는 것으로 이해하고 있다.[27] 율곡 역시 지(志)를 정하는 것은 곧 선을 지향하는 마음의 방향성을 정하는 것이므로, 그 방향을 정하여 고집(固執)하면 마음이 악으로 나아가는 것을 막을 수 있다고 주장한다. 그렇기에 지(志)는 선을 따르는 사유가 가능하도록 의(意)를 이끌어 주는 역할을 할 수 있다. 율곡의 도덕 역량에 대해 연구한 안재호도 이 초점에 주목하면서, 도덕적 심리 과정에서 의가 '순리(循理)'하게 되면 선정(善情)이 드러나고, '실의(失宜)'하게 되면 악념(惡念)이 나타나 부도덕하게 될 수 있으므로 도덕을 실천하는 데는 따져 보고 헤아리는 의(意)의 순리 여부가 중요하다고 인식하고, 그 순리 여부를 결정하는 것은 '지(志)'라고 규정하고 있다.[28] 즉 의(意)가 선의(善意)·악의(惡意), 선념(善念)·악념(惡念)으로 나타나는 데 있어서 사악한 마음이 발현되지 않도록 방향을 이끄는 것이 지(志)의 중요한 역할인 것이

27 홍성민, 「朱子 철학에서 감정의 적절성과 도덕성」, 『東方學』 35집(연세대학교 국학연구원, 2016. 8.), 130쪽 참조.

28 안재호, 「도덕 실천 역량에 관한 율곡의 이론체계 淺析: 心·意를 중심으로」, 『철학탐구』 61집(중앙대학교 중앙철학연구소, 2021. 2.), 20쪽 참조.

다. 또한 기질에 바탕한 사사로운 욕망으로 인해 악한 마음이 일어날 때, 지(志)를 통하여 이것을 제어할 수 있다는 점에서 지(志)는 선을 행할 수 있는 실천적 역량이 된다.

지(志)와 관련하여 도덕실천의 문제에서 주목되는 또 하나의 논점은 '입지(立志)'이다. 율곡은 "초학자(初學者)는 먼저 뜻을 세워서 반드시 성인(聖人)이 될 것을 스스로 기약할 것이요, 조금이라도 스스로 작게 여겨서 물러나려는 생각이 있어서는 안 된다."[29]라고 하거나, "입지(立志)하는 것이 지극히 크고 높지 못하면 나아가는 바가 반드시 비천할 것이니, 반드시 큰 뜻을 내어서 요순(堯舜)을 준거로 삼아야 한다."[30]라고 주장한다. 여기서 알 수 있듯이, 입지는 자신의 삶의 선한 방향, 높은 인격적 목표 등과 같이 마음의 방향을 정립하는 것이다. 입지는 마음의 방향을 정립함으로써 직면한 도덕 사태에서 마음을 바르게 정하여 정(情)과 의(意)를 선한 가치와 도리에 부합하는 방향으로 표출하고 사유할 수 있도록 지지(支持)하고 인도(引導)하는 의미를 갖는다. 그런데 본질적으로는 지(志) 역시도 절대적으로 선으로만 정향되는 것이 아니라는 점에서 지(志)의 방향성을 결정하는 것이 무엇인지 묻지 않을 수 없다. 이에 대해서 율곡은 실심(實心) 개념을 중심으로 그 답을 제시하고 있는데, 이 초점은 다음 장에서 상론하기로 한다.

지금까지 살펴본 바와 같이 정(情)·의(意)·지(志)라는 세 가지 도덕실

---

29 『栗谷全書』 卷27, 「擊蒙要訣」: 初學先須立志, 必以聖人自期, 不可有一毫, 自小退託之念.
30 『栗谷全書』 卷29, 「經筵日記」: 立志不極高大, 則所就必卑, 須奮發大志, 以堯舜爲準可也.

천의 동력은 마음이 즉발적(卽發的)으로 발현하거나, 계교상량(計較商量)하는 성찰적 사유로 발현하기도 하고, 마음의 방향을 정하기 위해 발현하는 것이다. 이들 도덕실천의 발현적 동력은 서로 연계되어 일어나는 상호적인 관계에 있다. 그리고 이 동력들이 도덕적인 상황에서 작용하는 행적(行的)인 양상은 도덕적 가치의 실천을 통하여 지선(至善)의 도덕적 행위 결과를 명확하게 도출한 것에는 아직 미치지 못하고 있다. 그러나 정(情)·의(意)·지(志)라는 세 가지 동력의 작용에 따라서 도덕실천은 보다 구체적으로 이루어지며, 이들의 이치에 부합하는 활약 여하에 따라서 도덕을 실천함이 온전한 지선(至善)에 도달할 수 있다.

3. 도덕실천의 주체적(主體的) 동력인 실심(實心)과 인성 함양

효(孝)·제(悌)·자(慈)·배려(配慮)·절제(節制) 등의 유교 도덕의 실현은 정밀한 도덕적 앎을 갖추는 궁리와 정(情)·의(意)·지(志)의 발현 작용 그리고 최종적으로 효(孝)·제(悌)·자(慈) 등의 행의 완성에 이르는 도덕실천의 과정을 통해서 가능하다. 행의 완성은 직접적으로 도덕을 실천하여 그 효과가 극점에 이른 것 즉 행이 지선(至善)에 이른 것을 말한다.

궁리는 도덕실천의 '지적(知的)' 동력이며, 정·의·지는 도덕실천의 '발현적(發現的)' 동력이다. 도덕실천의 발현적 동력에 해당하는 정·의·지는 스스로 발동하는 주체 동력이 아니다. 이들은 모두 마음이 발한 것을 칭하는 이름이다. 그렇다면 도리에 맞는 선한 행위를 해야 할 상황에서 주동적으로 선정(善情)을 발하게 하고, 선의(善意)를 일으키며, 선지(善志)를 발동케 하는 주체로서의 권능을 갖는 동력이 있는가? 만약 정·의·지라는 도덕실천의 역량을 주동케 할 수 있는 주체적인 동력이 있다면, 정·의·지의 활동이 더욱 활발하게 이루어지고, 또 도덕의 실천이 지선(至善)에 이르도록 하는 목적 달성의 가능성은 더욱 높아질 것이다.

율곡은 '실심(實心)'이 바로 도리를 실천할 수 있도록 정·의·지를 강하게 밀어서 움직이게 하는 '주체(主體) 동력(動力)'이라고 주장한다. 즉 실심이 도덕적 앎에 대한 탐구를 강하게 이끌며, 선정(善情)·선의(善意)·선지(善志)를 이끌어 내는 역량을 발휘하는 주체라는 것이다. 율곡이 실심을 도덕실천의 주체 동력이라고 하는 이유에 대해서 먼저 궁리, 역행 그리고 실심의 관련 의미를 중심으로 생각해 본다.

> 궁리(窮理)가 이미 밝아졌으면 궁행(躬行)이 가능하지만 반드시 실심(實心)이 있은 연후에야 실공(實功)이 있게 되므로 성실(誠實)은 궁행의 근본이 된다.[31]

궁리가 밝아졌다면 도덕적 앎이 해박해져서 선·악과 같은 도덕적 가치의 이해·판단·선택이 올바르게 될 수 있으므로 궁행(躬行) 즉 몸소 실제로 행하기만 한다면 도리를 실천할 수 있다. 그러나 율곡은

31 『栗谷全書』 卷21, 「聖學輯要3」 第2 修己(中): 窮理旣明, 可以躬行, 而必有實心, 然後乃下實功, 故誠實爲躬行之本.

‘궁리가 밝아졌다고 해서 모든 사람들이 궁행을 잘하는 것은 아니다.’라고 주장한다. 비록 궁리를 잘하고, 정·의·지와 같이 마음의 발현적 역량이 있다고 하더라도 실제로 모든 사람이 궁행을 잘하는 것은 아니며, 반드시 ‘실심(實心)’이 잘 갖추어져야만 궁행을 잘할 수 있다고 본 것이다. 즉 율곡은 궁행을 위해서는 도덕적 앎을 실제로 도덕 상황에서 발휘·적용하고, 정·의·지의 역량이 선하게 발현할 수 있도록 추동하는 주체 역량인 실심이 있어야 한다고 강조하는 것이다. 이와 관련하여 율곡의 실심을 ‘천리(天理) 실현의 실천의지’로 규정한 연구도 있는데, 이 연구에 따르면 도덕성의 기능을 마음 안에 갖추고 있는 것이 바로 실심이며, 이는 주자학에서 약화되기 쉬운 실천을 강조하는 의미가 있다고 해석한다.[32] 이러한 입장 역시 근본적으로는 도덕 문제에 있어서 실심의 실천 동력적인 특성을 긍정한 것이라고 할 수 있다.

우리는 해박한 도덕적 지식을 갖춘 사람이라고 하더라도 실제적으로 선을 행해야 할 상황에 직면해서 올바른 도리를 실천하지 않는 경우를 일상에서 흔히 볼 수 있다. 이러한 문제점은 인성교육에서 늘 제기되는 것인데, 퇴계도 「전습록논변(傳習錄論辨)」에서 그 맥락을 언급한 바 있다.

> 선(善)을 보고도 선이라고 알지 못하는 자가 있으며, 선임을 알고도 마음에 좋아하지 않는 자가 있으니, 선을 보았을 때에 이미 스

32 조성환, 「실천학으로서의 실학 개념: 율곡 개혁론의 철학적 기초」, 『철학논집』 33집(서강대학교 철학연구소, 2013. 5.), 87쪽 참조.

스로 선을 좋아한다고 말하는 것이 가능한가? 불선(不善)을 보고도 미워할 줄을 알지 못하는 자가 있으며, 악임을 알고도 미워하지 않는 자가 있으니, 악을 알았을 때에 이미 미워한다고 말하는 것이 가능한가?[33]

퇴계는 궁리 공부를 통하여 불선임을 알고 또 악임을 알면서도 불선과 악을 행하는 것과 같은 도덕적 지(知)와 행(行)의 실천적 불일치 문제를 제기하고 있다.[34] 이는 도리 실천을 목적으로 공부하는 대다수의 유가(儒家)들이 지속적으로 고민해 온 논점이었다. 그렇기에 이 문제는 도덕실천 문제에 있어서 하나의 고전적인 논제의 범주에 속한다고 할 정도로 뿌리가 깊다. 율곡 역시 도덕적 앎을 갖추고 있으면서도 도덕실천을 수행하지 못하는 문제적인 상황을 『성학집요(聖學輯要)』에서 지적하고 있다.

천(天)에는 실리(實理)가 있는 까닭에 기화(氣化)가 쉼 없이 유행(流行)하며, 사람에게는 실심(實心)이 있는 까닭에 공부가 조금의 모자

---

33 『退溪全書』 卷41, 「傳習錄論辨」: 見善而不知善者有之, 知善而心不好者有之, 謂之見善時已自好可乎, 見不善而不知惡者有之, 知惡而心不惡者有之, 謂之知惡時已自惡可乎.

34 이는 知行의 문제나 도덕실천의 문제를 논함에 있어서 반드시 수반되는 초점이다. 도덕적 지식을 갖추고 있어서 도덕적 상황에서 어떠한 행위를 해야 도리에 부합하는지를 알면서도 행하지 않는 문제는 실천윤리학에서 중요한 논의거리가 된다. 이 점에 대해서 陽明은 알지 못하기 때문에 행하지 못한 것이라는 '知行合一'의 입장을 취하므로 "어떤 사람이 효도를 알고 어떤 사람이 공경을 안다고 말할 경우도 반드시 그 사람이 이미 효도와 공경을 행했을 때 비로소 그가 효도를 알고 공경을 안다고 말할 수 있는 것이다. 단지, 효도와 공경을 이해한다고 해서 효도와 공경을 안다고 말할 수는 없다."(王陽明 저, 정인재 외 역주, 『傳習錄(上)』, 89쪽)라고 하였다. 그러나 퇴계나 율곡의 입장은 이와는 다르다. 즉 알면서도 행하지 않는 경우도 명백하게 존재한다는 것을 인정하면서, 도덕적 앎을 온전히 실천적으로 이행할 수 있는 문제를 긴밀하게 탐색하려 한 것이다.

> 람도 없이 환히 밝아진다. 사람에게 실심이 없으면 천리(天理)에 어긋나게 된다. 부모를 모시는 사람으로서 효도해야 한다는 것을 모르는 자는 없지만 효도하는 자는 드물고, 형이 있는 사람으로서 공경해야 한다는 것을 모르는 자는 없지만 공경하는 자는 적으며, 말로는 부부(夫婦)간에 서로 공경해야 한다고 하지만 집안을 잘 다스린 실효가 있다는 말은 듣지 못했다. 장유(長幼)와 붕우(朋友)도 그렇지 않은 것이 없다. 어진 이를 보면 좋아해야 함을 알면서도 마음은 호색(好色)으로 움직이며, 사악(邪惡)한 자를 보면 미워해야 한다는 것을 알면서도 아첨을 듣는 것을 사사롭게 좋아한다.[35]

사람들이 효도를 알고 공경을 알며 어진 사람을 좋아해야 함을 알고 사악한 사람을 미워해야 함을 알지만, 효도를 하지 않고 공경하지 않고 어진 사람을 좋아하지 않고 사악한 사람을 미워하지 않는 것은 도덕적 앎이 결여되어서가 아니라 합당한 도덕실천이 수반되지 않기 때문이라는 점을 율곡은 역설한 것이다. 인간에게는 천리(天理)가 부여되어 있고, 도덕적 지식을 갖출 수 있으며, 정·의·지와 같은 도덕적 역량을 확보하고 있는데도 이러한 역량이 도덕실천으로 곧바로 이어지지 않는 것은 바로 실심과 관계있다고 율곡은 생각한다. 이는 도덕적 가치를 실천함이 지선(至善)에 이르는 문제는 실심의 구비(具備) 여부에 달려 있다고 주장함과 같다. 이러한 율곡의 입장

35 『栗谷全書』 卷21, 「聖學輯要3」 第2 修己(中): 天有實理, 故氣化流行而不息, 人有實心, 故工夫緝熙而無間, 人無實心, 則悖乎天理矣. 有親者, 莫不知當孝, 而孝者鮮, 有兄者, 莫不知當弟, 而弟者寡, 口談夫婦相敬, 而齊家之效蔑聞, 長幼朋友, 亦莫不然, 至於見賢知其當好, 而心移於好色, 見邪知其當惡, 而私愛其納媚.

은 지(知)가 곧바로 행으로 이어지지 못하는 도덕적 앎과 행의 문제, 도덕실천을 지향하는 인성교육의 성과(成果) 문제를 해결할 수 있는 요체가 된다.

율곡은 실심의 효과와 실천적 의미에 대해서 다음과 같이 부언한다.

> 이와 같은 것은 모두 실심(實心)이 없기 때문이다. 마음이 실(實)하지 않으면 만사(萬事)가 모두 거짓되니 어디에서 행할 수 있으며, 마음이 실(實)하다면 만사가 모두 참될 것이니 무엇을 한들 이루어지지 않겠는가? 그러므로 주돈이(周敦頤)는 말하기를, "성실(誠實)이란 성인(聖人)의 근본이다."라고 하였다.[36]

율곡은 실심의 결여로 인해서 효도와 공경에 대한 도덕적 앎을 실제의 도덕 상황에서 행으로 곧바로 나타내지 못하며, 마음에서 발현하는 도덕적 역량들이 그 힘을 발휘하지 못하게 된다고 주장한다. 천은 실리(實理)가 있기 때문에 완전하게 원형이정(元亨利貞)의 천덕(天德)이 실천되며, 인간은 천의 실리를 마음에 받을 수 있기 때문에 그 실리를 갖춘 마음인 실심의 도덕실천적 동력에 힘입어 인의예지(仁義禮智)의 덕을 실천할 수 있다는 것이다. 이 점에서 실리는 우주 질서가 성실하게 운행토록 하는 원리 혹은 추동력이라면, 실심은 실리가 갖추어진 마음으로서 현실에서 인륜(人倫)을 실현하고자 하는 실천적 동력을 가리킨다.

36 『栗谷全書』 卷21, 「聖學輯要3」 第2 修己(中): 如是之類, 皆無實心故也. 一心不實, 萬事皆假, 何往而可行, 一心苟實, 萬事皆眞, 何爲而不成. 故周子曰, 誠者, 聖人之本.

율곡이 주장하는 도덕실천의 주체 역량으로서의 실심의 본질을 정리해 보면, 실심은 곧 참된 마음이며, 성실한 마음으로서 도덕적 참됨을 갖춘 마음이다. 율곡은 "지(志)는 성실하지 않으면 정립할 수 없고, 이치는 성실하지 않으면 깨달을 수 없으며, 기질은 성실하지 않으면 변화시킬 수 없다."[37]고 강조한다. 성실이 갖추어진 실심이 있어야 비로소 지(志)를 다스릴 수 있고, 궁리가 지극함에 이르며, 기질의 변화를 가능케 할 수 있다는 것이다. 이 점은 실심이 바로 도덕실천의 주체적인 동력임을 보여 준다. 또한 율곡은 성실(誠實)은 궁행(躬行)의 요체이므로 곧 성인(聖人)이 되는 근본이라고 하면서, 실심이 도덕실천을 통하여 이상적인 인격 형성을 가능케 하는 마음임을 주장한다. 이와 같이 실심은 실천적 도덕 능력이 충만하여 도덕적 행을 하도록 통솔하는 마음이라고 할 수 있다.

율곡은 『중용(中庸)』에서 "성(誠)은 사물의 처음과 마침이 되므로 성(誠)이 아니면 물(物)이 없다."[38]라고 한 것을 상기하면서, '불성(不誠)' 즉 마음에 성실함이 없기 때문에 '무물(無物) 즉 일의 효과가 이루어질 수 없다고 주장한다. 효(孝)·제(悌)·자(慈)와 같은 덕을 실천하지 못하여 실제 도덕적 효과가 구현될 수 없는 것은 무실심(無實心)으로 인해 야기된다는 것이다. 율곡은 이러한 '불성무물(不誠無物)'의 의미를 논함에 있어서 주희가 '효를 하되 성실하지 않으면 효가 없고, 공경[弟]을 하되 성실하지 않으면 공경이 없다.'라고 한 것을 예로 들면

37 『栗谷全書』 卷20, 「聖學輯要2」 第2 修己(上): 志無誠則不立, 理無誠則不格, 氣質無誠則不能變化.
38 『中庸』: 誠者, 物之終始, 不誠無物.

서 마음에 성실함이 없으면 효나 공경 등의 덕을 명실상부하게 실천할 수 없다고 주장한다.[39] 곧 실심이 결여되면 도덕의 온전한 실천이 불가(不可)함을 강조한 것이다.

율곡은 비록 어떤 사람이 구체적인 도덕적 상황에서 인의예지를 어떻게 실천해야 할지를 알고 있다고 하더라도 실심이 없으면 행덕(行德)이 제대로 이루어지지 않는다는 관점에 근거하여, '실심이 있어야만 감통하는 효과가 있다.'[40]고 강조하였다. 반드시 실심이 있어야 실제로 도덕실천의 공이 지선(至善)에 이를 수 있다는 것이다. 이렇게 보면 실심이 있음으로써 도덕적 앎의 실천적 역량이 강하게 작동하며, 정·의·지가 도덕실천을 위해서 역동적으로 발현되는 것이다. 이와 같이 실심은 도덕실천의 지적(知的) 동력과 마음이 발현된 지(志)·정(情)·의(意)의 도덕실천 역량을 강하게 추동하여 궁극적으로 행이 지선에 머물게[止於至善] 할 수 있다.[41]

---

39 『栗谷全書』 卷21, 「聖學輯要3」 第2 修己(中): 朱子曰, 不誠無物, 以在人者言之, 謂無是誠則無是物, 如視不明則不能見是物, 聽不聰則不能聞是物, 孝而不誠則無孝, 弟而不誠則無弟, 推此類求之, 可見.

40 『栗谷全書』 拾遺 卷6, 「誠策」: 人以實心, 而致感通之效.

41 도덕실천 문제에서 율곡이 주장하는 이러한 실심 개념은 율곡 이전에는 조선의 儒家들에게 핵심 명제로 거의 주목되지 않았다. 그러나 율곡이 실심 개념을 도덕실천의 주체 동력으로 강조한 이래 여러 사상가들이 실심을 중심적으로 다루게 되었다. 특히 茶山 丁若鏞은 보다 명료하게 '去惡爲善'하는 주체로 실심을 부각시키고 있다. 즉 茶山은 "실심으로 악을 버리고 실심으로 선을 행하면 악을 버리고 선을 행함이 있는 그것 때문에 몸이 윤택해지는 덕을 얻을 수 있다."(『與猶堂全書』 第2集, 「大學公議」: 實心去惡, 實心爲善, 以其去惡爲善之故, 得有潤身之德.)고 하면서, 악을 하지 않게 하고 선을 하게 하는 성실하고 선한 도덕적인 마음으로 실심을 강조하였다. 이 점에서 본다면, 실심의 주체적인 마음 특성을 체계적으로 제시한 율곡의 입장은 도덕실천의 문제를 해결하려 한 儒家들에게 중요한 사유의 길을 열어주었다고 할 것이다.

4. 실심을 형성·강화하는 핵심 방법인 경(敬)과 인성 함양

도덕실천을 위해서는 실심(實心)을 충실하게 갖추고 강화하는 것이 중요한 과제가 된다. 실심을 강화하는 것은 곧 선을 주동적으로 실천하게 하는 행적 도덕성을 함양하는 것을 의미한다. 율곡이 제시하는 실심 형성과 강화의 핵심적인 방법은 '경(敬)'이다. 율곡도 퇴계와 마찬가지로 '경(敬)은 성학(聖學)의 종시(終始)'[42]라고 함으로써 성인(聖人)이 되는 공부의 시발(始發)과 완성은 경에 의한다고 보았다. 즉 유교 공부를 통해서 성인이 되는 목적을 달성하는 데 있어서 가장 근본이 되는 토대가 바로 경이라는 것이다. 성인이 된다는 것은 도덕실천을 온전히 할 수 있는 인격을 형성하는 것을 의미한다. 그렇다면 성인 되는 공부의 종시가 되는 경은 도덕실천을 지향하는 공부에서 핵심 방법이 된다고 할 수 있다. 또한 마음의 주재(主宰)라는 점에서 경은 인간의 사유와 행위를 주재하는 주체인 마음의 본래성을 유지할 수 있게 하는 마음 수양의 핵심 공부라고 규정할 수 있다.[43] 마음은 리(理)를 성으로 갖추고 있으며, 본래 천리(天理) 실현을 지향하

---

42 『栗谷全書』 卷20, 「聖學輯要2」 第2 修己(上): 敬者, 聖學之始終也.

43 황금중은, 朱熹의 敬 개념에는 '삶의 주재자로서의 근본 마음'과 '근본 마음으로 모든 일상생활을 영위하는 공부'라는 두 가지 측면이 있다고 하면서, 율곡의 경우에는 경 개념에 '근본 마음'의 의미는 약화되어 있으며 마음의 근본을 형성하려는 공부라는 의미가 명확하게 강조되어 있다고 주장한다.(황금중, 「율곡의 敬과 誠의 공부론적 성격 및 관계」, 『동서철학연구』 26호, 동서철학회, 2002. 12., 48쪽 참조) 이러한 황금중의 견해와 같이 경을 근본 마음으로 규정하는 것은 더욱 심화된 논의가 필요해 보인다. 주희와 퇴계가 공히 "경이라는 것은 마음의 주재이며 만사의 근본이다.[敬者, 一心之主宰, 而萬事之本根也.]"라고 한 의미는 경을 근본 마음으로 규정하고자 하는 데 있는 것이 아니라, 경의 공능과 의미를 설명한 것이라고 보아야 할 것이다. 따라서 경을 '근본 마음이 가지고 있는 본래적 속성'으로 이해함이 적절할 것이라고 생각된다.

는 실천적인 마음이다. 그러나 사람들은 살아가는 가운데 스스로 그 마음의 근본성을 약화시켜 도덕적 앎을 갖추지 못하고, 마음이 지(志)·정(情)·의(意)로 발현됨에 있어서 도덕적 행을 하지 못하는 상황에 이르게 되는 것이다. 이에 따라 율곡은 도덕적 앎과 실천을 강하게 추동하는 주체 동력으로서 실심 개념을 제시하고, 경을 통해서 이 실심을 형성·강화할 수 있다고 강조하였다. 경이 실심을 형성하고 강화하는 유일한 방법은 아니지만, 실심을 확실하게 갖출 수 있는 방법적 요체임은 분명하다고 율곡은 주장한다.[44]

그렇다면 왜 경이 실심을 형성하고 강화하는 핵심 방법이 되는지 세부적으로 분석해 보자. 율곡이 "천(天)은 실리(實理)로써 화육(化育)하는 공이 있으며, 인간은 실심(實心)으로써 감통(感通)의 공효를 이루는 것이니, 이른바 실리나 실심이라는 것은 성(誠)에 불과하다."[45] 고 하였듯이, 실심은 '성(誠)'을 의미한다. 즉 실심은 성실한 마음, 참된 마음, 진실한 마음이다. 율곡은 실심을 강화하는 핵심 방법인 경(敬)을 성(誠)과 관련시켜서, "경(敬)은 용공(用功)의 요체이고 성(誠)은 수공(收功)한 곳이니 경(敬)으로 말미암아 성(誠)에 이른다."[46]라고 하였다. 경의 수양을 통하여 성을 이룰 수 있다는 입장인데, 이와 같은 경과 성에 대한 관점은 남명(南冥) 조식(曺植)에게서도 나타난다. 남

---

44 實心을 잘 갖추게 하고 강화하는 방법으로는 敬 이외에도 일상에서 仁이나 義 등의 善을 실천하는 것을 들 수 있으며, 또 율곡이 언급한 대로 『論語』의 '主忠信' 방법도 들 수 있다. 그러나 실은 이들 방법도 근본적으로는 경과 관련되어 있으며, 또 경을 통해서 가능하다는 점에서, 경이 바로 실심을 배양하고 강화할 수 있는 핵심적인 방법이 된다고 할 수 있다.

45 『栗谷全書』 拾遺 卷6, 「誠策」: 天以實理, 而有化育之功, 人以實心, 而致感通之效, 所謂實理實心者, 不過曰誠而已矣.

46 『栗谷全書』 卷21, 「聖學輯要3」 第2 修己(中): 敬是用功之要, 誠是收功之地, 由敬而至於誠矣.

명은 『주역(周易)』 '건괘(乾卦)'의 구절 '사악함을 막고 성실함을 간직하라.[閑邪存其誠]'는 대목을 주목하면서, 『학기유편(學記類編)』「성도(誠圖)」에서 '한사(閑邪)'를 경(敬)이라고 규정한다. 이에 따라 '한사(閑邪)-존성(存誠)'을 경을 통한 성(誠)의 실현 과정으로 제시하고 있다.[47] 이와 같이 남명도 율곡과 같은 입장에서, 경이 마음을 주재하는 방법이며, 경을 통하여 마음에서 이루어진 성취 내용은 성(誠)의 보존임을 강조한 것이다. 경을 함으로써 마음의 성실함 즉 실심을 이룰 수 있다는 입장에서, 율곡은 "성은 경의 근원이고, 경은 성을 반구(反求)하는 공부이다. 리(理)는 인(仁)이 천에 있는 것이며, 인(仁)은 리(理)가 사람에게 부여된 것이니, 경으로써 예(禮)를 회복하면 이것이 곧 지성(至誠)의 도이다."[48]라고 주장한다. 경은 성에 도달하는 방법이므로, 지성(至誠)은 경을 통하여 인(仁)을 실천함으로써 이루어진다는 것이다. 실심을 구축하는 경의 방법을 율곡은 구체적으로 명시하여 "정(靜)한 가운데 주일무적(主一無適)은 경의 체(體)이고, 동(動)한 가운데 수작만변(酬酢萬變)에서 그 주재(主宰)를 잃지 않는 것은 경의 용(用)"[49]이라 하고, 또 "주일무적은 경의 요체이며 수작만변은 경의 활용법도"[50]라고 하였다. 고요한 가운데 본체와 같은 바탕을 이루어 정일(精一)하게 마음을 안정케 함으로써 본연의 상태를 유지하는 것

47 금장태, 『한국유학의 心說』(서울대학교출판부, 2002), 101쪽 참조.

48 『栗谷全書』 拾遺 卷6, 「四者立言不同疑二首」: 誠者敬之原也, 敬者反乎誠之功也, 理則仁之在乎天者也, 仁則理之賦於人者也, 敬以復禮以全天理, 則此非至誠之道乎.

49 『栗谷全書』 卷9, 「上退溪李先生別紙」: 蓋靜中主一無適, 敬之體也, 動中酬酢萬變, 而不失其主宰者, 敬之用也.

50 『栗谷全書』 卷9, 「上退溪李先生別紙」: 主一無適, 敬之要法, 酬酢萬變, 敬之活法.

과, 실제의 다양한 도덕 상황에서 마음이 주재하는 능력을 잃지 않도록 하는 것을 율곡은 경(敬)하는 것이라고 주장한다.

율곡은 경의 요체에 대해서 부연하여 말한다.

> 거경은 동정(動靜)을 통하니, 정시(靜時)에는 잡념을 일으키지 않고 마음을 맑고 고요하면서도 깨어 있어서 어둡지 않게 하며, 동시(動時)에는 일에 임하여 전일(專一)해서 마음을 흩어지지 않도록 집중하고[不二不三] 조금도 과불급(過不及)이 없어서 몸가짐에는 반드시 정제엄숙(整齊嚴肅)하며, 마음가짐에는 반드시 계신공구(戒愼恐懼)해야 하는데, 이것이 거경의 요체이다.[51]

경을 한다는 것은 정시(靜時)에는 주재(主宰)가 되는 마음을 잘 보존하며[存心] 각성해 있고, 동시(動時)에는 마음을 전일(專一)하여 도리에 맞도록[的中] 하는 것이다. '전일(專一)'은 무엇을 말함인가? 이는 '불이불삼(不二不三)' 즉 마음을 '이리저리 가지 않도록 함[無適]' 혹은 '안을 곧게 함[直內]'이라고 할 수 있는데, 구체적으로는 '성(誠)하는 것'을 말한다. 따라서 전일(專一)은 경(敬)을 통해서 성(誠)을 이루고자 하는 것이며, 이것이 바로 경으로 수양하여 도덕실천 역량을 충실하게 가진 실심을 형성·강화하려고 하는 것이다.

또한 율곡은 실심을 이루기 위해서 해야 할 중요한 경의 방법으로 '경체의용(敬體義用)'을 주장한다. 율곡은 직내(直內)하는 경(敬)으로써

---

51 『栗谷全書』 卷5, 「萬言封事」: 居敬通乎動靜, 靜時不起雜念, 湛然虛寂, 而惺惺不昧, 動時臨事專一, 不二不三, 而無少過差持身, 必整齊嚴肅秉心必, 戒愼恐懼, 此是居敬之要也.

존심(存心)하는 것을 체라 하고, 의(義)로써 응사(應事)하는 것을 용이라고 하였다.[52] 이는 경으로 마음을 바르게 하고, 의로 처신을 바르게 하는 것을 언급한 것인데, 반드시 경을 해야 마음을 본체적으로 바르게 정립하게 되고, 이렇게 될 때 도덕적 상황에서 이치에 맞게 마음을 발용함이 가능하다는 입장이다. 선을 명확하게 인식하고 실천하는 올바른 응사(應事)는 사의(私意)가 없는 직내(直內)의 존심이 없으면 불가능하다는 점에서 경은 도덕적 행위의 안정적 토대로 작용한다.

율곡은 또한 경의 시단(始端)으로 수렴(收斂)을 중시한다. 수렴은 형기가 발출할 때 방종치 않게 하여 마음과 몸을 바르게 유지할 수 있도록 한다. 따라서 수렴은 정심(正心)과 검신(檢身)의 측면으로 나누어 이해되는데, 율곡은 계구(戒懼)와 근독(謹獨)을 거경의 주요 방법으로 거론하면서 "계구로부터 요약해 나가면 곧 그 중(中)이 극에 달하여 천지가 자리 잡게 되고, 근독으로부터 요약해 나가면 그 화(和)가 극에 달하여 만물이 자라게 된다."[53]고 언급한다. 계구와 근독으로 불기(不欺)하며, 불망(不妄)하게 하는 것은 마음을 바르게 하고 성실하게 하는 경을 의미한다.

율곡은 "성(誠)은 실리(實理)인데, 이 실리가 없으면 물(物)이 없다."[54]고 규정하는데, 실리가 충실한 마음은 곧 실심이며, 실심은 실

---

52 『栗谷全書』 卷21, 「聖學輯要3」 第2 修己(中): 敬體義用, 雖分內外, 其實敬該夫義, 直內之敬, 敬以存心也, 方外之義, 義以應事也.

53 『栗谷全書』, 拾遺 卷6, 「誠策」: 自戒懼而約之, 則極其中, 而天地位矣, 自謹獨而精之, 則極其和, 而萬物育矣.

54 『栗谷全書』 卷31, 「語錄(上)」: 誠者實理也, 無實理則無是物.

천적 도덕성을 함양한 마음이다. 따라서 실심은 도덕실천을 주동하는 근본이 되는 마음이다. 율곡이 "거경(居敬)으로써 근본을 세우고 궁리(窮理)로써 선에 밝게 한다."[55]고 한 점은 거경으로 근본 즉 마음을 바르게 한다는 것을 의미하는데, 그 마음은 사욕이 없는 참되고 성실한 선한 마음으로서 도덕적 실천의 주체 능력을 갖춘 실심이다.

5. 장을 마치며

본 장에서는 도덕적 가치와 도리의 온전한 실천이라는 인성교육의 핵심 명제에 대해서 도덕실천의 동력 개념을 중심으로 율곡의 인성 함양의 입장을 분석하였다.

율곡은 도덕실천의 지적(知的) 동력이 되는 궁리가 단지 도덕적 앎에 머물러서는 안 되며, 도덕실천을 추동하는 동력으로서의 역할을 해야 한다고 강조한다. 이에 율곡은 도덕실천에 최적화된 도덕적 앎의 극처(極處)를 진지(眞知)라고 이해하면서, 행을 통해서 성찰되고 완성된 진지를 갖추게 되면 구체적인 도덕 상황에 직면했을 때 지적(知的) 역량은 도덕적 행위를 할 수 있게 하는 추동력으로 작용한다고 주장한다.

도덕실천을 위해 심성이 발현(發現)된 동력인 정(情)·의(意)·지(志)는 도덕적 행의 특성을 지니는데, 이들은 행이 지선(至善)에 이를 수 있

55 『栗谷全書』 卷27, 「擊蒙要訣」: 居敬以立其本, 窮理以明乎善.

도록 기능하는 동력에 해당한다. 율곡은 도덕적 상황에서 정(情)이 발했다면, 그것이 선을 실천하는 행적(行的) 성취로 직결되어야 한다고 지적하였다. 이는 측은지심(惻隱之心)이라고 하더라도 단지 발한 동기가 선하다고 하여 그 실천이 결여되거나 미흡하면 용납될 수 없으며, 행적(行的) 성과가 구현되는 도덕실천의 동력으로 반드시 작용해야 한다는 입장을 강하게 표명한다. 의(意)는 도덕적 상황에 직면하여 궁리를 통해 알게 된 도덕 원리와 이치 그리고 행을 통하여 반성된 지식을 활용하여 최선의 도리를 찾아내고 헤아리는 '계교상량(計較商量)', '주역상량(紬繹商量)'의 도덕적 사유·판단의 작용을 하는 것이다. 의는 마음의 발현이지만 이것이 곧바로 선의(善意)는 아니므로 율곡은 성의(誠意)를 하여 의가 도리와 선에 부합하게 해야 한다고 강조하였다. 또 다른 도덕실천의 발현적 동력인 지(志)는 실제 도덕적 상황에서 마음의 방향을 정하는 것으로서, 마음에서 선을 지향하고 악을 배척하며, 사특한 기(氣)가 작용하지 못하도록 통수(統帥)할 수 있다고 율곡은 인식한다. 정(情)·의(意)·지(志)는 심성이 도덕실천을 위해 발현한 동력으로서, 서로 연계되어 일어나는 상호적인 관계에 있으면서 도덕적인 상황에서 행적(行的)인 작용으로 나타난다.

율곡은 도덕적 상황에서 도리를 실천할 수 있도록 정·의·지를 힘있게 밀어서 움직이게 하는 주체적인 동력을 실심(實心)이라고 규정했다. 즉 궁리(窮理)가 밝아졌으면 궁행(躬行)할 수 있지만 반드시 실심(實心)이 있어야 도덕적 앎이 행으로 온전하게 이루어질 수 있다고 보았으며, 또 실심이 선정(善情)·선의(善意)·선지(善志)를 이끌어 내어 행으로 직결되도록 역량을 발휘하는 주체라고 인식한 것이다. 율곡이 주장하는 도덕실천의 주체 역량인 실심은 성실한 마음, 도덕적 참됨을 갖춘 마음이다. 도덕적 참됨을 갖춘 실심은 도덕 상황에서 인의예지를 온전하게 실천하여 지선(至善)을 이루려고 하는 행적(行的) 역량이다. 곧 실심은 선을 행하려는 실천적 도덕성이 충만한 마음이므로 실심을 갖추게 되면 도덕적 앎과 지·정·의 같은 마음의 발함이 모두 도덕실천이라는 방향으로 활발한 작용을 일으키게 되는 것이다. 이 점에서 실심은 도덕실천을 위한 모든 역량을 원활하고 조화롭게 발휘하도록 하는 실천적 도덕성을 갖추고 있다. 그리고 경(敬)은 도덕실천에 있어서 주체적인 의미를 갖는 실심을 형성·강화하는 핵심 방법이 된다. 그러므로 율곡은 '무적(無適)', '직내(直內)', '경체의용(敬體義用)', '근독(謹獨)', '계구(戒懼)', '수렴(收斂)' 등의 경(敬)을 통해서 실심을 형성·강화하려고 하였다. 율곡은 실심이 있어야만 도덕실천의 지적(知的) 동력과 마음이 발현한 정(情)·의(意)·지(志)의 동력을 강하게 행적(行的)으로 작동하도록 할 수 있고, 또 이를 통해서 실천한 덕이 마침내 지선에 머물 수 있다[止於至善]고 주장하고 있다. 이 점에 입각하면, 도덕실천의 문제에 접근하는 율곡의 입장은 실심의 실천윤리라고 규정할 수 있다.

제5장

도덕실천 동력인 성의(誠意)를 통한 인성 함양

성의(誠意)는 『대학(大學)』에서 강조하는 수양법으로서 '대인(大人)의 학문'의 핵심 가운데 하나로 자리하고 있다. 성의를 『대학』의 삼강령(三綱領)을 중심으로 보면 격물(格物)·치지(致知)·정심(正心)·수신(修身)과 함께 명명덕(明明德)에 해당하는 수기(修己)의 요체가 되는 것이다. 그렇기에 조선의 유학자들은 성의를 활용한 인격 수양법과 인성교육론을 중시했다. 율곡(栗谷)은 자기 학문의 궁극적인 목표를 성인(聖人)이라는 최고의 인격 형성에 두었다. 그러므로 율곡이 강조하는 공부의 핵심은 수양을 통하여 그러한 인격이 되는 데 있다. 그렇기에 율곡 역시 성의를 인격 형성의 수양 공부로 중시하고 있는데, 본 장에서는 도덕실천의 동력으로서 인성 함양의 중요한 근거가 되는 성의의 수양법과 실천윤리적 특성을 해명하고자 한다.

---

* 이 장은 필자의 「율곡의 수양론에서 誠意의 도덕실천적 특성」(『유교사상문화연구』 85집, 한국유교학회, 2021. 9.)의 내용을 수정 보완한 것이다.

율곡은 유교 전통의 성선론(性善論)을 토대로 하면서 마음이 인간의 윤리적 행위에 미치는 영향을 강조한다. 그러므로 마음의 작용인 의(意)를 중심으로 한 수양론을 명시적으로 구축하고 있다. 연구자들은 이 점에 주목하면서 율곡이 주장하는 마음의 작용인 '의(意)'에 대한 입론을 탐구하는 노력을 기울여 왔다. 그러나 율곡이 또 다른 마음의 작용인 '지(志)'를 강조한 바가 뚜렷했으므로, 연구자들의 관심 초점이 성의(誠意)의 분석에 큰 무게 중심을 두지 못한 측면이 있었다. 율곡은 『성학집요(聖學輯要)』에서 "성의(誠意)는 수기치인(修己治人)의 근본이다."[56]라고 규정한 바 있는데, 이는 그가 성의를 인격 형성 공부의 핵심 개념으로 간주하고 있었음을 알 수 있게 한다. 따라서 율곡의 인성교육론을 탐구함에 있어서 성의에 대한 논의는 더욱 심화되어야 할 필요가 있다. 특히 율곡은 도덕실천 지향의 인성교육론을 전개했으며, 이와 같은 사유 특성은 성의론에도 철저하게 반영되고 있다는 점을 고려하면 인성 함양의 문제를 중심에 두고 그의 성의론을 탐구하는 것은 의미 있는 작업이 될 것이다. 본 장에서는 이러한 인식에 기반하면서 율곡의 성의론이 지닌 도덕실천적 특성을 탐구하고자 한다.

성의는 주희(朱熹)의 『대학장구(大學章句)』에서 격물치지(格物致知)가 강조된 이후 다소 그 의미가 약화된 측면이 있다. 율곡은 성(誠)을 매우 중시하는 입장을 견지했으므로 그가 주장하는 성의론이 윤리적 맥락에서 어떻게 전개되고 있으며, 성의론에 함의된 실천윤리적 의

56 『栗谷全書』 卷21, 「聖學輯要3」 第2 '修己'(中): 誠意爲修己治人之根本.

미가 무엇인지를 밝히는 것은 율곡의 인성교육론의 본의를 드러내는 데 가치가 있을 것이라고 생각된다. 이에 율곡이 주장하는 성의론의 도덕실천적 특성을, 첫째는 성인(聖人)·군자(君子)가 되는 인성 함양, 둘째는 호선(好善)·행선(行善)의 도덕실천, 셋째는 격물치지(格物致知)의 도덕실천, 넷째는 성실(誠實)·실심(實心)이라는 실천 동력을 초점으로 탐구하고자 한다.

1. 성의의 특성과 인성 함양

율곡이 지향하는 인성교육의 목적은 이상적인 인격인 성인(聖人)이 되는 데 있다. 그러므로 그는 어떻게 하면 성인과 같은 좋은 인격을 형성할 수 있을지 그 실천 방법을 체계적으로 탐구하면서, 이에 대한 실천적 입론을 제시하고 있다. 율곡은 인격 함양의 목표가 되는 존재인 성인의 품덕을 다음과 같이 규정한다.

> 성인(聖人)은 자기의 성(性)을 다하고 남의 성(性)도 다하게 해 주는 사람이다. 자기의 성을 다하기 때문에 명덕(明德)이 일신(一身)에 밝은 것이요, 남의 성도 다하게 해 주기 때문에 명덕이 세상에 밝아지는 것이다.[57]

---

57 『栗谷全書』 拾遺 권6, 「化策」: 聖人者, 能盡己之性, 而能盡人之性者也. 盡己之性, 故明德, 明於一身矣, 盡人之性, 故明德, 明於天下矣.

율곡이 이해한 성인은 자신의 천부적인 덕을 온전하게 하는 것은 물론, 다른 사람이 본래 품부받은 덕을 이루어 주는 자이다. 이 점에서 성인은 도덕성 완성이라는 측면에서 자신은 물론 타인에 대해서도 도덕적 책무를 가진다고 할 수 있다. 율곡이 성인을 명명덕(明明德) 개념을 중심으로 규정한 것은 『대학』의 삼강령(三綱領)의 논거를 따른 것이다. 이러한 입장은 율곡이 인격 형성에 있어서 『대학』의 가치관을 매우 중시하고 있음을 보여 준다. 이는 『대학』이 '대인(大人)이 되는 배움'으로 규정되고 있듯이,[58] 성인이나 군자가 되는 공부의 모범이라고 인식되기 때문이다.

'뜻을 성실하게 한다.' 혹은 '뜻을 참되게 한다.'는 의미를 갖는 '성의(誠意)'는 유교 수양론의 핵심 가운데 하나이다. 『대학장구(大學章句)』에서 격물(格物)·치지(致知)·성의(誠意)·정심(正心)·수신(修身)·제가(齊家)·치국(治國)·평천하(平天下)라는 팔조목(八條目) 가운데 하나로 지정되어 그 의미가 조명되고 있을 정도로 성의의 실천윤리적 의미는 중요하다. 율곡은 성인 되는 공부의 요체를 집약한 『성학집요』에서 주희의 『대학장구』 체제를 따르면서 유교윤리 공부의 구성 체계와 성의에 대해서 언급하고 있다. 즉 율곡은 『성학집요』의 2편을 『대학장구』의 삼강령(三綱領) 중에서 명명덕(明明德)에 해당한다고 하면서 그 5장부터 8장까지의 성실(誠實), 교기질(矯氣質), 양기(養氣), 정심(正心)을 성의(誠意)·정심(正心) 공부에 대한 조목으로 제시하고 있는 것이다.[59]

---

58 『大學章句』, 經1章, 朱子註: 大學者, 大人之學也.

59 『栗谷全書』 권19, 「聖學輯要」, 序: 其二篇曰修己者, 卽大學所謂明明德也, 其目有十三, 其一章則摠論也, 其二章曰立志, 三章曰收斂者, 定趨向而求放心, 以植大學之基本也, 其四章

성실을 강조하는 율곡은 성의의 실천법을 논함에 있어서 성실의 역동적인 작용을 부각시킨다. 또한 『만언봉사(萬言封事)』에서도 수기와 치인을 다할 수 있는 공부의 요강 네 가지를 제시하면서, 그 두 번째로 '성학(聖學)을 힘써 성의(誠意)와 정심(正心)의 공효를 다하는 것'을 들어 성의가 성학의 요체임을 밝히고 있다.[60]

주희는 『대학장구』에서 격물(格物)·치지(致知)에 대해서 보론(補論)하면서 궁리(窮理)를 강조했는데, 이는 주자학의 수양론 체계에서 궁리(窮理)를 전면에 내세우게 된 하나의 전기(轉機)가 되었다고 할 수 있다.[61] 주희는 『대학장구』에서 "대학에서 처음으로 가르칠 때 반드시 배우는 자로 하여금 세상의 모든 사물에 나아가서 그 이미 알고 있는 이치에 근거하여 더욱 궁구하여 그 궁극에 도달하지 않음이 없게 하였다."[62]라고 하면서 도덕실천론에서 갖는 격물치지의 의미를 강조했다. 이렇게 궁리가 수양의 방법으로 전면에 등장하면서 성의(誠意)의 의미가 상대적으로 약화되었다고 할 수 있는데,[63] 이러한 주

曰窮理者, 卽大學所謂格物致知也, 其五章曰誠實, 六章曰矯氣質, 七章曰養氣, 八章曰正心者, 卽大學所謂誠意正心也, 其九章曰檢身者, 卽大學所謂修身也.

60 『栗谷全書』 卷5, 「萬言封事」: 今進修己安民之要, 爲祈天永命之術' 修己爲綱者, 其目有四, 一曰, 奮聖志期回三代之盛, 二曰, 勉聖學克盡誠正之功, 三曰, 去偏私以恢至公之量, 四曰, 親賢士以資啓沃之益, 安民爲綱者, 其目有五, 一曰, 開誠心以得羣下之情, 二曰, 改貢案以除暴斂之害, 三曰, 崇節儉以革奢侈之風, 四曰, 變選上以救公賤之苦, 五曰, 改軍政以固內外之防.

61 주희가 『大學』 텍스트에서 格物·致知를 강조한 것은 그의 고유한 사유의 산물은 아니다. 주희는 二程이 전개한 관점에 입각하고 보완하면서 『大學章句』에서 格物·致知에 대한 자신의 입장을 정립하였다.

62 『大學章句』, 傳5章, 朱子註: 大學始教, 必使學者, 卽凡天下之物, 莫不因其已知之理而益窮之, 以求至乎其極.

63 주희가 『禮記』 「大學篇」을 뽑아서 내용을 일부 개정하여 만든 것이 『大學章句』이다. 『大學章句』에서 주희는 '本末傳'과 '格物補傳'을 설치하면서 格物·致知 공부를 강조했는데, 이러한 과정에서 六條目 체제에서 誠意 공부가 지녔던 중요성이 다소 약화되었다고 볼 수 있다.

희의 입장은 조원가(曹元可)에 답한 다음의 글에서도 볼 수 있다.

> 비록 행하고자 해도 이치에 밝지 않으면 실천하는 것이 어떤 결과에 이를지 알 수 없다. 그러므로 대학의 도가 비록 성의·정심을 근본으로 삼는다고 해도 반드시 격물·치지를 우선으로 삼아야 한다.[64]

주희는 성인 되는 인격 수양의 공부에서 이치를 먼저 알아야 한다는 입장에서 격물·치지를 우선하고, 성의·정심을 뒤에 두어야 한다고 주장한 것이다.[65] 이러한 입장에서 주희는 『대학혹문(大學或問)』에서 정자(程子)가 "천하의 이치를 먼저 알지 못한다면, 또한 이를 힘써 행할 수 없을 것이다. 그러므로 대학의 차례는 치지를 먼저 하고 성의를 뒤로 하며, 그 차례를 건너뛸 수 없다."[66]고 언급한 점을 거론하기도 한다. 주희의 이와 같은 견해에 대해서 율곡 역시 기본적으로는 동의하는 입장을 취한다. 그럼에도 불구하고 율곡은 '실제로는' 성의의 의미를 약화하는 맥락으로 주희의 입장을 따른 것은 아니다.

---

64 『朱子文集』 卷59, 「答曹元可」: 欲行而未明于理, 則所踐履者又未知其果何事也, 故大學之道雖以誠意正心爲本, 而必以格物致知爲先.

65 이러한 주희의 '先格物致知 後誠意正心'을 강조하는 관점은 단지 방법론적인 측면에만 국한되는 것이 아니라, 성의의 중요성을 규정하는 데 있어서 일정한 의미 축소를 가져오는 것으로도 인식된다. 왜냐하면 格物致知에 대해 상세하게 설명하는 傳이 없었던 『古本大學』의 논지에서는 인격 수양에 있어서 誠意가 갖는 의미가 특별하게 중시되는 지위를 가진다고 볼 수 있기 때문이다. 따라서 주희가 '先格物致知'에 대한 說을 별도로 부각시킨 것은 수양 방법의 중점 조정을 통하여 誠意의 윤리적 의미를 실질적으로 일정 부분 제약하는 격이 되었다고 볼 수 있다. 이러한 확고한 '先格物致知'의 입장은 주자학을 '主知主義'라고 규정하는 단서로 작용하기도 한다는 점을 고려하면 이는 단순히 방법론적인 의미에만 국한된다고 보기는 어려울 것이다.

66 『大學或問』, 傳5章: 天下之理不先知之, 亦未有能勉以行之者也, 故大學之序, 先致知, 而後誠意, 其等有不可躐者.

이러한 점은 『만언봉사(萬言封事)』에서 성의의 공효(功效)를 강조한 율곡의 설명에서 알 수 있다.

> 성의와 정심의 공효가 몸에 쌓이면 덕이 밝고 넉넉한 모습이 나타나고, 집을 바르게 하여 형제들이 본받을 만하게 되고, 그것이 온 나라에 도달하게 되어 교화(敎化)가 행해지고 풍속(風俗)이 아름답게 된다.[67]

성의와 정심의 실천 공부의 효과가 자신에게 온전히 구현되어야 비로소 제가(齊家)·치국(治國)·평천하(平天下)가 가능하다고 율곡은 주장하고 있다. 윤리적 인격을 함양하고, 사회를 윤리적으로 성숙되게 할 수 있는 것은 성의와 정심의 수양에 의한다고 하는 이러한 율곡의 입장은 성의의 실천이 격물·치지에 못지않은 혹은 격물·치지보다 더 비중 있는 의미가 있음을 시사하는 것이다. 율곡은 인성 함양에 있어서 갖는 성(誠)의 의미를 무겁게 새기기 때문에 『중용(中庸)』에 나타난 성론(誠論)을 각별히 주목하고, 성실(誠實)의 가치를 다양하게 강조하는 수기치인의 입론을 명확하게 드러내고 있다. 이러한 율곡의 성(誠) 중시적 관점은 "성인은 성(誠)을 성(性)으로 한 사람이요, 군자는 성(誠)을 되찾은 사람이다."[68]라고 규정하면서 성(誠)을 본위로 성인과 군자를 강조한 점을 통해서도 확인할 수 있다.

---

67 『栗谷全書』 卷5, 「萬言封事」: 誠意正心之功, 蘊乎身而睟面盎背, 刑于家而兄弟足法, 達于國而化行俗美矣.

68 『栗谷全書』 拾遺 卷6, 「誠策」: 聖人性此誠者也, 君子反此誠者也.

율곡은 유학을 '실천학으로서의 도학(道學)'[69]이라고 인식하면서 역행(力行)에 해당하는 성의의 의미를 중시했다. 이러한 맥락에서 율곡은 성인이 한시라도 놓치지 말아야 할 도덕적 마음인 도심(道心)을 잘 유지하는 공부와 정밀하게 살피는 공부를 함에 있어서 성의를 긴요하게 여겨야 한다는 점을 다음과 같이 언급한다.

> 기(氣)가 용사(用事)를 알고 정찰(精察)해서 정리(正理)를 따른다면 인심(人心)이 도심(道心)의 명령을 들을 것이며, 정찰하지 못하고 단지 마음이 향하는 대로 둔다면 정(情)이 이기고 욕(欲)이 불길같이 성하게 일어나 인심은 더욱 위태로워지고 도심은 더욱 은미해질 것이다. 정찰하는 것과 하지 않는 것은 모두 의(意)가 하는 것이므로 자기 수양의 공부는 성의(誠意)보다 우선되는 것이 없다.[70]

율곡은 여기서 수기 공부에서 성의가 가장 우선되어야 할 것으로 강조한다. 도덕적으로 사유·결단·실천해야 할 실제적인 상황에 직면하여 성의를 온전하게 실천하지 못한다면 인심이 바름을 잃어 사욕이 거칠게 일어나서 결국 악을 따르는 것으로 귀결됨을 지적하고 있

69 '道學'은 朱子學을 말한다. 율곡은 스스로 道學에 대한 개념을 규정하여, '格物·致知로 明善하고 誠意·正心으로 修身하며 이를 통해 갖춘 天德을 다스림에 적용하여 王道를 시행하는 것'이라고 규정한 바 있다.(『栗谷全書』 卷15, 「東湖問答」, '論君臣相得之難' 참조) 이는 율곡이 설명한 도학의 이념이 修己治人이라는 유학의 근본가치를 표방하는 것과 기본적으로 다른 점이 없다고 할 것이다. 다만 율곡은 그의 인간론, 수양론, 경세론에서 일관되게 도덕적 가치의 개인적·사회적 실천을 강조하는 입장을 취하며, 이를 자기 사상의 지향으로 삼고 있다는 점에서 그의 학을 실천학으로서의 도학이라고 할 수 있을 것이다.

70 『栗谷全書』 卷9, 「答成浩原」: 知其氣之用事, 精察而趨乎正理, 則人心聽命於道心也, 不能精察而惟其所向, 則情勝慾熾, 而人心愈危, 道心愈微矣. 精察與否, 皆是意之所爲, 故自修莫先於誠意.

는 것이다. 이 점에서 성의의 공부는 마음의 발현과 행위의 선·악을 좌우하는 도덕실천의 핵심임을 보여 준다. 이러한 율곡의 입장은 성인이 되는 인격 형성 공부에 무엇보다 성의의 실천 공부가 중요하다는 것을 강조하는 것이다. 그러므로 성인의 품성을 함양하는 율곡의 인성교육론에서는, 주희의 『대학장구』에서 의도된 바와 같이 격물치지로 인해서 성의의 중요성이 약화되는 것이 아니라, 역행을 추동하는 도덕실천의 핵심적 동력으로 성의가 자리하고 있다고 할 것이다.

2. 성의와 격물치지(格物致知)의 도덕 탐구

격물치지와 성의는 『대학장구』의 팔조목에서 선후(先後)로 연결되어 있고, 주희는 이 순서를 매우 중시한다. 반드시 격물치지 즉 궁리 이후에 성의가 이루어진다고 주희는 생각하는 것이다. 그렇다면 이제 율곡이 생각하는 성의와 격물치지의 도덕실천적 의미를 중심으로 그 윤리적 특성을 분석해 보고자 한다. 율곡은 "참으로 성의를 한다는 것은 격물치지하여 이치가 밝고 마음이 열려서 그 뜻을 진실하게 하는 것을 말함이다."[71]라고 언급한다. 즉 성의는 격물치지를 바탕으로 하여 이루어질 수 있다고 보는 것이다. 격물치지는 곧 지선(至善)에 대한 탐구이며, 성의는 지선을 행함을 의미한다.[72] 그렇기에 율곡은 방법론적

---

71 『栗谷全書』 卷32, 「語錄(下)」: 所謂眞誠意者, 格物致知, 理明心開, 而誠其意之謂.

72 앞에서 언급한 바와 같이, 여기서 誠意가 바로 善을 행하는 것이라고 함은, 뜻이 나타남에 있어서 선을 따르고 지향하는 것을 말한다. 즉 마음이 발하여 나타나는 뜻에서 이루어지는

으로 선지(先知)의 입장을 기본적으로 수긍한 것이다.

율곡은 『성학집요』에서 보다 구체적으로 격물치지에 대한 주희의 설명을 거론하고 있다.

> 주자가 말하기를, "경(經)에 이르기를, '성의(誠意)하려 한다면, 먼저 치지(致知)해야 한다.'고 하였고, 또 '앎이 지극해진 후에 뜻이 참되게 된다.'고 하였다. 마음의 본체에 대해 조금이라도 밝지 않은 바가 있으면 마음이 발할 때에 반드시 그 힘을 실제로 사용할 수 없어서 자기를 속이는 일이 있게 된다. 혹 이미 밝음을 이루었다고 하더라도 삼가지 않으면 그 밝음이 자기 것이 되지 못해서 덕으로 나아가는 바탕이 되지 않는다. 그 순서를 어지럽게 할 수 없고, 노력을 쉴 수 없음이 이와 같다."고 하였다.[73]

여기서 주희가 취하는 선지후행(先知後行)의 방법론적 입장을 확인할 수 있으며, 율곡도 기본적으로 이러한 입장에 따른다. 선행적으로 격물치지를 투철하게 하고, 이를 토대로 성의를 해야 그 효과가 온전해질 수 있다는 '지지이후의성(知至而后意誠)'을 확연하게 강조하는 관점은 주자학을 주지주의적(主知主義的)인 입장으로 이해하도록 이끄는 계기가 되기도 했다. 유학이 지향하는 천리(天理)·지선(至善)의 실천이라는 행적인 명제를 명확하게 하기 위해서는 격물치지와 역

行善去惡을 '行'이라고 보는 것이다.

73 『栗谷全書』 卷21, 「聖學輯要3」 第2 修己(中): 朱子曰, 經曰, 欲誠其意, 先致其知, 又曰, 知至而后意誠, 蓋心體之明, 有所未盡, 則其所發, 必有不能實用其力, 而苟焉以自欺者, 然或已明而不愼乎此, 則其所明又非己有, 而無以爲進德之基, 其序不可亂, 而功不可闕如此.

행의 의미를 도덕실천 중심으로 전개하는 것이 반드시 필요하다고 할 것인데, 이 점에서 율곡은 뚜렷한 입장을 표명하고 있다. 즉 율곡은 도덕실천을 위한 궁리를 모색하는 행적(行的) 가치 중심의 입론을 일관되게 견지하는 것이다.[74]

율곡은 성의와 격물치지를 실천의 맥락에서 다음과 같이 비유한다.

> 격물치지를 하지 않으면서 성인의 도를 알려고 하는 것은 곧 물이 없는 강에 항해를 해서 큰 바다로 나아가려고 하는 것과 같고, 성의정심을 하지 않으면서 성인의 도에 이르려고 하는 것은 곧 한 걸음도 걷지 않고 태산이나 화산에 오르려고 하는 것과 같다.[75]

성인의 도를 아는 것은 격물치지이며, 성인의 도를 행하는 것은 성인의 도의 달성을 목적으로 하는 성의·정심이다. 율곡은 도리의 탐구를 아무리 잘한다고 하더라도 이것이 실천으로 이어지지 않는다면 의미가 없다는 도덕실천 중심적인 관점을 드러낸다. 성인의 도를 안다고 하더라도 실천하지 않는다면 무용(無用)하다는 것이다. 그리고 성인의 도의 완결적인 성취는 성의에 의거하는 바가 크다고 본다. 율곡은 직접적으로 도리를 실천할 수 있도록 하는 행적 시발(始

---

74 주자학을 主知主義的인 특성이 뚜렷한 것으로 보는 입장은, 知至에 도달하는 知的 극진함을 先行的으로 담보해야 한다는 엄격한 격물치지의 방법론적 비중에 치우치게 되는 점을 비판하는 관점이다. 이러한 관점은, 주자학의 수양론에서 비록 도리의 실천이 강조된다고 하더라도 실질적으로는 도덕실천이 주지주의적인 측면에 종속되는 결과를 초래할 수 있다는 점을 지적하는 것이다. 율곡은 이 점을 각성하면서 자신의 학의 지향을 行에 두기 위해서 노력하고 있다.

75 『栗谷全書』 卷14, 「易數策」: 不格致, 而欲見聖人之道, 則譬如航于斷港, 而求泛大洋也, 不誠正, 而欲之聖人之道, 則譬如不移寸步, 而求陟泰華也.

發)의 방법이 바로 성의라고 주장한다. 이 점에서 율곡은 성인의 도의 성취라는 실천적 명제의 수행을 위해 격물치지가 이루어져야 하며, 성의를 위한 격물치지의 실천적 명제를 반드시 유념해야 한다는 맥락으로 궁리의 방향성을 부여한다.

> 이치를 탐구하는 것과 실천하는 것이 비록 두 가지 공부이긴 하지만 반드시 동시에 나아가야 한다[一時竝進]. 그러므로 위에서 주로 이치 탐구에 대해서만 논했더라도 실천의 뜻 또한 겸하고 있다.[76]

성의는, 객관적 이치를 탐구하는 격물치지 공부의 공효를 실제의 도덕상황에서 마음의 사유능력을 발휘하여 선을 택하고 또 단단히 집지(執持)하는 것을 의미한다. 율곡은 성의를 제대로 하기 위해서는 격물치지의 도덕실천적 의미를 유념해야 한다고 주장한다. 성의의 온전한 효과를 위해서는 궁리의 실천적 의미를 명확하게 각성해야 한다는 입장, 즉 격물치지가 반드시 성의의 실천적 토대로 작용하도록 해야 한다는 성의(誠意) 중점적 관점을 견지하는 것이다. 이는 인격 수양에서 격물치지가 방법론적 우선성은 확보하고 있으나, 그 '우선성'이라고 하는 것은 성의의 윤리를 온전하게 실현토록 해야 한다는 실천적 의미를 강화하기 위한 방편적인 것임을 시사하는 입장이다. 즉 율곡은 격물·치지는 결코 이론적인 앎의 문제에 국한되어서는 안 되며, 궁극적으로는 이치·도리의 실천을 통해서 윤리적인

76 『栗谷全書』 卷20, 「聖學輯要2」 修己(上): 窮格踐履, 雖是兩項工夫, 要須一時竝進, 故已上主論窮格, 而亦兼踐履之意.

의미를 구현하는 실천적인 탐구에 그 공부가 집중되어야 함을 강조하는 것이다.

그렇다면 성의를 잘할 수 있기 위해서는 격물치지에서도 그 실천적 의미를 반드시 유념해서 공부해야 한다는 것은 무엇을 말하는 것인가? 그것은 격물치지가 단지 본체를 드러내거나 이치를 밝히는 것에 머물러서는 안 된다는 의미이다. 격물치지는 어떻게 하면 도덕적 가치의 구명이 그 실천으로 이어질 수 있을지를 본질적으로 지향하면서 이루어져야 한다는 것이 핵심이다. 율곡은 이와 같은 실천적 맥락에서 이루어지는 궁리의 요체를 다음과 같이 설명한다.

> 가정에서는 부모에게 효를 다하고 아내에게 바른 규범을 세우며 은혜를 두텁게 하고 인륜을 올바르게 하는 이치를 잘 살펴야 하며, 사람들을 대할 때에는 현명함과 어리석음, 사악함과 올바름, 순후함과 결함, 교묘함과 졸렬함의 차이를 잘 분별해야 하며, 일을 처리함에는 옳고 그름, 잘되고 잘못됨, 편안함과 위태로움, 다스려짐과 어지러움의 기틀을 잘 살펴야 한다.[77]

궁리는 바로 사람들이 일상생활에서 직면하게 되는 상황에서 윤리적으로 타당한 도리를 이론적으로 밝힘으로써 자신의 도덕실천 능력을 강화하는 데 기여하는 것이다. 이 점에서 격물치지는 철저하게 삶의 실제의 윤리 문제를 중심으로 그 마땅한 도리·선을 탐구하

---

77 『栗谷全書』 卷5, 「萬言封事」: 居家則孝親刑妻, 篤恩正倫之理, 在所當察, 接人則賢愚邪正, 醇疵巧拙之別, 在所當辨, 處事則是非得失, 安危治亂之幾, 在所當審.

는 공부여야 한다.[78] 선을 선택하고 악을 제거하도록 뜻을 참되게 하는 성의는 실천적인 고민 없이 도덕적 가치를 탐구하는 격물치지의 지적(知的)인 토대로서는 이루어질 수 없다. 율곡은 "성리(性理)를 정밀하게 탐구하는 것은 궁행(躬行)을 바르게 하기 위한 것"[79]이라는 입장을 취한다. 유학의 궁리는 철저하게 행으로 그 목표가 지향되어야 함을 강조한 것이다. 이는 곧 격물치지를 함에 있어서 좋은 인격 함양이라는 실천적인 문제의식이 철저하게 반영되어야 한다는 것을 의미하며, 개인·가정·사회 생활에서 자신이 도덕적인 문제 상황에 직면했을 때 어떻게 하는 것이 바른 도리인지[所當然之則] 그리고 왜 그것이 바른 도리가 되는지[所以然之故]를 묻고, 그 상황을 자기의 실제 삶의 문제로 이입(移入)시켜 고민하고 탐구하는 것을 말한다. 특히 일을 처리하는 상황윤리적인 측면에서 시비(是非), 정부(正否)와 같은 것을 실천 중심적으로 그리고 창의적으로 자기 문제화하여 숙고하는 격물치지의 과정이 필요함을 율곡은 강조하는 것이다.

이렇게 본다면, 율곡의 인성교육론에서 성의는 단지 격물치지와 정심을 연결하는 중간자적 의미를 가지는 것이 아니라, 격물치지의 방향성이 반드시 실천적으로 연결되어야 한다는 명제를 이끌어 주는 선도적(先導的)인 의미를 갖는다고 할 것이다. 이는 실천 문제에 초점을 두고 전개되는 도학적 윤리관이 그의 인성교육론에도 투철

78 주희는 격물치지를 논함에 있어서 자연현상의 所以然之故에도 상당한 관심을 갖고, 자연의 여러 존재와 운행의 까닭을 다양하게 묻고 있다. 그러나 이 역시 인간의 행위 문제를 탐구하는 것보다 우선하지는 않고 있다.(김재경, 「격물과 윤리적 딜레마」, 『유교사상문화연구』 78집, 한국유교학회, 2019.12, 13쪽 참조)

79 『栗谷全書』 卷20, 「聖學輯要2」 第2 修己(上): 精性理, 爲正躬行設也.

하게 반영된 것이라고 하겠다. 이러한 실천성을 중시하는 윤리사상의 맥락에서 성의를 논함에 있어서 율곡은 성실과 실심의 의미를 강조하게 된다.

3. 성의와 호선(好善)·행선(行善)의 도덕실천

성의하는 방법에 대한 율곡의 기본적인 관점은 『대학장구』에 기술된 입장에 근거하고 있다. 주희의 『대학장구』는 조선의 도학자들이 인격 함양의 공부를 하는 데 있어서 전범(典範)으로 작용했다고 할 정도로 중시되었는데, 율곡 역시 그러한 입장을 취하고 있다. 그렇다면 먼저, 『대학장구』에서 언급하고 있는 성의에 대한 내용을 보도록 한다.

> 이른바 그 뜻을 성실하게 한다는 것[誠其意]은 자기를 속이지 않는 것으로서, 마치 악취(惡臭)를 싫어하고 호색(好色)을 좋아함같이 하는 것이니, 이것을 자겸(自謙)이라고 한다. 그러므로 군자는 홀로 있을 때를 삼간다. 소인이 혼자 있을 때 불선(不善)한 짓을 함에 이르지 않음이 없다가 군자를 보고 겸연쩍게 그 불선을 감추고 선(善)함을 드러내지만, 남들이 자신의 폐와 간을 보듯이 할 것이니 무슨 이익이 있겠는가? 이것을 일러서 '안에서 성실하면 밖으로 드러난다.'고 하는 것이다. 그러므로 군자는 홀로 있을 때를 삼간다. 증자(曾子)가 말하기를 '열 눈이 보고 열 손가락이 가리키니 그 무서움이여!' 부유함은 그 집을 윤택하게 하고 덕은 몸을 윤택하

게 하니 마음이 넓으면 그 몸도 편안하니, 군자는 반드시 그 뜻을 성실하게 한다.[80]

이러한 성의에 대한 진술을 고찰하여 주희는 구체적으로 설명하기를, "'자기(自欺)'는 선(善)을 행하고 악을 버려야 한다는 것을 알면서도 마음이 발할 때 참되지 못함이 있는 것이다. '겸(謙)'은 유쾌하고 흡족한 것이다."[81]라고 주해(註解)하였다. 또 주희는 "버릴 것은 모두 시원스럽게 버리도록 힘쓰고, 얻을 것은 반드시 얻어서 자기 마음에 흔쾌하고 만족스러워야 하며 구차하게 겉으로만 남을 위해서는 안 된다."[82]라고 말한다. 주희는 성의를 타인에게 보여 주기 위한 것이 아니라, 자기 마음에서 선을 위한 뜻을 참되게 내어서 스스로 흔쾌함을 느끼는 것이어야 한다는 점을 강조하고 있다. 이러한 성의는 위기지학(爲己之學)의 명제에 입각한 인격 형성의 요체가 된다는 것이 주희의 논점이다.

율곡은 『동호문답(東湖問答)』에서 『대학장구』에서 표명되고 있는 성의에 관한 의미를 부각시키면서 수기(修己)에 있어서 성의를 중요하게 인식하는 자신의 입장을 진술하고 있다.

성의를 하고자 한다면 선을 좋아하기를 호색을 좋아하듯이 하여

---

80 『大學章句』, 傳6章: 所謂誠其意者, 毋自欺也, 如惡惡臭, 如好好色, 此之謂自謙. 故君子必愼其獨也, 小人閒居爲不善, 無所不至, 見君子而后厭然, 揜其不善, 而著其善, 人之視己, 如見其肺肝然, 則何益矣. 此謂誠於中, 形於外, 故君子必愼其獨也, 曾子曰, 十目所視, 十手所指, 其嚴乎, 富潤屋, 德潤身, 心廣體胖, 故君子必誠其意.

81 『大學章句』, 傳6章, 朱子註: 自欺云者, 知爲善以去惡, 而心之所發有未實也, 謙快也足也.

82 『大學章句』, 傳6章, 朱子註: 皆務決去而求必得之, 以自快足於己, 不可徒苟且以徇外而爲人也.

반드시 얻어야 하고, 악을 미워하기를 악취를 싫어하듯이 하여 결연히 그것을 버려야 한다. 어둠 속에 홀로 있고 남이 모르는 가운데서도 경외(敬畏)하여 게으르지 않고 남이 보거나 듣지 않는 때라도 경계하고 두려워함을 잊지 말아서 반드시 생각이 지성(至誠)에서 나오도록 그 성의의 실효를 다해야 한다.[83]

율곡은 성의를 『대학장구』의 입장에 근거하여 설명하면서, 성의는 모름지기 '선을 좋아하기를 호색을 좋아하듯이 하여 반드시 얻어야 하고, 악을 미워하기를 악취를 싫어하듯이 하여 결연히 그것을 버려야 할 것이다.'라고 한다. 이러한 성의의 수양에서는 '선한 뜻을 반드시 얻고 악한 뜻을 반드시 버려야 한다.'는 입장 즉 '득선거악(得善去惡)'의 실천적 측면이 부각되고 있다. 마음이 발하여 구체적인 도덕적 상황을 인지하면서 선한 뜻을 내고 악한 뜻을 없애 버리는 것은 성의에 의한다고 율곡은 주장한다. 또한 신독(愼獨)을 강조하면서 경(敬)을 성의하는 수양의 토대로 삼고, 지성(至誠)을 강조하면서 흠결 없이 온전한 성실함으로 생각이 일어날 수 있도록 해야만이 성의의 공부가 참된 결실을 볼 것이라고 인식하고 있다.

율곡이 성의를 언급하면서 "이른바 그 뜻을 성실하게 한다는 것은 자기를 속이지 않는 것으로서, 악취를 싫어하고 호색을 좋아하듯이 하는 것"이라고 한 것은, 인간이 본래 기질적으로 좋아하고 싫어

83 『栗谷全書』 卷15, 「東湖問答」: 如欲誠意, 則好善如好好色而必得之, 惡惡如惡惡臭而決去之. 幽獨隱微之中, 敬畏無怠, 不覩不聞之時, 戒懼不忘, 必使念慮之發, 莫不一出於至誠, 以盡其誠意之實.

하는 것을 비유로 들어 성의의 윤리적 의미를 구축하려고 한 것이다. 인간이 기질적으로 '호호색(好好色)'하는 것은 필연적으로 하게 되는 바인 것같이, 마음으로 '호선(好善)'하는 성의를 함에 있어서도 반드시 어김없이 할 수 있어야 함을 주장하는 것이다. 이 점은 성의의 중요성을 윤리적 실천의 당위(當爲)로 강조하는 맥락이라고 할 수 있다.

성의는 곧 행이며 실천이므로, 성의는 바로 호선(好善)이며 행선(行善)이다. 이는 성의가 선의 실천을 지향하는 마음의 발현임을 의미한다. 율곡에게 있어서 호선하고 행선하는 성의는, 마음이 발하여 그 뜻[意]이 계교상량(計較商量)하여 선을 좋아하게 하고, 선을 집지(執持)하는 것을 의미한다. 예를 들면 어떤 사람이 경제적·정서적으로 어려움을 겪고 있는 이웃의 독거노인(獨居老人)이 갑자기 아파하는 것을 보고, 그분을 도와주려고 하는 뜻을 갖게 되는 것이 곧 성의이며, 호선·행선하는 것이다. 이러한 예와 같이 실제적인 도덕 상황에서 성의하는 것은, 곧 몸의 욕망이 반드시 '호호색 오악취'하듯이[自然的 必然], 성의 또한 마땅히 호선하고 행선하는[倫理的 當爲] 도덕적 가치의 실천을 의미한다.

율곡은 성의의 수양이 강조되어야 하는 이유를 다음과 같이 의(意)와 정(情)의 의미 차이를 통해서 설명한다.

> 의(意)는 마음에 계교(計較)함을 말하는데, 정이 발하여 생각하고 작용하는 것이다. 그래서 주자는, '정(情)은 배나 수레와 같고 의(意)는 배와 수레를 부리는 사람과 같다.'고 했다. 염(念)·려(慮)·사(思) 세 글자는 모두 의(意)의 다른 이름인데, 사(思)는 비교적 중(重)

> 하고, 염(念)·려(慮)는 비교적 가볍다. 의(意)는 거짓을 할 수 있으나 정은 거짓을 할 수 없으므로 성의(誠意)라고는 하지만, 성정(誠情)이라고는 하지 않는다.[84]

이렇게 보면, 율곡이 규정하는 성의는 그 범주가 매우 넓다는 것을 알 수 있다. 즉 의는 사(思)·염(念)·려(慮)를 포괄하는 개념이므로 성의는 곧 성사(誠思)·성염(誠念)·성려(誠慮)하는 것이기도 하다. 율곡은 의란 정(情)으로 말미암아 작용한다고 한다. 그런데 정은 사려(思慮)의 기능이 없이 즉발(卽發)하는 것이기 때문에 정을 참되게 하는 부수적인 노력이 가능치 않다는 것이다.[85] 따라서 '성정(誠情)'이라는 말은 성립할 수 없다고 율곡은 주장한다. 그러나 의는 사려하는 이성적인 작용이어서 정과 같이 즉발적인 것이 아니므로 도덕적 문제 사태에서 실제적인 호선(好善)과 행선(行善)하는 마음의 작용을 바르게 일으키기 위해서는 반드시 그 뜻을 참되게 하는 노력이 필요하다는 것이다.

한편 율곡은 성의(誠意)를 정심(正心)과 비교하면서 그 의미를 분석하기도 한다.

> 성의는 참으로 선을 하고 실제로 악을 없애는 것을 말하며, 정심은 마음이 치우치거나 기대하거나 그쳐서 머무는 일이 없으며, 헛

---

84 『栗谷全書』 卷20, 「聖學輯要2」 第2 修己(上): 意者, 心有計較之謂也, 情旣發而商量運用者也. 故朱子曰, 情如舟車, 意如人使那舟車一般. 念慮思三者, 皆意之別名, 而思較重, 念慮較輕, 意可以僞爲, 情不可以僞爲, 故有曰誠意, 而無曰誠情.

85 안재호, 「율곡의 공부론 체계 管見: 誠意를 기반으로 矯氣質까지」, 『율곡학연구』 42집, 율곡학회, 2020. 9., 99쪽 참조.

된 생각[浮念]을 하지 않는 것을 말한다.[86]

정심이란 마음을 편향됨이 없게 하고 부념(浮念)을 일으키지 않도록 하는 것이라면, 성의는 직접적으로 선을 위해 발하는 마음의 작용을 의미한다. 이 점에서 성의는 뜻이 단지 호선에 머무는 것이 아니라, 나아가 행선(行善)하는 것까지를 말한다. 도덕적 상황에서 마음의 발함이 도덕적 이치와 도덕적 당위에 부합하도록 선한 뜻을 발현하고 집지(執持)하는 것이 바로 뜻의 행선거악(行善去惡)이며, 성의이다. 성의에서 이루어지는 행선거악은 직접 도둑을 잡거나, 어려운 사람을 돕는 실제적 행위를 말하는 것이 아니라, 그것을 가능케 할 수 있도록 마음의 뜻을 선하게 발현하고 의지(意志)하는 것을 말한다. 이 점에서 성의는 마음에서 발하는 의(意), 사(思), 염(念), 려(慮) 등이 윤리적 당위 혹은 지선(至善)에 실제적으로 부합할 수 있도록 하는 호선·행선의 도덕실천을 의미한다.

4. 성의와 성실(誠實)·실심(實心)의 실천적 인성 함양

성의와 궁리의 관계적 의미를 논함에 있어서 가질 수 있는 의문은, '격물치지가 성의를 잘하기 위한 선행적인 수양이라면, 격물치지를 잘만 하면 저절로 성의가 잘되는가?' 하는 것이다. 즉 격물치지를 투

86 『栗谷全書』卷32, 「語錄(下)」: 誠意, 是眞爲善而實去惡之謂也, 正心, 是心無偏係期待留滯, 且不起浮念之謂也.

철하게 해서 도덕적 이치를 잘 알고 있다면 이것이 반드시 성의를 잘할 수 있도록 실천적인 담보를 할 수 있는가 하는 문제가 제기될 수 있다는 것이다. 성의는 실제적인 도덕적인 상황에서 마음이 발하는 행적(行的)인 것이고, 격물치지는 도덕적 이치의 탐구라는 지적(知的)인 것이다. 도덕적 이치에 대한 지적인 온전한 이해가 반드시 그 행적인 실천의 온전성을 담보하지는 않는다는 것은 경험적으로도 자각할 수 있다. 그렇다면 이 문제는 어떻게 풀어 나가야 하는가?

율곡은 도덕적 가치에 대한 앎과 행의 불일치 문제를 고민케 하는 이와 같은 윤리적 문제를 인식하면서, "부모를 모시는 사람으로서 효를 해야 한다는 것을 모르는 자는 없지만 효를 하는 자는 드물다."[87]고 언급한다. 도덕적 가치를 안다는 것과 그 가치를 실천하는 것은 실제로 사람들의 행위를 보면 별개의 것으로 보인다. 어떤 경우에는 지식을 더 많이 쌓고 있으며, 도덕적 가치에 대한 앎이 더욱 광대한 사람이 악을 더 많이 행하는 것을 볼 수 있다. 율곡이 "어진 이를 보면 마땅히 좋아해야 한다는 것을 알면서도 마음은 호색(好色)하게 되고, 사악(邪惡)한 자를 보면 마땅히 미워해야 한다는 것을 알면서도 아첨 듣는 것을 사사롭게 좋아한다."[88]고 한 것도 도덕적 앎과 행 사이의 불일치 문제의 발생을 예시한 것이다. 사람은 도덕적 이치를 알게 되면 이를 실천할 수도 있지만, 도덕적 이치를 안다고 해서 '반드시' 그것을 실천하는 것은 아니다. 그렇다면 어떻게 해야

---

87 『栗谷全書』 卷21, 「聖學輯要3」 第2 修己(中): 有親者, 莫不知當孝, 而孝者鮮.

88 『栗谷全書』 卷21, 「聖學輯要3」 第2 修己(中): 至於見賢知其當好, 而心移於好色, 見邪知其當惡, 而私愛其納媚.

알고 있는 도덕적 이치를 온전하게 성의로 실천할 수 있을 것인가? 즉 어떻게 해야 격물치지의 공부로써 도덕적 지식을 잘 갖춘 인식적 역량을 도덕적인 문제 상황에서 실제적으로 성의라는 실천적 마음의 발현으로 곧바로 이어지게 할 수 있느냐가 관건이 된다.[89]

율곡은 이러한 문제의 해결점을 언급하면서, "이와 같은 것은 모두 실심(實心)이 없기 때문이다. 마음이 실(實)하지 않으면 만사(萬事)가 모두 거짓되니 어디에서 행할 수 있으며, 마음이 실(實)하다면 만사가 모두 참될 것이니 무엇을 한들 이루어지지 않겠는가?"[90]라고 했으며, 같은 맥락에서 "사람에게는 실심(實心)이 없으면 천의 이치와 어긋나게 된다."[91]라고 주장했다. 즉 도리를 아는 것이 실천으로 곧바로 이어지지 않는 것은 실심(實心)이 없기 때문이라고 지적한 것이다. 율곡은 좋은 인성을 함양하는 교육을 논함에 있어서 도덕적 가치에 대한 앎과 행 사이에 이러한 상위적(相違的) 문제가 야기되는 근본 이유는 바로 실심의 결여라고 보았다. 그렇다면 도덕적 지식을 잘 갖춘 인식적 역량을 도덕적인 문제 상황에서 실제적으로 성의라는 실천적 마음의 발현으로 곧바로 이어지게 할 수 있는 것은 실심의 공능이라고 할 것이다. 이 점에서 율곡은 성실과 실심을 도덕실

89 주희는 격물치지 공부를 온전히 하지 못했기에 도리를 실천하지 못한 것이라고 본다. 그렇기에 격물치지의 공부가 제대로 되었으면 그 실천의 온전함이 담보된다고 하는 입장을 취한다. 그러나 율곡이 주장하는 맥락을 유추하면, '이론적으로는' 주희의 입장에 동의하지만, '실천적으로는' 전적으로 수긍하는 입장은 아니라고 할 수 있다. 예를 들면 孝를 반드시 해야 할 도리라고 이론적으로 명확하게 아는 사람이 孝를 행하지 않는 사례가 드물지 않다는 점을 거론할 수 있을 것이다. 율곡은 이 도덕적 앎과 행을 일관성 있게 相應토록 할 수 있는 연결 고리로서 實心을 제시한다.

90 『栗谷全書』 卷21, 「聖學輯要3」 第2 修己(中): 如是之類, 皆無實心故也, 一心不實, 萬事皆假, 何往而可行, 一心苟實, 萬事皆眞, 何爲而不成.

91 『栗谷全書』 卷21, 「聖學輯要3」 第2 修己(中): 人無實心, 則悖乎天理矣.

천 지향의 인성교육론에서 특별히 강조하여 '성실(誠實)이란 성인의 근본'이라는 입장을 취하는 것이다.

이와 같이 율곡은 도덕실천을 위해서는 반드시 성실한 마음[實心]을 가져야 하고, 성실[誠]해야 함을 강조한다. 도덕적 이치를 아는 사람이 일관성 있게 도덕적인 실천을 하지 못하는 것은 성실하지 못하고, 실심이 없기 때문이라는 것이다. 실심이 있으면 격물치지의 공부의 효과가 곧바로 성의로 나타난다. 그러나 실심이 없기 때문에 윤리적 도리를 알고 있으면서도 호선(好善)·행선(行善)하는 성의를 이루지 못한다는 것이다. 율곡은 성의를 실심의 성(誠)과 관련하여 다음과 같이 설명하고 있다.

> 성(誠)이란 진실하고 망령됨이 없음을 이른 것인데 실리(實理)의 성(誠)이 있고, 실심(實心)의 성(誠)이 있으니 이것을 알면 성을 이야기할 만하다. 일찍이 『대학』을 읽어 보니 '그 뜻을 성실하게 하라.[誠其意]'고 하였고, 『중용』에는 '성은 하늘의 도요 성하게 하는 것은 사람의 도다.[誠者, 天之道也, 誠之者, 人之道也]'라고 하였으니, 잘은 모르겠으나 성의(誠意)의 성과 천도(天道)·인도(人道)의 성이 서로 천·심(淺·深)이 있음인가? 『맹자』에는 '자기 자신을 반성하여 성실하게 한다.[反身而誠]'라고 하였고, 『논어』에는 충신(忠信)만을 말했으니 이른바 충신이란 것이 성의(誠意)와 다름이 있겠는가?[92]

---

92 『栗谷全書』, 拾遺 卷6, 「四子言誠疑」: 誠者, 眞實無妄之謂, 而有實理之誠, 有實其心之誠, 知乎此, 則可以論乎誠矣, 嘗讀大學曰, 誠其意, 中庸曰, 誠者天之道, 誠之者人之道, 未知誠意之誠, 與天道人道之誠, 各有淺深歟. 孟子言反身而誠, 論語只言忠信, 所謂忠信與誠意, 有異同歟.

진실무망(眞實無妄)의 성은 바로 실리(實理)의 성을 말하며, '불자기(不自欺)' 즉 자기의 마음을 속이지 않으며 참되게 하는 것이 바로 실심(實心)의 성이라고 규정하고 있다. 이렇게 율곡은 실리의 성과 실심의 성을 주장하면서, 실질적으로는 『대학』에만 성의가 있는 것이 아니라, 『중용』의 '성(誠)'과 '성지(誠之)', 『맹자』의 '반신이성(反身而誠)', 『논어』의 '충신(忠信)'은 모두 성의를 언급한 것이라고 이해하고 있다. 즉 성의는 인격 형성 공부에서 어떠한 경우에도 결코 결(缺)해서는 안 되는 핵심적인 것임이 사서(四書)에 드러나고 있다고 강조하는 것이다. 율곡은 진실무망(眞實無妄)한 성실을 바탕으로 참된 마음인 실심으로 뜻을 성실하게 할 수 있다고 주장한다. 즉 실심이 바로 인간이 스스로를 성실하게, 참되게 하려는 실천적 동력이 된다고 보는 것이다. 이는 실심이 도덕적 앎과 도덕적 행 사이를 이어 주는 의미 있는 실천적 고리라고 이해하는 관점이다. 이렇게 보면, 성실은 '선을 분별하고 지향하여 악을 버리려고 하는 참됨'이라고 할 수 있으며, 실심은 그러한 참됨이 충만한 마음으로서 가치실천적인 동력이 되므로 이를 적극적으로 발휘하면 성의를 잘할 수 있게 되는 것이다.

성의는 도덕적 앎이라는 지적인 능력을 가진 마음이 호선(好善)·행선(行善)하는 뜻으로 발현된 것으로서, 성인 되는 공부를 완성해 나가는 실천적 기점이라고 할 수 있다. 이러한 맥락에서 율곡은 성의의 실천적 특성을 설명한다.

> 군자가 선을 좋아하기를 마치 호색을 좋아하듯이 하고 악을 미워하기를 악취를 싫어하듯이 하여 버릴 것은 결연히 버리고 구할 것

> 은 반드시 얻어 내는 것이 바로 성의를 하는 일이요, 수기의 첫째 일이다. 인사(人事)의 당연함을 닦아 선을 가려 굳게 잡는 것과 생각해서 얻고 힘써서 중도를 맞게 하는 것은 성하게 하는 사람[誠之者]의 일이며 인도(人道)의 성이요, 그 천리의 본연을 온전히 하여 힘쓰지 않아도 중도에 맞고 생각하지 않아도 얻어져서 자연히 도에 맞는 것은 성자(誠者)의 일로서 천도(天道)의 성이니, 그 천심(淺深)과 고하(高下)를 대강 알 수 있다.[93]

율곡은 사람들이 삶에 실제적으로 직면하는 상황 즉 인사(人事)에서 득선거악(得善去惡)하는 윤리적 당위를 잘하기 위해 선을 판단하고, 생각하고, 힘쓰는 실천 공부가 있어야 하며, 이 공부에서 가장 긴요한 것이 바로 성의라고 주장한다. 율곡은 '택선고집 사이득면이중(擇善固執 思而得勉而中)'하는 성의는 좋은 인격을 함양하기 위해서 수양하는 이들의 성지(誠之)의 성(誠) 즉 인도(人道)의 성(誠)을 다한 것으로 규정한다. 성인이 되기 위해서 노력하는 모든 사람들은 아직 미완(未完)의 인격이라고 할 수 있으므로 성지의 수양을 게을리해서는 안 된다. 반면에 '불면이중 불사이득(不勉而中 不思而得)'하여 도에 부합하는 성자(誠者)의 성(誠)은 인격 수양의 정점에 있는 성인만이 할 수 있는 바로서 천도(天道)의 성을 말한다. 여기서 율곡은 『중용(中庸)』에서 규정되고 있는 '성자(誠者)'와 '성지자(誠之者)'를 분별하면서

---

93 『栗谷全書』 拾遺 卷6, 「四子言誠疑」: 君子之好善與好好色, 惡惡與惡惡臭, 皆務決去, 而求必得之, 則誠其意之事, 而自修之首也. 修其人事之當然, 而擇善固執, 思而得勉而中, 則誠之者之事, 而人道之誠也, 全其天理之本然, 而不勉而中不思而得, 從容中道, 則誠者之事, 而天道之誠也, 其淺深高下, 槩可知矣.

인격의 층차에 따라서 성의의 실천적 의미를 구체적으로 논하고 있음을 볼 수 있다. 이 점은 율곡이 학자(學者), 대현(大賢), 성자(誠者)의 성의를 언급하는 대목에서도 볼 수 있다.

> 학자(學者)는 마땅히 성의를 공부의 시작으로 삼아 남이 듣지 않고 보지 않을 때에도 조심하고 두려워하며 충신(忠信)을 주장하여 일상생활 속에서 동정(動靜)과 언행(言行)이 모두 실심(實心)에서 나오도록 해야 할 것이니 그런 뒤에야 마음이 너그러워지고 몸도 펴져 위로는 천(天)에 부끄럽지 않고 아래로는 사람에게 부끄럽지 않아서 이른바 '자기를 반성하여 성실하게 한다.'는 것이 될 것이다. 다시 이를 미루어 나가서 이것이 나타나고 드러나고 밝아지고 움직이고 변하고 화(化)하게까지 하여 널리 만물을 발육시켜서 높이 천에 극(極)하게 되면 대현(大賢)의 공부가 여기에서 끝나고 성하게 하는[誠之] 도(道)도 극에 달한다는 것이다. 성자(誠者)의 진실하게 인(仁)하고 아늑하게 깊고 넓게 천처럼 되는 것은 천하의 지성(至誠)이 아니고는 못 하는 것이니 어찌 힘써 행해서 되는 일이겠는가?[94]

학자의 경우는 일상생활에서 성의의 수양을 진정한 시발로 삼아야 하며, 일체의 덕행이 바로 실심으로 비롯되도록 해야 한다고 율

94 『栗谷全書』 拾遺 卷6, 「四子言誠疑」: 學者, 當以誠其意, 爲用功之始, 而戒愼恐懼於不聞不覩之地, 主於忠信, 而使日用之間, 動靜云爲, 皆出於實心, 然後可以心廣體胖, 仰不愧天, 俯不怍人, 反身而誠矣. 推而至於形而著, 著而明, 明而動, 動而變, 變而化, 以至洋洋乎發育萬物, 峻極于天, 則大賢之用功, 於是乎終, 而誠之之道極矣, 若夫誠者之肫肫其仁, 淵淵其淵, 浩浩其天, 則非天下至誠不能也, 豈力行之可及乎.

곡은 주장한다. 학자에서 대현(大賢)으로 이르게 되는 공부는 다름 아닌 성의의 공효를 이루는 것에 달려 있다고 하는 점은 성의를 바라보는 율곡의 관점을 명확하게 보여 준다. 실심으로 성의하여 반신이성(反身而誠)하고, 이러한 성실함으로 천지화육(天地化育)의 공을 지극히 함으로써 대현의 공부가 완성된다는 것이 율곡이 주장하는 요점이다. 즉 실심의 힘을 동력으로 해서 성의라는 시발적인 공부를 하고, 이를 토대로 수기치인의 실천적인 수양을 해 나간다면 인격 형성 공부의 효과가 온전히 이루어질 수 있다고 보는 것이다. 이 점에서 성의는 인성 함양 공부의 근본이 되며, 실심은 그 성의를 이루어 주는 참된 동력적인 마음으로 규정된다. 그런데 율곡은 위에서 볼 수 있는 바와 같이, 성자(誠者) 즉 성인의 인(仁)은 지성(至誠)으로 이루어지는 것이므로 학자가 힘써서 이루어지는 경지가 아니라고 이해하는 입장을 표명하고 있다. 그렇다면 이러한 율곡의 입장은 인격 수양 공부를 하는 학자들의 성취 한계를 언급한 것인가? 이는 인격 수양 공부를 하는 학자들은 누구나 성인이 되고자 하지만, 최고 인격을 상징하는 성인은 천과 통달하고 있으므로 실제적으로는 누구나 되기는 어려운 존재이므로 그 수행이 지난(至難)함을 표현한 의미로 이해할 수 있다.[95]

---

95 誠之의 노력을 하는 수양의 공부가 완성되어 大賢의 극치에 이른다는 것은 사실상 誠者의 至誠과 다를 바가 없는 경지에 이르는 것을 의미한다고 볼 수 있다. 따라서 율곡의 본의는 성인이 학자들의 수양의 노력으로는 결코 이를 수 없는 존재임을 강조하는 것은 아니라고 이해할 수 있다. 이 점은 율곡이 '凡人도 누구나 수양을 하면 聖人에 도달할 수 있다.'는 입장을 기본적으로 견지하고 있음을 상기하면 더욱 그러하다. 한편, 誠者의 '不勉而中 不思而得'에서의 '思'와 '勉'을 애써 생각하고, 애써 힘쓰는 것으로 이해하면, 誠者의 이 경지는 억지로 애쓰는 경지가 아닌 천과 같이 통달한 자연스러운 경지라는 의미에서 誠之의 공부로 애씀과 구별하는 의미도 함축되어 있다고 생각된다.(이원석, 「『대학』의 주요개념에 대한 이

율곡은 실심의 중요성을 강조하는 맥락에서 '인도(人道) 자체가 실심'이라고 규정하면서 실심의 성(誠)의 도덕실천의 의미를 이렇게 제시한다.

> 실심의 성이란 대현(大賢) 이하로서 기품이 순전히 청명하지만은 않아서 그 천리를 온전하게 하지 못하고 성정(性情)이 혹 인욕에 끌리기도 하여 온갖 행실이 모두 진실하지는 못하므로 선을 밝혀 그 마음을 진실하게 하는 것이니, 이것이 바로 밝음으로 인하여 성(誠)해지는 것이요, 『중용』에서 말한 성신(誠身)인 것이다.[96]

율곡은 실심을 가지는 것이야말로 일반 학자들이 가장 중요하게 여겨야 할 것으로 보고 있다. 실심이 없으면 격물치지를 잘하더라도 결코 택선거악(擇善去惡)하는 호선·행선의 성실한 뜻을 발현할 수 없기 때문에 대현(大賢) 이하의 학자들은 실심을 중시해야 한다는 입장이다. 실심이 있으면 반드시 선을 택하여 실천하고자 하는 마음을 낼 수 있으며, 실심이 없으면 비록 도덕적 사태에서 무엇이 선인지 지적(知的)으로는 알지만, 이를 위해서 마음이 참되게 발현하지 않는다는 것이다. 이러한 맥락에서 율곡은 '반신이성(反身而誠)'과 '성지자(誠之者)'는 모두 실심의 성(誠)을 나타내는 것이라고 이해하는 것이

언적과 이이의 해석 비교: 格物致知와 仁에 대한 해석을 중심으로」, 『유교사상문화연구』75집, 한국유교학회, 2019. 3., 20쪽 참조)

96 『栗谷全書』 拾遺 卷6, 「四子言誠疑」: 實心之誠, 則大賢以下, 氣稟未純乎清明, 而不能渾全其天理, 性情或牽於人欲, 而不能百行之皆實, 故明善而實其心, 此乃自明誠者, 而中庸所謂誠身是也.

다. 이 실심의 성은 인간의 삶에서 마땅히 실천해야 할 옳은 도리를 마음으로부터 실천케 하는 성의를 이루는 것이다. 그렇기에 율곡은 사람은 심실(實心)으로써 천과 감통(感通)하는 효험을 이루게 된다고 강조한다.[97]

5. 장을 마치며

인격 함양은 유교의 궁극적인 명제라는 점에서 도덕실천을 위한 공부는 유교 인성교육론의 핵심이 된다. 율곡은 '성의(誠意)는 수기치인(修己治人)의 근본'이라고 규정하였다. 수기치인은 율곡이 견지하는 도학적 윤리사상의 근본이념이며, 유교적 인격의 표상인 성인이 갖추어야 할 품덕이다. 율곡이 수기치인을 하는 데 있어서 성의가 근본이 된다고 천명한 것은 그의 도덕실천 지향 인성교육론에서 차지하는 성의의 위상을 명확하게 보여 주는 것이라고 할 수 있다.

율곡은 이론적으로는 주희가 『대학장구』에서 제시한 격물치지에 관한 입론에 대체로 동의하는 입장을 취하지만, 실천윤리적인 맥락을 강조하는 바에 있어서는 오히려 성의를 더 중시하는 관점을 드러낸다. 율곡은 도학적 실천윤리를 강조하므로 인격 수양에 있어서도 도덕실천 문제에 천착하였다. 이러한 도덕적 가치의 실천을 중시하는 입장은 성의를 주장함에 있어서, '호호색(好好色)·오악취(惡惡臭)'와

---

97 『栗谷全書』 拾遺 卷6, 「誠策」: 天以實理, 而有化育之功, 人以實心, 而致感通之效, 所謂實理實心者, 不過曰誠而已矣.

‘호선(好善)·행선(行善)’을 연결하여 이해하면서 자연적 필연(必然)을 도덕적 당위(當爲)로 반드시 실천적으로 상응토록 해야 한다는 의지가 강하게 드러나는 데서 볼 수 있다.

또한 율곡은 격물치지를 성의보다 선차적인 것으로 보는 『대학장구』의 논점이 기본적으로는 타당하지만, 좋은 인성을 함양하는 길은 도덕실천에 있으므로 격물치지를 함에 있어서 그 실천적 의미를 고려하여 도덕적 이치를 탐구하는 것이 매우 중요하다는 점을 역설한다. 율곡은 성의가 인성 함양 공부의 근본이 되므로 성의의 효과는 인격 형성의 성패를 좌우한다고 할 정도로 중요하다고 보는 관점에서, 격물치지의 실천적 가치 방향을 명확하게 각성시키는 선도적(先導的)인 의미를 성의에 부여하고 있다. 이러한 율곡의 관점은 격물치지와 정심(正心)을 이어 주는 연결점으로서의 성의의 특성을 부각시키는 것이 아니라, 성의가 바로 인성 함양을 위한 공부의 중핵이라고 인식하고 있음을 보여 준다.

그리고 율곡은 성의의 실천 공부를 논함에 있어서 도덕적 가치와 도리에 대한 지적(知的)인 앎이 실제적인 삶의 도덕적 문제 상황에서 온전하게 실천으로 이어지지 않는 문제점에 주목했다. 그리하여 그 문제점이 초래되는 근본적인 이유가 마음의 참됨의 문제와 관련이 있다고 인식하면서, 성실과 실심(實心)의 중요성을 강조하였다. 율곡은 참되려고 하는 마음은 곧 도덕적 가치를 이루려고 하는 마음, 선을 하려는 마음, 성실한 마음이며 이 마음이 바로 실심이라고 규정한다. 실심은 궁리를 통해서 갖춘 도덕적 앎을 실제적인 도덕적 상황에서 성의를 할 수 있게 하는 참된 마음이며, 가치 실천적인 동력을 가진 마음이다. 이러한 관점에서 율곡은 수기치인의 근본이 되는 실천적인 수양인 성의를 함에 있어서 실심의 작용이 반드시 필요하다고 인식한다. 이와 같이 성실과 실심을 중심으로 성의의 공효의 지극함을 논하는 율곡의 입장은 도덕실천이 바로 인성교육론의 핵심이라고 인식하고 이를 일관되게 구현하려는 실천적 윤리사상이라고 할 수 있다.

제6장

도덕실천 동력인 기질변화(氣質變化)를 통한 인성 함양

율곡(栗谷)은 좋은 인성을 함양하는 요체로 기질변화(氣質變化)를 거론한다. 인간의 품성과 윤리적 행위 문제를 논함에 있어서 리(理)와 기(氣)의 조화를 중시하면서 기의 역동성·생동성을 강조하는 맥락으로 전개된 율곡의 사상에서 인성 함양론의 주요 초점은 기질(氣質)과 관련되어 있다. 즉 율곡은 개인의 기질(氣質)의 청탁(清濁)·수박(粹駁)이 도덕적 앎과 행에 중요한 영향을 미친다는 입장을 가진다. 그렇기에 도덕실천을 온전하게 할 수 있는 인성을 함양하기 위해서는 개인의 기질적 특성이 어떠하며, 그 기질을 어떻게 교치(矯治) 혹은 배양(培養)하느냐 하는 문제가 인성교육에서 핵심 논점이 된다. 기질의 문제가 있는 사람의 경우 기질의 문제를 교치(矯治)하는 실천적 노력과 변화가 없다면 인성 함양의 공부에 의미 있는 진척이 있을 수 없

* 이 장은 필자의 「율곡사상에서 기질변화 수양법의 특성과 교육적 의미」(『유교사상문화연구』 89집, 한국유교학회, 2022. 9.)의 내용을 수정 보완한 것이다.

다는 인식을 율곡은 견지한다.

율곡은 도덕을 온전하게 실천할 수 있는 인성을 함양함에 있어서 기질변화는 매우 중요한 기본적인 동력으로서의 의미를 갖는다고 주장한다. 그렇기에 율곡은 특히 『성학집요』에서는 기질변화의 논지와 방법에 대해서 정교하게 논하고 있다. 본 장에서는 율곡이 주장하는 기질변화론의 특성을 탐색하면서 인성교육에 있어서 기질변화 방법의 실천적 의미를 해명하고자 한다.[98] 이와 같은 목표에 입각하여 먼저 율곡이 기질의 특성을 어떻게 이해하고 있으며, 기질변화의 논거를 무엇으로 삼고 있는지를 탐구할 것이다. 그리고 기질변화의 당위성과 논거가 확보된 바탕에서 기질변화의 방향성이 어디에 있는지를 해명하고, 극기(克己)와 양기(養氣)의 기질변화의 방법을 분석하고자 한다. 마지막으로는 이러한 탐색을 기반으로 하여 율곡의 극기와 양기 중심의 기질변화 방법을 활용한 교육적 의미를 해명할 것이다. 즉 극기와 양기를 중심 주제로 삼아서 기질변화의 수양법의 특성과 활용 가능한 인성교육 가치를 탐구하고자 하는 것이다.[99]

---

98 본 장에서 율곡의 기질 수양론을 '矯氣質論'이라고 하지 않고, '氣質變化論'이라고 규정한 것은 교기질론은 기질변화론보다 그 함의가 제약적이라는 점이 가장 중요한 이유이다. 선행의 연구들에서는 양 개념 간의 차이를 인정하지 않는 논문도 있지만(예를 들면 이치억의 「기질의 문제로 본 퇴계와 율곡의 수양론」이 그것이다.) 본 장의 관점과 같이 극기와 양기라는 두 가지를 핵심적인 기질변화 방법으로 본다면, 양기는 '교기질론'에 포함시키는 데 있어서 다소 애매한 측면이 있다. 비록 율곡이 극기와 양기를 실제로는 두 가지 일이 아니라고[實非二事] 했지만, 보다 엄밀하게 논한다면 양기는 '그릇된 것을 바로잡는' 矯[矯正]의 의미보다는, '바르기는 하지만 아직 그 바름이 충분하지 않은 것을 길러 나가는' 養[培養]의 의미를 함축하기 때문이다. 이러한 맥락에서 본다면 기질변화론은 교기질로서의 극기와 養心으로서의 養氣를 조화롭게 포괄할 수 있을 것이기에 본 장에서는 율곡의 입장을 '기질변화론'이라고 규정한 것이다.

99 기질 문제를 중심으로 수양론을 연구한 논문으로는, 이치억의 「기질의 문제로 본 퇴계와 율곡의 수양론」(『퇴계학논집』 제21권, 영남퇴계학연구원, 2017. 12.), 신창호의 「기질변화론

1. 기질의 윤리적 양상과 기질변화의 논거

리(理)와 기(氣)는 인간 그리고 윤리적 행위와 수양론의 문제에 있어서 중요한 의미를 갖는다. 인간이 품부한 선한 덕성인 인의예지(仁義禮智)는 본질적으로 리와 관계된 것으로서 불변적·보편적인 속성을 갖는다. 즉 리는 모든 인간에게 동일한 보편의 가치, 절대적인 이법(理法)으로 인식되고 있다. 반면에 기는 인간에게 있어서 보편성과 특수성이라는 두 가지 양상을 갖는다. 여기서 보편성은 기의 근원적인 측면을, 개별성은 기의 유행적인 측면을 의미한다. 율곡은 기의 보편성과 특수성을 기의 정·통(正·通)과 청·탁(淸·濁)으로 설명한다. 즉 기의 정·통은 인간으로서 품부받은 기질적 보편성의 양상이라면, 청·탁은 개인의 기질적 특수성과 관련되는데, 이에 대해서 율곡은 다음과 같이 주장한다.

> 천지(天地)는 기의 지극히 바르고[至正] 지극히 통한[至通] 것을 받았기 때문에 정성(定性)이 있어서 변함이 없고, 만물은 기의 편벽되고[偏] 막힌[塞] 것을 받았으므로 역시 정성이 있어 변함이 없다. 그렇기에 천지와 만물은 닦고 행할 도리가 없고, 오직 인간만은 기의 바르고 통한 것을 받아서, 맑고 탁하며 순수하고 잡박함[淸濁粹駁]

의 교육적 이해」(『교육철학』 제59권, 한국교육철학회, 2016. 6.), 장숙필의 「교기질을 중심으로 본 율곡의 공부론」(『유교문화연구』 제13집, 성균관대학교 유교문화연구소, 2008) 그리고 유성선의 「율곡 심공부론의 교기질론 연구」(『한중인문학연구』 제24집, 한중인문학회, 2008) 등이 있다. 본 장에서는 기질변화의 수양론을 논함에 있어서 선행 연구들과는 달리 '인성교육'이라는 핵심 주제를 중심으로 탐구하고자 한다.

이 달라서 천지의 순일(純一)함만 같지 못하다.[100]

천지는 기의 지정(至正)·지통(至通)만을 지니고 있으며, 만물은 기의 편·색(偏·塞)만을 부여받고 있다는 점에서 천지와 만물 모두 정성(定性)이 있다는 입장이다. 그러나 인간에게는 정성(定性)이 없다. 정성(定性)이 없다는 것은 인간이라는 존재의 특성을 설명하는 매우 중요한 개념이다. 인간은 천지와 만물 이 두 종류와는 다른 특이한 존재로 규정된다. 인간이라는 존재가 류적(類的)인 차원에서 보편적으로 품부한 기의 특성이 정·통(正·通)하다는 점에서 다른 존재에 대한 인간의 존재적·도덕적 수월성이 확보되고 있다. 즉 '총체일태극(總體一太極)'이라는 리적(理的) 입장에서는 만물과 그 차별성을 확연하게 드러내지 못하고 있으나, 오히려 기적(氣的) 맥락에서는 그 수월성이 담보되고 있다는 점에서 인간에게 기는 중요한 의미를 갖는다.[101] 기의 정·통은 인간이라면 누구나 가지는 보편성이며, 기의 청탁수박은 개인마다 각기 다른 양상이라는 점에서 개별적·개체적인 특성을 가진다. 율곡의 기질변화론은 이러한 기의 정·통과 청탁수박이라는 보편성과 특

---

100 『栗谷全書』 卷10, 「答成浩原」: 天地得氣之至正至通者, 故有定性而無變焉, 萬物得氣之偏且塞者, 故亦有定性而無變焉. 是故天地萬物更無修爲之術, 惟人也, 得氣之正且通者, 而淸淨粹駁, 萬物不同, 非若天地之純一矣.

101 율곡이 만물 가운데서 "오직 인간만이 (氣의) 빼어남을 얻어 가장 신령하다."(『栗谷全書』 卷20, 「聖學輯要2」 第2 修己(上): 惟人也 得其秀而最靈.)고 한 것은 인간이 품부한 근본기가 다른 존재에 비해서 매우 빼어났다는 것을 의미한다. 기의 '빼어남[秀]'은 기의 바름[正]과 통(通)함을 담지한 인간의 본유적인 기의 특성을 지칭한 것이다. 개인의 기질 차이에 따라 생긴 도덕성 차이를 극복하는 근본적인 동력은 바로 인간이 보편적으로 품부한 근본기의 빼어남에 있다. 따라서 율곡이 부각하고자 하는 인간의 가치는 氣的인 측면에서 두드러지게 나타나고 있는 것이다.

수성에 근거하고 있다. 그리고 기의 정·통과 청탁수박은 가치적인 문제와 직결되고 있다는 점에서 윤리적으로 중요한 함의가 있다.

율곡은 기(氣)와 함께 언급되는 '질(質)'에 대해서도 다음과 같이 설명한다.

> 일기(一氣)의 근원은 담연청허(湛然淸虛)한데 오직 그 양(陽)이 동(動)하고 음(陰)이 정(靜)하며 상승하기도 하고 하강하기도 하다가 어지럽게 날아다니는 사이에 합쳐져 질(質)을 이루어서 드디어 고르지 못하게[不齊] 되는 것이다.[102]

율곡은 근본기와 유행기의 측면에서 기질에 대해 설명하고 있다. 일기의 근원으로 표현되고 있는 담연청허(湛然淸虛)한 기는 유행하여 모든 존재와 현상을 나타나게 하는 근본기이다. 담연청허(湛然淸虛)한 본연의 기는 개별적이고 구체적인 현상을 나타나도록 하기 위해 상승·하강 작용하면서 질을 이루게 된다. 즉 질은 근본기가 유행하고 작용하여 응취된 형질이므로 기 본연의 맑음과 순수성을 유지하지 못하기에 '부제(不齊)'함을 피할 수 없다. 율곡이 언급하고 있는 유행·현상의 기질의 특성으로서 부제(不齊)는 그 발현함에 있어서 악(惡)이라는 윤리적 개념과 관련된다.[103] 이러한 맥락에서 율곡은 다음

---

102 『栗谷全書』 卷21, 「聖學輯要3」 第2 修己(中): 一氣之源, 湛然淸虛, 惟其陽動陰靜, 或升或降, 飛揚紛擾, 合而爲質, 遂成不齊.

103 율곡은 情의 선악 즉 善情과 惡情의 발함은 기질의 不齊와 관련이 있음을 다음과 같이 주장한다. "오직 그 기질이 不齊하여 동할 때에 氣가 혹 맑지 못하여 理를 따르지 못하면 그 발하는 것이 中節하지 못하여 점점 악으로 흐른다."(『栗谷全書』 卷12, 「答安應休」: 惟其氣質不齊, 其動也, 氣或不淸, 不能循理, 則其發也不中, 而馴至於惡.) 여기서 기질의 不齊는 기

과 같이 기를 매개로 한 악의 발단 문제를 성(性)과 연관시키고 있다.

> 성은 곧 리(理)인데, 리는 선하지 않음이 없다. 다만 리는 독립할 수 없으며 반드시 기에 의지한 연후에 성이 되는데, 기는 청탁수박(淸濁粹駁)이 일정하지 않다. 그렇기 때문에 그 본연으로 말하면 성이 선하고 정(情)도 또한 선하지만 그 기를 겸해서 말하면 성에도 선악이 있는데, 정에 어찌 선악이 없겠는가?[104]

기의 청탁수박으로 인해 성에도 악이 있다고 말할 수밖에 없다는 율곡의 입장은 한편으로는 성선론(性善論)을 부정하는 것처럼 보일 수도 있다. 그러나 율곡의 본의는 본연지성(本然之性)의 측면에서는 성선(性善)이 확보되고 있으나, 기질지성(氣質之性)의 측면에서는 성에도 악이 있음을 인정해야 한다는 입장이다. 이는 성에서 기의 특성을 부각시키는 것으로서, 경험적인 관점에서 존재를 논한 것이다. 성과 정에 악이 있게 되는 단초가 바로 품부받은 기의 청탁수박(淸濁粹駁)에 있으며, 이는 선악의 문제와 관계되므로 율곡의 인성 함양론에서 기질 문제는 중요한 초점이 된다. 기질의 청탁과 선악의 관련성 문제는 주희(朱熹)의 입론에서도 볼 수 있다. 예컨대, 주희는 "사람에게 선(善)과 불선(不善)이 있게 되는 까닭은 오로지 기질의 품부

질이 濁駁하여 바르지 않음을 의미한다.

104 『栗谷全書』 卷12, 「答安應休」: 大抵性卽理也, 理無不善, 但理不能獨立, 必寓於氣, 然後爲性, 氣有淸濁粹駁之不齊. 是故以其本然而言, 則性善而情亦善, 以其兼氣而言, 則性且有善惡, 情豈無善惡乎.

받은 바에 청탁(淸濁)이 있기 때문이다."[105]라는 관점에서 기질의 청탁과 선악의 문제를 연결하고 있다. 율곡 역시 주희와 같이 품부받은 기의 청탁수박에 따라 개인의 도덕성에 차이가 나타난다는 점을 강조하고 있다.

이러한 맥락에서 율곡은 정이 발할 때 중절(中節)하거나 부중절(不中節)하는 점은 기의 청명(淸明)과 오탁(汚濁)에 기인한다고 지적한다.

> 정(情)의 선한 것은 청명한 기를 타고 천리(天理)를 따라 곧바로 발출하여 중(中)을 잃지 않으니 그것이 인의예지(仁義禮智)의 단서가 됨을 볼 수 있으므로 사단으로 지목하였다. 정의 불선한 것은 이 또한 비록 리(理)에 근본하지만 이미 오탁(汚濁)한 기에 가린 바가 되어 본체를 잃고 옆으로 어긋나게 나와 혹은 과(過)하고 혹은 불급(不及)하여 인(仁)에 근본하면서도 도리어 인(仁)을 해치고, 의(義)에 근본하면서도 도리어 의(義)를 해치고, 예(禮)에 근본하면서도 도리어 예(禮)를 해치고, 지(智)에 근본하면서도 도리어 지(智)를 해치므로 사단이라고 이를 수 없다.[106]

청명한 기[淸明之氣]는 리를 따름이 순조로와서 인의예지의 마음이 나타남이 중(中)에 부합하지만, 오탁한 기[汚濁之氣]는 리를 가리므로

---

105 『朱子語類』 권4, 「性理1」: 人之所以有善有不善, 只緣氣質之稟各有淸濁.

106 『栗谷全書』 卷14,「人心道心圖說」: 情之善者, 乘淸明之氣, 循天理而直出, 不失其中, 可見其爲仁義禮智之端, 故目之以四端. 情之不善者, 雖亦本乎理, 而旣爲汚濁之氣所掩, 失其本體而橫生, 或過或不及, 本於仁而反害仁, 本於義而反害義, 本於禮而反害禮, 本於智而反害智, 故不可謂之四端耳.

정이 발출될 때 본체의 선함을 그대로 드러낼 수 없다. 따라서 탁한 기는 실제적인 상황에서 선정을 발출케 하는 데 장애가 된다. 그러므로 기질의 탁박(濁駁)·부제(不齊)는 리를 가림으로써 도리를 따르지 못하게 하고, 선한 정의 발출을 방해하며, 정의 발함에 중절(中節)을 해치는 등의 결과를 야기한다. 이와 같은 기질의 문제점은 인간의 윤리적 행위와 인격 함양에서 치명적인 문제를 야기한다. 따라서 율곡은 기질의 탁박(濁駁)·부제(不齊)·편색(偏塞)을 어떻게 다스리고, 정(正)·통(通)한 기를 어떻게 잘 기를 수 있을지에 골몰한 것이며, 이것이 바로 그가 정교한 기질변화론을 구축하게 된 배경이 된다.

율곡은 기질변화의 필요성을 인정한 바탕에서, 기질변화의 가능성에 대한 논거를 『성학집요』의 '수기(修己)장'에서 상론한다. 그렇다면 율곡은 어떻게 하면 기질을 변화시킬 수 있다고 보는가? 율곡은 기질변화의 가능성을 다음과 같이 '마음'에서 찾는다.

> 물(物)의 치우침이나 막힘은 곧 다시 이것을 변화시킬 방법이 없지만, 오직 사람은 기질의 청탁수박(淸濁粹駁)의 다름이 있다고 하더라도 마음이 허명(虛明)하므로 변화가 가능하다.[107]

사람이 각기 품부받은 기의 탁박(濁駁)을 변화시킬 수 있는 것은 마음이 허명(虛明)·허령(虛靈)하므로 가능하다는 입장이다. 그렇다면 마

---

107 『栗谷全書』 卷21, 「聖學輯要3」 第2 修己(中): 物之偏塞, 則更無變化之術, 惟人則雖有淸濁粹駁之不同, 而方寸虛明, 可以變化.

음의 허령함은 무엇에서 비롯된 것인가? 율곡은 "마음의 허령(虛靈)은 다만 성이 있어서 그러할 뿐만이 아니다. 지극히 통하고[至通] 지극히 바른[至正] 기가 엉기어서 마음이 되었으므로 허령하다."[108]라고 주장한다. 율곡은 기의 청탁수박(淸濁粹駁)을 변화시킬 수 있는 까닭은 바로 지정(至正)·지통(至通)한 기를 보유한 허령한 마음이 있기 때문이라는 입장이다. 마음의 '허령(虛靈)'은 주희에게서 '한 몸의 주인이 되는 진체(眞體)의 본연(本然)'으로 인식되고 있다.[109] 근본적으로 인간에게는 기의 지정(至正)과 지통(至通)이 갖추어져 있기 때문에 마음이 허령·허명하다. 이렇게 마음이 허령·허명하므로 대처함이 항상 바르고, 기질의 탁박(濁駁)이나 편색(偏塞)을 다스릴 수 있는 것이다. 기의 지정(至正)과 지통(至通)은 모든 인간에게 품부된 것으로서 도덕적 보편성을 구성한다. 이 점에서 기질변화는 인간이라면 예외 없이 누구나 가능하다는 명제를 확보한다.

한편 율곡은 인간이 기질변화의 수양을 가능케 하는 근거로 리(理)를 언급하기도 한다.

> 마음이란 것은 허령통철(虛靈洞徹)하며 모든 이치[萬理]를 구비하고 있다. 그러므로 탁한 것이 변해서 맑게 될 수 있고, 잡박한 것이 변해서 순수하게 될 수 있다. 이런 까닭에 수양의 공(功)은 오직 인간에게만 있다.[110]

---

108 『栗谷全書』 卷31, 「語錄(上)」: 心之虛靈, 不特有性而然也, 至通至正之氣, 凝而爲心, 故虛靈也.

109 陳來 저, 이종란 외 역, 『朱熹의 哲學』(예문서원, 2002), 245쪽 참조.

110 『栗谷全書』 卷10, 「答成浩原」: 心之爲物, 虛靈洞徹, 萬理具備, 濁者可變而之淸, 駁者可變

율곡은 마음에 기의 정·통(正·通)뿐만이 아니라, 만리(萬理)가 갖추어져 있기 때문에 탁박(濁駁)한 기질을 바꾸는 공을 이룰 수 있다고 본 것이다. 인간의 마음을 '리기(理氣)의 합(合)'이라고 보는 관점에서 한편으로는 마음이 리(理)를 구유(具有)하고 있어서 이치를 깨달을 수 있으므로 기질의 변화를 일으킬 수 있다는 점을 언급한 것이다. 이 점에서 율곡은 기질변화의 근거가 기질적인 지통·지정으로 허령함과 만리(萬理)를 갖춘 마음에 있다고 인식하고 있음을 알 수 있다.

한편 율곡은 품부받은 기질의 특성은 지(知)와 행(行)의 능력에도 영향을 미친다는 입장을 제기하면서 기질변화의 예를 다음과 같이 논한다.

> 기(氣)가 맑고 질(質)이 순수한 사람은 지(知)와 행(行)을 힘쓰지 않고도 능하게 되어 더할 것이 없다. 기는 맑으나 질이 순수하지 못한 사람은 알 수는 있어도 행할 수는 없는데, 만일 궁행(躬行)에 힘써서 반드시 성실해지고 독실해지면, 행실이 바로 서서 유약한 사람도 강해질 수 있다. 기질은 순수하나 기가 탁한 사람은 행동할 수는 있으나 잘 알 수는 없는데, 만일 묻고 배우는 데 힘써서, 반드시 성실하고 정밀하게 하면 지식에도 통달하여 우매한 자라도 명석해질 수 있다.[111]

而之粹, 故修爲之功, 獨在於人.

111 『栗谷全書』 卷21, 「聖學輯要3」 第2 修己(中): 氣淸而質粹者, 知行不勉而能, 無以尙矣, 氣淸而質駁者, 能知而不能行, 若勉於躬行, 必誠必篤, 則行可立而柔者强矣. 質粹而氣濁者, 能行而不能知, 若勉於問學, 必誠必精, 則知可達而愚者明矣.

율곡은 인간이 선천적으로 부여받은 기질의 특성이 개인의 지·행(知·行)의 능력과 직결된다는 것을 강조하고 있다. 그러나 기질의 청·불수(淸·不粹)에 따라서 지와 행의 차이가 생긴 것은 극복할 수 없는 결정적인 것이 아니다. 인간은 마음의 허령한 능력을 가지고 있으므로 누구나 궁행(躬行)과 문학(問學)을 통해서 성실하고 정밀하게 기질을 변화시키려 노력한다면 지·행의 차이와 한계를 극복할 수 있다는 것이 율곡의 입장이다. 즉 기질변화가 온전하게 수행된다면 성인(聖人)과 같이 지·행의 완결성을 이룰 수 있다는 것이다. 이와 같이 율곡은 기질로 인해 형성된 도덕성과 지·행의 능력은 결정론적(決定論的)인 것이 아니라 가변적(可變的)임을 강조하고 있다. 품부받은 기질적 문제와 한계는 불변적인 것으로 결정되어 있는 것이 아니라, 허령한 마음의 능력으로 충분히 개변(改變)시킬 수 있고 또 극복할 수 있다는 것이 율곡의 기질변화론의 근본 입장이다.[112] 물론 주희도 언급한 바와 같이, 기질을 변화시킨다는 것은 매우 어렵다.[113] 그럼에도 불구하고 율곡이 기질변화의 당위성에 근거해서 그 가능성을 의심

---

112 율곡이 타고난 모든 기질을 변화시킬 수 있다고 주장하는 것은 아니다. 즉 율곡은 도덕성과 관련되는 기질, 마음에 도덕적으로 작용하는 기질은 수양을 통해서 변화가 가능하다고 본다. 반면에 개인의 貧富와 夭壽 같은 것 역시 선천적으로 품부받은 기에 의거하는 바가 큰데, 이를 좌우하는 기질은 변화가 불가능하다는 것이 율곡의 입장이다.(이 점은 주희의 입장과 다르지 않다.) 따라서 율곡의 기질변화론은 도덕적·인격적 문제와 관련되는 기질의 변화만을 인정한다는 점에서 '도덕론적 기질변화론', '인격론적 기질변화론'이라고 규정할 수 있다.

113 주희가 "기질을 변화시키는 것은 극히 어렵다."(『朱子語類』 卷4, 「性理1」 참조)고 언급한 점은 역설적으로 왜 기질변화론이 강조되어야 하는지를 보여 준다. 기질변화의 수양론이 모든 종류의 수양론보다 우선한다는 것은 아니지만 기질변화가 수반되지 않는다면 온전한 인격 함양이 가능하지 않다는 점에서 기질변화의 수양이 필수적이라고 인식하는 것이다. 기질변화가 중요하며, 또 매우 어렵다는 점에 입각하여 율곡은 기질변화의 수양을 크게 강조하고 그 勉强을 역설한 것이다.

하지 않으면서 기질의 도덕적 가변성을 제기하는 입장은 일상에서의 수양의 중요성을 부각시키고, 개인의 인격 형성 능력에 확신감을 부여한다. 어떠한 기질적인 특성을 품부받았다고 하더라도 모든 사람은 그 기질을 스스로 변화시킬 수 있다고 주장하는 점에서 율곡의 입장은 개인의 인품 형성에 대한 도덕적 신뢰와 낙관주의를 표명한 것이다. 그리고 기질변화의 수양을 통하여 누구나 성인이 될 수 있다고 주장하는 점에서는 평등주의 입장을 취한다고 할 수 있다. 이러한 맥락에서, 인성 함양이란 개인적인 차원에서 엄밀하게 수행되어야 할 명제이므로 개인이 스스로 자기 책임성에 근거하여 자신의 마음의 능력으로 기질을 변화시켜 인격적인 성장을 이루어야 한다는 것이 율곡 기질변화론의 근본 명제가 된다.

2. 기질변화의 방향으로서의 선(善)과 중(中)

앞에서는 기질의 특성이 인간의 품성과 윤리적 행위에 미치는 영향을 주목하면서 이에 입각하여 기질변화의 가능성과 논거를 해명하였다면, 이제는 율곡이 기질변화의 방향을 어디에 두고 있는지를 탐구하고자 한다. 율곡이 상정하는 기질변화의 방향을 핵심적으로 제시하면, '선(善)'과 '중(中)'으로 압축할 수 있다. 즉 율곡은 수양을 통해서 기질을 선하게 하고, 중에 머물도록 하는 것을 목적으로 삼는다. 이 점과 관련하여 율곡은 말한다.

> 이미 성실하게 학문을 했다면 반드시 편벽된 기질을 고쳐서, 본연(本然)의 성(性)으로 회복해야 한다. 그 때문에 장자(張子)는 말하기를, "학문을 하는 데 큰 도움이 되는 것은 기질을 변화시키는 데 있다."고 하였다.[114]

학문은 곧 인격 형성의 공부이므로 수양 공부가 학문의 본령이 된다. 그렇기에 율곡은 인격 형성 공부의 궁극은 '복기성(復其性)'에 있다고 본 것이다. 복기성은 '복기초(復其初)' 즉 인간의 본원적인 선성(善性)을 회복하는 것이다. 이는 기질변화의 방향이 순선(純善)한 리적(理的) 본성을 온전히 드러내는 데 있음을 강조한 것이다. 기질을 교치(矯治)하여 회복하려고 하는 복기성은 성품의 선을 드러내고자 하는 것이며, 인간 본연의 순선한 본성을 가장 잘 드러낸 존재가 성인(聖人)이라는 점에서 복기성을 한다는 것은 곧 성인의 품성을 갖추는 것이기도 하다.

그렇다면 기질변화를 통해서 '복기기(復其氣)'도 지향될 수 있는가? 이에 대해서 율곡은 학인의 물음에 답한다.

> 묻는다: 선유(先儒)가 항상 '그 본성을 회복한다.[復其性]'고 말하고, '그 기를 회복한다.[復其氣]'라고는 말하지 않은 것은 무슨 까닭인가?

---

114 『栗谷全書』 卷21, 「聖學輯要3」 第2 修己(中): 旣誠於爲學, 則必須矯治氣質之偏, 以復本然之性, 故張子曰, 爲學大益, 在變化氣質.

답한다: 본연지성은 비록 물욕에 가려지고 기질에 구애되더라도 그 근본을 추구하여 보면 순선무악(純善無惡)하기 때문에 그 본성을 회복한다고 말한 것이다. 기에 있어서는 혹은 탁하기도 하고 혹은 불순하기도 하여, 이미 처음 태어날 때부터 판명되어 있다. 그런 까닭에 그 기를 회복한다고 말하지 않고 '기질을 바로잡는다.[矯氣質]'고 말한 것이다.[115]

이러한 율곡의 설명에는 몇 가지 중요한 점이 있다. 첫째는 인간이 가진 기의 탁박(濁駁)은 선천적으로 부여된 것이라는 점, 둘째는 품부받은 기의 탁박은 회복하는 것이 아니라 바로잡는 것이라는 점, 셋째는 교기질이라는 기질변화의 노력은 근원기로 복귀시키려는 것이 아니라 탁박한 기를 교정하는 과정이라는 점이다. 그렇기 때문에 '복기기(復其氣)' 즉 '근원의 기를 회복한다.'고 하는 것은 가능하지 않다. 반면에 본연지성에는 순선무악(純善無惡)의 특성이 온전히 구유되어 있으므로 교기질의 노력을 통하여 탁박한 기의 폐단을 바로잡아 기질이 리를 엄폐하지 못하도록 한다면 선한 본성을 회복할 수 있다는 것이다. 복기성은 마치 탁한 물을 맑게 정화(淨化)하면 그 안에 있는 구슬이 분명하게 드러나듯이 기질을 교치하면 본성이 드러나는 것이라고 할 수 있다. 이 점에서 교기질은 '복기성' 즉 '그 본성[本然之性]을 회복한다.'라고 율곡은 이해한다.

---

115 『栗谷全書』 卷31, 「語錄(上)」: 問先儒每言復其性, 何也. 曰本然之性, 雖物蔽氣拘, 而推其本則純善無惡, 故曰復其性也, 至於氣, 則或濁或駁, 已判於有生之初, 故不曰復其氣, 而曰矯氣質也.

율곡은 기질변화의 수양론에서 선과 더불어 ‘중’을 의미 있게 언급한다. 율곡이 언급하는 기질의 중은 마음이 대본(大本)을 잘 발현할 수 있도록 하는 기질적인 상태를 의미한다. 즉 기질적 치우침이나 부족함이 없어야 마음의 선함이 잘 발현될 수 있다는 입장이다. 율곡은 기질에 구애(拘礙)되는 문제를 극복하는 것이 인격 형성에 있어서 실제적인 중요성을 갖는다는 점을 중의 개념과 관련하여 다음과 같이 강조한다.

> 중인(衆人)의 마음은 혼매(昏昧)하지 않으면 곧 반드시 산란(散亂)하여 대본(大本)이 서지 못한다. 그러므로 중(中)이라고 말함이 불가(不可)하다. 다행히 한순간이라도 혹 미발(未發)할 때가 있으면 곧 이 미발할 때에는 전체가 지극히 맑아서 성인(聖人)과 다르지 않다. 오직 갑작스러운 때에 그 본체를 잃어 혼매와 산란이 뒤따르기 때문에 중을 얻지 못한다. 그 혼매하고 산란해지는 까닭은 기질에 구애(拘礙)되기 때문이다.[116]

중인은 인품이 도덕적으로 충만하지 않은 일반적인 사람을 총칭한다. 율곡은 중인의 마음이 미발(未發) 시에는 대본(大本)으로서의 중이지만, 기질에 구애되면 그 대본을 잃기도 한다는 점을 언급하고 있다. 대본이 그대로 이발(已發) 시에 잘 발현된다면 선이 담보될 것

---

116 『栗谷全書』 卷9, 「答成浩原」: 衆人之心, 不昏昧則必散亂, 大本不立, 故不可謂之中也, 幸於一瞬之間, 或有未發之時, 則卽此未發之時, 全體湛然, 與聖人不異矣. 惟其瞥然之際, 還失其體, 昏亂隨之, 故不得其中耳, 其所以昏且亂者, 由其拘於氣質故也.

이지만, 기질의 구애(拘礙)로 인해서 마음의 혼란함과 산란함이 초래되어 중을 잃게 된다. 따라서 중을 유지하기 위한 기질변화의 수양이 필요하다는 것이다.

율곡은 기질변화의 방향을 선과 중의 관련성의 맥락에서 논하면서 다음과 같은 주희의 말에 주목한다.

> 그 악을 바꾸면, 강유(剛柔)가 모두 선하게 되어, 엄하고 굳세며 자애롭고 순한 덕(德)이 있어, 강하게 날뛰거나 나약한 병통이 없게 된다. 그리고 그 중(中)에 이르면, 혹 엄하고 굳세며, 혹 자애롭고 순하게 되기도 함이 모두 절도에 맞아 과불급(過不及)이 없을 것이다.[117]

기질이 치우친 것을 바꾸면 강유(剛柔)도 선하게 된다. 그러면 엄함이 지나쳐서 강경하거나 자애로움이 흘러서 나약해진 병통이 없어지게 된다는 것이다. 주희는 기본적으로 기질로 인해 악이 야기되는 것을 막고 선을 할 수 있도록 변화시키는 것을 기질변화의 방향으로 상정하고 있다.[118] 율곡이 복기성을 주장한 것도 이러한 주희의 입장과 같다. 즉 기질의 탁박(濁駁)·편색(偏塞)으로 인해 야기되는 악을 다스려 선을 회복하고자 하는 것이다. 따라서 선은 기질변화의 지향처

117 『栗谷全書』 卷21, 「聖學輯要3」 第2 修己(中): 易其惡, 則剛柔皆善, 有嚴毅慈順之德, 而無強梁懦弱之病矣. 至其中, 則其或爲嚴毅, 或爲慈順也, 又皆中節, 而無太過不及之偏矣.

118 기질의 특성과 선악을 관련지어 논한 것은 이미 周濂溪에게서 보인다. 즉 주렴계는 기질의 剛善, 剛惡, 柔善, 柔惡 등의 개념을 통하여 기질의 强柔·强弱에 각각 선악이 있음을 논한 바 있는데,(『栗谷全書』 卷21, 「聖學輯要3」 第2 修己(中): 剛善, 爲義爲直爲斷, 爲嚴毅爲幹固, 惡, 爲猛爲隘, 爲强梁, 柔善, 爲慈爲順爲巽, 惡, 爲懦弱爲無斷爲邪佞.) 율곡은 기질의 선악에 더하여 기질의 중 개념을 강조하면서 자신의 기질변화론을 전개한다.

가 된다. 또한 율곡은 기질이 중에 이르도록 해야 한다는 입장을 취하는 것은 이렇게 될 때 비로소 실제 삶의 상황에서 마음이 발현될 때 과불급(過不及) 없이 도리에 부합하는 선정(善情)을 나타나게 할 수 있다는 것이다. 기질의 상태가 중에 이르지 않는다면 인의예지라는 선덕(善德)도 상황에 따라서는 마음이 발현될 때 도리에 부합하지 않게 될 수도 있음을 주장한 것이다.

이러한 맥락에서 율곡은 "기품(氣稟)의 강유(剛柔)는 진실로 음양(陰陽)으로 크게 나뉘는데, 그 가운데 또 각각 선과 악의 구분이 있다. 악은 실로 바르지 않은 것이거니와 선도 모두 중(中)을 얻었다고는 할 수 없다."[119]고 한 주희의 입장에 의거하여 "중(中)이란 것은 성인의 일이다."[120]라고 규정한다. 기품이 선에 그치는 것이 아니라, 중에 이르도록 하는 것은 궁극적으로는 성인(聖人)의 격(格)에 이르고자 함이다. 기품이 중을 잘 유지할 때 비로소 도리에 맞게 마음이 발현한다. 이같이 기품의 강유를 극복하면 모든 상황에서 성인의 마음이 발함이 늘 중절(中節)하듯이 도리에 부합하는 지경에 이르게 되는 것이다. 율곡은 이러한 수양의 극점에 대해서 언급하면서, "수양의 극치는 '천지를 자리 잡히게 하고 만물을 기르는 데[位天地育萬物]' 이른다. 그런 후에야 인간이 할 수 있는 일을 마치게 된다."[121]고 규정하였다. '위천지육만물(位天地育萬物)'하는 수양의 극점은 성인에게 가능

---

119 『栗谷全書』 卷21, 「聖學輯要3」 第2 修己(中): 氣稟剛柔, 固陰陽之大分, 而其中又各有善惡之分焉, 惡者固爲非正, 而善者亦未必皆得乎中也.

120 『栗谷全書』 卷21, 「聖學輯要3」 第2 修己(中): 惟中也者, 聖人之事也.

121 『栗谷全書』 卷10, 「答成浩原」: 修爲之極, 至於位天地育萬物, 然後吾人之能事畢矣.

하다. 따라서 율곡은 성인과 중을 근거로 입교(立敎)를 언급하여 "성인이 가르침을 세울 때, 사람으로 하여금 스스로 그 악을 바꾸고, 스스로 그 중(中)에 이르게까지 하는 것이다."[122]라고 하였다. 성인의 가르침의 본령은 인격 형성을 돕는 데 있으며, 이는 기질의 치우침과 미치지 못함을 변화시켜 악을 막고 선을 하도록 바꾸는 수양을 핵심으로 한다. 율곡은 기질의 탁박·편색을 바꾸는 데 그칠 것이 아니라 중에 이르도록 하여 도덕적 상황에서 마음을 발현함이 중절(中節)할 수 있도록 해야 한다는 입장에 근거하여 구체적인 기질변화 방법으로 '극기(克己)'와 '양기(養氣)'를 제시한다.

3. 극기(克己)와 양기(養氣)를 통한 기질변화의 실천과 인성 함양

기질변화의 당위성과 근거에 따라 율곡은 실제적인 기질변화의 방법을 제시한다. 율곡은 『성학집요』에서 황면재(黃勉齋)의 다음과 같은 말을 거론하면서 기질변화 실천 방법에 대한 자신의 입장을 논하고 있다.

> 학문을 하는 데는 그 기질에 따라서 그 편벽된 것과 미진한 것을 살피되, 가장 절실한 것을 택하여 자기의 힘을 기울여야 할 것이다. 비유하면 약(藥)을 쓰는 것과 같은데, 옛사람의 약방문(藥方文)

122 『栗谷全書』 卷21, 「聖學輯要3」 第2 修己(中): 聖人立教, 俾人自易其惡, 自至其中而止矣.

에도 그 대법(大法)만을 말해 놓았을 뿐이며, 병의 증세는 여러 갈래이므로 또한 증세에 대응하여 좋은 약방문을 신중하게 택해야 하는 것이다.[123]

학문의 요체가 기질변화에 있다는 입장에 근거하여 기질의 편벽한 것과 미진한 것을 언급하고 있다. 여기서 기질의 편벽한 것을 극복하는 것은 곧 극기(克己)인데, 이는 치기(治氣)를 말한다. 그리고 미진한 기질을 변화시키는 방법은 양기(養氣)를 의미한다. 즉 본래는 바르고 선한 정기(正氣)이나 배양이 미진하여 충실해지지 않은 것이므로 양기가 필요하다. 그런데 병의 증세가 개인별로 다르듯이 개인의 기질 특성이 다르므로 이로 인한 성격적 문제를 해결하는 극기와 양기의 방법 또한 개인별로 다를 수밖에 없다. 따라서 자기에게 적절한 기질변화의 방법을 파악하고 이를 정밀하게 실천할 필요가 있다는 것이 율곡의 생각이다. 이와 같이 율곡은 개인이 품부한 기질적 특성이 편벽하거나 미진한 점에 따라 기질변화의 방법으로 극기(克己)와 양기(養氣)가 효과적이라는 입장에서 이에 대해 상론한다.

1) 극기(克己): 치기(治氣)와 극기복례(克己復禮)

율곡은 "극기(克己)는 자기 몸에 절실한 공부요, 기질을 변화시키는 요법이다."[124]라고 규정한다. 즉 극기는 기질의 탁박(濁駁)과 편색(偏

---

123 『栗谷全書』 卷21, 「聖學輯要3」 第2 修己(中): 爲學, 須隨其氣質, 察其所偏與其所未至, 擇其最切者而用吾力焉, 譬如用藥, 古人方書, 亦言其大法耳, 病證多端, 則亦須對證而謹擇之也.
124 『栗谷全書』 卷21, 「聖學輯要3」 第2 修己(中): 克己, 爲切己工夫, 而變化氣質之要法.

塞)을 다스리는 교기질(矯氣質)의 방법이다. 이는 탁하고 편벽한 기질을 다스려 바르게 한다는 교기(矯氣)·정기(正氣)하는 치기(治氣)를 의미한다. 이렇게 보면 극기에서 '극'은 편색한 것을 바로잡는 기질변화의 방법이다. 율곡은 극기의 방법을 다음과 같이 구체적으로 설명한다.

> 역행(力行)은 극기하여 기질적인 병을 다스림에 있으니, 유약한 자는 고쳐서 강해지도록 하고, 나약한 자는 고쳐서 당당하게 하고, 지나치게 엄한 자는 온화함으로 조절하고, 급한 자는 너그러움으로 조절하고, 욕심이 많으면 맑게 하여 반드시 맑고 청정(清淨)해지도록 하고, 사심(私心)이 많으면 그것을 바로잡아 반드시 공정해지도록 해야 한다. 스스로 쉬지 않고 힘써서 게을리하지 않는 것이 역행의 핵심이다.[125]

역행의 핵심이 바로 극기에 있다고 강조하고 있다. 율곡이 거론한 기질의 병은 강(强), 유(柔), 엄(嚴), 급(急), 과욕(過慾), 사의(私意) 등인데, 이것은 기질로 인해 드러나는 성격적 특성이다. 특정한 상황에서 이러한 성격이 쉽게 그리고 부주의하게 발출된다면 자신의 마음의 안정을 해치게 되고, 일을 처리함에 있어서 적절성이 상실케 되며, 타인에게도 적지 않은 불편을 끼칠 수 있다. 극기는 기질로 인해 발출되는 이러한 성격적인 문제점을 극복할 수 있는 방법인 것이다.

125 『栗谷全書』 卷5, 「萬言封事」: 力行在於克己, 以治氣質之病, 柔者矯之, 以至於强, 懦者矯之, 以至於立, 厲者濟之以和, 急者濟之以寬, 多欲則澄之, 必至於清淨, 多私則正之, 必至於大公, 乾乾自勵, 日夕不懈, 此是力行之要也.

율곡은 극기하는 대표적인 수양법으로 '극기복례(克己復禮)'를 제시한다. 이에 율곡은 주희가 주장하는 다음과 같은 극기복례의 개념적 의미와 방법을 중요하게 새긴다.

> '극(克)'은 이긴다는 뜻이요, '기(己)'는 자기 일신의 사욕(私欲)을 말하는 것이며, '복(復)'은 돌이킨다는 뜻이다. '예(禮)'는 천리(天理)의 예절 규정[節文]이다. 인(仁)을 행하는 것은 그 마음의 덕을 완전하게 할 수 있는 방법이다. 대개 마음의 온전한 덕은 하늘의 이치가 아닌 것이 없으나, 또한 인욕(人欲)에 의하여 파괴되지 않을 수도 없는 것이기 때문에 인을 행하는 자는 반드시 사욕을 이겨 예법을 돌이켜야 한다. 그렇게 되면 모든 일이 천리에 맞고 본심의 덕이 다시 나에게 온전하게 갖추어지게 된다.[126]

극기의 본령은 사욕을 다스리는 것이며, 사욕은 천리의 체득을 방해하는 장애이다. 율곡은 기질의 탁박·편색으로 인해 사욕이 일어난다고 보면서, 기질을 대상화하여 직접적으로 다스리는 것이 아니라 사욕을 다스리면 바로 그것이 극기가 된다고 강조하는 점에서 주희의 입장과 맥을 같이한다. 율곡은 "욕심이 사람을 해치는 것이 심하다. 사람이 불선(不善)을 행하는 것은 욕심이 유혹하기 때문이다. 유혹을 당하고서도 그것을 알지 못하면 천리(天理)를 없애 버리고 되

126 『栗谷全書』 卷21, 「聖學輯要3」 第2 修己(中): 克勝也, 己謂身之私欲也, 復反也, 禮者天理之節文也, 爲仁者所以全其心之德也. 蓋心之全德, 莫非天理, 而亦不能不壞於人欲, 故爲仁者, 必有以勝私欲而復於禮, 則事皆天理, 而本心之德, 復全於我矣.

돌아올 줄 모르는 데 이른다."[127]라는 입장에서 욕심이 곧 불선(不善)을 야기한다고 인식하고, 사욕을 막는 극기 수양의 중요성을 언급했다. 그리고 사욕을 다스리는 극기를 주장함에 있어서 구체적인 사욕으로 색욕(色欲)과 이욕(利欲)을 거론한다. 율곡은 "극기는 성질이 편벽되어 이기기 어려운 곳으로부터 그것을 이겨 나가야 한다."라는 사상채(謝上蔡)의 말을 거론하면서,[128] "이 말은 색욕(色欲)이 지나치면 먼저 그 색을 절제하고, 이욕(利欲)이 지나치면 먼저 이것을 끊어 버리는 것과 같은 종류이니, 이것이 용맹스럽게 극기하는 요법이다."[129]라고 강조한다. 율곡은 천리와 인욕이 교전(交戰)하는 상황에서 갈등하면서 사람들이 인욕을 이겨 내지 못하고 도리를 어기는 것은 기질의 문제로 인해 야기되는 것임을 언급하면서 색욕(色欲)과 이욕(利欲)을 중요한 극기의 주제로 다루고 있는 것이다. 또한 율곡은 분노(憤怒)가 극기의 중요한 대상이라고 각성하고 있다. 즉 기질을 바로잡는 법은 극기에 달려 있으며 사람의 정(情) 중에 발하기는 쉬워도 제어하기가 가장 어려운 것이 분노라고 인식하면서, "분노는 다스리기 어렵고, 두려움 또한 다스리기 어려운데 다만 극기(克己)만이 분노를 다스릴 수 있고, 이치를 밝히는 것만이 두려움을 다스릴 수 있다."[130]고 한 정이천의 입장을 통하여 분노와 극기의 실천윤리

---

127 『栗谷全書』 卷21, 「聖學輯要3」 第2 修己(中): 甚哉, 慾之害人也, 人之爲不善, 欲誘之也, 誘之而弗知, 則至於滅天理而不反.

128 『栗谷全書』 卷21, 「聖學輯要3」 第2 修己(中): 謝氏曰, 克己, 須從性偏難克處克將去.

129 『栗谷全書』 卷21, 「聖學輯要3」 第2 修己(中): 此言如人色欲重, 則先節其色, 利欲重則先絶其利之類, 此是勇猛克己之要法.

130 『栗谷全書』 卷21, 「聖學輯要3」 第2 修己(中): 治怒爲難, 治懼亦難, 克己, 可以治怒, 明理, 可以治懼.

적 의미를 밝히고 있다. 분노는 개인의 기질적 성향에 따라 그 촉발됨이 격렬하기도 하고, 또 그 영향이 자신이나 타인에게 매우 심각하다는 점에서 율곡은 극기해야 할 중요한 대상으로 분노를 제시한 것이다.[131]

2) 양기(養氣): 양심(養心)과 양호연지기(養浩然之氣)

율곡은 기질변화의 핵심 방법으로 극기와 함께 양기(養氣)를 강조하면서 기질변화에 있어서 극기와 양기, 이 두 가지는 본질적으로 다른 수양법이 아니라고 전제한다. 극기가 탁박(濁駁)·편색(偏塞)한 기질을 다스리는 치기(治氣)의 방식이라면, 양기는 정기(正氣)를 보존하고 기르는 방법이다. 율곡이 제시하는 양기의 기질 수양법의 본질은 청기(清氣)·야기(夜氣)와 관련된 것이며, 이는 인의지심(仁義之心)을 기르는 것을 말한다.

> 사람에게 어찌 인의(仁義)의 마음이 없겠는가? 그러나 사람이 양심을 잃어버리는 일은 또한 도끼로 나무를 찍어 내는 것과 같은데, 날마다 찍어 낸다면 어찌 아름다울 수 있겠는가? 밤새 양심이 자라면, 날이 샐 때는 청명(清明)한 기가 감도는데도 좋아하고 미워하는 마음이 사람의 양심과 가까운 것이 거의 적은데, 이는 낮에 저

131 주희 역시 일상에서 기질적인 특성으로 인해 발생하는 이러한 문제들을 중요하게 거론하면서 기질변화설을 강조했는데, 이는 直觀이나 頓悟에 사로잡혀서 일상세계에서의 수양을 도외시하는 異端의 수양가들을 비판하는 맥락에서 제기된 것이었다.(홍성민, 「주자 수양론에서 기질변화설의 의미」, 『동양철학』 30집, 한국동양철학회, 2008. 12., 278쪽 참조) 율곡이 강조하는 분노 극복의 기질변화의 입장은 주희가 주장하는 것과 같이, 聖人 되는 공부란 일상적인 문제를 극복해 나가는 수양으로부터 비롯되어야 한다는 점을 중시한 것이다.

> 지르는 소행이 양심을 속박해서 기능을 잃게 해서이다. 이런 양심의 속박이 반복되면 밤중에 자라나는 청명한 야기(夜氣)가 보존되지 못하고, 청명한 야기가 보존되지 못하면 금수(禽獸)와 다를 것이 없게 된다. 사람들이 그 금수와 같은 자를 보고서 그 사람은 본래 재질(才質)이 없는 사람이라 생각하는데, 그것이 어찌 사람의 본래 성정(性情)이겠는가? 그러므로 진실로 보양(保養)을 잘하면 생장하지 않는 것이 없고, 진실로 보양을 잘못하면 소멸되지 않는 것이 없다.[132]

인의(仁義)의 마음은 곧 양심(良心)이다. 양심은 인간이 본래 품부받은 선한 마음이며, 이는 밤사이에 청기(淸氣)·야기(夜氣)를 잘 보존함으로써 길러지지만, 낮 동안의 일상에서 악행을 하게 되면 그 양심을 잃게 된다. 그러나 사람이 양심을 잃었다고 하더라도 밤중에 고요한 가운데 반드시 다시 자라난다. 그러므로 날이 밝을 즈음에 외물(外物)과 접촉하지 않아서 기가 청명할 때에는 양심을 찾아볼 수 있지만 그 양심이 지극히 미약해서 낮에 착하지 못한 소행을 다시 하게 되면, 양심을 속박하여 소멸시키게 된다고 율곡은 주장한다. 이 점에서 양심(良心)을 기르는 것이 양기(養氣)이며, 이는 곧 양심(養心)임을 알 수 있다. 율곡은 모든 사람이 인의(仁義)의 마음을 가졌으

132 『栗谷全書』 卷21, 「聖學輯要3」 第2 修己(中): 雖存乎人者, 豈無仁義之心哉, 其所以放其良心者, 亦猶斧斤之於木也, 旦旦而伐之, 可以爲美乎. 其日夜之所息, 平旦之氣, 其好惡與人相近也者幾希, 則其旦晝之所爲, 有梏亡之矣. 梏之反覆, 則其夜氣不足以存, 夜氣不足以存, 則其違禽獸不遠矣. 人見其禽獸也, 而以爲未嘗有才焉者, 是豈人之情也哉, 故苟得其養, 無物不長, 苟失其養, 無物不消.

나 개인이 각각 천부적으로 타고난 자품(資稟) 즉 기질적 품성에 따라 그것이 가리어질 수 있으므로 인의의 마음을 잘 길러 천부의 선한 본심을 온전하게 드러낼 수 있도록 해야 한다는 입장이다. 그렇다면 양기·양심은 구체적으로 어떻게 하는 것을 말하는가? 율곡은 이 점에 대하여 호연지기(浩然之氣)를 기르고 회복하는 문제와 관련하여 답을 제시한다.

> 리(理)는 본래 선하니, 무슨 수양이 필요하겠는가? 성현의 수많은 말이 다만 사람들로 하여금 기(氣)를 단속하여 기의 본연을 회복하게 할 뿐이니, 기의 본연이란 호연지기(浩然之氣)이다. 호연지기가 천지에 가득 충실하게 되면 본래 선(善)한 리(理)가 조금도 가리어짐이 없으니, 이것이 맹자의 양기론(養氣論)이 성인의 학문에 공(功)이 있는 이유이다.[133]

율곡은 호연지기를 잘 기르는 것이 바로 기의 본연을 회복하는 방법이라고 인식하면서,[134] 이를 양기의 핵심 방법 가운데 하나라

---

133 『栗谷全書』 卷10, 「答成浩原」: 理本善也, 何可修爲乎, 聖賢之千言萬言, 只使人檢束其氣, 使復其氣之本然而已, 氣之本然者, 浩然之氣也. 浩然之氣充塞天地, 則本善之理, 無少掩蔽, 此孟子養氣之論, 所以有功於聖門也.

134 율곡은 「語錄(上)」에서는 “기에 있어서는 혼탁하거나 잡박한 것이 이미 처음 태어날 때 판명되기 때문에 그 기를 회복한다[復其氣]고 말하지 않고 ‘기질을 바로잡는다.[矯氣質]’고 말하는 것이다.”라고 언급했으나, 「答成浩原」에서는 “성현의 수많은 말이 다만 사람들로 하여금 기를 단속하여 기의 본연을 회복하게[復其氣] 할 뿐이니, 기의 본연이란 호연지기이다.”라고 주장함으로써 일견 ‘復其氣’에 대한 상이한 입장을 표명한 것처럼 보이기도 한다. 이 맥락을 이해하기 위해서는 이 두 典據에서 율곡이 언급하는 복기기는 맥락상 의미 차이가 있다는 점에 주목해야 한다. 즉 「語錄(上)」에서는 이미 선천적으로 혼탁한 기를 부여받았으므로 ‘돌아간다[復]’고 한다면 곧 혼탁한 기의 상태로 돌아가는 것처럼 인식될 수 있으므로

고 주장한다. 호연지기가 잘 길러지면 마음에서 천리(天理)가 가리어짐 없이 잘 드러난다는 것이다. 율곡은 호연지기를 잘 기를 수 있는 방법으로 맹자가 주장한 호연지기의 '배의여도(配義與道)'를 언급하면서 선의 실천을 강조한다. 즉 율곡이 주장하는 양기의 핵심적인 방법은 일상생활에서의 적극적인 선의 실천과 이를 통한 기질변화인 것이다. 그렇기에 주희가 『맹자집주(孟子集註)』에서 '집의(集義)'를 '적선(積善)'으로 해석하며 그 배양을 설명한 점은 율곡의 기질변화론을 지탱하는 중요 논거가 된다. 율곡은 이에 대해서 다음과 같이 거론한다.

> 주자는 말하기를, "'집의(集義)'는 적선(積善)이라는 말인데, 대개 일마다 모두 의(義)에 합당하게 하려고 하는 것이다. '습(襲)'은 엄습하여 취한다는 것이다. 그 말은 기(氣)가 비록 도의(道義)에 배합된다고 하더라도 그 기를 기르기 시작할 때에는 곧 일마다 모두 의(義)에 합당하게 되어 스스로 반성하여 늘 곧으면 부끄러운 바가 없다. 따라서 이 기(氣)도 자연히 그 가운데서 발생한다는 것이며, 다만 한 가지의 일을 행하는데 우연히 도의에 합당하다고 해서 문득 밖에서 엄습하여 얻을 수 있는 것이 아니라는 것이다. 행동하는 바가 조금이라도 의(義)에 합당하지 않은 것이 있고 스스로 반성하여 곧지 못하면 마음에 부족하게 되고, 그 몸에도 충실하지

'돌아간다'는 식의 가치 지향적 언표가 적절하지 않다는 의미이다. 반면에 「答成浩原」에서 호연지기를 '氣의 본연'이라고 규정하면서 주장한 復其氣는 도덕적인 수양을 통한 기의 배양 즉 기가 함의한 도덕적 역량을 회복하는 것을 의미한다.

않게 되는 것이다."고 하였다.[135]

율곡이 주희의 양호연지기(養浩然之氣)의 입장에 수긍하며 논한 이 입장은 선의 실천을 강조하는 것이다. 양호연지기(養浩然之氣)는 일상의 상황에서 의(義)에 합당한 행위 즉 선행을 실천하면서 스스로 반성하여 마음을 곧게 하는 것을 의미한다. 지속적으로 선을 실천하면 호연지기가 잘 길러지는데, 호연지기가 잘 길러진다는 것은 곧 양기를 잘하는 것이다. 율곡이 도덕실천학의 입장에서 선의 실천을 통한 양기를 강조한 것은 선한 기질과 마음을 배양·강화하는 방법으로서 내향적인 수양에 중점을 두기보다는 실제의 삶에 있어서의 도리 실천이라는 생활 중심적·실천 중심적인 수양 방법을 중시한 것이다. 이러한 맥락에서 율곡은 양심과 양기를 같은 것으로 이해하면서 천인상통(天人相通)의 관점을 보여 준다.

> 양심(養心)과 양기(養氣)는 실제로 하나의 일이다. 양심이 날로 성장하면서 상(傷)하거나 해(害)되는 것이 없이 마침내 그 가리고 있던 것을 모두 제거하는 데 이르면 호연지기가 성대하게 유행하여 장차 천지와 더불어 동체(同體)가 된다.[136]

135『栗谷全書』卷21,「聖學輯要3」第2 修己(中): 集義, 猶言積善, 蓋欲事事皆合於義也, 襲掩取也. 言氣雖可以配乎道義, 而其養之之始, 乃由事皆合義, 自反常直, 是以無所愧怍, 而此氣自然發生於中. 非由只行一事, 偶合於義, 便可掩襲於外而得之也, 所行一有不合於義, 而自反不直, 則不足於心, 而其體有所不充矣.

136『栗谷全書』卷21,「聖學輯要3」第2 修己(中): 養心養氣, 實是一事, 良心日長, 而無所戕害, 終至於盡去其蔽, 則浩然之氣, 盛大流行, 將與天地同其體矣.

양심은 선한 마음을 기르는 것이며, 양기는 선한 마음을 발하게 하는 기질을 보존·보양하는 것을 의미한다. 양심이 되지 않는 양기는 없고, 양기가 된다면 마땅히 양심이 되어야 한다는 점에서 율곡의 양기 수양법은 천부의 선한 마음을 전제로 하여 그 마음을 기르는 것이다. 율곡이 여기서 양호연지기(養浩然之氣)를 잘하면 천기(天氣)와 인기(人氣)가 상통(相通)한다는 입장을 표명한 것은 천지의 기화(氣化) 즉 기의 유행과 조화는 멈춤이 없으며, 천지와 사람 사이에는 호연지기로써 함께 어울려 조화롭게 작용한다는 것이다. 그렇기에 양기는 자기 기질을 변화시키는 실천방법이기도 하지만, 천인상통(天人相通)을 통하여 천인합일(天人合一)을 가능케 하는 실천방법이기도 하다.

4. 기질변화 실천을 통한 인성 함양 교육의 의미

인성교육의 실상을 보면, 유교사상의 본령인 선의 실천에 충실한 것이 아니라 유교 지식의 확인과 해석에 머무는 경향이 지배적이다. 유교가 실천적 사상이라는 점에서 본다면, 율곡의 기질변화 수양법을 어떻게 실제적인 인성교육에서 활용할 수 있는지 그 의미를 탐색하는 것은 유교사상의 실천이라는 점에서 중요한 의미를 지닌다. 인성교육에서는 이념적으로는 좋은 인격 함양을 위한 교육을 지향하고 있지만, 그 실제에 있어서는 지식 중심 교육이 압도하고 있다. 그러므로 인성교육은 실제로는 좋은 인성을 함양하는 데 도움이 되지 않는데, 이러한 교육적 문제점은 결국 사람들이 유교사상을 멀리하거나 무용(無用)하다고 인식게 하는 계기가 된다. 이와 같은 상황을 직시하면서 율곡의 기질변화를 위한 인성 함양론을 활용하여 도덕 실천 교육의 의미를 실질적으로 구현할 수 있는 길을 모색해 보고자 한다. 율곡의 기질변화 수양법에 입각하여 현대에서 활용할 수 있는 인성 함양의 실천적 교육의 의미를 제시하면 다음과 같다.

첫째는 극기(克己) 중심의 실천적 인성 함양 교육의 실행이다. 이는 극기와 같은 방법을 활용하여 개인의 기질적인 편향으로 야기된 성격적인 문제를 다스려 갈 수 있도록 교육하는 것이다.

이 극기 중심의 실천적 인성교육은 기질적 양상으로 인해 형성된 성격적인 특성을 성찰하고 이를 극복하도록 하는 자기 수양 교육이다. 율곡이 그 방법을 논한 대로 조급하거나 안일함, 지나치게 유하거나 강함 등의 기질적인 자기 특성을 분석게 하고 이러한 기질적인 성격 양상으로 인해 일상의 상황에서 드러나는 문제점을 해결할 수 있는 극기의 방법을 실천토록 하는 것이다. 율곡은 성격의 강하고 약한 차이는 기질의 타고난 바에 의하므로 성실하게 노력하기만 하면 변화시킬 수 있다는 입장에 근거하여, 기질의 편색(偏塞)을 극복하는 지속적인 면강(勉强)의 노력을 역설한다. 사람들은 강함과 유약함 그리고 조급함과 태만함 등 기질적인 특성으로 야기되는 성격적인 문제를 어느 정도 가지고 있다. 기질로 인한 이러한 문제는 인간관계 상황에서 도리에 부합하는 적절한 감정 표출을 어렵게 하는 것은 물론, 타인의 마음을 상하게 하여 관계적인 문제를 초래하기 쉽다. 따라서 자신의 기질적인 성격 문제를 성찰의 대상으로 삼아 이를 변화시키려고 하는 체계적인 교육이 필요하다. 요컨대 사람들로 하여금 자신이 기질적으로 타고났거나 혹은 생활 가운데서 지속적으로 반복하여 형성된 성격적인 문제점을 직시하도록 하여 이를 극복게 하는 인성교육의 실행이 절실한 것이다. 율곡이 인격 형성의 문제에서 기질변화를 강조한 것은 개인마다 각각 다른 기질적인 특성을 스스로 성찰하고, 이에 근거하여 극복 방법을 실천토록 하기 위한 것이었다. 이 점에서 극기 중심의 도덕실천적 인성교육은 개인의 인격적인 문제점을 각성케 하고 그 향상을 도모할 수 있게 하는 실제적인 공부를 지향한다는 점에서 그 의미가 크다. 율곡은 『성학집요』에서, 젊은 시절의 여백공(呂伯恭)이 기질이 사나워서 음식이 마음에 들지 않으면 곧바로 음식을 담은 그릇을 깨어 버리는 일이 있었지만 『논어(論語)』를 읽으며 '자신을 질책하는 것은 무겁게 하고 남을 질책하는 것은 가볍게 한다.[躬自厚而薄責於人]'는 구절을 마음에 새겨서 실천한 이후로는 사납게 노하는 일이 없게 되었다는 사례를 들고 있다.[137] 율곡은 이것이 바로 기질을 변화시키는 극기 공부라고 하였는데,[138] 이는 극기 중심의 실천적 인성교육을 시행함에 있어서 참고할 만한 하나의 사례라고 할 수 있다. 인성교육에서 실제로 활용할 수 있는 이와 같은 다양한 사례를 탐색하고 교육 방법을 구체적으로 모색하여 실천하는 것이 필요할 것이다.

---

137 주희의 경우에는 문인 黃敬之가 기질적으로 심약하므로 그러한 기질을 변화시키기 위해서 『孟子』를 읽어 보라고 권했다. 『孟子』의 浩然之氣와 不動心에 관한 내용을 공부하면 기질을 당당하게 변화시키는 데 도움이 되리라고 주자는 생각했던 것으로 여겨진다.(이승환, 「주자 수양론에서 性과 성향: 기질변화설의 성품윤리적 의미」, 『동양철학』 28집, 한국동양철학회, 2007. 12., 162쪽 참조)

138 『栗谷全書』 卷21, 「聖學輯要3」 第2 修己(中): 朱子曰, 向見呂伯恭, 說少時性氣粗暴, 嫌飮食不如意, 便打破家事, 後日久病, 只將一冊論語, 早晩閒看, 至躬自厚而薄責於人, 忽然覺得, 意思一時平了, 遂終身無暴怒, 此可爲變化氣質法.

둘째는 양기(養氣) 중심의 실천적 인성 함양 교육의 실행이다. 이는 생활 가운데서 선을 적극적으로 실천케 하여 자신의 양심(良心) 즉 선한 인의(仁義)의 마음을 배양하도록 교육하는 것이다.

율곡은 양기의 방법적 의미는 양심(良心)을 기르는 것과 같으므로 곧 양심(養心)이라고 하였다. 양심(養心)의 수양은 자신의 선한 마음, 도의(道義)의 마음이 생활하는 가운데서 생길 수 있도록 하고, 또 그 마음을 키워 나가는 것이다. 극기가 기질적인 문제점과 사욕을 단속하고 교치하는 방향으로 해결해 가는 것이라면, 양기는 양심(良心)을 기르는 방법으로 자신의 선한 마음을 키워 나가고 강화해 나가는 것이다. 개인이 호연지기(浩然之氣)나 양심(良心)을 기르는 것은 자신의 선한 마음에 대한 자각과 믿음을 갖게 함으로써 자신을 신뢰하는 긍정적인 효과를 불러일으킨다. 이에 근거하여 자신의 선심(善心)을 스스로 성찰하고 확인케 하며 이를 보존·양성·강화하는 것이 인성교육에서 중요한 의미가 있다. 이는 또한 개인이 자신의 가치와 존엄성을 자각토록 함으로써 인격적 자존감을 높일 수 있다는 의미를 갖는다. 율곡이 주장한 대로 양심(養心)하는 핵심적인 방법은 적선(積善) 즉 일상생활 가운데서 선을 실천하는 데 있다. 그러므로 이 양심 중심의 인성교육은 개인이 직면하는 삶의 실제에서 자발적으로 그리고 적극적으로 선을 행할 수 있도록 의지(意志)하게 함이 본령이 될 것이다. 양기의 방법을 활용한 도덕실천적인 인성교육은 선의 실천을 통해 마음의 덕성을 강화하는 데 있다는 점에서 교육의 실제에 있어서 다양한 덕목과 가치를 활용할 수 있다. 율곡이 『성학집요』에서, 선을 실천하여 도의(道義)에 부합하는 지기(志氣)를 길러 자신에게 충만케 해야만이 도덕적인 상황에서 주저하거나 두려워하지 않고 덕성을 실천할 수 있다고 강조한 것은 양기(養氣)의 인성교육의 의미를 잘 보여 주는 것이다. 이러한 양기(養氣) 중심의 인성교육은 도덕적 가치를 실천함으로써 사랑의 덕을 배양·강화하는 데 큰 의미를 가질 수 있다.

앞에서 제시한 극기와 양기 중심의 기질변화론이라는 인성 함양 교육은 기질적 특성으로 인해 형성된 성격과 마음을 '다스림[治]'과 '기름[養]'이라는 방법을 보완적으로 실행함으로써 성격적 결핍이나 과잉을 해결하고, 상황과 도리에 적절히 부합하도록 감정·욕구·사려를 표출할 수 있게 하려는 목적에서 이루어지는 것이다. 이러한 기질변화론을 인성교육에 활용함에 있어서 특히 사회적으로 문제시되고 있는 '분노(憤怒)' 등과 같은 초점을 직접적인 교육의 주제로 삼는다면 현실의 문제에 대처하는 실제적인 가치를 구현할 수 있을 것이다. 이와 같은 인성교육은 삶에서 구체적으로 자기 성찰과 도덕실천을 전개해 나가는 일상 중심적인 인격 형성을 지향하는 실제성을 갖는다는 점에서 유의미하다.

율곡의 기질변화론을 활용하여 실천적인 인성 함양 교육을 수행함에 있어서 유의해야 할 점이 있는데, 그것은 극기의 방법을 활용하여 교육을 함에 있어서 단속·제어와 같은 방법을 매우 조심스럽게 동원해야 한다는 것이다. 기질적인 문제를 극복하기 위한 극기는 대체로 기질의 부정적인 문제를 해결하는 데 초점을 두고 접근하기 때문에 기질변화의 효과를 단시일 내에 이루겠다는 집착에 사로잡혀서 강압적·타율적·급진적인 방식으로 교육을 시도할 수 있으므로 이 점을 특히 경계해야 한다. 감정, 사고, 언행을 단속하는 방법이 강압적으로 느껴진다면 오히려 이 교육에 대한 거부감을 불러일으킬 수 있기 때문에 자각적·자발적으로 극기 중심의 기질변화를 점진적으로 시도할 수 있도록 하는 교육적 섬세함이 요청된다. 그리고 기질변화 교육을 시행함에 있어서 사려[思][139]와 궁리(窮理) 같은 지적(知的)인 방법을 활용하여 기질과 성격의 문제를 바라볼 수 있도록 도와줌으로써 도덕실천 지향의 인성교육이 더욱 정교하게 이루어 질 수 있도록 유의해야 한다.

5. 장을 마치며

율곡이 주장하는 기질변화론은 인간이 타고난 기질의 특성에 따라 성격적인 차이가 있으며, 이는 실제적인 상황에서 마음을 표출하는 양상으로 다르게 나타난다는 점에 근거한다. 개인이 품부한 기질적 특성은 그 인격과 윤리적 행위 문제에 상당한 영향을 미치기 때문에 어떻게 기질을 다루어야 하는가 하는 논제는 '성인(聖人) 됨'을 학의 목적으로 삼고 있는 율곡에게 중요한 윤리적 의미를 가진다. 이에 입각하여 본 장에서는 율곡의 『성학집요』에서 주장되고 있는

139 율곡은 욕심을 막는 방법을 논함에 있어서 "그렇다면 어떻게 하여 그 욕심을 막아 버릴 수 있겠는가? 사려[思]만이 막을 수 있을 뿐이다. 오직 사려를 통해서만이 능히 욕심을 막아 낼 수 있으니, 曾子의 一日三省이 욕심을 막는 방법이다."(『栗谷全書』 卷21, 「聖學輯要3」 第2 修己(中): 然則何以窒其慾, 曰思而已矣, 惟思而能窒慾, 曾子三省, 窒慾之道也.)라고 한 정이천의 입장을 언급하면서, 도덕실천 지향의 인성교육에서 사려를 통한 窒慾의 의미에 대해 주목하고 있다.

기질변화론의 특성을 탐구하면서 기질변화의 인성 함양 수양법을 중심으로 그 교육적 의미를 해명하고자 하였다.

율곡은 사람이 품부받은 기의 탁박(濁駁)·편색(偏塞)에 따라 리(理)를 엄폐하고 악을 하게 될 가능성이 높다고 보면서 기질변화의 필요성을 강조하고, 기질변화를 가능케 하는 근본 동력은 지통(至通)·지정(至正)한 기를 품부한 허령(虛靈)한 마음에 있다고 주장한다. 수양을 통해서 기질변화를 이룬다는 것은 실제적인 상황에서 기질적 발현 현상이 도리에 부합하게 나타나는 마음을 함양하는 것을 의미하는데, 이에 율곡은 기질을 변화시켜 선(善)과 중(中)에 이르도록 해야 한다고 강조한다. 중은 기질적인 탁박(濁駁)·편색(偏塞)을 다스리고, 정기(正氣)를 배양해서 미발(未發) 시의 마음이 대본(大本)을 잘 유지하도록 하는 것이다. 이렇게 할 때 실제적인 문제 상황에서 마음의 발함이 과불급(過不及) 없이 중절(中節)되도록 할 수 있다는 것이다. 율곡은 이러한 방향에 근거하여 구체적인 기질변화의 실천 수양 방법으로서 극기(克己)와 양기(養氣)를 제시했다.

극기(克己)는 기질의 강(强)·유(柔)·엄(嚴)·급(急) 등을 다스리는 교기질(矯氣質)을 말하는데, 극기의 핵심은 실질적으로 기질의 문제로 인해 나타나는 사욕을 다스리는 것이다. 율곡은 다스리고 제거해야 할 사욕으로 색욕(色欲)과 이욕(利欲)을 제시하면서 극기의 주요 방법으로 극기복례(克己復禮)를 강조한다. 양기(養氣)는 정기(正氣)를 기르는 방법으로서 양인의지심(養仁義之心)을 의미하는데, 율곡은 모든 사람이 인의(仁義)의 마음을 가졌으나 개인이 타고난 기질적 품성에 의해 그 마음이 가리어질 수 있으므로 인의(仁義)의 마음을 잘 기르면 기질에 가리어짐 없이 천부의 선한 본심을 온전하게 드러낼 수 있다고 주장한다. 이 점에서 율곡은 양기 즉 양심(養心)으로써 인의(仁義)의 마음을 잘 보존하고 기르면 타고난 기질적 자품(資稟)이 막힘 없이 트인다는 입장을 취한다. 율곡은 양기의 핵심 방법으로서 적선(積善) 즉 일상에서의 선의 실천을 들고 있다. 극기(克己)가 기질과 마음의 부정적인 측면에 주목하여 제기한 치기(治氣)의 수양법이라면, 양기는 곧 양심(養心)으로서 기질과 마음의 긍정적인 측면에 주목하여 제기한 수양법이다. 따라서 극기와 양기의 인성 함양의 수양법은 인간의 기질과 이로 인한 마음의 긍정적·부정적인 양 측면을 고려한 것이다.

율곡이 전개한 기질변화의 수양법을 바탕으로 활용할 수 있는 인성교육의 실천적 의미는 두 가지로 집약된다. 첫째는 극기(克己) 중심의 도덕실천적 인성 함양 교육의 실행이다. 이는 기질적 양상으로 인해 형성된 성격적인 특성을 성찰하고 이를 극복하도록 수양 공부를 이끄는 것이다. 예를 들면 조급하거나 안일함, 지나치게 유(柔)하거나 강함 등의 기질적인 자기 특성을 분석게 하고 이러한 기질 양상으로 인해 일상에서 드러나는 문제점을 성찰하고 그것을 해결할 수 있는 극기의 방법을 실행하는 것이다. 둘째는 양기(養氣)의 도덕실천적 인성교육의 실행이다. 양기는 곧 양심(養心)을 의미하는데, 이 방법은 일상에서 선을 적극적으로 실천케 하여 자신의 양심(良心) 즉 선한 마음을 배양하도록 교육하는 것이다. 이러한 양기의 방법은 자신의 선한 마음을 실제 생활 가운데 키워 나가는 실천적인 양심(養心) 교육이다. 이 양심 중심의 교육은 삶에서 능동적으로 선을 행하도록 의지(意志)하게 하는 것이 본령이 된다. 유교 인성교육이 실천적인 방향으로 전개되지 못하고 있는 교육 현실에서 율곡의 기질변화 수양법을 활용하여 도덕실천 지향의 인성교육을 수행한다면 지식 중심 교육이 압도하고 있는 문제점을 극복하는 데 기여할 수 있을 것이다.

제7장
인의(仁義)의 도덕실천 역량 강화를 통한 인성 함양

율곡이 도학사상을 전개하고 인성교육을 논함에 있어서 가장 역점을 둔 것은 도덕실천이었다. 그렇기에 율곡이 강조하는 도덕실천적 인성교육의 본령은 도덕적 가치를 실천함으로써 윤리적 삶을 영위할 수 있도록 하는 실제적 의미를 갖는다. 도덕가치의 실현이라는 실효(實效)의 구현을 목표로 한 율곡의 무실적(務實的) 윤리사상은 개인적·사회적 차원에서의 도덕실천을 지향한다. 율곡의 사상을 도학이라고 규정하지만, 또한 실학(實學)이라고 규정할 수 있다는 것은 율곡의 사상적 지향성이 가치와 실제의 문제에 접근하면서 그 실천을 본질로 삼고 있음을 말한다. 그렇기에 율곡은 도덕실천 의지를 함양한 인간을 양성하기 위해서 『격몽요결』, 『학교모범』, 『성학집요』의 논저를 통해서 유교교육 및 수양의 문제를 논한 것이다.

율곡이 인성교육론에서 강조하는 도덕실천 의지 함양은 곧 행적(行的) 도덕성 강화가 관건이다. 율곡은 윤리적 앎의 문제는 명확하게 행의 문제로 귀결되어야 하며, 윤리적 행을 위한 앎이어야 한다는 점에서, 실천 중심적 윤리사상을 전개한 것이다. 이에 율곡의 인성교육론은 도덕실천이라는 행의 문제로 일관되게 구조화되고 있다. 자기의 도덕적 본성을 이해하고 인륜(人倫)을 각성하면서 윤리적 삶을 영위할 수 있는 도덕적 실천 역량이 바로 행적 도덕성이라고 할 수 있는데, 율곡은 이러한 행적 도덕성을 강화하기 위한 다양한 교육적 노력을 수행하였던 것이다.

그렇다면 율곡은 도덕실천 의지 강화를 위해서 어떠한 맥락으로 교육적 노력을 수행하였으며, 그 특성은 어떠한지를 해명할 필요가 있다. 이에 본 장에서는 율곡이 도덕실천 의지를 강화하기 위해서 성실(誠實)을 강조하고, 실제적으로 인덕(仁德)과 의덕(義德)의 실천을 위한 도덕성 함양을 지향한 논점을 분석하고자 한다. 이러한 맥락에서 율곡의 도덕실천 의지 함양의 방법이 가진 윤리적 의미를 탐구하고, 그의 인성교육론이 지닌 윤리적 특성을 해명하고자 한다.

1. 성실(誠實)을 통한 도덕실천 역량의 강화

성실은 유학 공부의 실효를 담보하는 핵심적인 의미를 갖는 것이다. 이 점은 율곡이 성실[誠]의 실천윤리를 강조한 다음의 말에서 명료하게 드러난다.

천(天)은 실리(實理)로써 화육(化育)의 공(功)이 있고 인간은 실심(實

> 心)으로써 감통(感通)의 공효(功效)를 이루는 것이니, 이른바 실리나 실심이라는 것은 성(誠)에 불과할 따름이다.[140]

천인(天人)의 화육(化育)과 감통(感通)이라는 공효는 곧 성실해야 가능하다는 것이 율곡의 입장이다. 성실은 인간이 지향하는 도덕적인 가치를 실천함으로써 종국적으로 그 실효를 구현하는 실천적 덕을 의미한다. 이러한 성실의 실제적 가치는 개인이 스스로를 도덕실천의 진정한 주체이며 인격으로 정립하는 데 결정적인 의미를 갖는다. 유가(儒家)들의 공부란 천(天)의 실리(實理)의 공효와 인간의 실심(實心)의 공효가 온전하게 성취됨으로써 천도(天道)와 인도(人道)를 합일(合一)케 하는 데 있다. 이것은 실천적인 덕인 성실로써 가능하기에 성(誠)은 천인합일(天人合一)을 이루는 실천적 요체이며, 성인(聖人)이라는 윤리적 인격으로 자신을 형성하는 역량이 된다. 율곡은 성인이란 성(誠)을 본덕(本德)으로 삼아 천인합일의 경지를 완성하였기에 그 덕은 신묘(神妙)함이 헤아릴 수 없다[141]고 하였는데, 여기서 '성인의 덕의 신묘함'은 일상에서의 인의(仁義)의 덕실천의 시중(時中)과 온전함을 의미한다. 이러한 성인의 덕의 신묘함은 성실의 소산임을 율곡은 지적한다.

> 성인은 힘쓰지 않아도 중(中)하고 생각하지 않아도 깨달아서 천지(天地)에 참여하고 화육(化育)을 도울 수 있는데, 이것은 모두 지성(至誠)의 소치이다.[142]

---

140 『栗谷全書』 拾遺 卷6, 「誠策」: 天以實理而有化育之功, 人以實心而致感通之效, 所謂實理實心者, 不過曰誠而已矣.

141 『栗谷全書』 卷22, 「聖學輯要4」 第2 修己(下): 聖人之德與天爲一, 神妙不測.

성인이 '찬화육(贊化育)'한다는 것은 성물(成物) 즉 실질적으로 다른 사람들의 가치를 이루어 주고 덕을 밝힐 수 있도록 도와주는 것을 의미한다. 인간은 '성지(誠之)'함으로써 자신을 이루는 성기(成己)를 하지만, 성지(誠之)함으로써 성물(成物)도 할 수 있다. 더 정확하게 표현하자면, 인간은 성지(誠之)함으로써 성기(成己)뿐만이 아니라 성물(成物)도 해야 한다. 성물(成物)을 할 때 인간은 온전한 윤리적 인격 즉 성인이 될 수 있다. 성기(成己)가 온전히 이루어진 자는 성물(成物)을 도외시할 수 없으며, 성기(成己)는 실제로는 성물(成物)하는 관계에서 이루어진다. 왜냐하면 성기(成己)를 한다는 것은 타자와의 관계에서 성물(成物)함과 유리(遊離)될 수 없기 때문이다. 이 같은 맥락에서 율곡은 인간의 성실성 즉 '성지적(誠之的)' 노력을 인성 함양의 핵심 역량으로 삼는 것이다. 성지(誠之)하여 '불면이중 불사이득(不勉而中 不思而得)'하게 되는 성기(成己)·성물(成物)의 지성(至誠)에 이르는 것은 일상에서 부단한 도덕실천의 노력을 통하여 도달할 수 있는 지점이다. 『중용』에서 일깨워 주는 의미대로[143] 만약 성실하다고 하면서 성물(成物)에 이르지 못한다면 그것은 사실상 성실(誠實)이라고 할 수 없는 것이다.

그렇다면 성실하고자 하는 것은 어떻게 하는 것을 의미하는가? 이에 대해서 율곡은 『논어』의 '주충신(主忠信)'에 대해서 주희가 언급한 '충(忠)'과 '신(信)'의 덕으로 설명한다. 주희는 '충'이란 스스로 양심

---

142 『栗谷全書』 拾遺 卷6, 「誠策」: 若聖人則, 不勉而中, 不思而得, 其所以參天地贊化育者, 乃至誠之所致也.

143 『中庸』 25章: 誠者 非自誠己而已也, 所以成物也.

(良心)에 충실한 것이며, '신'은 진실한 것이라고 이해하면서, 충이라는 진실한 마음과 신이라는 진실한 일이 조화롭게 규정된 것이 '충신(忠信)'이라고 한다. 주희는 만약 사람이 충하고 신하지 못하다면 매사에 모두 실상이 없을 것이므로 악을 행하기는 쉽고 선을 행하기는 어렵기 때문에, 배우는 사람은 반드시 이 충과 신을 위주로 해야 한다고 강조한다. 율곡은 이와 같이 덕의 실천에 있어서 충신한다는 것이 바로 성실을 다하는 것으로 이해한다.[144]

성실과 관련하여 율곡은 인성 함양 공부에서 지향하는 도덕실천의 본령에 대해 생각하면서 당시의 유가(儒家)들이 지향한 공부의 문제점을 지적하고 있는데 그 초점은 공자가 말한, "옛날 배우는 자는 자기 때문에 하였는데, 오늘날 배우는 자는 남 때문에 한다."[145]로 집약된다. 위기지학(爲己之學)이라는 유학 공부의 본령이 몰각되어 공부와 교육의 목표를 자기 인격 함양에 두지 않고, 타인에게 자신을 드러내어 명예를 얻기 위한 공부에 사로잡힌 것을 공자와 마찬가지로 율곡도 경계했다. 이 점에서 율곡은 정이천(程伊川)이 자기 성실성이 결여된 위인지학(爲人之學)의 공부를 비판하면서 "옛날 배우는 자는 자기의 품성을 닦는 공부를 하여 마침내 남까지 이루어 주는 데 이르렀으나, 오늘날 배우는 자는 남에게 드러내기 위한 공부를 하여

---

144 한편 율곡은 忠·信을 언어적인 측면에서의 성실, 그리고 篤·敬을 행동적인 측면에서의 성실로 구분하여 보는 주희의 입장을 언급하기도 한다.(『栗谷全書』 卷21, 「聖學輯要3」 第2 修己(中)) 그러나 '信'을 언어적인 양상에 한정해서 보는 이러한 이해의 맥락은 보편적인 의미를 갖는다기보다는 篤·敬을 행동적인 측면으로 규정하는 맥락에서 그 對를 구성한 연유라고 보는 것이 합당할 것이다. 즉 광의의 의미로는 '信' 역시 행동적인 측면의 성실을 의미한다고 보아야 한다는 것이다.

145 『論語』「憲問」: 古之學者, 爲己, 今之學者, 爲人.

마침내 자기 자신마저 상실하는 데 이르렀다."[146]고 한 점을 상기한다. 인격 형성의 공부를 버리고 명예를 탐하는 공부는 유학에서 가장 비판하는 공부이며, 반(反)인격 공부에 해당한다. 율곡은 당시 조선의 교학(敎學)이 공부의 본령을 망각하고 있음을 지적하면서 다음과 같은 주희의 말을 새기고 있다.

> 스스로를 속이는 자는 반은 알고 반은 모르는 사람이다. 내가 마땅히 선을 행해야 할 것을 알면서도 도리어 또 충분히 선을 행하지 못한다거나, 악을 행해서는 안 된다는 것을 알면서도 도리어 또 자기가 그것을 버리지 못한다면 이것이 곧 스스로를 속이는 것이다.[147]

자기 진실성이 결여된 공부를 통해서는 비록 선악을 분별하는 궁리의 앎이 잘 이루진다고 하더라도 선을 행하지 못하고 악을 행할 수밖에 없다는 것이다. 성실한 마음이 있어야 자신이 아는 선을 그대로 어김없이 행할 수 있다는 의미이다. 성실함이 없다면 인륜의 도덕을 안다고 하더라도 실천할 수 없으므로 성실한 마음을 늘 견지하여 도덕실천의 온전함을 이루어야 한다는 점을 율곡은 강조하고 있다.

또한 율곡은 인성 함양을 위한 교육에서 성실을 강조함에 있어서 『중용』의 뜻을 거론하며 논한다.

146 『栗谷全書』 卷21, 「聖學輯要3」 第2 修己(中): 古之學者, 爲己, 其終至於成物, 今之學者, 爲人, 其終至於喪己.

147 『栗谷全書』 卷21, 「聖學輯要3」 第2 修己(中): 自欺, 是半知半不知底人, 知道善我所當爲, 却又不十分去爲善, 知道惡不可爲, 却又自家舍他不得, 這便是自欺.

> 성실[誠]은 사물의 처음이요 끝이므로, 성실하지 않으면 아무것도 이룰 수 없다. 그러므로 군자는 성실을 귀하게 여긴다.[148]

율곡은 『중용』의 입장에 근거하면서, '성실이 없으면 사물도 없다.[不誠無物]'는 의미는 마치 보는 데 밝지 못하면 사물을 볼 수 없고, 듣는 데 밝지 못하면 사물을 들을 수 없는 것과 같다고 이해한다. 예를 들면 효도[孝]를 함에 있어서 성실함이 없으면 효가 온전히 이루어질 수 없으며, 공경[弟]을 하되 성실함이 없으면 공경이 온전히 이루어질 수 없는 것과 같은 것이다. 그렇기에 이 점에서 율곡은 "배우는 자는 성실하지 않을 수 없으니 성실하지 않으면 선(善)을 할 수 없고, 성실하지 않으면 군자가 될 수 없다."[149]고 한 정이천의 입장을 모범으로 삼는다. 성실하지 않으면 선해질 수도 없고, 군자가 될 수도 없다는 것은 인성교육에서 그 실제적인 효과 즉 실효(實效)를 거양할 수 있는 핵심 역량이 바로 성실임을 역설한 것이다.

율곡은 성실을 단지 개인의 선함을 지켜 나가는 수기(修己)의 역량으로만 한정하지 않는다. 율곡의 인성교육에서 이상으로 삼는 윤리적 인격인 군자나 성인은 수기에 한정되는 것이 아니라 치인의 실천에 온전함을 다하는 존재이다. 그렇기에 율곡은 치인에 있어서도 성실이 엄밀하게 견지되고 실천되어야 한다는 맥락에서 성실이 결여되어 있다면 치인의 공효를 성취할 수 없다고 강조한다.

---

148 『中庸』: 誠者, 物之終始, 不誠無物, 是故, 君子誠之爲貴.

149 『栗谷全書』 卷21, 「聖學輯要3」 第2 修己(中): 學者不可以不誠, 不誠, 無以爲善, 不誠, 無以爲君子.

관직에 있는 자로서 청렴(清廉)과 의로움[義]을 말하면서도 일을 함에 있어서 청렴하거나 의롭지 못하며, 백성을 다스리는 자로서 백성을 기르고 가르치는 것을 말하면서도 정치를 함에 있어서 기르거나 가르치지도 않는다. 또 억지로 인의(仁義)에 힘써서 겉으로는 그럴듯하나, 마음속으로 좋아하는 것은 인의에 있지 않다.[150]

율곡이 규정하는 치인이란 다른 사람 위에 군림하면서 부리는 것이 아니라 안인(安人)을 의미한다. 안인은 위민(爲民), 애민(愛民), 이민(利民), 편민(便民)을 본령으로 삼아 헌신하는 것이다. 벼슬을 하는 사람으로서 청렴과 정의를 실천하고, 백성을 교화로 깨우쳐 주며, 인의(仁義)를 실천하는 것을 본령으로 삼고 이의 성취를 이루는 공효는 성실이 없으면 불가능하다는 것이다. 그러므로 율곡은 성실의 역량을 발휘함이 반드시 수기치인(修己治人)의 도덕실천에까지 미쳐야 함을 강조한다.

2. 측은지심(惻隱之心)의 발현과 인덕(仁德) 실천 역량의 강화

도덕실천 의지를 강화하고자 하는 율곡의 인성교육의 입장은 유가(儒家)윤리의 표덕(表德)이면서 인륜(人倫)의 핵심인 인덕(仁德)을 어

150 『栗谷全書』 卷21, 「聖學輯要3」 第2 修己(中): 居官者, 說廉說義, 而做事不廉不義, 莅民者, 曰養曰教, 而爲政不養不教, 又或强仁勉義, 外似可觀, 而中心所樂, 不在仁義.

떻게 실천할 수 있을까 하는 문제의식으로 나타나고 있다. 율곡은 제자들과 주제 중심의 토론을 통해서 구체적인 윤리 문제를 제기하고 행적(行的) 도덕성 함양을 위한 실제적인 교육 활동을 수행하는 것을 즐겨 했다. 이러한 도덕실천 의지 강화를 위한 인덕(仁德) 실천 문제와 관련하여 율곡이 표명하는 입장에 대한 하나의 중요 사례는 제자들과의 토론 과정에서 나타난다. 한 제자가 율곡에게 다음과 같이 물었다.

> 정(情)의 발함이 비록 절도(節度)에 맞지 않다고 하더라도 만약 선을 위해서 발하면 선정(善情)이라고 말할 수 있습니까?[151]

제자의 질문의 요체는 선을 위해서 마음이 발했다면, 행위의 결과와 상관없이 선정(善情)이라고 할 수 있는가이다. 정은 마음의 발함이며, 무엇을 하고자 하는 동인(動因)이 작동한 것이다. 그러므로 선을 위해서 발한 정은 곧 도리 실천을 위한 마음의 발현을 의미한다. 이는 인(仁)과 같은 덕을 행하고자 하는 마음의 발현을 말한다. 제자는 발한 동기가 선하다면 비록 그 마음의 발현이 결과적으로 선을 실현하지는 못했다고 하더라도 선하다고 할 수 있는지를 물은 것이다. 이에 대해서 율곡은 다음과 같이 답한다.

> 그렇지 않다. 선과 악의 구별은 다만 중(中)과 과불급(過不及)에 있을

151 『栗谷全書』 卷31, 「語錄(上)」: 問情之發也, 雖非中節, 而若爲善而發, 則亦可謂之善情乎.

뿐이다. 조금이라도 중에서 벗어나면 모두 불선(不善)한 정이다.[152]

율곡의 입장은 선과 악의 준거는 '다만 중(中)과 과불급(過不及)에 있을 뿐'이라는 것이다. 중과 과불급은 그 발현됨이 도리에 부합되는지 여부에 의해 판단된다고 보고 있다. 즉 마음이 발하는 것이 선을 위한 것이라면 반드시 상황에 부합하는 도리로 표출되어야만 비로소 중이라고 할 수 있으며 선이 될 수 있다는 입장이다. 이러한 율곡의 입장은 단순히 선한 마음이 발현되었음이 중요한 것이 아니라, 상황의 도리에 부합하는 행위 결과로 귀결되어야만 한다는 것으로 이해할 수 있다. 그런데 이 논점에서는 비록 온전히 절도(節度)에 맞지는 않다고 하더라도 처음에 선을 위해서 발한 것이라면 선정(善情)이라고 규정하는 것이 합당하지 않은가 하는 문제도 중요한 논쟁거리가 된다. 이것은 동기주의(動機主義)와 결과주의(結果主義)의 논쟁과 유사한 맥락을 가지는데, 율곡은 행적(行的) 결과를 중시하는 결과주의적인 입장을 취하고 있다. 제자는 이러한 율곡의 입장에 대해서 다시 다음과 같은 의문을 제기한다.

선정(善情)에는 얕은 것과 깊은 것이 있습니다. 얕은 것은 비록 중에 미치지 못하지만 바로 선한 편의 정인데, 아울러 불선(不善)한 정이라고 하는 것은 온당치 않은 것 같습니다.[153]

---

152 『栗谷全書』 卷31, 「語錄(上)」: 曰不然, 善情只在中與過不及而已, 才出於中, 則皆謂之不善之情也.
153 『栗谷全書』 卷31, 「語錄(上)」: 善情有淺深淺底, 雖未及於中, 而乃善邊底情也, 幷謂之不善之情, 似乎未安.

선을 위해서 발한 경우에는 행적(行的) 결과가 온전하게 도리에 부합하지 않는다고 하더라도 그 최초에 발한 동기가 선한 것이 분명한데도 이를 '불선(不善)'이라고 규정하는 것은 적절하지 않다는 것이 제자의 입장이다. 최초에 발한 마음의 특성이 선하다면 그 발출한 양상이 온전하게 도리에 부합하지 않아 다소 미흡하다고 하더라도 선한 것임에 분명하다는 것이다. 율곡은 이 논점을 중심으로 자신이 견지하는 도덕실천 중심의 입장을 명료하게 표명하는데, 이는 제자들의 인격 형성 공부의 방향에 각성을 주는 중요한 의미를 갖는다. 율곡은 제자들에게 『맹자』의 '측은지심(惻隱之心)'의 사례를 들면서 다음과 같이 말한다.

> 정이 발할 때 당연히 얕아야 할 데에는 얕고 깊어야 할 데에는 깊어야 하는데, 이것이 곧 절도에 알맞은 정이다. 후하게 해야 할 자에게는 마땅히 10분(分)의 정을 쏟아야 되는데, 만약 5~6분만 쏟는다면 이것은 불급(不及)한 정이며, 박하게 해야 할 자에게는 마땅히 5~6분의 정을 쏟아야 되는데 만약 10분을 쏟는다면 이것 또한 중에 지나친 정으로서, 이것은 다 불선(不善)한 정이다. 만약 젖먹이가 막 우물에 들어가려는 것을 보고서 미친 듯이 달려가 구한다면 이것은 곧 절도에 맞는 정이지만, 다만 서서 보기만 하면서 가엾다고 한다면, 비록 냉담한 자보다는 낫지만 역시 불선(不善)한 정이라고 말할 수 있다.[154]

154 『栗谷全書』 卷31, 「語錄(上)」: 情之發也, 當淺而淺, 當深而深, 此乃中節之情也. 情之發也,

율곡은 학인의 질문에 마음이 발출한 정의 '얕고 깊음'이라는 문제에 초점을 두고 설명하고 있다. 그의 답변의 맥락은 발출된 처음의 선한 동기적 측면을 무시하는 것이 아니다. 이 점에서 율곡은 역시 발출 동기를 중시한다. 그러나 궁극적으로 그 발한 마음의 선함의 판단 여부는 그 동기에 일치하는 행위의 결과에 입각해서 평가되어야 한다는 것이다. 율곡은 도덕적 상황에서 10분 즉 온전히 도리에 부합하게 행위해야 할 때는 온전히 10분의 실천을 해야 하고, 5~6분의 실천을 해야 할 때는 당연히 5~6분의 실천을 해야 한다고 주장한다. 율곡은 그 적절한 정도에서 어긋난다면 그것은 불선(不善)이라고 규정하는 것이다. 즉 『맹자』의 '유자입정(孺子入井)'의 예에서, 어린아이가 우물에 빠지려고 할 때 측은지심만을 내어서 안타까운 마음으로 "아이를 구해야 하는데……."라고 말하면서 발을 동동 구르는 것만으로는 선한 마음이 온전히 발현되었다고 볼 수 없다는 것이다. 그 상황에서 온전하게 측은지심을 발출했다면 급하게 뛰어가서 아이를 구하는 것까지 완성되어야 함을 율곡은 강조한다. 이것이 바로 그 상황에서의 '중(中)'이다. 이러한 율곡의 관점은 행위의 결과가 실제로 선한 것으로 귀결되어야 함을 강조한 도덕실천 지향의 입장이라고 할 수 있다.

율곡이 주장한 바와 같이, 10분의 정을 쏟아야 할 상황에서 7분의 정만 쏟았다고 해서 이를 불선(不善)한 것으로 단정하는 입장은 맹자

於所厚者, 合出十分之情, 而若出五六分之情, 而若出十分, 則此亦過中之情也, 是皆不善之情也. 如見孺子之將入井, 狂奔手授, 則便是中節之情, 而只爲立視, 而但曰可憐云, 則雖愈於恬然者, 而亦可謂之不善之情也.

가 전제하지 않은 문제의식이며,[155] 주희도 나아가지 못한 지점이다. 주희는 맹자의 '유자입정(孺子入井)'의 예를 논하며, "측은하게 여기는 마음은 선한 것이지만, 어린아이가 우물에 빠지려는 것을 보고도 측은하게 여기는 마음이 생기지 않는다면 이는 곧 악한 것"[156]이라고 규정하는 데 머문다. 주희 역시 측은지심의 발출 문제 즉 정의 발출 문제를 논함에 있어서 행적(行的) 결과를 중심으로 삼지 않은 채 선정(善情)과 악정(惡情)의 구분에 머물고 있는 것이다. 그러나 율곡은 선정을 단지 자기의 마음에서만 발출하는 내적인 경과로 이해할 것이 아니라, 그 발함의 결과가 합당한 도리 실천의 행으로 귀결되어야 비로소 선정(善情)이 완정(完整)해진다는 실천윤리적 입장을 견지한다.

이러한 율곡의 실천윤리적 입장은 인성교육에서 중요한 의미를 가진다. 만약에 아이가 우물에 빠지려고 할 때, 측은한 마음을 내기만 하고 실제로 구하지 않는다면 어떻게 될까? 아이가 불행하게 되는 결과를 초래할 것이다. 율곡의 입장은 측은하게 여기는 마음을

---

155 『孟子』의 '孺子入井 – 惻隱之心'의 윤리적 담론은 다음과 같다. "사람들이 모두 사람을 차마 해치지 못하는 마음을 가지고 있다고 말하는 까닭은, 지금 사람들이 갑자기 어린아이가 장차 우물에 들어가려는 것을 보고는 모두 깜짝 놀라고 측은해하는 마음을 가지니, 이는 어린아이의 부모와 교분을 맺으려고 해서도 아니며, 鄕黨과 朋友들에게 명예를 구해서도 아니며, 惡名을 싫어해서도 아니다."(『孟子』, 「公孫丑上」: 所以謂人皆有不忍人之心者, 今人乍見孺子入於井, 皆有怵惕惻隱之心, 非所以內(納)交於孺子之父母也, 非所以要譽於鄕黨朋友也, 非惡其聲而然也.) 여기서 맹자는 사람이 가지고 있는 본래적 마음을 설명하면서, 사람이라면 누구나 어린아이가 우물에 빠지는 것을 측은하게 여기는 마음을 가지고 있다고 주장한다. 그리고 측은지심이 바로 인의 단서이므로 이것을 보면 인간에게는 선한 본성의 덕이 갖추어져 있음을 알 수 있다는 것이다. 그런데 이 예화에서는 인간의 본성과 마음만을 논할 뿐, 어린아이가 빠지는 그 장면에서 '아이를 실제로 구해 내는 것'은 논하지 않고 있다. 논의의 핵심이 본성과 그 본성의 발현된 마음에 국한되어 있었기 때문이라고 하더라도 측은지심의 행적인 문제가 중심이 되지 않고 있음은 그 관점의 지평을 보여 주는 것이라고 볼 수 있다.

156 『朱子語類』 卷5, 「性理2」: 且如惻隱是善也, 見孺子入井而無惻隱之心, 便是惡矣.

내는 것은 실제로 마땅한 행위를 하는 것까지 도달하는 데 진정한 본령이 있다고 본 것이다. 즉 우물에 빠지려는 아이를 구하는 데까지 행위가 이루어져야 한다는 것이다. 물론 맹자도 측은지심을 내게 된다면 당연히 이어서 아이를 구하는 행위를 하게 될 것이라는 전제를 가지고 '유자입정(孺子入井)'의 예를 제시했을 것이다. 그러나 율곡은 그것을 전제적(前提的)으로 함축하는 것이 아니라 명시적으로 규정하여, '만일 아이를 구하지 않는다면 그것은 불선(不善)한 정'이라고 한 것이다. 이러한 율곡의 실천윤리적 입장은 정(情)의 후발적(後發的) 과정으로 이해하는 의(意)에 대해 언급하면서 "성의(誠意)라는 것은 참으로 선을 행하고 실질적으로 악을 제거함을 이름하는 것이다."[157]라고 규정한 데서도 드러난다. 의(意)를 성실하게 하는 것이 단지 마음의 내적인 경과에만 머물러서는 안 되며, 실제적인 도덕적 사태에서 선을 실천하고 악을 하지 않는 행적인 의미를 가진다고 주장하는 데서도 그의 실천윤리 정신을 확인할 수 있다.[158]

맹자가 측은지심의 확충(擴充) 문제를 중심으로 인(仁)의 실천을 언

157『栗谷全書』卷32,「語錄(下)」: 誠意, 是眞爲善而實去惡之謂也.

158 惻隱之心의 행위 결과적 정합성을 중시하는 이러한 율곡의 입장은 정을 성찰의 작용과는 무관한 卽發的인 것으로만 보지 않는다는 것을 반영한다. 즉 율곡이 한편으로는 정을 '발하여 나온 그대로여서 計較하는 데까지는 이르지 못한 것'(『栗谷全書』卷9,「答成浩原」: 精是發出恁地, 不及計較.)으로 규정하면서 마음의 성찰적 작용이 나타나지 않은 것으로 규정하지만, 다른 한편으로 율곡은 그의 학인이 '정에는 意와 志가 포함되는 것이 아닙니까?'라고 물은 데 대해서, 동의하는 의견을 표명하면서 정에는 計較하고 意志하는 성격이 모두 함의되어 있다고 보는 것이 타당하다고 주장하기도 했다.(『栗谷全書』卷31,「語錄(上)」: 問情與意志, 皆心之所發, 而獨曰統性情云者, 豈以意志皆用事於情出之後, 而言情則二者亦在其中故耶. 曰然, 洛中之儒, 多以爲性發爲情, 心發爲意, 岐而論之, 可歎, 徒有見聞, 而全無心上功夫, 故如此云爾.) 정에 대한 이 두가지 관점을 고려하면서 측은지심의 실천을 강조하는 율곡의 주장을 분석해 보면, 측은지심의 中節한 실천적 행위를 담보하기 위해서 정의 성찰성과 의지성을 인정하는 입장을 취하고 있다고 보는 것이 타당할 것이다.

급한 점에 대해서, 율곡은 보다 세밀하게 측은지심의 실천 문제를 분석하면서 엄정한 인덕(仁德)의 실천을 강조한 것이다. 즉 율곡은 실천을 중시하는 인성교육의 맥락에서, '유자입정(孺子入井)'의 상황에 직면하였을 때 단지 측은지심이라는 마음의 발출에 머물러서는 안 되며, 윤리적 행위의 결과가 어린아이를 구하는 온전한 도덕실천적 결과로 확실하게 나타나야 한다고 역설했다. 이러한 측은지심의 발현을 강조하는 율곡의 입장은 무실(務實) 정신의 발로이기도 하다. 무실을 지향하는 실천적 마음을 율곡은 실심(實心)이라고 부르는데, '유자입정(孺子入井)'의 상황에서 측은지심을 발하고, 실제로 어린아이를 구하는 결과를 온전하게 이룰 수 있는 것은 바로 실심이 충만함으로써 가능하다. 이 점에서 본다면, 율곡이 측은지심의 발현 문제를 논하면서 철저하게 실천적 행위를 강조한 것은 실질적인 행위의 의지와 결과 문제를 중시하는 도덕실천 지향적 인성교육의 정신이 드러난 것이다.

3. 사생취의(捨生取義)의 공부와 의덕(義德) 실천 역량의 강화

도덕실천의 의지 함양을 위한 율곡의 교육적 노력은 의덕(義德)의 실천 문제와 관련한 고전적 논의를 바탕으로 전개된다. 즉 맹자가 제기한 인간의 윤리적 삶에 대한 가치실천적 명제인 '사생취의(捨生取義)'를 율곡은 중요한 교육적 주제로 채택한다. 삶과 죽음 그리고 윤리적 가치의 실천이라는 문제는 인간의 행위적 측면에서 가장 첨

예한 갈등을 유발하는 논점일 것이다. 예를 들면 삶과 죽음이 걸려 있다고 하는 경우에도 엄정하게 윤리적 가치를 실천해야 하는가 하는 가치갈등적 문제는 유가(儒家)들이 인격 수양의 공부를 함에 있어서 늘 실천적인 고민을 야기하고 한편으로는 도덕적 용기를 시험하는 것이 되어 왔다.

맹자는 삶을 던져서 도덕적 가치를 실천하는 유교적 의덕(義德)의 전형(典型)을 다음과 같은 '사생취의(捨生取義)'의 입장으로 제시한다.

> 삶[生]도 내가 욕구하는 바이고, 의(義)도 내가 욕구하는 바이다. 두 가지를 함께 얻지 못할 경우에는 삶을 버리고 의(義)를 취할 것이다. 삶도 내가 욕구하는 바이지만 욕구하는 바가 삶보다 더한 것이 있다. 그러므로 구차하게 얻지 않는다. 죽음도 내가 싫어하는 바이지만 싫어하는 바가 죽음보다 더한 것이 있다. 그러므로 환(患)을 피하지 않는 것이다.[159]

만약 삶[生]과 의(義)를 모두 취할 수 없는 상황에 처한다면 어떻게 처신을 할 것인지에 대한 유가윤리의 입장을 분명하게 보여 주는 이 『맹자』의 논설은 삶, 죽음, 인간에 대한 명확한 윤리의식을 담지하고 있다. 의(義)를 행함에 있어서는 목숨조차도 버려야 한다는 도덕 절대성의 명제를 각인시키는 『맹자』의 '사생취의(捨生取義)'는 사실상 유가(儒家)들의 삶과 죽음에 대한 윤리관을 결정하는 준거가 되어 왔

159 『孟子』, 「告子上」: 生亦我所欲也, 義亦我所欲也, 二者不可得兼, 舍生而取義者也. 生亦我所欲, 所欲有甚於生者, 故不爲苟得也, 死亦我所惡, 所惡有甚於死者, 故患有所不辟也.

다. 그러나 생을 버리면서까지 도덕을 실천해야 한다는 극단을 보여주는 이러한 맹자의 도덕실천적 입장은 유가들에게 현실적으로는 상당한 고민과 갈등을 유발하였다. 율곡은 그의 인성교육에 있어서 이러한 문제를 정면으로 제시하면서, 공부하는 사람들의 의지를 도덕실천 지향으로 강하게 견인(牽引)하도록 하는 교육적 노력을 수행하였는데, 그 실제적인 교육 사례는 다음과 같다.

율곡은 제자들에게 질문을 던진다.

> 어떤 사람이 열흘 동안 굶어서 아침에 죽을까 저녁에 죽을까 하는 즈음에 어떤 강도가 쌀을 주어 죽음을 구제하려는 자가 있다고 하면, 이것을 받으면 살고 안 받으면 죽게 될 때, 그것을 받는 것이 옳겠는가?[160]

율곡이 묻는 것은 죽을 정도로 굶주린 사람이 강도가 주는 양식을 받아 먹고 생명을 부지할 것인가, 아니면 강도는 부도덕한 자이므로 그가 주는 양식을 거부하고 의(義)로운 죽음을 택할 것인가 하는 것이다. 인성 함양 공부를 하는 학인들은 궁리를 통하여, 부도덕한 자의 도움을 받으면서 자신의 이익을 도모해서는 안 된다는 것을 이미 알고 있다. 그러나 이 상황에서 제자들은 제대로 답하지 못하였다. 이는 도덕적 앎의 결여가 아니라 도덕적 실천 의지의 결여에 기인한 것이라고 할 수 있다. 알면 행해야 하는데, 제자들은 망설인 것이다.

---

160 『栗谷全書』 卷31, 「語錄(上)」: 因講舍生取義, 先生問曰, 有人十日飢餓, 朝夕且死, 有强盜給米救死, 受之則生, 不受則死, 其可受乎.

이러한 제자들의 망설임을 본 율곡은 다음과 같이 말한다.

> 열흘 동안이나 굶고 있는데도 돌봐서 구제해 주는 사람이 없다면, 이것은 천(天)이 이미 나를 죽음에 이르게 한 것이다. 천이 이미 나를 죽음에 이르게 했는데, 억지로 구차하게 살 계책을 생각하여 마침내 사람을 살해하여 법을 범한 물건을 받는다면 이것은 천을 거역하는 것이다. 차라리 죽을지언정 천을 거역하고 살아서는 안 된다.[161]

불의(不義)한 강도가 주는 음식을 먹고 목숨을 부지하는 것은 천을 거역하는[逆天] 삶이다. 따라서 사람은 강도의 도움을 받아서는 안 된다는 것이다. 역천(逆天)은 곧 역(逆)윤리이며 반(反)윤리이다. 도덕적으로 옳지 못한 자의 조력(助力)으로 삶을 구하는 것은 도학을 공부하는 유가들의 행위로서는 적절하지 않다. 그러므로 율곡은 '사생취의(捨生取義)'해야 한다고 단언한 것이다. 제자들 중에는 율곡의 입장이 다소 급진주의적이고 근본주의적이라고 생각한 경우도 있었을 것이다. 강도가 타인에게 악을 행하면서 빼앗은 쌀을 나에게 목숨을 연명하라고 준 것은 첫째, 나를 구할 목적으로 직접 악행을 하여 쌀을 구한 것이 아니라는 점, 둘째, 비록 강도는 악한 자이지만 나를 구하려고 하는 선한 마음을 낸 것은 존중해야 하지 않겠는가 하는 점, 셋째, 강도로부터 쌀을 받아서 목숨을 구한 후에 앞으로 더 적극적으로 선을 행하면 되지 않겠는가 하는 생각을 할 수 있다는 것이

161 『栗谷全書』 卷31, 「語錄(上)」: 飢餓十日, 無人顧救, 則是天致我於死也. 天旣致我於死, 而强生苟活之計, 終受殺越之物, 是逆天也, 寧死不可逆天而生.

다. 강도에게 쌀을 받아 목숨을 구하는 것이 비록 옳지는 않지만, 부득이 취할 수 있는 즉 도덕적으로 용납될 수 있는 처신이 아니겠느냐는 입장을 취할 수도 있다. 아마도 제자들은 이러한 복잡한 윤리적 고민과 갈등을 하면서 사생취의(捨生取義)를 유보하려고 했을 것이다.

그러나 율곡의 입장은 단호하다. 어떤 경우에도 '강도가 주는 쌀을 받아서는 안 된다.'는 것이다. 율곡은 죽음을 택하고, 의(義)를 실천하는 것은 곧 '순천(順天)', '순명(順命)'하는 것이라고 인식한다. 의리실천이라는 구도적(求道的) 상황과 결부시켜서 죽음을 이해하는 이러한 태도에는 윤리적 규범의 실천, 곧 인간의 마땅한 도리의 실천을 위해서는 삶도 기꺼이 버릴 수 있어야 한다는 도학적 윤리의식이 함축되어 있다.

율곡이 제자들에게 도덕실천의 의지를 강화하기 위해서 '사생취의'를 강조하는 또 다른 문답(問答)의 예가 있다. 어느 날 오결(吳潔)이라는 제자가 율곡에게 다음과 같이 물었다.

> 산길을 걷다 날이 저물었는데 갑자기 다리를 삐어 걸을 수 없게 된 자가 바위 밑으로 가서 잠자려고 생각해 봐도 호랑이와 표범이 많아 방황하여 답답할 때에, 마침 전에 알던 도적이 말을 몰고 지나가다가 위기에 처해 죽게 된 형편을 동정하여 말을 타고 함께 가기를 간청한다면 어떻게 처리해야 하겠습니까?[162]

162『栗谷全書』卷32,「語錄(下)」: 假令山路日暮, 徒步而行, 暴得輭脚, 不能運步, 思欲投宿

오결은 율곡의 엄격한 도학주의적인 도덕실천 지향 인성교육을 다소 불편하게 생각했을 수 있다. 그렇기에 오결은 더 정교하게 도덕적 가치갈등을 구성하고 있다. 예컨대, 전에 알던 사람이 위험한 상황에 처한 것을 도적이 동정하여 간곡하게 요청하는 것으로 상황을 구성한 것이다. 아마도 오결은 도적이 악행을 한 것을 직접 제공하려고 한 것도 아니며, 도적도 인간으로서 보편적으로 가진 측은지심(惻隱之心)을 발동하여 다리가 아픈 사람의 형편을 동정하여 인간적인 도리를 표명하였으며, 간곡하게 청하는 배려와 구인(救人)의 마음을 표현하였기에 사실상 거절할 명분이 없는 것 아닌지를 율곡에게 물은 것이었다. 그러나 율곡은 오결의 이러한 의도를 가진 물음에 대해서 못마땅하게 여겼던 듯하다. 율곡은 오결의 물음에 대해서 답한다.

> 사람이 죽고 사는 것은 모두 천(天)에 달려 있다. 내가 만일 죽을 운명이라면 그 말을 타고 간다 하더라도 어찌 죽지 않겠는가. 내가 만일 죽을 운명이 아니라면 노숙(露宿)을 한다 하여도 어찌 살지 못하겠는가. 그 말을 타지 않는 것은 의(義)요, 타는 것은 이(利)이다. 의(義)를 생각지 않고 이(利)만 취하려고 한다면 어찌 군자라고 할 수 있겠는가?[163]

巖底, 而又多虎豹, 彷徨悶鬱之際, 適有所知賊人, 驅馬過去, 憐其危死, 懇請騎去, 則當何以處之.

163『栗谷全書』卷32,「語錄(下)」: 人之死生, 都在彼天, 我若定死, 雖騎彼馬, 焉知其不死也. 我若無死, 雖經露, 宿焉知其生也, 而況不騎者義也, 騎之者利也, 不計其義, 徒欲取利則可謂君子乎.

율곡의 답에서는, 죽을 수도 있는 상황에 처한 지인(知人)을 본 도둑이 측은지심(惻隱之心)을 발휘하여 그를 살리려고 하지만, 이는 도둑이라는 악인(惡人)의 호의(好意)에 불과하므로 결코 수용해서는 안 된다는 강고한 윤리의식을 표명하고 있다. 한 치라도 불의(不義)와 연루된 것은 절대 용납할 수 없다는 엄정한 도학 정신에 입각하여 의(義)롭게 죽음을 택하는 것이 삶을 가치롭게 하고 죽음 또한 의(義)롭게 만든다고 율곡은 인식한다. 천(天)에 목숨을 맡기고 따르는 숙명론의 입장에서, 도덕을 용기 있게 실천함으로써 당당하게 죽음을 맞이하는 것이 천리(天理)에 따르는 군자의 마땅한 처신이라는 입장이다.

율곡의 경우, 의(義)와 생(生)이 양립 불가능한 상황에서 윤리적 인격으로서 수행해야 하는 '사생취의(捨生取義)'의 행위는 인간의 도덕적 완성의 한 국면이라고 강조하고 있다. 인덕(仁德)과 의덕(義德)의 실천을 '일생[終身]의 도'로 삼아야 한다는 공부의 목표는 바로 인성교육의 목표이기도 하다. 그렇기에 율곡은 인덕(仁德)과 의덕(義德)의 실천 교육을 통하여 도덕실천의 의지를 강화하고자 했으며, 이러한 공부와 교육을 통해서 윤리적 인격으로서 가치로운 삶의 구현이라는 명제를 성취하고자 한 것이다. 이 점에 대해서 율곡은 말한다.

> 한 가지의 의(義)롭지 못한 일을 하거나 죄 없는 한 사람을 죽여서 천하를 얻을지라도 하지 않겠다는 뜻을 항상 마음에 간직해야 한다. 거경(居敬)으로 근본을 세우고, 궁리(窮理)로 선(善)을 밝히고 역행(力行)

으로 참된 것을 실천한다는 세 가지가 종신(終身)의 사업이다.[164]

의로움[義]과 이로움[利]의 실천 문제를 군자와 소인, 윤리적 인격과 비윤리적 인격의 판단 징표로 삼았던 공자와 맹자의 윤리관을 도덕실천의 근본 준거로 삼았던 율곡은 의(義)의 탐구[窮理], 성실한 몸과 마음가짐[居敬], 의(義)의 실천[力行]을 지향하고 성취하는 것을 인간의 마땅한 도리로 인식하면서 이를 위하여 도덕실천을 위한 인성함양의 노력을 다해야 함을 역설하고 있는 것이다.

4. 장을 마치며

도덕실천을 위한 인성교육에 있어서 무엇보다 강조되어야 할 바는 실질적인 도덕실천의 역량과 의지 함양이라고 하겠다. 그러므로 율곡은 이상적인 인격인 성인(聖人)으로 자신을 형성하기 위해서 어떻게 도덕실천의 역량과 의지를 함양할 것인지에 대해서 구체적으로 논하고 있다.

율곡은 인격 형성의 공부를 통하여 천(天)의 실리(實理)의 공효와 인간의 실심(實心)의 공효가 온전하게 성취됨으로써 천도(天道)와 인도(人道)를 합일(合一)케 해야 한다는 점을 도덕실천 의지 함양의 기본적인 방향으로 설정한다. 그리하여 도덕적 앎과 가치의 실천을 가능

164 『栗谷全書』 卷27, 「擊蒙要訣」: 常以行一不義, 殺一不辜而得天下, 不爲底意思, 存諸胸中, 居敬以立其本, 窮理以明乎善, 力行以踐其實三者, 終身事業也.

케 하는 실천적이고 진실한 마음의 역량인 성실(誠實)을 갖추어야 한다고 주장한다. 즉 궁행(躬行)을 목표로 하는 인격 함양의 공부에 있어서는 반드시 성실이 바탕이 되어야 한다는 것이다. 궁리의 수양이 종국적으로는 궁행을 지향하는 것이지만, 궁리만 잘한다고 해서 궁행이 저절로 온전하게 이루어지는 것이 아니라는 점에서 궁행을 가능케 하는 마음의 역량 즉 행적(行的) 도덕성이면서 도덕실천의 의지라고 할 수 있는 성실의 중요성이 부각되는 것이다. 성실하지 않으면 선해질 수도 없고 군자가 될 수도 없다는 것은, 인성교육에서 그 실효(實效)를 거양할 수 있는 본질적인 의미를 갖는 것이 바로 성실임을 표명한 것이다.

율곡은 도덕실천 의지 강화를 위한 인덕(仁德) 실천 문제와 관련하여 측은지심(惻隱之心)의 발현 문제를 제자들에게 교육하면서 단순히 선한 마음이 발현되었음이 중요한 것이 아니라, 상황의 도리에 부합하는 실질적인 도덕적 행위 결과가 나타나야만 한다는 점을 분명하게 제시하고 있다. 율곡은 측은지심이 발한 상황과 같은 도덕적 문제 사태에서 좋은 도덕적 결과를 이루지는 못했다고 하더라도 처음에 그 동기와 마음이 선을 위해서 발한 것이라면 선하다고 규정하는 것이 합당하지 않은가 하는 문제를 염두에 두고 철저하게 행적(行的) 결과를 중시하는 결과주의적인 입장을 취하고 있다. 즉 율곡은 아이가 우물에 빠지려고 할 때, 측은한 마음을 내기만 하고 실제로 구하지 않는다면 결국 아이를 잃는 상황에까지 미칠 수 있으므로 측은하게 여기는 마음을 내는 것은 실제로 마땅한 행위를 하는 것까지 도달하는 데 진정한 본령이 있다는 점을 역설하면서 제자들의 도덕실천 의지를 함양하는 데 진력하였다.

율곡은 또한 『맹자』의 '사생취의(捨生取義)' 문제를 중심으로 제자들의 도덕실천 의지를 함양하는 의덕(義德) 실천의 인성교육을 함에 있어서 참된 인격이라면 어떻게 행위해야 하는지를 명료하게 깨우쳐 주었다. 율곡은 도둑의 도움으로 생명을 구할 것인지에 대한 가치갈등 상황에서, 불의(不義)한 자의 조력(助力)으로 삶을 구하는 것은 도학을 공부하는 유가(儒家)들의 행위로서는 적절하지 않다고 하면서 사생취의(捨生取義)해야 한다고 단언한다. 율곡은 도덕적 가치의 실천을 위해서 자신을 버리는 문제와 자신의 몸을 보존하는 문제에 대한 제자들의 현실적 고민과 갈등을 직시하면서, 인성교육에서 이러한 문제를 정면으로 제시하고 공부하는 사람들의 의지를 도덕실천의 지향으로 강하게 견인하도록 하는 교육적 노력을 수행한 것이다.

제3부

율곡의 인성교육에서 수기(修己)·정가(正家)·치인(治人)의 도덕실천과 인성 함양

제8장

인성 함양을 위한 수기(修己)의 도덕실천

율곡의 인성교육은 도덕실천을 지향하는 철저한 행위 중심적인 입장이다. 유학의 본령은 공자가 언명한 대로 수기치인(修己治人)의 덕을 온전히 품부한 인격을 함양하는 데 있다. 그러나 율곡은 당시의 교육이 선한 인격을 함양하는 모범을 구현하지 못함으로써 매우 굴절된 방향으로 흐르고 있다고 인식했다. 그러므로 율곡은 교육의 대표기관인 성균관이 '수선(首善)'하지 못하고, 개인의 명예나 이익을 추구하는 인간을 양성하는 왜곡된 실상을 보이고 있음을 개탄했다. 율곡은 이러한 인성교육의 문제를 해결하기 위해서 도덕실천 지향의 인성교육을 제창하고 실제적인 인성 함양 방법을 체계적으로 제시했다.

율곡은 『성학집요』에서 윤리적 인격을 함양하는 공부 즉 유학은 성학(聖學)이며, 성학은 수기치인(修己治人)의 학에 불과하다고 주장한다.[1] 유교의 본령인 인성교육의 핵심은 바로 수기치인에 있다는 것이다. 그러므로 율곡은 인성교육을 논함에 있어서 수기치인의 공부를 통해 도덕실천적인 인성을 함양하고자 한 것이다. 이러한 맥락에서 율곡은 그의 대표적인 인성교육서라고 할 수 있는 『성학집요』의 핵심 주제를 수기(修己), 정가(正家), 위정(爲政)으로 구성하고 각각의 주제에 따라 정밀한 세부 요목과 내용을 진술하고 있다. 이러한 율곡의 인성교육의 입장은 '수신(修身)-제가(齊家)-치국(治國)'이라는 『대학』의 이념에 의거한 것으로서, 유가적 교학이념의 본질을 자신의 교육관으로 집약한 것이다. 따라서 제3부에서는 율곡이 모범으로 삼고 있는 『대학』의 본령에 따라 『성학집요』에서 제시하고 있는 '수기(修己)-정가(正家)-위정(爲政)'의 논의 구도를 중시하면서 각각의 범주에서 논하고 있는 도덕실천의 방법을 탐구하고자 한다.

그러므로 본 장에서는 먼저 『성학집요』에 진술되고 있는 수기의 도덕실천 문제를 상론하고자 한다. 이어서 전개되는 제9장과 제10장에서는 각각 정가(正家)와 치인(治人)의 주제를 탐구하게 될 것이다. 이렇게 할 때 율곡이 주장하는 도덕실천 지향 인성교육론의 구체적인 실천 방법을 해명하게 될 것이고, 이를 통해서 그의 윤리사상이 함의하고 있는 실천적 가치를 파악할 수 있을 것이다.

수기(修己)는 인격 수양에 있어서 가장 기본이 되는 명제이다. 『논어』에서도 공자가 '수기이안인(修己以安人)'이라고 표명하고 있듯이, 수기(修己)가 전제되지 않은 안인(安人)·치인(治人)은 바람직하지 않다. 그러므로 율곡은 학인(學人)들이 공부함에 있어서 먼저 수기(修己)의

---

1 『栗谷全書』 卷19, 「聖學輯要1」 第1 統說: 聖賢之學, 不過修己治人而已.

공부를 엄밀하게 해야 한다는 입장에서 『성학집요』의 본문에서 정가(正家)나 치인(治人) 앞에 수기(修己)를 배치한 것이다. 이러한 맥락에서 율곡은 『성학집요』에서 다양한 전적(典籍)을 공부하는 것이 부귀(富貴)나 이욕(利欲)을 구하거나, 외양을 수식(修飾)하는 등의 잘못된 태도로 접근되어서는 안 된다고 지적한다. 이들 경전들을 정밀하게 공부함으로써 마음을 바르게 하고, 자기의 인격 도야에 정밀하게 적용되도록 하며, 몸소 바른 도리를 행할 수 있어야 한다고 밝히고 있다.[2]

본 장에서 율곡의 수기의 도덕실천을 논함에 있어서 세부적인 논의 초점은 수렴(收斂), 검신(檢身), 회덕량(恢德量), 보덕(輔德), 돈독(敦篤)을 중심으로 구성한다. 본 장에서는 이러한 수기의 도덕실천 방법의 윤리적 특성과 의미를 통찰함으로써 율곡이 도덕실천 의지를 어떻게 함양하고자 했는지를 밝히고자 한다.

1. 수렴(收斂)을 통한 수기(修己)의 토대 실천

율곡은 "경(敬)은 성인(聖人) 되는 공부의 종시(終始)"[3]라는 입장에서, 인성교육의 본령을 이루는 것은 경을 통해서 비로소 가능하다고 주장한다. 그렇기에 경(敬)으로써 예(禮)를 회복하면 성인 즉 윤리적 인간의 도리를 다할 수 있다고 하면서, 도덕적 상황에서 마음을

2 『栗谷全書』 卷20, 「聖學輯要2」 第2 修己(上): 深懲此弊, 務精性理, 實之以躬行, 不使經傳爲空言.

3 『栗谷全書』 卷20, 「聖學輯要2」 第2 修己(上): 敬者, 聖學之始終也.

발하게 된 경우나 도덕적 상황이 발생하지 않아서 마음을 발하지 않은 경우 할 것 없이 동정(動靜)을 통관하는 모든 상황에서 경을 잘해야 한다고 주지시킨다. 율곡은 경하는 것은 주일무적(主一無適)하는 것이며, 일상에서 몸가짐과 마음가짐을 정제엄숙(整齊嚴肅)하고 계신공구(戒愼恐懼)하는 것이라고 강조하고 있다.[4] 이 점에서 본다면, 경은 인격 형성을 위한 도덕실천의 토대를 이루는 행적(行的) 도덕성의 근간이다. 그러므로 율곡은 "주일무적(主一無適)이란 경의 요법(要法)이요, 온갖 변화에 대응수작(對應酬酢)하는 것은 경의 활법(活法)"[5]이라고 인식하면서, 특히 일상의 상황에 대응하는 경의 방법에 대해서 구체적으로 제시한다.

> 이것은 동(動)하는 가운데서 공부하는 것이나, 만약 정(靜)한 가운데 있으면 모름지기 한 가지 일에만 전심해야 하니, 가령 글을 읽으면서 활로 기러기나 따오기를 쏘려고 생각하는 것과 같은 것은 곧 경(敬)하지 않은 것이다. 대개 정(靜)한 가운데서 주일무적(主一無適)한 것은 경의 체(體)요, 동(動)한 가운데서 온갖 변화에 대응수작(對應酬酢)하면서 그 주재자를 잃지 않는 것은 경의 용(用)이다.[6]

율곡이 주장하는 논지는, 행적 도덕성을 강화하여 실질적으로 바

---

4 『栗谷全書』 卷5, 「萬言封事」: 居敬通乎動靜, 靜時不起雜念, 湛然虛寂, 而惺惺不昧, 動時臨事專一, 不二不三, 而無少過差持身, 必整齊嚴肅秉心必, 戒愼恐懼.

5 『栗谷全書』 卷9, 「上退溪先生別紙」: 主一無適, 敬之要法, 酬酢萬變, 敬之活法.

6 『栗谷全書』 卷9, 「上退溪先生別紙」: 此則動中功夫, 若於靜中, 則須於一事專心, 如讀書而思射鴻鵠, 便是不敬. 蓋靜中主一無適, 敬之體也, 動中酬酢萬變, 而不失其主宰者, 敬之用也.

람직한 인격을 형성하도록 하는 데 있어서 도덕실천의 동력으로 대응수작(對應酬酢)하는 경의 실천적 효과를 강조함에 있다. 그러므로 율곡은 '경(敬)으로 예(禮)를 회복함으로써' 도리에 부합하는 대응수작(對應酬酢)의 지성(至誠)을 다하게 된다고 주장한다.[7] 또한 율곡은 마음과 몸을 다스리는 거경(居敬)의 요체로 계구(戒懼)와 근독(謹獨)을 제시하기도 한다. 즉 율곡은 "계구(戒懼)로부터 요약해 나가면 그 중(中)이 극에 달하여 천지가 자리 잡게 되고, 근독(謹獨)으로부터 요약해 나가면 그 중(中)이 극에 달하여 만물이 자라게 된다."[8]고 하였다. 계구와 근독으로 거경하면 '위천지육만물(位天地育萬物)'할 수 있는 성인(聖人)이라는 최고의 윤리적 인격이 될 수 있다고 함으로써 경을 해야 하는 실천적 의미를 제시하고 있는 것이다.

율곡은 또한 경(敬)의 시단(始端)으로 수렴(收斂)을 제시하면서 수렴을 통한 인성 함양을 설명한다. 즉 마음과 몸을 바르게 하는 경의 시발적(始發的) 방법으로 수렴을 거론하면서 몸가짐[容止]의 수렴, 언어(言語)의 수렴, 마음의 수렴 등을 언급하는데, 그 구체적인 내용은 다음과 같다.

첫째, 몸가짐의 수렴을 강조함에 있어서, 율곡은 "군자는 무겁지 아니하면 위엄이 없고, 배워도 견고하지 못하게 된다."[9]는 공자의 입장에 근거하여, 군자가 하는 의리의 학문 즉 도덕실천의 공부는 깊

---

7 『栗谷全書』 拾遺 卷6, 「四者立言不同疑二首」: 敬以復禮以全天理, 則此非至誠之道乎.
8 『栗谷全書』 拾遺 卷6, 「誠策」: 自戒懼而約之, 則極其中, 而天地位矣, 自謹獨而精之, 則極其和, 而萬物育矣.
9 『論語』 「學而」: 君子不重則不威, 學則不固.

이 생각하여 내면이 견고해야 비로소 몸가짐에 위엄이 있다고 한다. 이 점에서 율곡은 장횡거(張橫渠)의 "의리의 학문은 모름지기 깊이 생각해야 비로소 나아감이 있으며, 얕고 경망함으로 성취되는 것이 아니다."[10]라는 입장을 제시하면서, 몸가짐에 위엄을 갖춤으로써 행적인 진보를 이룰 수 있다고 주장한다. 이렇게 볼 때, 수렴이라는 경의 실천을 통해서 이루고자 하는 지점은 행적(行的) 도덕성을 강화하는 데 있다고 할 수 있다.

둘째, 언어의 수렴을 강조함에 있어서, 율곡은 『시경(詩經)』에서 "너의 말하는 것을 삼가고 너의 몸가짐을 공경하게 하여, 유연하게 하고 착하게 하라. 흰 옥의 티끌은 갈면 되지만 말의 티끌은 어찌할 수도 없다. 생각 없이 경솔하게 말하지 말고 구차하게 이렇다고 말하지 말라. 나의 혀를 잡아 줄 이가 없으니, 함부로 입 밖에 말을 내뱉지 말라."[11]고 한 점을 언급하면서, 말은 한 번 실수하면 이를 바로잡을 수 없으므로 항상 바른 말을 하도록 주의해야 한다는 점을 일깨우고 있다. 일상에서 언어를 통하여 다른 사람을 불편하게 하거나 해악을 끼치는 경우가 매우 빈번한 점을 감안하면 언어의 수렴은 중요한 의미를 갖는다. 율곡은 훌륭한 인격자인 군자나 성인은 자기의 안일(安逸)을 도모하는 자가 아니라 사회의 평안을 위해 노력하는 자라는 점을 강조하면서 경을 통한 언어의 수렴을 특히 부각하여 "군자의 말과 행동이 착하면 화(和)한 기운이 응하고, 착하지 않으면 어

---

10 『栗谷全書』 卷20, 「聖學輯要2」 第2 修己(上): 義理之學, 須深沈方有造, 非淺易輕浮之可得也.

11 『詩經』 「大雅」 '抑之篇': 愼爾出話, 敬爾威儀, 無不柔嘉, 白圭之玷, 尙可磨也, 斯言之玷, 不可爲也, 無易由言, 無曰苟矣, 늦捫朕舌, 言不可逝矣.

그러진 기운이 응하기 때문에, 화한 것이 지극하면 천지가 편안하고 만물이 생육하며, 어그러진 것이 지극하면 천지가 막히고 어진 이가 숨는다."[12]라고 말한다. 즉 자신의 마음의 평안은 물론 다른 사람의 마음을 평안하고 행복하게 할 수 있는 언어 실천의 요체를 율곡은 언어의 수렴을 통하여 표명하고 있는 것이다.

셋째, 마음의 수렴을 강조함에 있어서, 율곡이 특히 주목하는 것은 "사람이 닭이나 개가 달아나면 구(求)할 줄을 알면서도 마음을 놓쳐 버리고서는 구할 줄 모른다. 학문의 도란 다른 것이 아니다. 그 놓쳐 버린 마음을 구하는 것일 뿐이다."[13]라고 한 『맹자』의 구방심(求放心)의 논점이다. 즉 율곡은 방심(放心)의 수렴을 중시하면서 인성 함양 공부에서의 도덕실천 역량의 함양은 구방심(求放心)에 있음을 역설한다. 구방심이 되지 않는다면 공부의 효과를 전혀 기약할 수 없다는 점에서 마음의 수렴은 중요한 실천적 가치를 갖는다. 그렇기에 율곡은 "맹자가 '학문의 도는 단연코 놓쳐 버린 마음을 구하는 데 있다.'고 하였으니, 배우는 이는 모름지기 먼저 그 놓쳐 버린 마음을 수습해야 한다. 그렇게 하지 않고 이 마음을 풀어놓으면 학문을 넓히는 데도 등한시하고 질문하는 데도 등한시할 것이니, 어떻게 밝게 분변(分辨)하며 돈독하게 행할 수 있겠는가?"[14]라는 주희의 말을 인용하면서 구방심의 실천윤리적 의미를 새긴다.

---

12 『栗谷全書』 卷20, 「聖學輯要2」 第2 修己(上): 君子言行善, 則和氣應之, 不善則乖氣應之, 和之至則天地位, 萬物育, 乖之至則天地閉, 賢人隱.

13 『孟子』 「告子上」: 人有鷄犬放則知求之, 有放心而不知求, 學問之道, 無他, 求其放心而已矣.

14 『栗谷全書』 卷20, 「聖學輯要2」 第2 修己(上): 學問之道, 孟子斷然說在求放心, 學者須先收拾這放心, 不然, 此心放了, 博學也是閒, 審問也是閒, 如何而明辨, 如何而篤行.

율곡은 수렴하는 거경으로 몸과 마음을 바로잡는 것이 바로 도덕 실천을 지향하는 인성교육에 있어서 중요한 공부방법이라고 이해한다. 왜냐하면 거경을 해야만이 비로소 생각마다 도리에 어긋난 것이 없게 될 것이며, 일상의 행위에서 잘못이 없게 될 것이기 때문이다. 이 점에서 율곡은 수렴을 통하여 양심을 기르고 덕성(德性)을 높일 수 있다고 여긴 것이다. 그러나 율곡은 당시 사회에서 이러한 경의 공부가 소홀히 되고 있음을 직시하고 그 현상을 개탄하면서 바른 인성 공부의 길을 열어야 한다고 주장한다.

> 그런데 지금 사람들은 어릴 때부터 이런 공부는 하지 않고 지름길로 질러서 바로 이치를 궁구하고 몸을 닦는 공부만 하려고 한다. 그렇기 때문에 마음이 혼란하여지고 행동이 규범에 어긋나서, 그 공부가 있는 듯도 하고 없는 듯도 하여 결코 성공할 수 없다. 그러므로 선현(先賢)들이 사람들에게 정좌(靜坐)하는 것을 가르치고, 또 구용(九容)으로 몸가짐을 바르게 하도록 하였으니, 이는 배우는 자가 가장 우선적으로 힘써야 할 곳이다.[15]

여기서 율곡이 말한 정좌(靜坐)는 경의 방법이다. 정좌하면서 마음을 엄숙하고 바르게 하는 것은 경을 통하여 마음을 지키는 것을 의미하고, 구용(九容)[16]으로 몸가짐을 바르게 하는 것은 바른 마음으로

---

15 『栗谷全書』 卷20, 「聖學輯要2」 第2 修己(上): 今者, 自少無此工夫, 徑欲從事於窮理修身, 則方寸昏擾, 擧止踰違, 其所用功, 若存若亡, 決無有成之理. 故先正教人靜坐, 且以九容持身, 此是學者最初用力處也.

16 율곡은 『擊蒙要訣』에서 九容에 대해서 다음과 같이 설명한다. "九容이란 다음과 같다. 걸

몸가짐과 행동을 도리에 맞게 하는 것을 의미한다. 율곡은 경을 통하여 마음 지키기를 게을리하지 않아야만, 도덕적인 상황이 일어나지 않은 무사(無事) 시에는 자기의 본래 선한 성품의 본체[體]를 잘 기를 수 있고, 도덕적인 상황에 직면했을 때는 그 상황을 명확하게 살펴서 마음의 쓰임[用]을 바르게 할 수 있다고 본 것이다. 이와 같이 도리에 부합하는 윤리적 행위를 하기 위해서는 수렴을 통한 도덕실천의 역량을 지속적으로 함양해야 한다고 율곡은 역설한다.

2. 검신(檢身)의 도덕실천

검신(檢身)은 도리에 맞도록 몸을 단속하는 것을 의미하는데, 율곡은 정심(正心)이 안을 다스리는 것이라면 검신은 밖을 다스리는 것이라고 규정한다.[17] 정심은 경(敬)을 통해서 마음을 다스리는 것을 핵심으로 삼는데, 검신도 그 근본을 경에 두고 있음은 경이 바로 성인

음걸이는 무겁게 하라.[足容重] 거동을 가볍게 하지 말라. 만약 어른 앞을 지나갈 적에는 여기에 구애되지 않아야 한다. 손가짐을 공손히 하라.[手容恭] 손은 아무렇게나 놓아두어서는 안 된다. 일이 없을 때는 단정히 모으고 함부로 움직여서는 안 된다. 눈 모양은 단정히 하라.[目容端] 눈을 바르게 두어야 하고 흘겨보거나 간사하게 보지 말아야 한다. 입은 가만히 다물라.[口容止] 말을 하거나 음식을 먹을 때를 제외하고는 항상 움직이지 말아야 한다. 말소리는 조용히 하라.[聲容靜] 소리와 기운을 잘 가다듬어야 하며 재채기나 가래 등의 잡소리를 내지 말아야 한다. 머리 모양은 항상 똑바로 두라.[頭容直] 머리를 항상 곧게 하고 몸을 반듯이 세워야 하며 한쪽으로 기울이거나 비스듬하게 하지 말아야 한다. 숨쉬기를 정숙히 하라.[氣容肅] 숨쉬기를 잘 조절하고 소리를 내서는 안 된다. 설 때는 덕스럽게 하라.[立容德] 한쪽으로 비뚤어지게 서지 말고 똑바로 서서 덕스러운 기상이 있어야 한다. 얼굴 모습은 장엄하게 하라.[色容莊] 얼굴 모습을 가다듬고 태만한 기색이 없어야 한다."

17 『栗谷全書』 卷21, 「聖學輯要3」 第2 修己(中): 正心所以治內, 檢身所以治外, 實是一時事.

되는 공부의 종시(終始)라고 보는 관점에서 그러하다. 율곡은 수렴의 실천을 강조함에 있어서 행동거지의 수렴을 언급한 바 있지만, 검신을 통해서 더욱 세밀하게 행위의 올바름에 대해서 깨우침을 주려고 하는 것이다.

율곡은 검신의 실천방법으로 '몸을 공경하고 예법(禮法)을 삼가는 것', '위의(威儀) 용지(容止)를 도리에 맞게 하는 것', '경계하고 신칙(申飭)함에 게으름이 없게 하는 것'을 요체로 삼고 있으며, 그 구체적인 내용은 다음과 같다.

첫째, '몸을 공경하고 예법을 삼가는 것'을 실천함에 있어서는, "군자는 공경하지 않음이 없지만 몸을 공경하는 것이 큰일이 된다. 몸이라는 것은 부모의 가지[枝]이니, 감히 공경하지 않을 수 있겠는가? 그 몸을 공경하지 못하면 이것은 부모를 상하게 하는 것이요, 그 부모를 상하게 하는 것은 그 뿌리를 상하게 하는 것이다. 그 뿌리를 상하게 하면 가지도 따라서 죽는다."[18]는 『예기』의 입장을 율곡은 논점의 근간으로 삼는다. 검신에서 몸의 공경을 가장 근본으로 삼는 것은 유가(儒家)들의 윤리관의 핵심인 효의 가치와도 연결된다. 부모로부터 받은 몸을 귀하게 여기고, 공경하여 상하지 않게 하는 것이 인간 도리의 근본이라는 점에서 율곡은 검신의 시작점을 몸의 공경으로 삼는 것이다. 물론 이러한 몸의 공경은 단지 인의(仁義)와 상관없이 몸을 보호한다는 의미가 아니다. 살신성인(殺身成仁)·사생취의(捨生取義)의 관점에서 도덕을 실천한다는 윤리관에 전제한 몸의 공경이

---

18 『禮記』「曲禮」: 君子無不敬也, 敬身爲大, 身也者, 親之枝也, 敢不敬與, 不能敬其身, 是傷其親, 傷其親, 是傷其本, 傷其本, 枝從而亡.

라는 점이 유념되어야 한다. 이러한 맥락에서 검신은 몸을 공경함으로써 자신의 근원을 삼가 생각하며, 삶을 더욱 가치롭게 해야 한다는 점을 각성하는 실천적 의미를 갖는다.

율곡이 검신을 논하면서 언급한 '예법(禮法)을 삼가는 것'은 몸의 공경에 바탕한 도덕실천이라고 할 수 있다. 이에 대해서는 『예기』에서 "군자는 음탕한 소리와 어지러운 미색(美色)을 듣고 보는 데 머무르지 않고, 음란한 풍악과 사특한 예절을 마음에 가까이 하지 않으며, 태만하고 간사하고 편벽한 기운을 몸에 두지 않아서, 귀·눈·코·입·마음·앎[知] 등의 모든 것이 모두 순하고 바름을 말미암아 그 의(義)를 행한다."[19]라고 하였다. 율곡은 '예법을 삼가는 것'에서 이러한 『예기』의 입장을 중요한 전거(典據)로 삼는다. 군자 즉 윤리적 인격은 음탕한 소리나 미색(美色)을 시청(視聽)하지 않고, 올바르지 않은 행위를 하려고 해서는 안 된다는 것인데, 이는 공자의 사물(四勿) 즉 비례물시(非禮勿視)·비례물청(非禮勿聽)·비례물언(非禮勿言)·비례물동(非禮勿動)의 실천을 주장한 것이다. 예법을 삼가 행하면 마음이 태만해지지 않고 더욱 경건해지므로 선의 실천에 어긋남이 없을 것이라는 점이 예법 강조의 윤리적 의미라고 할 수 있다. 그렇기에 율곡은 "사람은 예법이 있으면 편안하고 예법이 없으면 위험하다."[20]고 말한 것이다.[21]

---

19 『禮記』, 「樂記」: 君子姦聲亂色, 不留聰明, 淫樂慝禮, 不接心術, 惰慢邪僻之氣, 不設於身體, 使耳目鼻口心知百體, 皆由順正, 以行其義.

20 『栗谷全書』 卷21, 「聖學輯要3」 第2 修己(中): 人有禮則安, 無禮則危.

21 이러한 맥락에서 율곡은 禮法에 따라 사는 것을 어렵고 힘든 일이라고 여기는 사람들의 생각을 깨우쳐 주기 위해서 程伊川의 말을 인용한다. 程伊川은 어떤 사람이 그에게 "선생께서는 40, 50년간이나 예법대로 삼가셨으니, 매우 수고롭고 괴롭겠습니다."라고 한 데 대해서, "내가 날마다 편안한 곳으로만 다니는데 무엇이 괴롭겠는가. 다른 사람들은 날마다 위태로

율곡은 검신에서 '몸을 공경하고 예법(禮法)을 삼가는 것' 외에도 '위의(威儀) 용지(容止)를 도리에 맞게 하는 것'에 대해서도 강조하고 있다. 율곡은 이 점에 대해서, "군자가 도에서 귀하게 여기는 것이 세 가지가 있다. 용모를 움직이는 데에는 사나움과 거만함을 멀리하고, 안색을 바르게 하는 데에는 믿음을 가까이하며, 말을 하는 데에는 비루하고 어긋남을 멀리해야 한다."[22]라고 한 증자(曾子)의 말을 논한다. 율곡은 이와 같이 '용모', '안색', '말'이라는 세 가지가 인격자가 견지하고 행해야 할 기본적인 몸가짐이라고 본다. 이것은 수기(修己)의 요점이요, 정사(政事)를 하는 근본이 되기 때문에 공부하는 사람은 마땅히 잘 보존하고 보살펴서 언제 어떤 상황에서도 도리에 어긋나지 않도록 해야 한다고 주장한다.

율곡은 위의(威儀) 용지(容止)를 도리에 맞게 행하는 것을 논하면서, 앉을 때의 몸가짐과 시선(視線)을 바르게 하는 것 그리고 바른 자리에 앉는 것과 먹는 것에서 도리에 어긋남이 없도록 하는 것을 언급한다. 이는 일상에서의 기본적인 도덕실천 문제를 중시하며, 도리에 맞는 엄정한 행동을 요구하는 것이다. 이러한 율곡의 위의(威儀) 용지(容止)의 도리 실천의 입장은, 맹자가 말한 "몸가짐과 행동하는 것[動容周旋]이 모두 예법에 맞는 것은 성한 덕이 지극한 것"[23]이 되도록 하는 인격의 함양을 지향한 것이다. 율곡은 이와 관련하여 "대개 위

운 곳으로 다니니 그것이 수고롭고 괴로운 일이다."라고 하였다는 점을 율곡은 강조한 바 있다.(『栗谷全書』 卷21, 「聖學輯要3」 第2 修己中-檢身) 율곡은 인간다운 길, 도덕실천의 윤리적인 삶의 길이 가장 편하고 가치로운 길임을 표명한 것이다.

22 『論語』「泰伯」: 君子所貴乎道者三, 動容貌, 斯遠暴慢矣, 正顏色, 斯近信矣, 出辭氣, 斯遠鄙倍矣.

23 『栗谷全書』 卷21, 「聖學輯要3」 第2 修己(中): 動容周旋中禮者, 盛德之至也.

(威)란 일이 엄하고 사나운 것이 아니요, 의관(衣冠)을 바르게 하고, 시선(視線)을 높이며 의젓하여 사람들이 보고서 존경하는 것이니, 이것이 위(威)라는 것이다. 의(儀)란 수식(修飾)하는 것이 아니요, 몸가짐과 움직임이 예법에 맞지 않음이 없는 것이니 이를 의(儀)라고 하는 것이다."[24]라고 한 진덕수(眞德秀)[25]의 입장이 위의(威儀) 용지(容止) 검신의 도리를 명확하게 보여 주는 것으로 인식하고 있다. 이러한 율곡의 입장은 생활상의 기본적인 도리를 실천하는 군자·성인의 품성을 보여 주는 것이다. 유념할 것은, 율곡의 인성 함양론에서 참된 윤리적 존재는 자기의 인격만을 선하게 갖추고 지키는 것을 지향함이 아니라는 점이다. 즉 다른 사람에 대한 도덕적 책임감을 가지고 이를 실천하는 것을 율곡은 군자나 성인의 본령으로 삼고 있다. 이 점에서 율곡은 자기의 인격이 선하면 그 선한 영향력이 다른 사람들에게 미쳐서 사회를 선하게 한다는 의미를 내포한 『시경』의 "훌륭한 군자는 그 예의가 어긋나지 않는다. 그 예의가 어긋나지 않으니 사방 나라를 바르게 할 것이다."[26]라는 문언을 강조한다. 즉 율곡은 위의(威儀) 용지(容止)가 예의에 어긋나지 않으므로 곧 일정한 법도가 있고, 도덕실천의 마음이 한결같기 때문에 그 마음으로 예의가 모범이 되어 모든 사람들에게 예의를 행할 수 있도록 영향을 미쳐야 한다는

---

24 『栗谷全書』 卷21, 「聖學輯要3」 第2 修己(中): 蓋威非事嚴猛, 正衣冠, 尊瞻視, 儼然人望而畏之, 夫是之謂威也, 儀非事容飾, 動容周旋, 無不中禮, 夫是之謂儀也.

25 西山 眞德秀(1178~1235)는 南宋의 유학자로서 주자학이 다시 성행하는 데 큰 공헌을 하였다. 眞德秀의 대표적인 저술로는 『大學衍義』가 있다. 『大學衍義』는 『大學』을 주석한 것으로서, 三綱領과 八條目을 근간으로 하여 儒家들의 說을 입증하면서 『大學』의 本義를 해명하였다. 조선에서는 태종, 세종, 중종의 在位 시기에 국가에서 『大學衍義』를 간행하여 儒生들의 학문 활동을 장려한 바 있다.

26 『栗谷全書』 卷21, 「聖學輯要3」 第2 修己(中): 淑人君子, 其儀不忒, 其儀不忒, 正是四國.

점을 검신의 주요 본령으로 제시한 것이다.

율곡은 검신의 실천방법 세 번째로, '경계하고 신칙(申飭)함에 게으름이 없게 하는 것'을 제시하고 있다. '경계하고 신칙함에 게으름이 없게 하는 것'은 자신에게 덕이 성(盛)하다고 하더라도 남의 덕이 부족하다고 업신여기지 않도록 자신을 늘 경계하고 삼가는 것을 말한다. 덕이 성하면 남을 업신여기는 마음이 없으나, 덕이 지극하지 않으면 타인을 업신여기는 마음이 있음을 면하지 못한다. 즉 타인을 업신여기는 마음을 갖는 것은 덕 없는 자의 마음이 드러남이며, 혹 덕 있는 자가 일순간 다른 사람을 업신여기면 그 순간 이미 실덕(失德)한 것이 되어 버리고 말아서 자신의 참된 마음을 잃게 되는 것이다. 율곡은 이와 같은 점들을 실천적인 맥락에서 깨우쳐 주기 위해 '경계하고 신칙함에 게으름이 없게 하는 것'을 검신의 주요 요목으로 삼은 것이다. 그래서 율곡은 "귀·눈의 부림을 받지 않아 모든 법도가 바르게 하라."고 하면서[27] 몸의 욕망에 사로잡히지 않고 늘 도리에 맞게 몸과 마음을 경계하고 삼가야 함을 강조한다.

율곡은 이와 같이 검신의 세 가지 실천적 요체를 논하면서 "그 힘쓰는 방법은 용모(容貌)와 시청(視聽)과 언어(言語)와 위의(威儀)를 한결같이 천리(天理)에 좇을 따름이다. 형색(形色)은 천성(天性)이니, 몸에서 움직임과 고요함이 어느 하나 천칙(天則) 없겠는가?"[28]라고 하며, 그 윤리적 의미를 다음과 같이 집약한다.

---

27 『栗谷全書』 卷21, 「聖學輯要3」 第2 修己(中): 不役耳目, 百度惟貞.

28 『栗谷全書』 卷21, 「聖學輯要3」 第2 修己(中): 其用功之方, 不過容貌視聽言語威儀, 一循天則而已, 形色天性也, 一身之中, 一動一靜, 孰無天則者乎.

> 세상 사람 중에는, 혹 얼굴과 겉모습을 꾸며 매우 볼만하게 하면서도 내면에 (착한 마음을) 지키고 보존하는 노력을 하는 사람이 없는데, 이것은 참으로 좀도둑에 비할 것이니 의논할 가치도 없다. 만일 그의 타고난 바탕이 욕심이 적어서 물욕의 유인을 받지 않고 마음 편하게 혼자 즐기며, 다만 안으로 마음을 바르게만 하며, 반드시 외모에 구속될 것이 없다고 하는 사람도 역시 도에는 들어갈 수 없고 끝내 세속에서 호인(好人)이 되고 말 것이다. 더구나 외모도 장엄하지 못하면 마음도 게으르게 되어 방탕으로 흘러 들어가지 않을 것을 보장하지 못하는 것이다. 이것이 그 마음을 바로 하고서도 또 그 몸을 다스리지 않을 수 없는 이유이다.[29]

율곡이 검신을 강조하는 이유는 마음뿐만이 아니라 몸도 도리에 맞도록 그 바름을 유지해야 진실로 도에 들어갈 수 있다고 인식하기 때문이다. 마음이 바르지 않으면 몸가짐이 바를 수 없으니, 마음이 바르지 않으면서 몸가짐을 바른 척 꾸미는 것은 도둑과 같이 악한 짓이라고 규정한다. 그리고 마음에 물욕이 적어서 마음을 쉽게 바르게 할 수 있는 자가 몸가짐을 소홀히 하여 도리에 어긋나는 것을 개의치 않는 것 역시 문제라고 율곡은 생각한다. 몸가짐은 그 자체가 마음의 도덕적 성실성을 나타내는 것이므로 몸가짐을 경솔하게 한다는 것은 곧 마음의 불성(不誠)을 더욱 심화하고, 타인과의 관계에

---

29 『栗谷全書』 卷21, 「聖學輯要3」 第2 修己(中): 世之人, 或有修飾容儀, 甚是可觀, 而內無操存之功者, 此固穿窬之比, 不足議爲. 若其天資寡慾, 不被物誘, 而坦率自樂, 以爲但當內正其心, 不必拘拘於外貌者, 亦不可入道, 終爲俗中好人而已. 況外貌不莊, 中心亦懈, 未可保其不流於放蕩也哉. 此所以旣正其心, 又不可不檢其身也.

서는 예의의 소홀로 나타나기 때문에 문제라고 인식한 것이다. 율곡이 이러한 유형의 인간에 대해 염려하는 점은, 도덕실천적 성품의 함양이 취약하여 일상의 인간관계에서 쉽게 도리에 맞지 않는 몸가짐을 보일 수밖에 없으며, 또한 도덕 갈등적인 상황에서 악으로 경도되기 쉽다는 것이다. 이 점에서 율곡은 검신의 실천을 부각시키고 있는 것이다.

3. 회덕량(恢德量)의 도덕실천

회덕량(恢德量)은 덕량을 넓히는 것을 의미하는데, 율곡은 수기의 도덕실천의 주요 방법으로 회덕량을 제시한다. 즉 율곡은 "덕량이 넓지 못하면 적게 터득해도 만족하고, 한 모퉁이에 치우쳐서 고명박후(高明博厚)한 지경에 나아가지 못한다."[30]고 언급하면서, 다른 사람과의 관계에서 넓은 덕량을 가진 성인의 인격을 지녀야 한다는 점을 강조한다. 율곡이 수기의 도덕실천론에서 보여 주는 회덕량의 면모는, "잘한 것은 남이 하였다 하고, 잘못한 것은 내가 하였다 하면 백성이 다투지 않는다. 그러므로 군자는 자신의 능한 것으로 남을 병들게 하지 않고, 남의 능하지 못한 것으로 그 사람을 부끄럽게 하지 않는다."[31]는 공자의 말에 표명되어 있다. 이러한 회덕량은 인간관계

---

30 『栗谷全書』 卷22, 「聖學輯要4」 第2 修己(下): 蓋德量未弘, 則得少爲足, 偏於一曲, 未可進於高明博厚之境.

31 『禮記』「坊記」: 善則稱人, 過則稱己, 則民不爭, 是故, 君子不以其所能者病人, 不以人之所

에서 공은 다른 사람에게 돌리고, 자신의 능함과 덕을 드러내어 다른 사람을 난처하게 하지 않도록 배려하는 덕의 실천을 의미한다. 율곡이 이와 같은 회덕량에 주목한 것은 이것이 인간관계에서 인덕(仁德)의 실천에 관한 구체적인 방법이 되기 때문이다.

율곡은 회덕량의 입장을 "잘한 것을 자기의 소유로 하면 그 잘한 것을 상실(喪失)하고, 능한 것을 자랑하면 그 공을 상실(喪失)한다."[32]는 『서경(書經)』의 말을 상기하면서 그 본령을 논한다. 자신의 덕을 스스로 내세우면 덕을 잃게 되니, 덕을 숨기어 드러내지 말아야 함이 회덕량의 본령인 것이다. 비록 어떤 사람이 도덕적인 상황에서 덕스러운 행위를 했다고 하더라도 그것을 스스로 내세워 드러내면 덕실천의 동기가 본래 명예를 얻기 위한 데 있다고 할 것이므로, 실상은 유덕한 것이라고 할 수 없다는 것이다. 또한 한편으로는 덕을 행한 자가 이미 겸손함을 상실했기에 도덕적인 인격 수양의 진보를 기대하기 힘들다는 점도 그 맥락에 함의되어 있다. 이러한 점에서 율곡은 다음과 같이 말한다.

> 『주역』에 이르기를, "땅의 형세는 곤(坤)이다. 군자가 이것을 본받아 후(厚)한 덕으로 만물을 싣는다."라고 하였다.[33]

이는 『주역(周易)』 '곤괘(坤卦)'의 상사(象辭)에 나오는 것인데, 군자

不能者愧人.

32 『栗谷全書』 卷22, 「聖學輯要4」 第2 修己(下): 有其善, 喪厥善, 矜其能, 喪厥功.

33 『栗谷全書』 卷22, 「聖學輯要4」 第2 修己(下): 易曰, 地勢坤, 君子以, 厚德載物.

는 땅의 후덕한 덕을 모범으로 삼아서 모든 것들을 받아들이는 포용적 덕실천의 인격임을 보여 준다. 땅의 후덕함을 닮은 덕량 있는 인격을 함양해야 한다는 것이 『주역』을 거론한 의미이다. 덕량을 넓히게 되면 성인(聖人)은 천지와 같은 도량을 가지게 되며, 이때 인간이 궁극적으로 지향하는 이상적인 공효인 천인합일(天一合一)의 지경에 이를 수 있다는 것이다.

그렇다면 궁리(窮理)를 함으로써 앎을 이루게 되면 저절로 덕량이 넓어지는 것은 아닐까? 이 점에 대해서 율곡은 "사람의 도량이란 학식(學識)을 따라 자라지만 또 학식은 높으면서도 도량이 자라지 못하는 사람이 있는데, 이것은 학식이 이르지 못함이다. 대개 다른 일은 사람이 모두 억지로 할 수도 있지만, 학식이나 도량만은 억지로 할 수 없다."[34]라고 한 정이천(程伊川)의 입장을 따른다. 즉 학식의 유무(有無)나 다과(多寡)가 곧 덕량의 광협(廣狹)과 직접적인 관련성을 갖지 않는다는 것이 율곡의 입장이다. 이는 덕이란 단지 기능적인 지식, 표피적인 지식을 통해서는 넓어질 수 없으며, 삶의 근본원리를 꿰뚫는 도를 알게 됨으로써 천지와 같은 도량을 가질 수 있고, 또한 그러한 도의 실천을 통해서 지속적으로 마음의 그릇을 넓혀 가는 포용성을 내면화하여 회덕량할 수 있다는 것이다. 율곡은 "도량이 좁은 자는 물(物)을 용납하지 못하니, 좁고 막힌 데서 온갖 병통이 생긴다."[35]는 견해를 표명하는데, 이는 비록 어느 정도 식견이 있다고 하더라

34 『栗谷全書』 卷22, 「聖學輯要4」 第2 修己(下): 人量隨識長, 亦有人識高而量不長者, 是識實未至也, 大凡別事, 人都强得, 惟識量不可强.

35 『栗谷全書』 卷22, 「聖學輯要4」 第2 修己(下): 量狹者, 不能容物, 從狹隘上, 生萬般病痛.

도 도량이 넓지 못하면 여러 가지 생활적·심리적인 문제에 봉착하게 됨을 지적한 것이다. 이 점에서 율곡은 회덕량은 좋은 인간이 되고, 좋은 삶을 사는 데 매우 중요한 실천 공부라고 이해하고 있다.

율곡은 또한 '여러 사람을 용납하는 회덕량'에 대해서 설명하는데, 이와 관련해서는 『주역』의 '명이괘(明夷卦)' 상사(象辭)를 중심으로 접근한다.

> 『주역』에 이르기를, "군자는 무리에 임함에 있어 어둠을 써서 밝게 한다."라고 하였다. [36]

『주역』 '명이괘(明夷卦)'의 이 구절의 의미는 지나치게 올바른 도리로 사람들의 행위와 태도를 살피게 되면 오히려 문제를 유발할 수 있으므로 포용하거나 너그러운 도량을 발휘함으로써 사람들을 도에 맞는 길로 이끌어 가야 한다는 것이다. 즉 군자가 밝게 살피는 것을 끝까지 하지 않고 어둠을 쓰게 되는 것은, 이렇게 한 후에야 비로소 이해하고 용납함으로써 무리를 화합시켜 모두가 친해지고 편안하게 할 수 있기 때문이다. 이것이 바로 '어둠을 써서 밝게 한다.'는 이유라고 할 수 있다. 율곡은 밝음을 과도하게 쓰면 정도를 넘어서까지 살피는 잘못이 있게 됨을 경계하면서, 너그러운 도량을 잘 실천해야 함을 강조한 것이다. 함께하거나 다스리는 무리 중에 기본 양식(良識)이 갖추어지지 않은 사람들을 높은 도덕성을 갖춘 군자에게 요구

36 『栗谷全書』 卷22, 「聖學輯要4」 第2 修己(下): 易曰, 君子莅衆, 用晦而明.

되는 수준의 도덕적 행위와 처신을 하지 못한다고 비판하고 책망하기만 한다면 이것은 유덕한 행위라고 할 수 없다. 그렇기에 율곡은 수기의 도덕실천에서 성냄을 참고, 용납하고, 인내하는 회덕량을 역설한 것이다.

또한 율곡은 스스로 겸손한 자와 거만하게 높은 척하는 자의 인격적인 차이가 유발되는 이유는 도량에 크고 작은 차이가 있기 때문이라고 보면서, 다음과 같이 도량이 작은 자의 병통을 지적하고 있다.

> 도량이 작은 자는 그 병통이 세 가지가 있으니, 첫째는 치우치고 왜곡된 것[偏曲]이며, 둘째는 스스로 잘난 체하는 것[自矜]이며, 셋째는 이기기를 좋아하는 것[好勝]이다. 편곡(偏曲)된 자는 정체(停滯)하고 두루 통하지 못하니 공평한 마음으로 이치를 살피지 못하며, 자긍(自矜)하는 자는 적게 얻은 것에도 만족하여 뜻을 겸손하게 하여 덕에 나아가지 못하며, 호승(好勝)하는 자는 잘못된 것을 감추어 자기를 내세우지 않고 선(善)을 좇지 못하니, 세 가지가 모두 하나의 사심(私心)일 따름이다.[37]

도량은 곧 덕량을 의미하는데, 율곡이 언급하는 도량이 작은 자의 병통은 '치우치고 왜곡된 것[偏曲]', '스스로 잘난 체하는 것[自矜]', '이기기를 좋아하는 것[好勝]'에 있다. 치우치고 왜곡되면 공평한 마음을

37 『栗谷全書』 卷22, 「聖學輯要4」 第2 修己(下): 量之小者, 其病有三, 一曰偏曲, 二曰自矜, 三曰好勝, 偏曲者, 滯而不周, 不能公心以觀理, 自矜者, 足於少得, 不能遜志以進德, 好勝者, 安於飾非, 不能虛己以從善, 三者, 都是一箇私而已.

낼 수 없어서 불편부당(不偏不黨)할 수 없으며, 스스로 잘난 체하면 겸손(謙遜)의 덕을 잃고 오만하게 되며, 이기기를 좋아하면 자기의 잘못을 숨기어 선하게 될 수 없다고 율곡은 인식한다. 이 세 가지의 병통은 덕량이 부족하고 도덕적 올바름에 대한 양식과 의지가 결여된 소인(小人)의 전형적인 모습을 나타내는데, 율곡은 이러한 양상은 근본적으로 마음이 사사롭기 때문에 야기된 것임을 언급하면서 그 사사로움을 다스리는 방법은 오직 도덕실천 지향의 인성 함양의 공부에 진력하는 데 있다고 주장한다.

> 사사로운 마음을 다스리는 방법은 학문하는 것뿐이니, 학문이 진보하면 도량도 커지므로 타고난 바탕의 좋고 나쁜 것은 의논할 것이 아니다. 힘쓰고 또 힘써 그치지 않아 마음이 환하게 트여서 조금의 사사로운 뜻도 그 사이에 관계하는 일이 없게 된다면, 순(舜)과 우(禹)가 천하를 소유하고서도 관계하지 않으며 문왕(文王)이 도(道)를 보면서도 아직 보지 못한 것같이 한 것도 여기에 지나지 않을 것이다.[38]

사사로움을 다스리는 것은 오직 학문함으로 가능하다는 것인데, 율곡이 여기서 말하는 학문은 위기지학(爲己之學)으로서의 인격 형성 공부를 말한다. 위기지학의 공부를 통해서만이 회덕량(恢德量)할 수

---

38 『栗谷全書』 卷22, 「聖學輯要4」 第2 修己(下): 治私之術, 惟學而已, 學進則量進, 天資之美惡, 非所論也, 勉勉不已, 至於此心曠然無一毫私意干其間, 則雖舜禹之有天下而不與, 文王之望道而未之見, 不是過也.

있으며, 마음의 사사로움을 제거할 수 있다. 이렇게 할 때 천지의 지공(至公)을 덕으로 삼은 인격인 성인이 될 수 있다. 이러한 이상적인 인간의 품격을 갖춘다면 순(舜)임금과 우(禹)임금같이 큰 세상을 다스리면서도 겸손할 수 있으며, 또 문왕(文王)같이 도(道)를 보고서도 마치 알지 못하는 것처럼 겸손할 수 있다는 것이다. 이와 같이 회덕량의 실천 공부는 지공(至公)·겸허(謙虛)·인덕(仁德)을 갖춘 인격을 함양하는 데 필수적인 공부임을 율곡은 역설하고 있다.

4. 보덕(輔德)의 도덕실천

보덕(輔德)은 덕을 실천함에 다른 사람으로부터 도움을 받을 수 있도록 스스로 노력해야 한다는 것이다. 율곡은 "천자로부터 보통 사람에 이르기까지 친구를 기다려서 덕을 이루지 않음이 없으니, 증자의 이른바 '친구로 인(仁)을 돕는다.[以友輔仁]'는 말이 이것이다."[39]라고 하였듯이, 덕의 이룸은 반드시 조력(助力)이 있어야 한다는 점을 강조한다. 그러므로 율곡은 '바른 선비를 가까이하는 일'과 '간언을 따를 것' 그리고 '허물을 고치는 것'을 구체적인 보덕의 실천으로 제시하고 있다.

먼저, '바른 선비를 가까이하는 보덕'에 대해서 논해 보면, 율곡이 '이우보인(以友輔仁)'을 거론한 대로 덕을 깨우치고 실천하는 데 도움

39 『栗谷全書』 卷22, 「聖學輯要4」 第2 修己(下): 自天子至於匹夫, 莫不須友以成其德, 曾子所謂以友輔仁, 是也.

이 되는 좋은 친구의 존재가 필수적이다. 보인(輔仁)의 차원에서 친구를 삼는 일에 있어서 공자는 유익한 친구와 해로운 친구를 언급한 바 있다.

> 유익한 친구가 셋이요, 해로운 친구가 셋이다. 곧은[直] 친구와 성실한[諒] 친구와 들은 것이 많은[多聞] 친구는 유익하고, 편벽(便辟)된 친구와 아첨을 잘하는[善柔] 친구와 말만 잘하는[便佞] 친구는 해(害)가 된다.[40]

율곡은 『논어』에 표명된 이 같은 공자의 견해에 대해 생각하면서, 주희가 논한 바를 인용하여 "친구가 곧으면 자기의 허물을 듣게 되고, 친구가 진실하면 정성스러운 데에 나아가게 되며, 친구가 들은 것이 많으면 밝은 데에 나아가게 된다. 편(便)은 익숙한 것이니, 편벽은 위의(威儀)에 익숙하고 곧지 못함이다. 선유(善柔)는 잘 보여 기쁘게 하는 데에만 능하고 진실하지 못한 것이며, 편녕(便佞)은 입으로 말하는 것만 잘하고 듣고 본 실적(實跡)이 없는 것이다."[41]라고 언급하였다. 즉 율곡은 이로운 친구는 자신의 허물을 고치고, 정성스러움으로 나아가고, 이치가 밝은 데로 나아가는 데 도움이 된다는 점에서 보인(輔仁)의 실천윤리적 의미가 있다고 보는 것이다. 이와 같이

40 『論語』「季氏」: 益者三友, 損者三友, 友直, 友諒, 友多聞, 益矣, 友便辟, 友善柔, 友便佞, 損矣.

41 『栗谷全書』 卷22, 「聖學輯要4」 第2 修己(下): 友直則聞其過, 友諒則進於誠, 友多聞則進於明, 便習熟也, 便辟, 謂習於威儀而不直, 善柔, 謂工於媚說而不諒, 便佞, 謂習於口語而無聞見之實.

바른 벗이나 선비를 가까이함으로써 자신의 도덕적 잘못을 각성하고, 성실하게 인(仁)을 실천하는 덕행을 가능케 하는 것은 이미 고대로부터 중시된 보덕(輔德)의 방법이기도 했는데, 이를 『시경』에서 확인할 수 있다.

> 의지할 이도 있고, 돕는 이도 있으며, 효도하는 이도 있고 덕 있는 이도 있어서 인도하고 도우면, 화락(和樂)한 군자를 사방에서 법(法)으로 삼을 것이다.[42]

『시경』에서는 군자가 되는 인격 형성의 공부에서 반드시 의지할 수 있고, 도와주고, 효성스럽고, 덕 있는 사람이 주위에 있어서 덕실천의 공부를 함께 할 때 군자의 인격을 이룰 수 있다는 점을 나타낸 것이다. 여기서 '인(引)'은 앞에서 인도함이며, '익(翼)'은 좌우에서 돕는 것이니 이렇게 할 때 덕 공부가 부족함 없이 온전할 수 있다. 이 점에 대해서 여조겸(呂祖謙)[43]은 "어진 이의 행실이 한두 가지가 아닌데, 반드시 효가 있고 덕이 있다고 하는 것은 무슨 일인가? 대개 왕은 항상 자상(慈祥)하고 독실한 사람과 함께 거처하면, 선(善)의 실마리를 일으키고 덕성(德性)을 함양하며 조급한 것을 진정하고, 사특한

42 『詩經』「大雅」: 有馮有翼, 有孝有德, 以引以翼, 豈弟君子, 四方爲則.

43 東萊 呂氏 呂祖謙(1137~1181)은 南宋의 유학자이다. 呂祖謙은 朱熹와 공동으로 『近思錄』을 편찬한 것으로 유명한데, 그의 사상적 특성은 朱熹와 陸九淵과의 학술교류 과정에서 理學과 心學의 수양 공부 측면에서 절충적인 입장을 취하는 것으로 나타난다. 呂祖謙은 인격수양에서 주로 '明心', '明理', '反求諸己', '反視內聖'의 공부를 강조하고 있다. 율곡은 『격몽요결』, 『학교모범』, 『성학집요』에서 독서를 통한 궁리 공부를 함에 있어서 반드시 학습해야 할 주요 유학서로 일관되게 『近思錄』을 권하였다.

것을 멸식(滅息)시켜서 날마다 고치고 달마다 변화하는 것이 언어 간에 있지 않다."[44]라고 하였다. 율곡은 여조겸의 입장을 거론하면서 일반 학인(學人)들뿐만이 아니라 왕의 경우에도 어진 이를 항상 가까이 두면서 선(善)으로 나아가고 덕성을 함양하는 데 채찍으로 삼아야 한다는 점을 강조한 것이다.

율곡은 보덕(輔德)의 두 번째로 간언(諫言)에 따르는 것을 제시하면서 『주역』 '함괘(咸卦)'의 상사(象辭)를 언급한다.

> 산 위에 못이 있는 것이 함괘(咸卦)이니, 군자는 이것을 본받아 자신을 비워서 사람을 받아들인다.[45]

'함괘(咸卦)'는 산과 못이 통하는 상(象)이다. 이 상사(象辭)에서 보이듯이 군자는 산과 못의 기운이 통하는 형상을 본받아 그 마음을 비워 남을 받아들이는데, '마음을 비운다[虛中]'는 것은 마음에 사사로움이 없는 것을 말한다. 사사로움이 없으므로 누구든지 참된 이치를 말하면 겸허하게 받아들이게 된다. 그러므로 율곡은 군자의 수기(修己)가 마치 '함괘(咸卦)'를 본받은 듯이 다른 사람의 간언(諫言)을 기꺼이 수용하여 자신을 바로잡아야 한다는 것이다. 간언을 따르는 것은 성인이 되는 데 있어서 불가결한 보덕(輔德)의 실천이다. 그러므로 율곡은 정이천(程伊川)이 "옛날 성인은 천하의 높은 자리에 거처하여 밝

44 『栗谷全書』 卷22, 「聖學輯要4」 第2 修己(下): 賢者之行非一端, 必曰有孝有德, 何也, 蓋人主常與慈祥篤實之人處, 其所以興起善端, 涵養德性, 鎭其躁而消其邪, 日改月化, 有不在言語之間者矣.

45 『栗谷全書』 卷22, 「聖學輯要4」 第2 修己(下): 易曰, 山上有澤, 咸, 君子以, 虛受人.

음은 넉넉히 비출 수 있으며, 강함은 넉넉히 결단할 수 있고, 세력은 넉넉히 마음대로 할 수 있었다. 그러나 일찍이 천하의 의논을 다하지 않음이 없어, 꼴 베고 나무 베는 사람의 말까지도 반드시 받아들이니, 이렇게 해서 성인이 된 것이다."[46]라고 한 점을 상기하면서, 간언을 듣고 따름에 있어서는 신분의 고하(高下)를 따지지 말고 자신의 완고함과 강함으로 인해 야기되는 도리의 위태로움을 경계할 수 있어야 한다고 주장한다.[47]

또한 율곡은 간언을 받아들이는 태도가 어떠해야 하는지를 공자의 입장을 통해서 배워야 한다고 하면서 『논어』의 내용을 제시한다.

> 공자가 말하기를, "바로잡고자 하는 말[法語]을 좇지 않을 수 있겠는가? 잘못을 고치는 것이 소중하다. 완곡하게 일러 주는 말을 즐겨하지 않을 수 있겠는가? 말뜻의 실마리를 찾아보는 것이 소중하다. 즐겨 하면서 실마리를 찾지 아니하고, 좇는 체하면서 고치지 않는다면 나도 어찌할 수 없을 따름이다."라고 하였다.[48]

---

46 『栗谷全書』 卷22, 「聖學輯要4」 第2 修己(下): 古之聖人, 居天下之尊, 明足以照, 剛足以決, 勢足以專, 然而未嘗不盡天下之議, 雖芻蕘之微, 必取, 乃其所以爲聖也.

47 諫言이 합당하면 그 수용함에 있어서 身分 高下를 따지지 말아야 한다고 주장하는 율곡의 입장은 사회윤리의 문제를 거론함에 있어서 言路의 許通으로 구체화된다. 즉 율곡은 "弊法을 개혁하고자 한다면 마땅히 言路를 넓혀서 善策을 결집하되, 위로 公卿으로부터 아래로 노예나 하인에 이르기까지 모두 각각 시대의 폐단을 말하게 허락하고 그 말이 쓸 만하다면 사람의 身分을 이유로 取捨하지 말아야 한다."(『栗谷全書』 卷15, 「東湖問答」: 欲革弊法, 則當廣言路以集善策, 上自公卿下至輿臺, 皆許各陳時弊, 其言果可用也, 則勿以其人爲取捨.)고 함으로써, 孝敬의 차원에서 논의되는 諫諍의 도를 言路의 擴充이라는 治人의 도로 전개하고 있다.

48 『論語』 「子罕」: 子曰, 法語之言, 能無從乎, 改之爲貴, 巽與之言, 能無說乎, 繹之爲貴, 說而不繹, 從而不改, 吾末如之何也已矣.

완곡하게 일러 주는 말은 간혹 그 본의를 헤아리기 어려울 수 있으므로 그 말뜻의 실마리를 찾는 것이 필요하다. 그렇게 해야 완곡하게 깨우쳐 주는 말의 은미(隱微)한 뜻을 헤아릴 수 있다. 그리고 바로잡는 말을 듣는다면 반드시 잘못을 고치는 노력이 수반되어야 한다는 점을 율곡은 지적하였다. 간언은 그 말의 진실된 의미를 헤아려 반드시 자기 잘못을 고치는 결과가 나타나야 비로소 보덕의 공효를 보게 된다. 율곡이 새기는 공자의 이 개과(改過)에 대한 입장은 보덕의 실천적 의미를 잘 보여 주는 논변이라고 할 것이다.

율곡은 보덕의 세 번째로 '허물을 고치는 것'에 대하여 논한다. 이에 대해서는 『주역』 '익괘(益卦)'의 의미를 새기면서 그 실천적 의미를 일깨운다.

> 풍(風)과 뇌(雷)가 익(益)이니, 군자는 이것을 본받아 선(善)을 보면 자신에게 옮겨 실천하고 허물이 있으면 고친다.[49]

군자는 바람과 우뢰가 서로 '도움을 주는[益]' 현상을 보고 자신의 덕을 기르는 데 도움이 되는 것을 찾는다. 그래서 군자에게 허물이 있다면 다른 사람의 도움을 받아 이를 진심으로 고쳐 나가는 노력을 해야 한다. 이렇게 함으로써 군자는 종국적으로는 그 삶에서 허물 없는 길을 갈 수 있다. 율곡이 거론한 '익괘(益卦)'의 의미는 간언을 듣고 개과(改過)하는 진실된 군자의 풍모를 그려 내는 것이라고

---

49 『栗谷全書』 卷22, 「聖學輯要4」 第2 修己(下): 易曰, 風雷益, 君子以, 見善則遷, 有過則改.

할 수 있다. 공부하는 사람에게도 허물이 없을 수는 없다. 늘 도리에 어긋나지 않도록 살아야 한다고 노심초사한다 하더라도 도덕적인 오류를 범할 수밖에 없는 것이 인간이다. 율곡은 공부하는 사람들이 허물을 짓지 않도록 노력을 해야 하지만, 허물이 생겼을 때는 용기 있게 고쳐 나가야 함을 "허물이 있어도 고치지 않는 것, 이것을 허물이라고 한다."[50]는 공자의 말을 통해 각성한 것이다. 율곡은 잘못을 저지른 것 자체가 도덕적 종말(終末)이 아니라고 하면서, 잘못을 고치는 개과(改過)의 진정성을 용기 있게 보여 줌으로써 사람들의 존경을 받을 수 있음을 주장하기도 한다. 그렇기에 『맹자』에서 표현된 바대로, 자로(子路)는 남들이 허물을 일러 주면 기뻐하였던 것이다.[51] 자로가 자신의 허물을 다른 사람에게 듣는 것은 마치 자신의 병을 알려 주어서 치료를 하게 되어 죽음에서 벗어나는 것과 같은 맥락이라고 할 수 있다. 이러한 점에서 율곡은 간언을 따라 개과(改過)해야 함을 장식(張栻)[52]의 상세한 말을 인용하면서 새긴다.

> 무릇 배워서 익히는 일을 중단함이 있음은 마음의 허물[心過]이 그것을 해치기 때문이다. 마음의 허물은 더욱 방지하기가 어려운데, 한 번 마음속에 싹트게 되면 비록 눈으로 보거나 귀로 들을 수는

---

50 『論語』「衛靈公」: 過而不改, 是謂過矣.

51 『孟子』「公孫丑上」: 子路, 人告之以有過則喜.

52 張栻(1133~1180)은 南宋의 道學者로서 호는 南軒인데, 스승인 胡宏의 학문을 계승하여 湖湘學派의 대표적인 인물이 되었다. 張栻은 朱熹에 비해서 마음의 작용을 더욱 강조했으므로 그의 사상은 心學의 색채가 뚜렷한데, 한편으로는 朱熹가 '中和舊說'과 '中和新說'을 정립하는 데도 영향을 끼쳤다.

> 없으나 내가 항상 익히는 공부는 이미 그 사이가 끊어진 것이다. 살피는 것을 늦추면 마음의 허물은 불어나고 자라난다. 사람들은 옛 버릇에만 안일(安逸)해져서 작은 일이라고 소홀하게 여긴다. 이를 어찌 익숙한 습관이 되도록 버려둘 수 있다는 말인가? 오늘 한 가지 잘못된 생각을 고통스럽게 여겨 고치지 않으면 내일 이 생각이 또 다시 생기고 쌓여서 습관으로 익어 버리고 그렇게 되면 늘 익히는 공부[時習之功]가 없어지니, 이 두 가지가 함께 성립될 수가 없다. 그런 까닭에 군자는 두려워한다. 허물이 마음속에서 싹트면 반드시 깨닫고, 깨달으면 깊이 경계하여 끊기를 오동나무 잎을 떨어뜨리듯이 해서 다시 계속되지 못하게 해야 한다. 이렇게 하면 허물 있는 지경은 저절로 소원하여지고 항상 익히는 공부에 전심(專心)할 수 있을 것이다. 그리하여 덕(德)에 이르고 도(道)를 이룰 수 있다.[53]

배워서 익히는 학습을 지속적으로 하는 것은 이를 통하여 마음에서 잘못된 생각을 하게 되는 것을 능히 막을 수 있기 때문이다. 장식(張栻)은 늘 선을 마음에 두고 실천하려는 인격 형성의 공부를 소홀히 하지 않아야만 안일(安逸)해지지 않아서 선에 각성된 마음으로 일상의 도리를 실천할 수 있다고 주장한 것이다. 율곡이 이 같은 장

53 『栗谷全書』 卷22, 「聖學輯要4」 第2 修己(下): 夫習之有斷絶, 心過有以害之也, 心過尤難防, 一萌于中, 雖非視聽所及, 而吾時習之功, 已間斷矣. 察之緩則滋長矣, 惟人安於故常, 以爲微而忽焉, 此豈可使之熟也哉. 今日一念之差而不痛以求改, 則明日玆念重生矣, 積而熟, 時習之功銷矣, 不兩立也, 是以, 君子懼焉. 萌于中必覺, 覺則痛懲而絶之, 如分桐葉然, 不可復續, 如此則過境自疏, 時習之功專, 以至於德以凝道.

식의 말을 중시한 것은 일상에서 늘 익히는 공부인 시습지공(時習之功)에 힘써서 도덕적 허물이 있으면 결연하게 고치고, 다시는 허물이 마음에서 일어나지 않도록 보덕(輔德)해야 함을 강조하는 의미이다. 이와 같이 율곡은 허물을 고치고, 허물을 다시 반복하지 않도록 하는 보덕을 통해서 인성교육의 참된 공효가 이루어질 수 있다고 본 것이다.

그러므로 율곡은 공부하는 사람들이 덕업을 닦는 데는 간언(諫言)을 따라 개과(改過)하는 것만 함이 없음을 다음과 같이 강조한다.

> 간언이 있으면 반드시 좇고, 허물이 있으면 반드시 고치는 것은 곧 덕(德)을 진취시키고 업(業)을 닦는 데 바탕으로 삼으려는 것이다. 만일 한갓 어진 선비의 이름만을 흠모(欽慕)하여 공연히 측근에 두고는 간하는 말이 있어도 좇지 않고 허물이 있어도 고치지 않는다면, 어진 선비가 어찌 헛된 예우(禮遇)에 얽매어 자기의 소신을 잃으려고 하겠는가?[54]

사람들은 자신의 잘못을 일깨워 주는 간언을 달갑게 생각하지 않기 때문에 간언을 불쾌하게 여기고 간언하는 사람을 미워하는 경우도 적지 않다. 율곡은 이러한 면을 직시하며 보덕(輔德)에서 간언의 중요성과 의미를 역설하면서 간언을 귀하게 여겨서 따르며 과실(過

54 『栗谷全書』 卷22, 「聖學輯要4」 第2 修己(下): 諫則必從, 過則必改, 乃所以資於進德修業者也. 如或徒慕其名, 而謾置左右, 有諫不從, 有過不改, 則賢者豈肯拘於虛禮, 以失其所守乎.

失)을 고쳐 나가는 것이야말로 공부하는 사람들의 진정한 자기 성실성의 면모라고 주장하는 것이다. 율곡이 주장하는 이 같은 간언을 통한 보덕은 반성적(反省的) 성찰에 근거한다고 할 수 있다. 반성적 성찰을 가능케 하는 요인으로는 진리의 본원에 비추어 스스로 탐구하는 것도 있지만, 율곡이 제시하는 바와 같이 다른 사람의 비판과 조언을 토대로 반성적인 성찰을 하고, 이에 따라 자기의 행위를 도덕적 가치에 부합하게 고쳐 나가는 것도 있다. 주위의 바른 사람이 자기에게 간언을 하더라도 이를 받아들이지 않는다면, 간언을 해 준 의인(義人)들이 결국에는 자기를 떠나게 되므로 자신의 인격 함양의 공부에 큰 손실이 야기될 것이라는 점을 상기시키고 있는 것이다. 이러한 간언에 의한 개과(改過)의 보덕 실천의 입장은 왕에게도 그대로 통용되는 것이라고 율곡은 말한다.

> 만약 현인(賢人)이라고 이름하는 자가 앉아서 영화(榮華)와 총애(寵愛)를 받으면서, 충성스럽고 바른 간언으로 임금의 허물을 바로잡아 구해 주는 유익함이 없다면 현자는 무엇에 쓰겠는가? 그러므로 현명한 왕은 바른 선비를 신중하게 선택해서 날마다 함께 있으면, 덕을 함양(涵養)하고 그 덕에 감화되어 자기의 욕심을 이기고 선(善)을 좇아서 덕(德)이 날로 높아지고, 왕업(王業)이 날로 넓어지는 것이다.[55]

55 『栗谷全書』 卷22, 「聖學輯要4」 第2 修己(下): 若名爲賢者, 而坐受榮寵, 無忠讜匡救之益, 則亦安用賢者爲哉. 是故, 明王愼擇正士, 日與之處, 涵養薰陶, 克己從善, 而德日以崇, 業日以廣矣.

율곡은 현자의 간언을 받는 것은 덕의 함양에 있어서 필요 개념이 아니라 필요충분 개념이라고 여긴다. 그래서 『동호문답』에서는 치세(治世)를 정의할 때 왕의 위정(爲政) 능력에서 가장 중요한 덕목으로 현인(賢人)이나 영재(英才)를 가까이 두고 그들의 진언(進言)을 수용하는 것을 들고 있다.[56] 따라서 율곡은 왕이 승욕(勝慾)하면서 자신의 덕을 두텁게 함양해 나가는 데 있어서 현인의 간언이 중요하다는 점을 강조하는 것이다. 일반 사람이나 왕이나 할 것 없이 덕의 함양에 있어서는 선(善)을 간언하는 현인의 존재가 있어야만 좋은 인격을 형성할 수 있다는 점에서 인성교육에 있어서 보덕의 실천적인 의미가 중요하게 드러난다.

5. 돈독(敦篤)의 도덕실천

돈독(敦篤)은 노력하여 신실하게 하는 것을 말하는데, 이는 덕실천의 독실함을 의미하는 개념이다. 율곡은 『성학집요』 '수기편(修己篇)'의 마지막에 '돈독'을 배치하여 그 실천윤리적 의미를 강조하면서 취지를 다음과 같이 설명한다.

---

56 율곡은 『東湖問答』 '論君道'에서 王道政治를 잘하는 聖王이 되려고 하면 賢人을 믿고 그의 助言을 잘 들어야 하고, 만약 暴君처럼 마음에 사욕이 가득해서 백성의 힘을 다 빼앗고 賢人의 忠言을 물리치고 듣지 않으면 멸망에 이르고 만다고 주장한다.(『栗谷全書』 卷15, 「東湖問答」 참조) 이러한 율곡의 입장은, 爲政에서 諫言·忠言의 수용이 중요하다고 인식하고 있음을 보여 준다.

> 몸을 닦는 공부는 앞에 자세하게 기술하였으나, 오히려 중도에 폐지하는 일이 있을까 염려되기 때문에 돈독(敦篤)을 그다음에 두었다. 『시경(詩經)』에 이르기를, "처음이 있지 않음은 없으나 끝이 있는 것은 드물다."라고 하였는데, 이른바 돈독(敦篤)이라고 한 것은 끝을 돈독하게 하라는 것이다.[57]

공부를 돈독하게 한다는 것은 처음 입지(立志)하여 굳게 시작한 공부가 그 공효를 이루는 끝까지 흐뜨러짐 없이 강건하게 수행되는 것을 말한다. 이 점에서 율곡은 돈독을 『성학집요』의 '수기편' 가장 끝에 구성하여 초지일관하게 도덕실천의 공부에 매진해야 함을 역설한 것이다. 증자(曾子)가 말한 바 "선비는 넓고 굳건하지 않을 수 없다. 임무는 무겁고 길은 멀다."[58]는 것이 바로 율곡이 의도하는 돈독의 실천적 의미를 나타낸다. 즉 군자는 마음이 넓어서 관대하면서도 굳건하여 참을성이 있어서 인의(仁義)의 실천이라는 엄중한 과제를 지속적으로 수행할 수 있다는 것이다. 율곡은 이와 같은 증자의 말이 덕의 돈독한 실천을 의미하는 것이라고 인식한다. 인의(仁義)의 도덕실천은 유가(儒家)들에게 일생의 책무임을 율곡은 강조하면서 『주역』 '건괘(乾卦)'를 언급한다.

> 하늘의 운행은 건전(健全)하다. 군자가 이것을 본받아서 스스로 노력하여 쉬지 않는다.[59]

---

57 『栗谷全書』 卷22, 「聖學輯要4」 第2 修己(下): 修己之功, 畢陳於前, 猶慮其中道而廢, 故次之以敦篤, 詩曰, 靡不有初, 鮮克有終, 所謂敦篤者, 敦篤於終也.

58 『論語』「泰伯」: 曾子曰, 士不可以不弘毅, 任重而道遠.

이는 군자의 덕실천이 지극히 성실하여 쉼[息]이 없음을 나타낸다. 쉰다는 것은 덕의 약화 혹은 단절을 야기하므로 항상 천의 운행의 건전(健全)함을 본받아 강건하게 덕을 실천하기 위해 노력해야 하는 것이 군자의 본령이다. 그렇기에 율곡은 『주역』 '건괘(乾卦)' 구삼(九三)의 괘사 '군자는 온종일 쉼 없이 노력하고, 저녁에도 반성하여 두려워한다면 위태롭더라도 허물은 없다.'는 구절을 명심해야 한다고 강조한다. 덕을 실천함을 게을리하지 않고 두려워하며 근심한다면, 비록 위태한 처지에 놓이게 된다고 하더라도 허물을 짓지 않는다는 것이다. 사람은 누구나 위태하고 어려운 상황에 놓일 수밖에 없는데, 대체로 이때 빈번하게 실수를 하고 또 결정적인 허물을 짓게 된다. 그러나 매사에 강건하게 덕을 실천하기 위해 노력한 사람이라면 내면에 갖추어진 실천적 도덕성을 발휘하여 위태롭고 어려운 경우에도 도리에 벗어나지 않는 행위를 하게 되므로 허물을 짓지 않게 된다는 것이다.

그러므로 율곡은 덕의 실천을 위해서 쉼 없이 노력해야 하며, 다양한 도덕적 상황에 따라 덕을 잘 행할 수 있도록 나날이 덕을 새롭게 하는 노력이 있어야 한다고 하면서 정이천의 말을 인용한다.

> 군자의 배움은 반드시 나날이 새로워져야 하는 것이니, 나날이 새로워진다는 것은 나날이 나아간다는 것이다. 나날이 새로워지지 않는 자는 반드시 나날이 퇴보(退步)한다. 전진하지 않으면서 후퇴

59 『栗谷全書』 卷22, 「聖學輯要4」 第2 修己(下): 易曰, 天行健, 君子以, 自强不息.

하지 않는 자는 없다. 오직 성인(聖人)의 도(道)만이 나아감도 물러남도 없으니, 그 나아간 바가 극치에 이른 까닭이다.[60]

군자의 학문은 '일신우일신(日新又日新)'하는 데 그 본령이 있으며, 일신(日新) 즉 날로 새로워짐은 날로 선을 온전하게 실천하는 도덕적 진보를 의미한다. 돈독에서 율곡이 강조하는 바대로, 군자의 공부는 퇴보는 물론 멈춤 없이 진보하여 마침내 이상적인 인격인 성인(聖人)이 되는 데 이르러야 한다. 성인은 도의 지극함, 인의(仁義)의 지극함을 이루었기에 퇴보도 있을 수 없으며, 더 이상 나아감도 없다. 이것이 돈독의 덕을 실천함으로써 구현하게 되는 수기의 공효이다. 이는 주희의 말대로 "인(仁)의 도(道)는 지극히 커서 전력을 다하여 쉬지 않고 본받는 자가 아니면 감당할 수 없다."[61]는 것을 보여 준다.

그러므로 율곡은 덕실천의 공부를 하는 사람은 돈독해야 하며 결코 '게으름의 병폐'에 물들어서는 안 된다고 한다. 게으름의 병폐와 게으름을 꾸짖은 유가(儒家)들의 전형적인 예는 『논어』에서 찾을 수 있다.

재여(宰予)가 낮잠을 자니 공자가 말하기를, "썩은 나무는 조각할 수 없으며, 더러운 흙담은 흙손질할 수 없으니, 재여를 꾸짖어 무엇하겠느냐?"라고 하였다.[62]

---

60 『栗谷全書』 卷22, 「聖學輯要4」 第2 修己(下): 君子之學, 必日新, 日新者, 日進也, 不日新者, 必日退, 未有不進而不退者, 惟聖人之道, 無所進退, 以其所造者極也.
61 『栗谷全書』 卷22, 「聖學輯要4」 第2 修己(下): 仁道至大, 非全體而不息者, 不足以當之.
62 『論語』 「公冶長」: 宰予晝寢, 子曰, 朽木, 不可雕也, 糞土之墻, 不可杇也, 於予與, 何誅.

낮잠을 자는 나태한 모습을 보이는 재여에 대해서 공자는 썩은 나무·썩은 흙담과 같으니 꾸짖어서 무엇 하겠느냐고 일갈하였다. 여기서 '주(誅)'는 곧 '책(責)'과 같이 '꾸짖다'는 의미인데, 공자가 '재여를 꾸짖을 필요도 없다.'고 한 것은 재여를 교육하기를 포기했다는 것이 아니라, 학문을 강하게 권면(勸勉)하기 위하여 '심하게 꾸짖은 것'으로 이해함이 마땅하다고 율곡은 생각한다. 즉 공자는 제자들이 공부에 게을러지고 안이해지는 것을 염려하여, 쉬지 않고 부지런히 힘써서 굳게 하라는 권면(勸勉)을 특별하게 강조하였으니, 이것이 바로 '재여를 꾸짖어 무엇하겠느냐?'며 반문(反問)한 까닭이라고 율곡은 성찰한다.[63]

이와 같이 율곡은 '쉼 없는 노력'과 '게으름의 병폐 극복'을 중심으로 초지일관되게 덕을 실천하는 돈독을 언급하면서 인격 형성 공부의 공효를 이룰 때까지 전력을 다해야 한다고 강조한다. 그러므로 율곡은 "군자의 학문은 성실하고 독실(篤實)해야 할 따름이다. 임무는 무겁고 도(道)는 멀어서 전진하지 않으면 후퇴한다. 만약 성실하고 독실하지 않으면 어찌 성취함이 있을 수 있겠는가."[64]라고 하였다. 율곡은 돈독의 공부를 소홀히 하면 결코 성인의 경지에 이를 수 없으므로 돈독함으로써 공부에 더욱 박차를 가해야 한다고 다음과 같이 일깨운다.

---

63 『栗谷全書』 卷22, 「聖學輯要4」 第2 修己(下)-敦篤 참조.

64 『栗谷全書』 卷22, 「聖學輯要4」 第2 修己(下): 君子之學, 誠篤而已, 任重道遠, 不進則退, 若非誠篤, 何能有成.

공부가 지극하면 필경 효과가 나타나는 것인데, 어찌 미리 기약할 수 있겠는가? 지금 사람들은 먼저 얻기부터 하려는 병폐가 있다. 미리 기약만 하고 공부는 지극히 하지 않기 때문에 행한 지가 얼마 안 되어서 이내 싫어하고 권태로워하는 마음이 생긴다. 이것은 배우는 자의 공통된 병폐이다. 먼 곳에 가는 자가 한걸음에 (목적지까지) 도달할 수는 없으니, 반드시 가까운 데서부터 점차로 가야 된다. 높은 곳에 오르는 자가 단번에 뛰어오를 수는 없다. 반드시 낮은 곳에서부터 점차로 올라가야 한다. 진실로 그 길을 잃지 않고, 부지런히 차례대로 질서 있게, 날마다 공정(功程)을 정하여 전진할 뿐 후퇴함이 없게 되면, 멀다고 못 갈 곳이 없고 높다고 못 오를 곳이 없다.[65]

인격 형성의 공부를 함에 있어서 돈독을 강조하는 이와 같은 율곡의 입장은 지속성, 단계성, 진보성의 도덕실천 원리를 함의하고 있다. 여기서 진실되고 겸허한 마음으로 끝까지 포기하지 않고 덕을 실천하는 강건한 실천적 노력의 중요성을 부각시키는 율곡의 교육의지를 읽을 수 있다. 그러나 율곡은 단지 지속하고 포기하지 않는 단순한 노력만을 얘기하는 것이 아니다. 율곡은 마음이 치우쳐서 사사롭게 되는 것이 무엇인지를 정확히 분별하여 그것을 해결해 나가는 방식으로 돈독해야 함을 주장하는 점에서 그의 입론은 개별적 윤

65 『栗谷全書』 卷22, 「聖學輯要4」 第2 修己(下): 功至則效必臻, 何可預期乎, 今人患在先獲, 惟其預期而功不至, 故行之未幾, 厭倦之心生焉. 此學者之通病也, 行遠者, 非一步而可到, 必自邇而漸往, 升高者, 非一超而可詣, 必自卑而漸登. 苟能不失其路, 而勉勉循循, 日有功程, 有進無退, 則無遠不屆, 無高不及矣.

리 주체의 입장을 고려한 정밀성을 갖추고 있다. 즉 율곡은 "사람의 심정(心情)이 제각기 즐기는 바가 있으나, 배우는 것을 낙(樂)으로 여기지 못하는 것은 반드시 가리는[蔽] 것이 있기 때문이니, 그 가리는 바를 알아서 힘써 제거해야 한다. 성색(聲色)에 가린 자는 노래와 여색(女色)을 멀리하기에 힘쓸 것이며, 재화(財貨)와 이익(利益)에 가린 자는 재물을 천(賤)하게 여기고 덕(德)을 소중히 여기는 데 힘쓸 것이며, 치우치고 사사로운 것에 가린 자는 자기의 생각을 버리고 남의 의견을 따르는 데 힘써야 한다."[66]라고 함으로써 비판적·반성적인 성찰을 토대로 자기의 인격적 문제점을 해결해 나가야 함을 주지시킨다. 이 같은 맥락에서 율곡은 인성 함양 공부에서 돈독의 실천윤리적 의미를 강조한다.

> 무릇 덮여 가리어 있는 모든 것은 오로지 그 근본을 끊도록 힘써야 하고, 공부를 실천하는 일에는 어렵고 쉬움을 견주지 말고 용감하고 힘 있게 나아가며, 절실하게 괴로움을 참으면서 단연코 물러서지 않으면, 공부가 진행되는 상태가 처음에는 매우 험난하고 막히지만, 뒤에는 점차로 조리(條理)가 시원하게 밝아지며, 처음에는 매우 혼란하지만 뒤에는 점차로 정리될 것이며, 처음에는 매우 어렵고 빡빡하지만 뒤에는 점차로 통달하여 편리할 것이며, 처음에는 매우 담박하지만 뒤에는 점차로 맛이 있어서, 반드시 정(情)

66 『栗谷全書』 卷22, 「聖學輯要4」 第2 修己(下): 人情各有所樂, 其不能以學爲樂者, 必有所蔽故也, 知其所蔽, 而用力以袪之, 蔽於聲色者, 務放聲而遠色, 蔽於貨利者, 務賤貨而貴德, 蔽於偏私者, 務捨己而從人.

이 발로(發露)되어 배우는 것을 낙(樂)으로 삼게 될 것이니, 그렇게 되면 천하의 모든 일들이 배우는 것보다 더한 것이 없을 것이니, 어느 겨를에 외물을 사모(思慕)하여 배우는 일을 게을리하고 늦추는 일이 있겠는가.[67]

배우는 일을 어렵고 힘들게 여길 것이 아니라, 자기의 허물을 고쳐 더 나은 사람이 되려는 인격 형성의 공부가 인생에서 가장 즐거운 일이 되도록 자각하고, 그 깨달은 마음으로 시종일관 돈독을 다하는 것이 바로 율곡이 가치롭게 여기는 유교 인성교육의 실천윤리적 의미이다.

6. 장을 마치며

사람은 품부한 본성의 선함이 있기에 수기(修己)의 노력을 한다면 누구나 성인(聖人)이 될 수 있다고 율곡은 확신한다. 그러므로 율곡은 『성학집요』에서 수렴(收斂)을 바탕으로 검신(檢身), 회덕량(恢德量), 보덕(輔德), 돈독(敦篤)하여 선행(善行)을 거듭함으로써 인(仁)을 익혀야 한다고 강조했다.

율곡이 수기의 도덕실천에서 수렴(收斂)을 강조함에는, 도덕적 상

67 『栗谷全書』 卷22, 「聖學輯要4」 第2 修己(下): 凡有所蔽, 莫不務絶其根本, 實用其功, 不計難易, 勇趨力進, 喫緊辛苦, 斷然不退, 用功之狀, 初甚險塞, 而後漸條暢, 初甚棼亂, 而後漸整理, 初甚艱澁, 而後漸通利, 初甚澹泊, 而後漸有味, 必使情之所發, 以學爲樂, 則擧天下之物, 無以加於此學矣, 何暇有慕於外, 而怠緩於此乎.

황에서 마음이 발하게 된 경우나, 도덕적 상황이 발생하지 않아서 마음이 발하지 않은 경우 할 것 없이 동정(動靜)을 통관하는 모든 상황에서 경을 잘해야 한다고 보면서 주일무적(主一無適)과 대응수작(對應酬酢)하는 경의 활법(活法) 실천을 제시한 것으로 나타난다. 그리고 경(敬)의 시단(始端)으로 수렴(收斂)을 거론하면서 몸가짐[容止]의 수렴, 언어(言語)의 수렴, 마음의 수렴 등을 실천해야 한다고 주장한다. 율곡은 거경을 해야만이 비로소 생각마다 도리에 어긋난 것이 없게 될 것이며, 일상의 행위에서 잘못이 없게 될 것이므로 수렴을 해야만 양심을 기르고 덕성(德性)을 높일 수 있다고 여긴다. 따라서 수렴하는 거경(居敬)으로 몸과 마음을 바로잡는 행적(行的) 노력이 바로 기초적이고 토대적인 인성 함양의 실천적 공부가 된다고 주장한다.

또한 율곡은 검신(檢身)은 몸가짐과 행위를 도리에 맞게 하는 것이라고 하면서 그 실천방법으로 '몸을 공경하고 예법(禮法)을 삼가는 것', '위의(威儀) 용지(容止)를 도리에 맞게 하는 것', '경계하고 신칙(申飭)함에 게으름이 없게 하는 것'을 요체로 삼고 있다. 율곡은 마음뿐만이 아니라 몸도 도리에 맞도록 그 바름을 유지해야 도덕을 참되게 실천할 수 있다고 인식한다. 몸가짐은 그 자체가 자기 마음의 도덕적 성실성을 나타내는 것이므로 검신을 통해서 규범에 맞는 행위와 태도를 유지해야 함을 강조한 것이다. 검신의 노력이 결여된다면 행위와 태도가 규범에 어긋나거나 악으로 치우치기 쉽다는 점에서 율곡은 특히 검신의 실천을 부각시키고 있다.

회덕량(恢德量)의 실천에 있어서 율곡은 다른 사람과의 관계에서 넓은 덕량을 가짐으로써 성인의 인격을 함양해야 한다는 점을 역설한다. 삶의 근본원리를 꿰뚫는 도를 알게 됨으로써 천지(天地)와 같은 넓은 도량을 가질 수 있으며, 또한 그러한 도의 실천을 통해서 지속적으로 마음의 그릇을 넓혀 가는 포용성을 내면화할 때 비로소 회덕량할 수 있다는 것이다. 율곡은 비록 어느 정도 도덕적인 식견이 있다고 하더라도 도량이 넓지 못하면 실제적인 인간관계에서 다른 사람에게 유덕한 행위를 하기보다는 자기 이익을 우선시하여 도리에 어긋나는 행위를 하게 될 경향성이 크다는 점을 지적하면서 회덕량을 중요한 도덕실천의 공부로 삼고 있다. 이러한 맥락에서 율곡은 덕량이 부족한 사람은 '치우치고 왜곡됨', '스스로 잘난 체함', '이기기를 좋아함'과 같은 성향을 드러내기 때문에 이 병통들을 극복하는 회덕량의 노력이 반드시 필요하다고 강조한다.

보덕(輔德)은 덕을 실천함에 다른 사람으로부터 도움을 받을 수 있도록 스스로 노력해야 한다는 점을 언급하는 것인데, 덕의 이룸은 반드시 조력(助力)이 있어야 한다는 것이다. 율곡은 중요한 보덕의 실천방법으로서 '바른 선비를 가까이함', '간언(諫言)을 따름', '허물을 고침'을 제시하고 있다. 율곡은 일반사람들뿐만이 아니라 왕의 경우에도 사사로운 욕망을 이겨 내면서 자신의 덕을 두텁게 함양해 나가는 데 현인(賢人)의 간언이 중요하다고 강조한다. 즉 범부(凡夫)나 왕이나 할 것 없이 덕의 함양에 있어서는 선(善)을 바르고 명확하게 간언하는 현명하고 덕 있는 사람이 주위에 있어야만 좋은 인성을 함양할 수 있다는 것이다. 이 점에서 덕의 함양은 다른 사람의 조력 없이 개별적인 독자의 노력으로 수행되는 과업이라기보다는 인성 함양의 공부를 하는 사람들이 서로 도움으로써 더욱 의미 있는 효과를 현시할 수 있는 상관적(相關的)·상의적(相依的)인 특성이 있다는 점을 율곡은 보덕을 통해서 일깨우고 있다.

또한 율곡은 수기의 도덕실천에서 행적(行的) 독실함을 의미하는 돈독(敦篤)을 중시했다. 율곡은 『성학집요』 '수기편'의 마지막에 돈독을 배치하여 '덕성을 함양하는 공부를 중도에 폐지하는 일이 없도록 하기 위해서 돈독(敦篤)을 마지막에 두었다.'고 하였다. 돈독은 처음 입지(立志)하여 굳은 마음으로 시작한 공부가 그 공효를 온전히 이룰 수 있도록 강건하게 지속하는 것을 말한다. 이 점에서 돈독은 인성 함양 공부의 지속성(持續性)·완전성(完全性)을 담보하기 위한 수기 공부의 요체가 된다. 그렇기에 율곡은 인성을 함양하는 공부란 성실하고 독실(篤實)해야 할 따름이니, 성실하고 독실하지 않으면 그 실효를 이룰 수 없다고 하면서, 덕의 실천을 위해 쉼 없이 노력하여 덕을 나날이 새롭게 함으로써 결코 '게으름의 병폐'에 물들어서는 안 된다고 경계하였다.

율곡은 도덕실천을 통해서 수기의 공효인 천덕(天德)을 이루고, 이러한 천덕이 정가(正家)와 치인(治人)에서 왕도(王道)를 이루는 것으로 나아가야 한다고 주장한다. 이 점에서 율곡의 도덕실천 지향 인성교육론에서는 수기·정가·치인의 실천윤리적 의미를 일관성 있게 견지하기 위해서 노력하고 있음을 알 수 있다. 그러므로 수기·정가·치인의 도덕실천 구조는 인성교육의 완결성을 담보하는 실천 체계가 된다고 할 수 있다.

제9장

인성 함양을 위한 정가(正家)의 도덕실천

유교윤리사상에서 '가(家)'는 인간의 본질을 구성하는 데 있어서 매우 중요한 의미를 갖는다. 그렇기에 유가(儒家)들은 가족과 가문에 대한 의미를 사실상 자기 정체성과 동일시해 왔다고 할 수 있다. 출생과 성장이라는 개인의 생명과 인격 형성의 장(場)이라는 점에서 기본적으로 가(家)는 인간에게 있어서 다른 어떤 공동체와 비교될 수 없는 가치를 지닌다. 그러므로 유가들은 윤리의 시발(始發)도 부자(父子), 부부(夫婦), 형제(兄弟) 관계를 중심으로 구축해 왔으며, 이러한 가족관계에서의 윤리규범이 곧 사회적 관계로 확장됨으로써 윤리의 완성을 이루게 된다고 할 정도로 유가들에게 가(家)는 특별한 의미를 가진다.

그렇기에 유가들의 교학(教學) 체계에서 정가(正家)·제가(齊家)의 문제는 결여될 수 없는 본질적인 과제가 되어 왔다. 율곡 역시 그의 도덕실천 지향의 인성교육을 논함에 있어서 정가(正家)를 강조하고 있다. 즉 인성교육의 고차원적인 교본(敎本)이라고 할 수 있는 『성학집요』에서 율곡은 '수기(修己)-정가(正家)-위정(爲政)'의 구조를 구축하여 정가를 심도 있게 다루고 있는 것이다.

본 장에서는 율곡이 도덕실천 지향의 인성교육을 전개하면서 공부하는 사람들이 정가(正家)의 실천적인 노력을 어떻게 수행해야 하는지를 주장한 그의 입장을 구명할 것이다. 이를 통해서 인성 함양을 지향한 정가(正家)의 실천적인 방법의 맥락과 의미를 이해할 수 있을 것이다. 이러한 목적하에서 먼저, 정가(正家)에서 효경(孝敬)이 지니는 윤리적 가치에 대해서 생각해 보고, 효경의 덕을 실천하는 세 가지 경우, 즉 부모 생존(生存) 시의 효경, 장사(葬事) 시의 효경, 제사(祭事) 시의 효경에 대해서 '시무적(時務的) 효경'이라고 지칭하면서 그 실천적 특성을 탐구할 것이다. 그리고 율곡의 정가론(正家論)에서 강조되고 있는 간쟁(諫諍)의 특성과 그 실천적 의미를 분석할 것이며, 마지막으로 효경을 사회에 확산해 나가는 사회 교화(敎化)의 실천적 가치를 논할 것이다.

효경을 중심으로 율곡의 정가(正家)의 도덕실천적 방법과 그 행적(行的) 도덕성 함양의 의미를 탐구하는 것은 효경을 가장 중요한 천륜(天倫)이자 인륜(人倫)으로 여기는 유교윤리의 실천적 본령을 해명하는 작업이 될 것이다. 이에 따라 율곡이 『성학집요』와 『격몽요결』에서 특히 강조하고 있는 효경을 중심으로 정가(正家)의 도덕실천 문제를 논하고자 한다.

1. 정가(正家)에서 효경(孝敬)의 윤리적 가치

효경(孝敬)은 유교적 윤리사상 체계에서 가장 근본적인 덕으로 간주되어 왔다. 그래서 율곡은 스스로 효의 실천을 위해서 힘을 다했으며, 교육적인 차원에서도 효의 공부와 실천을 역설하였다. 율곡은 『성학집요』의 '정가편(正家篇)' 서두에서 다음과 같이 언급한다.

> 효는 모든 행동의 으뜸이 되는 것이기 때문에, 집안을 바르게 다스리는 도(道)는 효경(孝敬)을 그 첫째로 삼았다.[68]

율곡은 이와 같이 가정에서는 부모를 섬기는 효와 공경을 근본으로 삼아야 한다는 관점에서 효경을 강조하면서 효의 도리와 그 윤리적 가치를 논하고 있다. 율곡은 효의 가치를 부각시키기 위해 『효경(孝經)』에서 공자가 효의 시작과 마침을 규정한 점을 인용하면서 그 의미를 새긴다.

> 신체(身體)와 모발[髮]과 피부 등은 부모에게서 물려받은 것이니, 감히 훼손하거나 상하게 하지 않는 것이 효의 시작이며, 입신(立身)하여 도를 실천하고 후세에 이름을 떨쳐서 그것으로써 부모의 존재를 드러나게 하는 일이 효의 마지막이다. 대체로 효는 부모를 섬기는 것에서 시작하고, 임금을 섬기는 일이 효의 중간이며, 입

68 『栗谷全書』 卷23, 「聖學輯要5」 第3 正家: 孝爲百行之首, 故正家之道, 以孝敬爲先.

신하는 것이 효의 마무리이다.[69]

율곡은 『효경』의 말을 통해서 부모 공경의 효덕(孝德)의 성격을 밝히고 있다. 신체의 불감훼상(不敢毁傷)과 입신양명(立身揚名)이라는 효의 도리는 부모로부터 받은 몸을 소중히 여기는 것에서 시작하여, 부모로부터 배운 덕을 사회에서 실천하여 부모의 이름을 높임으로써 효의 지극함을 다하는 것이라고 생각하고 있다. 여기서 보여 주는 효의 시작과 마침은 가치적인 의미에서의 효의 도리를 나타낸 것이며, 단순한 과정적인 시작과 끝을 말하는 것이 아님은 물론이다. 율곡은 『성학집요』에서 이러한 공자의 가치론적인 맥락에서의 효의 시작과 끝에 대한 입장을 논하면서 '백성의 효', '선비의 효', '천자의 효'를 실천적 의미에서 제시하고 있다. 즉 몸가짐을 조심하고 씀씀이를 절약하면서 부모를 봉양하는 것은 일반 백성의 효도라고 한다. 그리고 효도로 임금을 섬기는 충(忠)과 공경으로 웃어른을 섬기면서 순(順)을 잃지 않고, 그것으로 위를 섬기고 능히 제사 지내는 일을 잘 지켜 나가는 것을 선비의 효도라고 한다. 또한 사랑하고 공경하여 부모를 극진히 섬긴다면 덕과 교화가 백성에게 더해지고 온 사회에 모범이 되는데, 이것이 천자의 효도라고 규정한다.[70] 이와 같이 율곡은 일반 백성에게는 봉양의 도리를 다해야 함을 언급하고 있으며, 선비와 천자의 경우에는 효를 실천함으로써 덕(德)과 교화(教化)

---

69 『栗谷全書』 卷23, 「聖學輯要5」 第3 正家: 身體髮膚, 受之父母, 不敢毁傷, 孝之始也, 立身行道, 揚名於後世, 以顯父母, 孝之終也. 夫孝, 始於事親, 中於事君, 終於立身.

70 『栗谷全書』 卷23, 「聖學輯要5」 第3 正家-孝敬 참조.

를 사회에 미치는 모범이 되어야 한다는 점을 강조하면서 효덕(孝德)의 실천을 주장한다.

율곡은 『성학집요』에서 효경(孝敬)에 대해서 상론하고 있는데, 특히 부모에 대한 효경(孝敬)으로 인덕(仁德)을 실천하는 마음을 배양하고, 이 마음을 다른 사람에게까지 미치도록 해야 한다고 역설하였다. 이러한 맥락에서, 율곡은 효경에 대한 유가(儒家) 실천윤리관의 진면목을 제시한 다음과 같은 진덕수의 설명을 중시한다.

> 진씨(眞氏)가 말하기를, "효라는 것은 사랑하고 공경하는 데서 벗어나지 않을 따름이니, 부모를 사랑하는 마음을 미루어서 다른 사람을 사랑하면 질투하고 미워하는 일이 없어지며, 부모를 공경하는 심정을 미루어서 다른 사람을 공경하면 남을 낮추어 보거나 업신여기는 바가 없을 것인데, 이를 위에서 몸소 실천한다면 도덕과 교화가 자연히 아랫사람의 모범이 되어서, 천하 사람들은 모두 그 부모를 사랑하고 존경하지 않는 이가 없을 것이다."라고 하였다.[71]

율곡은 진덕수의 이러한 사유는 효경으로 나타나는 유교의 인덕(仁德)은 친친(親親)에서 근원하여 보편적인 사랑으로 전개되어야 하는 실천적인 규범임을 보여 준다고 생각한다. 효경을 제대로 실천하는 사람이라면 다른 사람을 공경하고 존중하지 않을 수 없으며, 이

---

71 『栗谷全書』 卷23, 「聖學輯要5」 第3 正家: 眞氏曰, 孝者, 不出乎愛敬而已, 推愛親之心以愛人, 而無所疾惡, 推敬親之心以敬人, 而無所慢易, 則躬行於上, 而德教自刑於下, 天下之人, 無不皆愛敬其親矣.

러한 인(仁)의 실천을 통하여 다른 사람을 교화할 수 있는 도덕적인 모범이 된다는 것이다. 이것이 효경이 가진 실효적인 윤리적 가치라고 할 것이다.

또한 율곡은 효경의 참된 가치를 다음과 같이 강조하기도 한다.

> 세상 사람들이 효를 하는 데 있어서 혹 사랑할 줄은 알면서도 능히 공경할 줄은 모르고, 혹 사랑하고 공경할 줄은 알면서도 능히 그 도(道)를 극진히 다할 줄을 모르기도 한다. 반드시 사랑은 그 인(仁)을 완전하게 하는 데 이르게 되고, 공경은 그 의(義)를 완전하게 하는 데 이른 뒤에야 가히 낳아 주신 바를 욕되게 하지 않는다고 할 수 있다.[72]

율곡은 효도란 사랑과 공경을 결함 없이 잘 실천하는 것이므로 사람들이 부모에 대한 사랑과 공경의 도리를 잘하게 된다면 마땅히 인(仁)을 잘하게 되며, 공경의 도로써 의(義)를 잘하게 된다고 이해하고 있다. 이와 같이 효경을 통하여 인(仁)과 의(義)라는 유가들이 가장 중시하는 윤리적 덕을 온전하게 실천할 때 비로소 인간의 도리를 다할 수 있다는 것이다. 이러한 맥락에서 율곡은 그 자신이 실제로 늘 효를 정성스럽게 실천하고자 했다. 특히 말년에는 대가족을 구성하여 생활하면서 「동거계사(同居戒辭)」[73]를 짓고, 이상적인 가족 공동체를

72 『栗谷全書』 卷23, 「聖學輯要5」 第3 正家: 世人之所謂孝者, 或能愛而不能敬, 或能愛敬, 而不能盡其道, 必也愛至於全其仁, 敬至於全其義, 然後可謂無忝所生矣.

73 「同居戒辭」는 율곡이 41세(1576년)때 관직을 내려놓고 황해도 해주의 石潭에서 聽溪堂을

만들어 화목하게 살고자 했으며, 이 가족 공동체에서 효도(孝道)와 사랑을 능동적으로 실천해야 한다고 주장했다.

2. 효경의 시무적(時務的) 도덕실천

율곡은 다음과 같은 『효경(孝經)』의 입장을 통하여 일상에서 효덕(孝德)의 가장 기본적인 실천 문제를 표명한다.

> 효자가 부모를 섬기는 일은 부모가 살아 계실 때는 공경을 다하고, 봉양할 때에는 즐거움을 다해 드리고, 병환에 계시면 근심을 다하고, 돌아가시면 슬픔을 다하고, 제사를 받들 때에는 엄숙함을 다할 것이니, 이 다섯 가지를 다 갖춘 연후에야 능히 부모를 잘 섬길 수 있다.[74]

『효경』에 나타나는 효의 기본 도리는 크게 본다면 '살아 계실 때', '돌아가셨을 때', '제사를 받들 때' 어떻게 정성을 다하여 모시는가 하는 세 가지의 경우로 구성된다. 율곡 역시 『성학집요』에서 효경(孝敬)의 도덕실천을 논함에 있어서 이 세 가지 초점을 중심으로 논하고 있다. 이 세 가지 효경의 모습은 '시무적(時務的)인 효경'에 해당한

지은 후 가족, 일가, 친척, 식솔 등 100여 명이 넘는 큰 가족을 이루어 함께 살아가면서 가정 공동체의 사랑과 화목을 실천하고 장려하면서 저술한 글이다.

74 『栗谷全書』 卷23 「聖學輯要5」 第3 正家: 孝子之事親, 居則致其敬, 養則致其樂, 病則致其憂, 喪則致其哀, 祭則致其嚴, 五者備矣, 然後能事親.

다고 할 수 있다. 즉 부모가 살아 계실 때와 돌아가셨을 때를 대별하고, 또 돌아가셨을 때의 경우를 장례(葬禮)와 제례(祭禮)로 구분하여 효를 다함으로써 '시기적(時期的)으로 마땅한 효에 힘씀'이라는 의미에서 '시무적(時務的)인 효'라고 지칭할 수 있다는 것이다.[75] 『논어』에는 공자가 제자 번지(樊遲)에게 효에 대해서 말하는 대목이 있다. 즉 공자가 번지에게 말하기를 "맹손(孟孫)이 나에게 효도에 대해 묻기에, 내가 대답하기를 '어기지 말라'고 말하였다."고 했는데, 이에 대해서 번지가 그 뜻을 묻자 공자는 답하기를 "살아 계실 때에는 예로써 섬기고, 돌아가신 뒤에는 예로써 장사 지내고, 제사 지내는 것이다."[76]라고 하였다. 이는 효행의 처음과 끝을 지칭하는 것으로서 예로써 부모가 살아 계실 때 모심, 예로써 돌아가신 뒤 장사(葬事)와 제사(祭祀)를 모심을 보여 준 것이다. 예에 맞게 부모를 섬긴다는 것은 다양한 맥락에서 그 의미를 부여할 수 있는데, 주희는 『논어』에 나타난 공자의 말을 설명한 집주(集註)에서 "예는 곧 리(理)의 절문(節文)이니, 사람이 부모를 섬기는 일을 처음부터 끝까지 예로 일관하고 구차한 것이 없어야 그 부모를 지극히 모시는 것이다."[77]라고 함으로써, 이치·도리에 맞게 부모를 섬기는 것을 효의 요체로 보았다. 이와

75 효의 기본 도리는 크게 본다면 부모가 '살아 계실 때의 효', '돌아가셨을 때의 효', '제사를 지낼 때의 효'라는 세 가지 시점의 경우로 대별된다. 즉 生時의 효·葬禮의 효·祭禮의 효로 구분할 수 있으며, 이는 곧 '때[時]에 마땅한 효에 힘씀[務]'이라는 의미에서 '時務的 효'라고 지칭한 것이다. 이와 같은 '時務的 효'라는 개념은, 율곡이 務實의 정신에 입각하면서 일상의 핵심 현안에 집중하여 일을 처리하는 '時務'를 중시하였음을 염두에 둔 것이다.

76 『論語』「爲政」: 生事之以禮, 死葬之以禮, 祭之以禮.

77 『論語集註』「爲政」朱子註: 禮卽理之節文也, 人之事親, 自始至終, 一於禮而不苟, 其尊親也至矣.

관련하여 율곡은 운봉(雲峯) 호병문(胡炳文)[78]의 말을 인용하면서 자신의 입장을 표명한다.

> 사람이 그 부모에게 효를 하고자 하는 마음은 비록 한정이 없다고 하지만, 분수에는 한도가 있으므로 할 수 있으면서도 하지 않는 것, 할 수 없으면서도 하는 것이 다 같이 불효(不孝)에 속한다. 이른바 예로써 한다는 것은 그 능력대로 할 수 있는 바를 하는 것일 뿐이다.[79]

율곡은 효를 함에 '할 수 있으면서도 하지 않는 것'을 '구차하고 간략한 것'이라고 해석하였으며, '할 수 없으면서도 하는 것'을 '사치하고 분수에 넘치는 일'이라고 해석하였다. 부모를 모심에 '할 수 있으면서도 하지 않는 것'과 '할 수 없으면서도 하는 것'은 모두 불효(不孝)인데, 운봉(雲峯)과 마찬가지로 율곡은 마음이 미치지 못하는 것을 불효로 여기는 것은 물론이며, 부모를 모심에 '사치하고 분수에 넘치는 일' 역시 불효라고 규정함으로써 효가 자식들의 생계 문제나 경제상황을 고려하지 않는 절대적인 규범은 아님을 강조하고 있다.

---

78 雲峯 胡炳文(1250~1333)은 元나라의 유학자이다. 그는 朱熹의 사상을 깊이 연구했으며, 『四書通』, 『周易本義通釋』 등의 저술을 남겼다. 胡炳文은 '性이 발하여 情이 되고, 心이 발하여 意가 된다.'는 '性發心發說'을 주장했는데, 이는 조선의 유학자들 사이에서 논쟁을 불러일으키기도 했다. 율곡은 朱熹가 孝敬과 관련하여 『論語』「爲政」편의 내용을 주석한 것을 호병문이 해설한 내용을 중심으로 不孝의 문제에 대해 상고하고 있는 것이다.

79 『栗谷全書』 卷23, 「聖學輯要5」 第3 正家: 人之欲孝其親, 心雖無窮, 而分則有限, 得爲而不爲與不得爲而爲之, 均於不孝, 所謂以禮者, 爲其所得爲者而已矣.

1) 살아 계실 때의 효덕(孝德)의 실천

율곡이 주장하는 시무적(時務的) 효경의 실천에서 먼저, 부모가 살아 계실 때 하는 효에 대해서 논해 보도록 한다. 율곡은 부모에 대한 기본적인 일상의 예(禮)를 봉양(奉養)을 중심으로 제시한다. 즉 겨울에는 따뜻하게 해 드리고, 여름에는 시원하게 해 드리며, 저녁에 잠자리를 펴 드리고, 새벽에 문안을 드리며, 밖에 나갈 때 말씀드리고, 돌아오면 뵙고, 노는 곳에 일정함이 있어야 하고, 배운 것은 반드시 이루어야 하는 것 등이 봉양의 기본도리가 된다. 그리고 부모를 모심에 마음을 즐겁게 해 드리고, 잠자리와 음식에서 정성을 다해 봉양할 것을 주장하면서 이와 관련하여 『예기』의 효의 한 면모를 다음과 같이 제시한다.

> 효자로서 깊이 사랑하는 마음이 있는 자는 반드시 온화한 기운이 있고, 온화한 기운이 있는 자는 반드시 기뻐하는 안색이 있으며, 기뻐하는 안색이 있는 자는 반드시 상냥스런 모습을 가진다. 효자는 부모 섬기기를 옥(玉)을 잡는 것같이 하고, 가득 찬 것을 받드는 것같이 하며, 진심으로 공경하고 거짓 없이 성실하면서도 감당하지 못하는 것같이 하고, 장차 잃을 것같이 한다. 엄숙을 부리며 근엄한 모습으로 조신(操身)하는 것은 부모를 섬기는 도리가 아니다.[80]

80 『栗谷全書』 卷23, 「聖學輯要5」 第3 正家: 孝子之有深愛者, 必有和氣, 有和氣者, 必有愉色, 有愉色者, 必有婉容, 孝子如執玉, 如奉盈, 洞洞屬屬然, 如弗勝, 如將失之, 嚴威儼恪, 非所以事親也.

온화한 기운, 기뻐하는 안색, 상냥한 모습 등은 모두 사랑하는 마음이 드러나는 것이요, 옥(玉)을 잡는 것 같고, 가득 찬 것을 받드는 것 같으며, 이기지 못하는 것 같고, 장차 무슨 잘못이라도 생기지 않을까 염려하는 것은 모두 공경하는 마음에서 생겨난다. 이와 같이 사랑과 공경을 함께 지극하게 하는 것이 바로 효자의 도(道)라고 율곡은 주장한다.

율곡은 자식이 부모에게 효도를 다하지 않는 이유 중의 한 가지를 『격몽요결』에서 지적하고 있는데, 그것은 평소 자식에 대한 부모의 사랑이 부모에 대한 자식의 효보다 크다는 점과 관련되어 있다.

> 부모와 자식 간에는 사랑이 공경보다 지나친 경우가 많다. 따라서 확실하게 구습(舊習)을 씻어 버리고 존경함을 지극히 하여 부모가 앉거나 누워 계시던 곳에 자식이 감히 앉거나 눕지 않아야 하며, 부모가 손님을 맞이하던 곳에서 자식이 감히 자기 손님을 맞이해서는 안 되며, 부모가 말을 타고 내리는 곳에서 자식이 감히 말을 타고 내려서는 안 된다.[81]

자식이 부모로부터 지극한 사랑을 받게 되면 이에 익숙해져서 부모에 대한 효를 다하려는 마음을 가지지 않을 수 있다는 점을 언급한 것이다. 율곡은 부모에 대한 자식의 사랑 즉 효가 자식에 대한 부

81 『栗谷全書』 卷27, 「擊蒙要訣」: 人家父子間, 多是愛逾於敬, 必須痛洗舊習, 極其尊敬, 父母所坐臥處, 子不敢坐臥, 所接客處, 子不敢接私客, 上下馬處, 子不敢上下馬可也.

모의 사랑을 넘을 수 없다고 보면서, 자식의 입장에서는 효에 대한 마음이 약한 점을 늘 각성하면서 부모가 자식에게 베푼 것과 같은 지극한 사랑을 효로 실천해야 한다고 강조하고 있는 것이다. 이는 부모의 사랑이 본래 지극하므로 자식이 이에 취해서 효에 대한 마음을 느슨하게 할 수 있음을 율곡이 각성케 한 것이다.

2) 돌아가셨을 때의 효덕으로서 상례(喪禮)의 실천

시무적(時務的) 효를 논함에 있어서 그 두 번째는 상례(喪禮)이다. 율곡은 『성학집요』 '정가편(正家篇)'에서 부모가 돌아가셨을 때의 상례(喪禮)에 대해서 논하고 있다. 율곡은 상례에 대해서도 효경의 차원에서 구체적으로 그 실천의 도리를 언급한다. 율곡은 기본적으로 "자식은 출생 후 3년이 되어서야 비로소 부모의 품에서 벗어나니, 삼년상(三年喪)을 지내는 것은 천하의 공통된 상례(喪禮)이다."[82]라고 한 『논어』의 입장을 통하여 삼년상의 예를 지켜야 한다고 주지시키고, "맹자가 말하기를, '삼년상을 지낼 때에, 거친 베옷을 입고 미음이나 죽을 먹는 것은 천자(天子)로부터 일반 백성에 이르기까지 공통된 예(禮)이다.'라고 하였다."[83]는 점을 지적하여, 부모에 대한 상례는 일반 백성과 천자가 다를 바 없이 그 애통함을 입고 먹는 데 드러내어야 한다고 하였다. 이러한 맥락에서 율곡은 부모의 상(喪)을 당했을 때, 애통한 마음을 극진히 하여 처음 3일이 지나면 죽을 먹기 시작하

---

82 『論語』「陽貨」: 子曰, 子生三年, 然後免於父母之懷, 夫三年之喪, 天下之通喪也.

83 『栗谷全書』 卷23, 「聖學輯要5」 第3 正家: 孟子曰, 三年之喪, 齊疏之服, 飦粥之食, 自天子達於庶人.

고, 장례를 마치고 난 다음부터는 소사(疏食)를 먹는데, 이러한 절차는 신분의 귀천(貴賤)을 가리지 않는다고 본 것이다. 즉 인간 본연의 정감상 부모를 잃음에 일반 사람의 경우와 천자의 경우가 그 슬픔이 본질적으로 다를 수 없다는 점을 언급함으로써 부모를 잃는 일이 인간에게 가장 보편적으로 심대한 애통이라고 지적한 것이다.

율곡은 또한 “상처가 크면 시일이 오래가고, 아픔이 심하면 더디게 낫는데, 3년이라고 한 것은 정리(情理)를 헤아려서 예문(禮文)을 만든 것이다. 애통한 것이 아직 다 가시지 않고, 사모하는 정이 아직 잊혀지지 않았더라도 상복(喪服) 입는 것을 마감하는 것은 죽은 이를 보내는 일에 한도가 있고, 산 사람이 회복하는 데 절도가 있어서 그런 것이 아니겠는가?”[84]라고 한 『예기』의 입장을 거론하면서, 상례 기간을 3년으로 제정한 맥락을 일깨우고 부모의 돌아가심에 대한 애통함을 절도 있게 하여 살아 있는 사람이 몸을 스스로 해쳐서는 안 된다는 점을 강조한다. 이에 대해 율곡은 다음과 같이 설명한다.

> 가례(家禮)에, 부모의 상(喪)을 당하면 성복(成服)하는 날에야 비로소 죽을 먹고, 졸곡(卒哭)하는 날에야 비로소 거친 밥을 먹고 물을 마시고 채소와 과일은 먹지 않는다. 소상(小祥)이 지난 후에야 채소와 과일을 먹어도 된다. 예문(禮文)이 이와 같으니, 병이 없으면 예문대로 해야 한다. 어떤 사람은 예(禮)가 지나쳐서 3년 동안 죽만 먹

84 『栗谷全書』 卷23, 「聖學輯要5」 第3 正家: 創鉅者, 其日久, 痛甚者, 其愈遲, 三年者, 稱情而立文也, 哀痛未盡, 思慕未忘, 然而服以是斷之者, 豈不送死有已, 復生有節也哉.

었다고 하는데, 만일 그가 효성이 남보다 뛰어나서 억지로 하려는 생각이 조금도 없었다면 비록 예에 지나치더라도 오히려 혹 괜찮을 것이다. 그러나 만일 효성이 지극하지 못하면서도 억지로 예에 지나치다면 이는 자기 자신을 속이고 부모를 속이는 것이다. 마땅히 절대 삼가야 한다.[85]

가례(家禮)의 예문(禮文)에 따라 상례(喪禮)를 실행해야 한다고 말하면서, 어떤 사람이 3년 동안이나 죽을 먹는 예(禮)를 행했을 경우, 이를 어떻게 보아야 하는지에 대해 언급하고 있다. 율곡은 효성이 지극하여 그 마음에서 우러나 그렇게 하는 것이라면 비록 예문을 벗어나는 것이긴 하지만 그 지극한 공경의 마음을 다하는 것이기 때문에 용인될 수 있는 경우라고 이해한다. 다만 효성이 지극하지도 않으면서 다른 사람을 의식하거나 칭찬을 탐하여 억지로 3년간 죽을 먹는 경우라면, 이는 자신과 돌아가신 부모를 속이는 것이기 때문에 그렇게 해서는 안 된다고 비판한 것이다. 이러한 율곡의 입장은 자로(子路)가 말한 대로, "내가 선생[夫子]에게 듣기로, '상례(喪禮)는 그 슬픔이 부족하고 예가 넉넉한 것보다는, 오히려 예가 부족하더라도 슬픔이 큰 것이 나으며, 제례(祭禮)는 그 공경하는 것이 부족하고 예가 넉넉한 것보다는 오히려 예가 부족하더라도 공경하는 것이 넉넉한 것

85 『栗谷全書』 卷27, 「擊蒙要訣」: 家禮, 父母之喪, 成服之日, 始食粥, 卒哭之日, 始疏食水飮, 不食菜果, 小祥之後, 始食菜果, 禮文如此, 非有疾病, 則當從禮文. 人或有過禮而啜粥三年者, 若是誠孝出人, 無一毫勉强之意, 則雖過禮, 猶或可也. 若誠孝未至, 而勉强踰禮, 則是自欺而欺親也, 切宜戒之.

이 낫다."[86]고 한 맥락에서, 상례에서는 억지로 행하는 예가 아니라, 진심으로 슬퍼하는 마음을 다하여 예를 실행하는 것이 무엇보다 중요하다는 점을 강조한 것이다. 율곡은 상례에서 가장 중요한 것은 애통함과 공경함을 지극하게 하는 효의 실천이라는 점을 주지하면서, 효의 마음이 약한데도 다른 사람에게 보여 주기 위한 허식적(虛飾的)·위선적(僞善的)인 예의 문제를 언급함으로써 효는 그 본질이 진실된 마음의 발로여야 함을 일깨운 것이다.

율곡은 또한 지극한 효자의 경우에 상례의 예문을 지키지 않고, 거상(居喪)함에 몸을 상한 경우에 대해서 경계하는 관점을 제시한다.

> 거상(居喪)하는 사람으로서 정성과 효성이 지극하지 못하여 예문을 따르지 못하는 자는 참으로 말할 것도 없거니와, 간혹 자질은 훌륭하나 배우지 못한 자가 그저 대대로 지키던 예만이 효인 줄 알고, 몸을 상하는 것이 바른 도리를 잃는 것인 줄을 몰라서 지나친 슬픔으로 몸을 상해 병이 생겼는데도 권도(權道)를 차마 따르지 않다가 생명을 버리기까지 한 자도 있으니 매우 안타까운 일이다. 그러므로 너무 슬퍼하여 몸을 여위어 생명을 손상하는 것을 군자(君子)는 불효(不孝)라고 한다.[87]

---

86 『禮記』「檀弓」: 子路曰, 吾聞諸夫子, 喪禮, 與其哀不足而禮有餘也, 不若禮不足而哀有餘也, 祭禮, 與其敬不足而禮有餘也, 不若禮不足而敬有餘也.

87 『栗谷全書』卷27, 「擊蒙要訣」: 人之居喪, 誠孝不至, 不能從禮者, 固不足道矣, 間有質美而未學者, 徒知執禮之爲孝, 而不知傷生之失正, 過於哀毁, 羸疾已作, 而不忍從權, 以至滅性者或有之, 深可惜也, 是故, 毁瘠傷生, 君子謂之不孝.

율곡은 어떤 사람이 효도가 지나쳐서 거상(居喪)을 함에 그 슬퍼함이 자신의 몸을 상하게 하는 데까지 이르도록 하는 것을 예로 들어 올바른 상례의 도리를 가르치고 있다. 자신의 몸을 상하게 하면서 상례를 치르거나, 심지어는 거상 중에 목숨을 잃게 되는 경우는 결코 효라고 할 수 없으며, 이는 오히려 부모께서 주신 몸을 해치는 결과를 초래했으므로 불효(不孝)라고 단정함으로써 참된 효의 길이 무엇인지를 교육하고 있다. 그러므로 율곡은 거상(居喪) 중에 몸이 쇠약해지면 불가피하게 권도(權道)를 취하여 몸을 보양하기 위해 음식을 제대로 갖추어 먹어야 한다고 지적한 것이다. 이러한 율곡의 입장은 예(禮)의 절도(節度)와 효경의 참의미를 명확하게 보여 주는 것이라고 하겠다.

한편 율곡은 부모의 묏자리를 쓰는 문제에 대해서도 언급하면서 풍수설(風水說)에 대한 자신의 입장을 다음과 같이 밝힌다.

> 지세(地勢)가 좋다는 것은 오직 바람을 막을 수 있고 양지바른 쪽이며, 흙이 두터워서 물이 깊이 있는 것 등이지, 방위(方位)나 수파(水破) 등의 풍수설(風水說)에 관계되는 것은 아니다. 지금 묏자리를 가리려는 자는 지세의 길흉을 보는 지서(地書)만을 편벽되게 믿고는, 널리 그것을 찾아다니다가 묏자리를 정하지 못하여 오랫동안 부모를 장례 지내지 못하는 사람이 있으니, 의혹이 심하다.[88]

88 『栗谷全書』卷23,「聖學輯要5」第3 正家: 地之爲美, 惟在藏風向陽, 土厚水深而已, 不係於方位水破之說, 今之卜兆者, 偏信相地之書, 有廣搜未定, 久不葬親者, 惑之甚矣.

좋은 묏자리를 찾기 위해 지나치게 풍수설에 의존하여 때에 맞게 장지(葬地)를 구하지 못해서 오랫동안 부모의 장례를 지내지 못하는 일이 당시에 적지 않음을 상기하면서 그러한 사람들의 우매함을 비판하고 있다. 당시의 조선사회에서 이른바 좋은 묏자리를 찾는다는 이유로 풍수설(風水說)에 크게 의존하는 풍조가 있었고, 이는 권문세가(權門勢家)의 경우 더욱 심하였다는 점을 생각하면, 율곡의 상례에 있어서 묏자리 풍수를 비판하는 이와 같은 윤리관은 매우 진보적이고 용기 있는 입장이라고 할 것이다.

3) 돌아가셨을 때의 효덕으로서 제례(祭禮)의 실천

율곡은 시무적(時務的) 효경에 대한 세 번째 경우에 해당하는 제례(祭禮)를 상론하며 이를 통하여 인성 함양을 모색하고 있다. 율곡은 기본적으로 제례(祭禮)에 대해서 군자는 그 부모를 종신(終身)토록 잊을 수 없으므로 돌아가신 후에도 부모가 거처하시던 일을 생각하고, 웃으면서 이야기하시던 것을 생각하며, 뜻하신 것을 생각하고, 즐거워하시던 것을 생각하며, 즐겨 잡수시던 것을 생각하면서 정성으로 제사를 지내야 한다고 언급한다.[89] 이러한 제사 지내는 정성과 태도는 『예기』에서 언급하듯이 "제삿날 방에 들어서면 그 자리에 모신 분의 모습이 어렴풋이 보이는 듯하며, 두루 돌아 방문을 나서면 숙연(肅然)히 그 몸짓하시는 소리가 들리는 것 같으며, 문밖에 나가 들어 보면 개연(愾然)히 그 탄식하시는 소리가 들리는 것 같다."[90]는 것

89 『栗谷全書』 卷23, 「聖學輯要5」 第3 正家-孝敬 참조.

과 같이 마음을 다하는 것이어야 한다고 강조한다. 이는 제례(祭禮) 지낼 때 곧 살아 계신 부모를 모시는 것과 같은 효경의 마음과 정성으로 해야 함을 의미한다.

율곡이 주장하는 제례를 통한 도덕실천의 입장에서 주목해야 할 점은, 제사를 지나치게 자주 지내는 문제를 경계하면서 『예기』의 제사 지내는 도리를 다음과 같이 제시한 것이다.

> 제사는 자주 지내려고 하지 말아야 할 것인데, 자주 지내게 되면 번거롭게 되고 번거롭게 되면 곧 공경하지 않게 된다. 또한 제사는 가끔 지내려고 하지도 말아야 할 것인데, 가끔 지내게 되면 게으르게 되고, 게으르게 되면 곧 잊어버리게 된다.[91]

제사에서 가장 중요한 것은 정성인데, 지나치게 자주 제사를 지내다 보면 어쩔 수 없이 그 번거로움을 체감하게 되므로 공경의 마음이 약화될 수 있음을 주목하고 있다. 즉 공경의 마음을 지극하게 할 수 있도록 제사의 횟수를 제한할 필요가 있음을 상기한 것이다. 이러한 『예기』의 정신에 따라 율곡은 다음과 같이 제사 지내는 예의 합당한 도리를 언급한다.

> 제사는 먼저 정성스럽고 공경스러운 것을 주로 해야 하며, 번거롭

---

90 『栗谷全書』 卷23, 「聖學輯要5」 第3 正家: 祭之日, 入室, 僾然必有見乎其位, 周還出戶, 肅然必有聞乎其容聲, 出戶而聽, 愾然必有聞乎其歎息之聲.

91 『栗谷全書』 卷23, 「聖學輯要5」 第3 正家: 祭不欲數, 數則煩, 煩則不敬, 祭不欲疏, 疏則怠, 怠則忘.

게 여러 번 자주 지내는 것을 예(禮)로 삼지 말아야 한다. 그러므로 주(周)나라 제도에 천자(天子)의 종묘에 제사 지내는 일은 월제(月祭)에 그쳤고, 부열(傅說)은 번거롭게 자주 지내는 것은 제사를 모독하는 것이며 정성을 드리는 일이 아니라고 고종(高宗)에게 경계하였다. 후세에 원묘(原廟)를 다시 설치하는 것은 이미 예의(禮意)에 벗어나게 되었고, 향사(享祀)의 번거로움은 날마다 제사를 지낼 정도가 되어, 제사를 맡아보는 유사(有司)가 피로하고 싫증이 나서 정성을 드리고 공경하는 태도가 모두 결여되었으니, 예가 번거롭고 어지럽다고 말할 수 있다. 그러므로 반드시 성왕(聖王)께서 효하는 도에 대해 통달하여 힘써 고례(古禮)를 회복해야만 제사 지내는 법도를 바로잡을 수 있다.[92]

이러한 율곡의 관점은 억지로 제사의 횟수를 축소해야 한다는 뜻이 아니라, 정성을 모을 수 있도록 제사를 실행해야 함을 강조한 것이다. 제사와 정성의 문제를 논하는 이 초점에서 주목할 만한 것은 제사의 예가 지나치게 번거롭게 되는 것을 막고자 한 점이다. 율곡은 제사의 예를 효라고 여겨 그 융숭함과 횟수를 제어할 수 없을 정도로 과(過)하게 하는 것은 오히려 법도에 어긋난다고 생각하는데, 이 점은 율곡의 합리주의적인 도덕실천관을 보여 준다고 할 것이다.

또한 율곡은 『격몽요결』에서는 가진 재산에 따라 알맞게 제사를

92 『栗谷全書』 卷23, 「聖學輯要5」 第3 正家: 祭先以誠敬爲主, 不以煩數爲禮, 故周制, 宗廟止於月祭, 傅說以黷祭弗欽戒高宗. 後世設原廟, 已乖禮意, 而享祀之煩, 至於日祭, 有司疲倦, 誠敬俱乏, 可謂禮煩而亂矣, 必有聖王深達孝道, 力復古禮, 然後祀典可正矣.

지내야 한다고 언급하고 있다.

> 제사는 주로 애경(愛敬)의 정성을 다할 따름이다. 가난하면 가산(家產)의 규모에 따라 하고, 병이 들었으면 자신의 기운을 헤아려서 제사를 지내야 한다. 재력(財力)과 기운이 미칠 수 있는 자는 마땅히 의식대로 행해야 한다.[93]

율곡은 집안의 경제적 형편을 고려하지 않고 제사의 규모를 크게 하는 것을 불합리한 제사 실천의 예라고 경계하고 있는 것이다. 재력이 미치는 범위 내에서 정성을 다하여 제사를 준비하면 될 일이지 제사를 위해서 무리하게 비용을 지출하는 것은 권할 만한 것이 아님을 역설하는 점에서도 율곡의 합리주의적이고 실용주의적인 도덕실천의 면모가 드러난다고 할 것이다.

3. 효경의 극진함으로서 간쟁(諫諍)의 도덕실천

간쟁(諫諍)은 부모나 윗사람의 윤리적인 문제를 일깨워서 고치게 하는 것을 말하는데, 이는 유학의 효도에서 중요한 의미가 있다. 율곡은 『성학집요』의 '정가편(正家篇)'에서 효를 논하면서 간쟁의 실천 윤리적 가치를 강조하고 있다. 부모를 모심에 있어서, 부모에게 잘

93 『栗谷全書』 卷27, 「擊蒙要訣」: 凡祭, 主於盡愛敬之誠而已, 貧則稱家之有無, 疾則量筋力而行之, 財力可及者, 自當如儀.

못이 있어도 무조건 순종하거나 그 잘못을 숨겨 드리는 것이 타당한지, 아니면 이를 직접 알려 드려야 하는지를 논의하는 측면에서는 실제로 의견의 다툼이 있을 수 있다. 이 논점에 대한 공자의 유학정신은 간쟁을 통해서 부모를 의(義)롭게 함에 있는데, 이는 증자가 '부모의 명을 따르면 효라고 할 수 있는지'를 물은 데 대한 공자의 답에서 나타나고 있다.

> 옛날 천자(天子)에게 간쟁하는 신하가 일곱 있으면 비록 도가 없더라도 천하를 잃지 않고, 제후(諸侯)에게 간쟁하는 신하가 다섯이 있으면 비록 도가 없더라도 그 나라를 잃지 않으며, 대부(大夫)에게 간쟁하는 신하가 셋이 있으면 비록 도가 없더라도 그 가문을 잃지 않으며, 선비에게 간쟁하는 벗이 있으면 몸이 좋은 이름에서 떨어지지 않으며, 부모에게 간쟁하는 아들이 있으면 몸이 불의(不義)에 빠지지 않는다. 그러므로 불의를 당해서는 자식으로서 부모에게 간쟁하지 않을 수 없고, 신하로서 임금에게 간쟁하지 않을 수 없다. 따라서 불의(不義)를 당해서는 간쟁해야 하는데, 부모의 명을 따르는 것이 어찌 또한 효가 될 수 있겠는가?[94]

여기서 공자는 효를 논함에 있어서 부모의 명을 따라야 함을 부정하는 것이 아니라, 부모가 불의(不義)를 하는 경우에는 단지 명을 따

94 『孝經』, 「諫諍」: 昔者, 天子有爭臣七人, 雖無道不失其天下, 諸侯有爭臣五人, 雖無道不失其國, 大夫有爭臣三人, 雖無道不失其家, 士有爭友, 則身不離於令名, 父有爭子, 則身不陷於不義. 故當不義, 則子不可以不爭於父, 臣不可以不爭於君, 故當不義, 則爭之, 從父之令, 又焉得爲孝乎.

를 것이 아니라 불의를 말씀드려서 부모를 의롭게 해 드리는 것이 진정한 효임을 강조하는 것이다. 율곡은 이러한 공자의 간쟁의 효를 중시하면서 『성학집요』에서 공자가 말한 '기간(幾諫)'에 대해서 거론하고 있다.

> 부모를 섬길 때 은밀하게 간(諫)하고, 그 뜻을 살펴보아 따르지 않더라도 또 애써서 공경하고 어기지 아니하며 힘들더라도 원망하지 않는다.[95]

기간(幾諫) 즉 '은밀하게 간한다.' 함은 부모에게 잘못이 있으면 안색을 부드럽게 하여 유순한 음성으로 간하는 것을 말한다. 기간(幾諫)이 함의한 윤리적 맥락은 '부모를 섬기는 것'과 '부모의 잘못'이라는 두 가지 초점을 고려한 것이다. 공자가 논한 기간(幾諫)의 실천적 본령은 자식이 부모의 잘못을 보고 이를 간해도 부모가 만약 그것을 받아들이지 않으면 다시 공경하고 효도하여, 부모가 마음이 즐거울 때 다시 간하며, 이에 대해서 부모가 노하여 기뻐하지 않거나 자식을 나무라더라도 미워하거나 원망하지 않고, 다시 공경하고 효도하는 것이다. 율곡은 이러한 기간(幾諫)의 도덕실천에 대해서 『격몽요결』에서 논하고 있다.

> 부모의 뜻이 의리(義理)를 해치는 것이 아니라면 말씀하시기 전에

---

95 『栗谷全書』 卷23, 「聖學輯要5」 第3 正家: 子曰, 事父母, 幾諫, 見志不從, 又敬不違, 勞而不怨.

> 먼저 받들어 조금이라도 어기지 말아야 할 것이며, 의리를 해치는 것이라면 화평한 기색과 부드러운 말소리로 간(諫)하고 반복해서 말씀드려서 반드시 따르시도록 해야 할 것이다.[96]

율곡은 자식으로서 평소에 바른 도리를 공부함으로써 덕을 배양하고, 도리에 따라 부모를 모심으로써 부모의 잘못을 깨우쳐 드려서 도덕적인 잘못을 범하지 않도록 하는 것이 참된 효의 실천이라고 강조한 것이다.[97] 효는 인덕(仁德)이지만, 인(仁)은 기본적으로 의(義)에 바탕한다는 점에서 효의 실천은 곧 도덕적 올바름을 일깨워 주어서 인간다움을 잃지 않도록 하는 도덕실천의 과정이기도 하다.

또한 율곡은 효도를 함에 있어서는 '거친 것'과 '정밀한 것'이 있다고 하면서, 문안드리거나 잠자리를 보아 드리는 것은 거칠고 간략한 효라고 말한다. 그리고 정성으로 봉양하고 사랑으로 공경하는 것, 부모의 질병을 근심하는 것, 간쟁하는 것을 정밀한 효라고 규정하면서 다음과 같이 강조한다.

> 만일 부모가 잘못[過惡]을 저지르는 일을 당하면, 마땅히 충분히 간(諫)하여야 하며, 먼저 부모의 뜻을 알고, 부모가 하고자 하는 뜻을 이

96 『栗谷全書』 卷27, 「擊蒙要訣」: 父母之志, 若非害於義理, 則當先意承順, 毫忽不可違, 若其害理者, 則和氣怡色柔聲以諫, 反覆開陳, 必期於聽從.

97 幾諫은 儒家들에게 당위적인 효로 제시되고 있지만, 실제로 자식의 입장에서 부모의 잘못을 깨우쳐 주는 간쟁은 쉽지 않은 일이다. 그렇기에 曾子는 公明儀가 묻기를, "선생님[夫子]은 효성스러우십니다."라고 하니, 증자가 말하기를, "그것이 무슨 말인가. 그것이 무슨 말인가. 군자가 말하는 효도라는 것은 미리 부모의 뜻을 알고, 그 뜻을 받들어, 부모를 道로써 깨우쳐 드리는 것이다. 나는 다만 봉양만 하는 자이니, 어찌 효도를 한다고 할 수 있겠는가."라고 한 것이다.(『禮記』 「內則」 참조)

어받아서 부모에게 도(道)를 깨우쳐 드려야만 지극한 효가 된다.[98]

율곡은 기간(幾諫)을 효의 정밀한 것 즉 효의 지극함을 이루는 고차원적인 행위로 이해하면서 기간과 같은 정밀한 효를 다한 뒤에야 비로소 인덕(仁德)을 바로 세울 수 있다고 본 것이다. 율곡은 "거친 것을 극진히 다한 뒤에 그 정밀한 것을 다할 수가 있으니, 그것은 쉽다고 해서 소홀히 해서는 안 되며, 또한 어렵다고 해서 스스로 그만두어서도 안 된다."[99]고 하는 관점에서 거친 효와 정밀한 효에 이르기까지 온전하게 이루어져야 함을 각성시키고 있다. 특히 율곡은 군자나 성인의 인격을 함양하고자 하는 인성교육의 맥락에서는 정밀한 효에 해당하는 기간(幾諫)을 잘 실천해야 개인의 효의 도리를 온전하게 실현하는 것은 물론, 사회적으로도 인덕(仁德)과 의덕(義德)이 바르게 구현될 수 있다는 입장에서 효의 도덕실천을 다음과 같이 강조한다.

반드시 사랑은 그 인(仁)을 완전하게 하는 데 이르고, 공경은 그 의(義)를 완전하게 하는 데 이르러야만 가히 낳아 주신 바를 욕되게 함이 없다고 할 수 있다. 아, 사람의 성명(性命)은 부모에게서 받은 것이며, 그 성명 가운데 모든 이치가 다 구비되어 있는데, 한 가지 이치라도 밝혀지지 않았거나 실천되지 못했다면 내가 부모에게 받은 본체(本體)에 결함이 있게 되는 것이다. 바로 그 본모습을

98 『栗谷全書』 卷23, 「聖學輯要5」 第3 正家: 若遇過惡, 則當熟其諫, 至於先意承志, 諭父母於道, 然後乃爲孝之至也.

99 『栗谷全書』 卷23, 「聖學輯要5」 第3 正家: 但能極其粗, 然後能致其精, 不可以其易而忽之, 亦不可以其難而自沮.

부족한 것 없이 실천해야만 본체가 완전해진다. 그러므로 성인(聖人)처럼 인도(人道)를 지극히 하지 않고서는 효도를 다했다고 할 수 없다.[100]

성인(聖人)의 인격을 이룰 수 있도록 하는 것이 율곡이 지향하는 인성교육의 목표라고 한다면, 효경(孝敬)의 지극함을 다하는 것은 인도(人道)를 지극하게 실천하는 것이며, 이는 바로 성인처럼 덕실천을 온전하게 하는 것이다. 즉 율곡은 효를 실천하려는 의지를 강화하면서 인(仁)을 어김없이 실천해 나간다면 그것이 바로 성인이 되는 인성 함양의 길이 된다는 것을 보여 주고 있다. 그리고 율곡은 효가 개인의 인성 함양뿐만이 아니라, 사람들의 마음을 바로 세울 수 있는 근본적인 행위 준칙(準則)이라고 보기 때문에 효의 실천윤리적 의미를 각별하게 중시한다.

4. 효덕(孝德)의 실천과 인덕(仁德)의 사회적 가치 확장

율곡은 『성학집요』에서 효경을 언급하면서, '효도를 온 세상에 미루어 감'의 실천에 대해서 논하고 있다. 이는 정가(正家)를 위한 효경을 실천함으로써 효의 감화(感化)·교화(敎化)를 사회적으로 이루어 나

100 『栗谷全書』 卷23, 「聖學輯要5」 第3 正家: 必也愛至於全其仁, 敬至於全其義, 然後可謂無忝所生矣.嗚呼, 人之性命, 受於父母, 而性命之中, 萬理具備, 一理未明, 一理未踐, 則吾之所受於父母之本體, 有所欠缺, 直至踐其形而無歉, 然後本體全矣, 然則非聖人之盡人道, 不足以盡孝矣.

가는 실천적 가치의 유용성을 강조한 것이다. 효도를 세상에 미루어 가는 확장성을 이해하는 전제로서 먼저 '효로 자신의 몸을 지킴'에 대해서 그 실천적 의미를 이해할 필요가 있는데, 율곡은 '효로 자신의 몸을 지킴'에 대해서 증자가 말한 내용을 『예기(禮記)』에서 인용하여 논하고 있다.

> 신체는 부모가 물려주신 몸이다. 부모가 물려주신 그 몸으로써 받들어 행하되 감히 공경하지 않을 수 있겠는가? 거처가 단정하지 않은 것도 효가 아니고, 왕을 섬기는 데 충성스럽지 못한 것도 효가 아니고, 벼슬자리에 임하여 엄숙하지 못한 것도 효가 아니고, 친구 사이에 신의가 없는 것도 효가 아니며, 전쟁터에 나아가서 용기가 없는 것도 효가 아니다. 이 다섯 가지를 수행하지 않으면, 재앙이 그 부모에게 미치게 되는데, 감히 공경하지 않을 수 있겠는가?[101]

율곡은 증자의 입장에 따라서, 부모를 섬기는 데 있어서 벼슬함과 임금 섬김 등의 관계에 있어서 공경·단정·충성·신의·용기 등이 모두 효라고 하였다. 그러므로 이와 같은 몸의 지킴을 이루지 못하면 자신은 물론 부모도 욕되게 하는 것이라고 보았다. 효는 단지 부모로부터 물려받은 몸을 훼손하지 않고 건강하게 유지하는 데 본의를 두

---

101 『栗谷全書』 卷23, 「聖學輯要5」 第3 正家: 曾子曰, 身也者, 父母之遺體也, 行父母之遺體, 敢不敬乎. 居處不莊, 非孝也, 事君不忠, 非孝也, 涖官不敬, 非孝也, 朋友不信, 非孝也, 戰陳無勇, 非孝. 五者不遂, 災及於親, 敢不敬乎.

는 것이 아니라, 사회적으로 일을 수행함에 공경·충실·단정·충성·용기 등의 도덕적 성실함을 발휘하는 것을 의미한다. 즉 '효로 자신의 몸을 지킴'은 효로써 도덕적 올바름을 실천하여 부모를 욕되게 하지 않고 높여 드리는 것이다. 이러한 의미에 대해서 『효경』에서는 부모를 섬기는 자는 "윗자리에 있을 때는 교만하지 않고, 아랫자리에 있을 때는 소란을 피우지 않으며, 같은 무리 중에 있을 때에는 다투지 않는다."[102]고 표현한 것이다. 윗자리에 있을 때 교만하지 않고, 아랫자리에 있을 때 문제를 일으키지 않으며, 다른 사람들과 함께 있을 때 다투지 않는 것이 효라고 하는데, 이는 어떠한 인간관계에서도 윤리적인 덕을 잃지 않고 모범을 보이는 것이 바로 효라는 의미이다. 율곡은 효도를 세상에 미루어 가는 사회적 확장을 논하면서, 효는 단순하게 부모에 대한 직접적인 관계에서 사랑을 실천하는 것만을 지칭하는 것이 아니라, 다른 사람과의 관계에서 윤리적인 도리를 잘 실천하는 것을 진정한 효라고 함으로써 가족 아닌 타자와의 관계에서의 도덕실천으로 효의 의미가 확장된다고 이해하고 있다. 다른 사람과의 관계에서 행실을 바르게 하지 않음으로써 부모를 욕되게 하면 그것이야말로 진정한 의미에서 몸을 지키지 못한 것이며, 불효(不孝)라고 본 것이다. 이는 악정자춘(樂正子春)이 말한 대로, "한 번 말을 하는 동안에도 감히 부모를 잊지 않기 때문에 나쁜 말이 입 밖으로 나가지 않게 하고, 분한 말이 내 몸에 돌아오지 않게 하며, 그 몸을 욕되게 하지 않고 그 부모를 수치스럽게 하지 않으면 효도라고

102 『栗谷全書』 卷23, 「聖學輯要5」 第3 正家: 事親者, 居上不驕, 爲下不亂, 在醜不爭.

할 수 있다."[103]는 입장이라고 할 것이다. 이러한 관점에서 율곡은 다음과 같은 『맹자』의 주장을 진정한 몸을 지키는 효라고 규정한다.

> 군자는 그 부모를 섬김으로써 백성을 사랑하고, 백성을 사랑함으로써 만물(萬物)을 사랑한다.[104]

군자가 자신의 부모를 섬기는 효의 덕으로 백성을 사랑하는 인덕(仁德)을 실천하고, 또 백성을 사랑함으로써 만물을 사랑하는 인덕(仁德)을 실천하는 것이 진정한 몸의 지킴이며, 효의 실천이라고 율곡은 여기는 것이다. 말하자면, 자신이 몸을 지키기 위해서 부덕(不德)한 짓을 하여 다른 사람으로부터 욕을 듣는 것은 참된 자기 지킴도 아니며 효도 아니라는 것이다. 참된 효는 부모와 다른 사람에게 인덕(仁德)을 실천하는 것임을 율곡은 맹자의 입장을 통해서 강조한 것이다.

이와 같이 자기를 지키는 효의 실천적 의미를 논하면서 율곡은 '효도를 천하에 미루어 가는 도리'의 실천에 대해서 본격적으로 제시한다. 율곡은 이윤이 태갑(太甲)을 훈계한 『서경』의 말을 통해서 효의 사회적 확장성을 언급한다.

> 사랑을 심는 것은 오직 부모이고, 공경을 심는 것은 오직 웃어른이다. 처음에 집안과 나라로부터 시작해서 온 천하에 미친다.[105]

---

103 『栗谷全書』 卷23, 「聖學輯要5」 第3 正家: 一出言而不敢忘父母, 是故, 惡言不出於口, 忿言不反於身, 不辱其身, 不羞其親, 可謂孝矣.

104 『栗谷全書』 卷23, 「聖學輯要5」 第3 正家: 孟子曰, 君子, 親親而仁民, 仁民而愛物.

105 『栗谷全書』 卷23, 「聖學輯要5」 第3 正家: 立愛惟親, 立敬惟長, 始于家邦, 終于四海.

율곡이 주목한 『서경』의 이러한 효에 대한 입장은, 자기 부모를 정성스럽게 섬기는 예로써 다른 사람의 부모에게도 그 섬김을 실천하고, 나의 웃어른을 공경하는 예로써 다른 사람의 웃어른을 공경하면 곧 효를 집안에서 시작하지만, 마침내는 그 효가 나라와 온 천하에 실천되는 것을 의미한다. 또한 율곡은 '효를 온 세상에 미루어 가는 도리'의 실천적 의미를 공자의 말을 상기하면서 논한다.

> 사랑하는 것을 부모로부터 시작한다는 것은 백성에게 화목(和睦)함을 가르친다는 것이요, 공경하는 것을 웃어른으로부터 시작한다는 것은 백성에게 순리(順理)를 가르친다는 것이다. 자애(慈愛)와 화목으로써 가르치면 곧 백성들은 부모를 모시기를 좋아할 것이요, 어른을 공경함으로써 가르치면 곧 백성들은 명령을 받들기를 좋아할 것이다. 효로 부모를 섬기고 순리로 명령을 받든다면, 그것이 천하에 베풀어져서 행하여지지 않음이 없을 것이다.[106]

자식이 부모에 대해서 자애·화목·사친·공경하는 효의 실천을 사람들에게 가르친다면, 사람들은 자애·화목·사친·공경하는 효를 잘 실천할 수 있을 것이므로 백성들이 그 도리를 모두 자연스럽게 행할 것이라고 강조하고 있다. 여기서 율곡이 공자의 입장을 주목한 것은 효가 바로 백행(百行)의 근본이라고 하듯이, 모든 사람들이 효행을 잘한다면 효행이라는 인덕(仁德)의 실효는 사회 전체에 미치게 될 것

---

106 『栗谷全書』 卷23, 「聖學輯要5」 제3 正家: 立愛自親始, 教民睦也, 立敬自長始, 教民順也. 教以慈睦, 而民貴有親, 教以敬長, 而民貴用命. 孝以事親, 順以聽命, 錯諸天下, 無所不行.

이라는 점이다. 즉 효는 가족관계에서의 도덕적 표준이 아니라, 사회적 관계에서의 도덕적 모범이기도 한 것이다. 율곡이 정가(正家)의 도덕실천을 논하면서 효덕의 사회적 의미를 언급한 것은 그 본의가 효의 사회적 확장성을 중시하는 데 있다고 할 수 있다. 이 점에 대해서 율곡은 증자가 "돌아가신 이를 신중하게 모시고 먼 조상을 추모하면 백성의 덕이 후해질 것이다."[107]라는 입장을 상기하면서, 효덕으로 백성의 덕이 널리 두터워지는 점을 의미 있게 생각하고 있다. 증자의 이 입장에 대한 주희의 다음과 같은 해석을 통해서 율곡은 효행의 사회적 확장성에 대한 논의를 심화한다.

> 돌아가신 이를 신중하게 모신다는 것은 돌아가셨을 때 장례를 극진히 지내는 것이요, 먼 조상을 추모한다는 것은 조상의 제사를 정성을 다해 극진히 지내는 것이다. 돌아가신 분은 소홀히 여기기가 쉽기 때문에 그것을 신중하게 하고, 먼 조상은 잊기가 쉽기 때문에 잘 추모해야만 후하게 하는 도(道)이다. 그러므로 이것을 스스로 행하면 곧 자기의 덕이 두터워지고, 아래로 백성들이 감화하면 그의 덕도 후해질 것이다.[108]

주희는 먼 조상은 잊기 쉬우며, 정성을 다하기도 어려운데 그 추모함을 진실되게 한다면 이를 행하는 효행의 덕이 두터워져서 인(仁)

107 『栗谷全書』 卷23, 「聖學輯要5」 第3 正家: 曾子日, 愼終追遠, 民德歸厚矣.
108 『栗谷全書』 卷23, 「聖學輯要5」 第3 正家: 朱子日, 愼終者, 喪盡其禮, 追遠者, 祭盡其誠, 終者, 人之所易忽也, 而能愼之, 遠者, 人之所易忘也, 而能追之, 厚之道也. 故以此自爲, 則己之德厚, 下民化之, 則其德亦歸於厚也.

에 능하게 되며, 이러한 효행의 덕을 두텁게 잘 실천함을 다른 사람이 보고 배워서 감화되면 그들의 인덕(仁德) 역시 능하게 될 것이라고 설명하고 있다. 이러한 주희의 해석을 통해서 율곡이 새기는 바는, 부모를 사랑하는 심정을 미루어 남에게 미치고, 이렇게 함으로써 다른 사람을 사랑하고, 이로 인해 다른 사람 또한 인덕(仁德) 실천에 능하게 된다면 윤리적 실효가 개인에게 머무는 것이 아니라 사회적으로 크게 강화되고 충실하게 된다는 것이다. 이와 같이 덕의 확산은 부모에 대한 효행으로 말미암기 때문에 곧 부모의 공(功)으로 칭송될 수 있다. 이 점에 대해서 율곡은 『효경』의 말을 인용하면서, "효경(孝敬)이 지극해지면 신명에 통달하여 온 천하를 비추어 통하지 않는 데가 없다."고 강조하고 있다.[109] 이와 같이 효경을 통하여 천하에 인덕(仁德)을 통하게 하고 지극하게 하는 것은 좋은 윤리적 인격자가 되기를 기대하며 공부하는 사람들의 이상적인 목표임을 율곡은 다음과 같이 강조한다.

> 성인(聖人)처럼 인도(人道)를 지극히 다하지 않고서는 효도를 다하였다고 할 수 없다. 오직 사람이 부모를 사랑하고 공경하는 마음이 없기 때문에 그 몸가짐을 근신하지 않게 되고 자주 잘못된 지경으로 흐르게 되는 것이다. 만일 마음으로 항상 부모를 생각하고 있다면 한 번쯤 잘못되는 일만 있어도 당황하며 놀라고 두려워하여, 마치 부모를 훼상하는 일이 있는 것같이 할 것이다. 그렇다면

109 『栗谷全書』 卷23, 「聖學輯要5」 第3 正家: 孝弟之至, 通於神明, 光于四海, 無所不通.

> 곧 부모가 물려주신 몸이 항상 청명정대(清明正大)한 경지에 서서 위로는 운행하는 질서의 법도를 본받아 하늘을 섬길 수 있고, 아래로는 두터운 덕을 본받아 땅을 섬길 수 있으니, 이것을 미루어 온 천하에 통달하게 된다면 준칙이 되지 않는 것이 없다.[110]

이 지점에서 율곡은 효를 인도(人道)의 지극함으로 연결하면서, 효를 다한다는 것은 곧 인도를 모자람 없이 다하는 것으로 인식한다. 이는 효가 백행(百行)의 근본이기도 하지만 동시에 백행의 완성이기도 하다는 인식을 보여 준다. 즉 부모를 사랑하는 효덕을 다한다는 것은 지극한 사랑과 공경의 마음과 태도를 가져야만 가능하기 때문에, 효행을 지극히 하는 사람이라면 몸과 마음이 항상 청명정대(清明正大)한 경지에서 천의 이치를 본받고, 땅의 덕을 본받아 인의(仁義)의 덕을 어김없이 실천한다고 율곡은 주장하는 것이다. 이러한 효행의 지극함을 다하는 사람은 성인(聖人)이며, 율곡이 제시하는 인성교육의 이상적 존재인 성인(聖人)은 효도를 다함으로써 천하의 도덕적 준칙(準則)을 세우는 존재인 것이다.

율곡은 『성학집요』에서 특히 왕의 효도에 대해서도 언급하면서 성왕(聖王)이 되어 효행의 사회적 실효를 구현할 수 있어야 한다고 역설한다.

---

110 『栗谷全書』 卷23, 「聖學輯要5」 第3 正家: 非聖人之盡人道, 不足以盡孝矣, 人惟無愛敬父母之心, 故持身不謹, 往往流於汚穢之境. 若於此心, 恒念父母, 一有所失, 悚然驚懼, 若有傷於父母, 則父母之遺體, 恒立於清明正大之域, 仰法行健, 而足以事天, 俯則厚德, 而足以事地, 推而達之四海, 而無不準也.

> 제왕(帝王)의 효는 필부(匹夫)의 효와 차이가 있다. 조상의 유업을 이어받았기 때문에 더욱 정성을 다해야 한다. 한낱 필부가 자손에게 십금(十金)의 재산을 물려주더라도 그 자손은 오히려 잘 간직하려고 하는 것인데, 하물며 백 년의 사직(社稷)과 천 리의 강역(疆域)을 물려주신 경우야 어떻겠는가? 만일 조금이라도 스스로 한가해하고 편히 지내려는 생각이 있다면 곧 효하는 생각에 결함이 되고 선왕(先王)의 사업이 훼손되는 것이다. 그런데도 감히 방자하게 거리낌 없이 멋대로 하여 종묘(宗廟)를 위태롭게 하거나, 선군(先君)을 욕되게 할 수 있겠는가?[111]

여기서 율곡은 왕의 효도의 엄중함을 강조하고 있다. 기본적으로 효도의 정신은 일반 사람들과 왕의 경우가 다르지 않다. 그러나 왕이 짊어지고 있는 사회적인 책임감은 일반 사람들과 다른 무게감이 있다. 율곡은 왕이 선조(先祖)로부터 나라를 물려받은 것을 감사해야 할 문제로 생각하는 것이 아니라, 그 나라를 지켜 나가고 백성들을 사랑하는 막중한 일이라고 일깨우고 있는 것이다. 그렇기에 왕의 효는 필부의 효보다 더욱 힘들다. 나라 다스림의 사업을 결코 가볍게 여겨서는 안 된다는 인식을 왕이 가져야 하는 것은 물론, 나라의 사업을 위태롭게 하고 그르치기라도 한다면 이는 백성에 대한 죄이며, 선왕(先王)에 대해 씻을 수 없는 불효를 저지르는 것이 된다는 점을

111 『栗谷全書』 卷23, 「聖學輯要5」 第3 正家: 且帝王之孝, 與匹夫有間, 繼述先業, 尤當盡誠. 匹夫以十金之產, 貽厥子孫, 子孫猶思善守, 況百年社稷, 千里封疆, 擧以相遺者乎. 若有一毫自暇自逸之念, 則孝思有缺, 而先業有虧矣, 尙敢肆然自放, 以危宗祊, 以辱先君乎.

율곡은 강하게 지적하고 있는 것이다. 이 점에서 율곡은 왕이 나라를 맡아 좋은 정사(政事)를 돌봄은 효에 해당하는 것이라고 하면서, 경국제민(經國濟民)을 가장 잘할 수 있는 왕이 되어 효의 도리를 다하는 것은 성왕(聖王)이 됨으로써 가능하다는 입장을 취한다. 성왕(聖王)의 효도는 그 자체가 모든 사람들에게 모범이 된다는 점에서 '효도로 온 세상을 미루어 가는 도리'의 실천윤리적 의미는 특별하다. 그러므로 율곡은 성왕의 효를 중시한 것이다.

5. 장을 마치며

율곡은 인성교육에서 가정을 바로잡는 것을 중요한 윤리적 명제로 삼고, 특히 효는 모든 덕행의 으뜸이며 근본이 된다고 인식하면서 효경(孝敬)의 도덕실천을 강조했다. 즉 율곡은 정가(正家)의 핵심은 부모를 섬기는 효와 공경이라는 관점에서 『성학집요』에서 백성의 효, 선비의 효, 천자의 효를 실천적 의미에서 제시하고 있다. 율곡은 일반 백성에게는 봉양(奉養)의 도리 실천을 강조하고 있으며, 선비와 천자의 경우에는 효의 실천을 통하여 덕과 교화를 사회에 미칠 수 있도록 해야 한다고 강조하고 있다. 즉 효경(孝敬)이 인덕(仁德)이므로 효를 통해서 인(仁)을 실천하는 마음과 의지를 충실하게 배양하고, 이를 다른 사람에게까지 미치도록 해야 함을 역설한 것이다.

율곡은 『효경(孝經)』에 나타난 효경의 기본 도리에 따라 부모가 살아 계실 때 모심, 돌아가신 뒤 장사(葬事)와 제사(祭祀)의 세 가지 경우로 구분하여 효경의 시무적(時務的) 실천을 언급하면서, 효경의 실천은 그 본령이 예(禮)와 공경과 정성에 있음을 깨닫게 한다. 율곡은 부모 생존 시 효경의 실천을 권면함에 있어서는, 부모의 사랑으로 인해 효에 대한 마음이 약해지는 점을 유념토록 하면서 부모가 자식에게 베푼 것과 같은 지극한 사랑을 효로써 실천해야 한다고 강조한다. 그리고 장례에 있어서 상례(喪禮) 기간을 3년으로 제정(制定)한 본의에 근거하여 부모 돌아가심에 대한 애통함을 절도 있게 하면서 살아 있는 사람이 자신의 몸을 상하지 않게 잘 돌보아야 한다는 것을 주지시킨 점이 주목된다. 또한 슬픔이나 효가 지극하지도 않으면서 다른 사람을 의식하거나 칭찬을 받고자 하는 목적으로 억지로 3년간 죽을 먹는 경우를 경계하면서, 이는 자신과 돌아가신 부모를 속이는 것이기 때문에 옳지 않은 행위이며, 효의 정신에도 위배된다고 지적하였다. 특히 율곡은 제사에서 효경을 행함에 있어서는, 마음의 정성이 가장 중요함을 강조하고, 지나치게 자주 제사를 지내는 점을 문제시하였다. 이는 매우 빈번하게 제사를 지내면 정성이 약화된 마음으로 제례를 행할 수 있으니, 공경의 마음을 지극히 할 수 있는 범위로 제사의 횟수를 제한할 필요가 있다는 맥락에서 그러한 것이다. 또한 율곡은 집안의 경제적 형편을 고려하지 않고 제사의 규모를 크게 하는 것을 불합리한 제사 실천의 예(禮)라고 하면서 경계하였다. 재력(財力)이 미치는 한도에서 정성을 다해 제례를 지내야 하며 무리하게 비용을 지출하는 것은 권장할 만한 도리가 아니라고 주장한다. 이 같은 세 가지 경우의 효경의 실천적 도리를 논하는 율곡의 입장은 도덕실천에 있어서 합리주의적이고 실용주의적인 입장이 반영된 것이며,

실학적(實學的)인 효경(孝敬)·예경(禮敬)의 윤리관이라고 할 수 있다.

또한 율곡은 유교의 효 윤리에 있어서 심오한 의미를 갖는 간쟁(諫諍)을 적극적으로 권장한다. 즉 부모의 윤리적인 문제점을 일깨워서 고치게 하는 것을 적극적인 효경으로 이해하고 그 실천을 강조했다. 자식으로서 바른 도리를 공부하고 덕을 배양하여 도리에 따라 부모를 모심으로써 부모가 도덕적인 잘못을 범하지 않도록 간쟁해야 한다는 것이다. 율곡은 기간(幾諫)을 효의 정밀하고 지극함을 이루는 고차원적인 행위로 이해하면서 간쟁을 다한 뒤에야 비로소 인덕(仁德)을 바로 세우는 효를 이룰 수 있다고 보았다. 율곡은 기간(幾諫)을 잘 실천해야 개인의 효의 도리를 온전하게 실현할 수 있을뿐더러, 사회적으로도 인덕(仁德)과 의덕(義德)이 바르게 구현될 수 있다고 강조한다.

이러한 맥락에서 율곡은 『성학집요』에서 정가를 위한 효경을 실천함으로써 효의 감화·교화를 사회적으로 이루어 나가는 실천적 가치의 의미를 부각시킨다. 자기 부모에 대한 효의 덕으로 백성을 사랑하며, 만물을 사랑하는 인덕(仁德)을 실천하는 것이 효의 확장이므로 효 윤리의 사회적 의미를 충족하기 위해 노력해야 한다고 강조한다. 이 점에서 율곡은 왕이 스스로 개인적인 차원에서 부모에게 효경을 다하면서, 나아가 그 효덕을 백성들에게 미루어 인덕(仁德)을 실천하는 것이야말로 유교 선비의 이상적인 도리라고 주장한다. 따라서 율곡의 도덕실천 지향을 위한 인성교육은 가정에서뿐만이 아니라, 사회적으로도 효경을 실천할 수 있는 역량과 의지를 함양하는 것에 있다고 할 것이다.

제10장
인성 함양을 위한 치인(治人)의 도덕실천

수기치인(修己治人)을 성인(聖人)의 덕의 본령으로 삼고 있는 율곡의 인성교육론에서 치인(治人)의 실천 공부는 필수불가결한 의미를 지닌다. 그러므로 율곡은 성인이 되는 공부는 수기치인에 불과하다는 입장에서 수기와 치인이 서로 표리(表裏)가 된다고 인식하면서,[112] 공부가 결코 개인의 내면적 인격 수양만을 도모하는 데 그쳐서는 안 되므로 수기의 노력은 반드시 치인으로 연결되어야 한다는 입장을 견지한다. 이 점은 공자가 주장한 '수기이안인(修己以安人)', '수기이안백성(修己以安百姓)'[113]의 입장에 의거한 실천윤리적 관점이다.

그렇기에 도덕실천 지향의 인성교육에서 치인을 중시하는 율곡의 입장은 『성학집요』에서 '위정편(爲政篇)'을 구성하여 치인의 실천적

112 『栗谷全書』 卷19, 「聖學輯要1」, 統說: 聖賢之學, 不過修己治人而已. 今輯中庸大學首章之說, 實相表裏, 而修己治人之道, 無不該盡.
113 『論語』 「憲問」: 子路問君子, 子曰修己以敬, 曰如斯而已乎, 曰修己以安人, 曰如斯而已乎, 曰修己以安百姓, 修己以安百姓, 堯舜其猶病諸.

도리를 정밀하게 제시하는 것에서 구체적으로 드러난다. 율곡은 설령 어진 선비가 좋은 덕성을 함양하고 있으나 은자(隱者)의 모습으로 둔세(遯世)에 기운다면 이는 시중(時中)의 도가 아니라는 입장을 취한다.[114] 즉 사회에 나아가서 사람들이 겪는 어려움을 해결해 주는 치인(治人)의 도리를 다하는 것이 성인의 본령임을 강조한 것이다. 그리하여 율곡은 "널리 만물을 육성시켜서 천(天)에 도달하게 하면 대현(大賢)의 공부가 여기에서 끝나고, 성지(誠之)의 도(道)도 극에 달한다."[115]고 언급하거나, 공부란 궁극적으로 "민생(民生)으로 표준을 삼으며, 옛 성인(聖人)을 표준으로 삼아 끊어진 학문을 계승하고, 세상을 태평(太平)하게 하는 것을 표적으로 삼아야 한다."[116]고 주장한 것이다.

이러한 맥락에서 율곡은 인성 함양 공부는 개인의 '내성적(內省的)인 마음 수양[內聖]'에 머물러서는 안 되며, 이를 바탕으로 '민생을 구하고 세상을 태평하게 해야 한다[外王]'는 사회윤리적 명제를 구현하기 위한 방향으로 전개된다. 개인이 공부를 통하여 명명덕(明明德)한다는 것은 곧 신민(新民)에 이르러 사회에 덕을 밝히는 것으로 귀결되어야 하며, 이를 위해서 민생(民生)과 교화(敎化)를 위한 치인의 실천적 노력이 적극적으로 수행되어야만이 인성 공부의 본령이 완성된다는 점을 강조한 것이다.

이러한 관점에 입각하여, 본 장에서는 『성학집요』와 『동호문답』

---

114 『栗谷全書』 卷15, 「東湖問答」: 若隱者則偏於遯世, 非時中之道也.
115 『栗谷全書』 拾遺 卷6, 「四子言誠疑」: 以至洋洋乎發育萬物, 峻極於天, 則大賢之用功, 於是乎終, 而誠之之道.
116 『栗谷全書』 卷15, 「學校模範」: 爲生民立極, 爲往聖繼絶學, 爲萬世開太平爲標的.

등에 제시된 율곡의 치인의 방법을 통하여 도덕실천 지향의 인성교육론에서 구현하고자 하는 실제적인 인성 함양의 방법을 탐구하고자 한다. 이를 위해서 먼저, 율곡이 제시한 치인의 근본 도리에 대해서 논한다. 그리고 구체적으로 애민(愛民), 혈구지도(絜矩之道), 구민생(救民生)의 도덕실천 방법의 실천윤리적 특성과 의미를 논구할 것이다. 나아가서 백성을 선하게 일깨우는 교민(教民)의 덕실천을 논하면서 율곡이 지향한 도덕실천 지향 인성교육론의 윤리적 특성을 구명할 것이다.

1. 치인(治人)의 기본 도리와 도덕실천적 가치

율곡은 수기(修己)뿐만이 아니라 위정(爲政) 즉 치인(治人)에 대해서도 체계적으로 그 실천의 문제를 다루고 있는데, 이 점은 유학 공부와 성인의 본령이 수기치인(修己治人)에 있음을 강조하는 데서 알 수 있다. 특히 율곡은 겸선(兼善),[117] 안민(安民), 사회 태평(太平) 같은 치인의 도리에 대해서 다양하게 언급하고 있다. 치인에 해당하는 위정(爲政)을 논하면서, 율곡은 『시경(詩經)』에 표명된 치인의 근본 도리에

117 '兼善'은 '함께 善을 한다.'는 의미를 갖는데, 이는 참된 유학자는 사람들이 본래 품부한 선한 도덕성을 일상에서 잘 실현할 수 있도록 함으로써 그들과 함께 선한 삶·인간다운 삶을 영위할 수 있는 자임을 강조하면서 언급한 개념이다. 즉 율곡은 "선비가 兼善하는 것이 본래의 뜻이니 물러나서 自守하는 것이 어찌 그 本心이겠는가? 때를 만남과 만나지 못함이 있을 뿐이다."(『栗谷全書』 卷15, 「東湖問答」: 士之兼善, 固其志也, 退而自守, 夫豈本心歟, 時有遇不遇耳.)라고 하면서 兼善하려는 자에는 大臣, 忠臣, 幹臣이 있다고 제시하였다.

대해서 다음과 같이 언급한다.

『시경(詩經)』에 '도를 즐기는 군자만이 백성의 부모로다.'라고 하였는데, 이는 백성이 좋아하는 것을 좋아하고, 백성이 싫어하는 것을 싫어하는 바를 가지고 백성의 부모라고 한 것이다.[118]

율곡은 군자와 백성의 관계를 설명한 『시경』의 입장이 적절하다고 인식하면서, '천지(天地)는 만물의 부모'라고 규정한다. 원래 '천지는 만물의 부모'라는 말은 『서경(書經)』에 보이는데,[119] 율곡은 이 『서경』의 글과 '군자가 백성의 부모'라는 『대학』의 글을 융합하여 '천지는 만물의 부모요, 임금은 백성의 부모'라고 언급한다. 이는 '천지-임금-백성'에 대한 유가(儒家)들의 전통적인 의식을 보여 주는 것이지만, 율곡은 『대학』에서 표명하고 있는 『시경』의 정신 즉 도를 갖춘 군자가 바로 백성의 부모이며, 백성의 부모 됨은 '백성이 좋아하는 것을 좋아하고, 백성이 싫어하는 것을 싫어하는 것'이라고 함으로써 임금이나 군자는 백성 위에 군림하거나 백성을 부리는 주체가 아니라, 백성을 위한 자임을 천명하고 있다. 율곡이 『성학집요』의 '위정편(爲政篇)' 가장 앞부분인 '총론 위정(總論爲政)'에서, 그리고 그 '총론 위정'에서도 가장 앞머리에 이러한 백성 중심의 위민적(爲民的) 입장을 드러낸 것은 성인 되는 공부의 본령이 바로 백성을 위하는

118 『栗谷全書』 卷24, 「聖學輯要6」 第4 爲政(上): 詩曰, 樂只君子, 民之父母, 民之所好, 好之, 民之所惡, 惡之, 此之謂民之父母.
119 『書經』 「周書」: 惟天地, 萬物父母, 惟人, 萬物之靈, 亶聰明作元后, 元后作民父母.

데 있으며, 이는 위정으로 실천되어야 함을 밝힌 것이다.

또한 율곡은 장횡거(張橫渠)가 『서명(西銘)』에서 '천지를 부모로 삼고, 임금을 종자(宗子)로 삼는다.'고 말한 점을 확인하면서, 성인(聖人)은 천지의 덕을 합한 사람이므로 천하의 지치고 병든 사람과 경(惸)·독(獨)·환(鰥)·과(寡)[120]를 모두 자애롭게 여겨야 한다고 주장한다. 성인이 이렇게 부모와 같은 덕으로 백성을 사랑하는 치인의 면모는 비단 왕에게 국한되는 일이 아니라 인성 함양의 유학 공부를 하는 모든 사람에게 해당하는 본령이라고 강조한다. 율곡은 그러나 왕의 소임이 나라 전체를 책임지는 위치에 있는 중차대한 것이라는 점에서 특히 "왕이 하늘을 아버지로 섬기고, 땅을 어머니로 섬기며, 백성을 형제로 삼고, 만물을 동류(同類)로 삼아서, 인심(仁心)을 충만하게 해야 만이 그 임무를 다할 수 있다."[121]고 하면서 치인적(治人的) 도덕실천의 의미를 부각시키고 있다.

율곡은 치인하는 도리에서 가장 중시되어야 할 것은 덕치(德治)라고 하였는데, 덕치에 대한 유가(儒家)들의 고전적 진술은 『논어』에 나타난다.

---

120 張橫渠는 『西銘』에서, '병들어 파리하고 노쇠한 사람[疲癃], 몸이 불구인 사람[殘疾], 의지할 곳 없는 사람[惸獨], 홀아비와 과부[鰥寡]'를 모두 자기 형제와 같으나 하소연할 곳이 없는 사람으로 칭하면서 이들의 처지를 자애로운 마음으로 살펴 주어야 한다고 강조한다. 여기서 '惸獨鰥寡'는 의미적으로 맹자가 언급한 '鰥寡孤獨'과 같은 어려운 처지에 있는 사람들을 지칭한다. 맹자는 "나이가 들어 아내 없는 이를 홀아비[鰥]라고 하고, 나이가 들어 남편이 없는 이를 과부[寡]라고 하며, 나이가 들어 자식이 없는 이를 홀로 사는 사람[獨]이라고 하고, 어린데 보살펴 줄 부모가 없는 이를 고아[孤]라고 한다. 이 네 부류의 사람은 천하의 곤궁한 백성으로서 어디에 하소연할 곳이 없는 사람들이다. 文王이 善政을 펴고 仁을 베풀되, 반드시 이 네 부류의 사람을 가장 먼저 배려하였다."(『孟子』「梁惠王下」)고 언급하였다. 율곡은 『聖學輯要』에서 惸獨鰥寡를 거론하면서, 愛民의 도덕실천을 통하여 이들을 반드시 돌보아야 한다고 주장하였다.

121 『栗谷全書』 卷24, 「聖學輯要6」 第4 爲政(上): 西銘, 是學者爲仁功夫, 非專指人君之事, 而載于此章者, 人君, 父事天, 母事地, 以斯民爲兄弟, 以萬物爲儕輩, 以充仁心, 然後可盡其職.

> 정치를 함에 덕으로써 하는 것은 마치 북극성(北極星)이 제자리에 있고, 많은 별들이 그것을 향하여 도는 것과 같다.[122]

율곡은 이러한 공자의 덕치(德治)·인정(仁政)의 중요성을 논하면서, 정치를 덕으로 하면 마치 아무것도 하지 않는 듯하지만 사람들이 교화되어 모두 승복하게 된다고 하였다. 그렇기에 율곡은 왕의 급선무를 다음과 같이 규정한다.

> 왕이 덕을 닦는 것은 정치의 근본이니, 먼저 임금의 직분이 백성의 부모 된 위치에 있다는 것을 안 뒤에 중(中)을 세우고 극(極)을 세워서 표준을 삼게 되면, 그 효과가 마치 뭇 별들이 북극성을 향하는 것과 같을 것이다. 순(舜)·우(禹)·공자(孔子)·중훼(仲虺)의 설은 중(中)을 세우고 극(極)을 세우는 요령이다. 그러므로 모두 여기에 실었다. 아, 부모로서 자식을 사랑하는 이는 많지만, 왕으로서 백성에게 인(仁)을 행하는 이는 적으니, 천지(天地)가 부여한 직책을 생각하지 않음이 심하다.[123]

덕으로써 백성을 사랑하는 정치를 하는 것은 도리의 중(中)을 세우고 극(極)을 세우는 것과 같아서 그렇게 하기만 하면 위민(爲民)의 바른

---

122 『論語』「爲政」: 子曰, 爲政以德, 譬如北辰居其所, 而衆星共之.

123 『栗谷全書』 卷24, 「聖學輯要6」 第4 爲政(上): 人君修德, 是爲政之根本, 而先知君職在於父母斯民, 然後建中建極, 以爲表準, 則其效若衆星拱之矣. 舜禹孔子仲虺之說, 是建中建極之要領, 故具載焉. 嗚呼, 父母之於子, 慈愛者衆, 而人君之於民, 行仁者寡, 其不念天地付畀之責.

정치가 가능하지만, 진실되게 백성에게 인(仁)을 행하는 왕이 드물기 때문에 세상의 태평이 이루어지지 않는다는 것이다. 그러므로 치인에 대한 막중한 소임을 지니고 있는 왕은 덕으로 위민하는 것이 무엇보다 중요하다. 율곡은 이 점에서 공자가 염유(冉有)에게 위정의 본령을 설명하는 내용을 소개하면서 치인이란 무엇인지를 깨우쳐 준다.

> 염유가 말하기를, "이미 백성이 많을 때는 무엇에 더 힘써야 합니까?" 하니, 공자는 "백성을 부유하게 해 주어야 한다."고 말하였다. 또 "이미 부유하면 무엇에 더 힘써야 합니까?" 하니, 공자가 말하기를, "가르칠 것이다."라고 하였다.[124]

공자는 백성에게 생계를 확보해 주고 나서 도리를 가르쳐서 인간다운 좋은 삶을 살도록 해야 한다고 강조하고 있다. 율곡은 이 같은 공자의 입장을 존중하는 입장에서 백성을 사랑하는 것은 '선부후교(先富後教)'에 있다고 말한다. 위정이란 곧 백성을 사랑하는 행위인데, 백성들에게는 도덕교육을 우선적으로 해야 할 것이 아니라 먼저 경제적으로 여유 있는 삶을 영위할 수 있도록 하고 난 후에 학교를 세우고 예의를 밝혀서 백성을 가르쳐야 한다고 주장한다. 이러한 입장은 주희도 취하는 위정의 핵심 관점이라고 율곡은 인식한다.[125]

---

124 『栗谷全書』 卷24, 「聖學輯要6」 第4 爲政(上): 冉有曰, 旣庶矣, 又何加焉. 曰, 富之. 曰, 旣富矣. 又何加焉. 曰, 敎之.

125 『栗谷全書』 卷24, 「聖學輯要6」 第4 爲政(上): 朱子曰, 以人情而言, 則兵食足, 而後吾之信可以孚於民, 以民德而言, 則信本人之所固有, 非兵食所得而先也, 是以, 爲政者, 當身率其民, 而以死守之, 不以危急而可棄也.

또한 율곡은 공자와 자공(子貢) 사이의 위정에 대한 문답을 활용하면서, 왕이나 유덕자가 백성을 위하는 정치를 함에 무엇을 중요시해야 하는지를 논하고 있다.

> 자공(子貢)이 정치에 대해서 물으니, 공자가 말하기를, "먹을 것을 풍족하게 하고, 병력을 충족시키면 백성이 신임할 것이다."라고 하였다. 자공이 말하기를, "부득이 버릴 수밖에 없다면 세 가지 중에서 어느 것을 먼저 버려야 합니까?" 하니, 공자가 말하기를, "병력을 버릴 것이다."라고 하였다. 또 자공이 말하기를 "부득이 버릴 수밖에 없다면 이 두 가지 중에서 어느 것을 먼저 버려야 합니까?"라고 하니, 공자는, "먹을 것을 버릴 것이다. 옛날부터 죽음이란 다 있는 것이지만 백성의 신임을 잃는다면 서지를 못할 것이다."라고 하였다.[126]

공자와 자공 사이의 위정에 대한 이러한 문답은 유가들의 치인관(治人觀)의 본령을 보여 주는 것으로서, 유가들에게 정치하는 전범(典範)으로 운위되는 것이다. 먹을 것이 족하고 신임이 넉넉하면 병력이 없더라도 지키는 것이 견고하므로 병력보다는 식량과 백성들의 신임이 중요하며, 식량과 백성의 신임 중에는 백성이 신임이 더욱 중요하다고 한 것이다. 율곡은 이에 대해, 백성의 신임이 없으면 비록 산다고 하더라도 자립하지 못할 것이므로 이것은 사실상 죽는 것만

---

126 『論語』「顔淵」: 子貢問政, 子曰, 足食足兵, 民信之矣. 子貢曰, 必不得已而去, 於斯三者, 何先. 曰, 去兵. 子貢曰, 必不得已而去, 於斯二者, 何先. 曰, 去食, 自古皆有死, 民無信不立.

못하다는 입장에서 차라리 죽을지언정 백성에게 신임을 잃지 않아야 한다는 입장을 견지하면서 치인에 있어서의 도학적 실천정신을 부각시킨다. 즉 율곡은 치인의 도리는 그 근본이 백성들에게 신임을 받을 수 있는 덕치(德治)·인정(仁政)에 있음을 강조한 것이다.

2. 애민(愛民)의 도덕실천

율곡은 『성학집요』 '위정편'에서 안민(安民)의 실천에 대해서 논하고 있다. 여기서 율곡은 그 내용적 핵심을 애민(愛民)에 두고 실천의 문제를 다룬다. '위천지육만물(位天地育萬物)'과 '성기성물(成己成物)'을 본령으로 하는 성인(聖人)과 같은 탁월한 윤리적 인격을 함양하려는 율곡의 인성교육에서 애민(愛民)은 인덕(仁德)을 실천하는 중요 과제가 된다. 따라서 애민의 덕을 실천하는 마음과 의지를 함양하는 것은 그의 인성교육론의 도덕실천적 지향가치를 구현하는 핵심에 해당한다.

애민(愛民)하는 것 중에서 가장 기본이 되는 유의점은 실효성에 있다. 즉 백성을 사랑함에 있어서 실효 없이 언어적인 수사(修辭)로 하는 것은 유학의 정신에서 어긋날뿐더러 율곡의 윤리사상의 본질에도 위배된다. 율곡은 백성을 사랑하는 것은 안민(安民)으로 그 실제적인 공효가 나타나야 하며, 안민이 구현되지 않는 애민은 실상은 애민이라고 할 수 없다고 할 정도로 철저한 무실적(務實的)인 안민(安民)의 윤리관을 지니고 있다.[127] 그러므로 율곡은 『성학집요』에서 치인의 근본도리를 논하면서 '안민'에 대한 절(節)을 두어 애민의 구체적인 실천 문제를 상론한다.

율곡은 애민해야 하는 근본 이유를 논하면서, 순(舜)이 우(禹)에게 명하여 말한 "사랑할 만한 이는 왕이 아니며, 두려워할 만한 이는 백성이 아닌가? 백성은 왕이 아니면 누구를 받들며, 왕은 백성이 아니면 누구와 더불어 나라를 지키겠는가? 공경하여 너의 지위를 삼가서 원할 만한 것[可願]을 경건하게 닦아라."[128]라는 『서경(書經)』의 입장을 중시한다. '원할 만한 것[可願]'은 착한 것을 의미한다. 왕에게 백성은 두려워해야 하고, 함께 나라를 지키고 이어 나가야 할 주체임을 순(舜)이 명언한 것이다. 율곡은 이러한 순(舜)의 말이야말로 왕이 백성을 대하는 기본 태도를 밝힌 것이라고 이해한다.

이와 같이 율곡은 애민의 도는 안민에 근본을 두고 있으며, 안민은 백성들의 경제적 어려움을 해결해 주는 것을 우선으로 한다고 보았다. 그러므로 율곡은 성인(聖人)·성왕(聖王)이 된 자의 소명으로 목왕(穆王)이 "여름에 더운 비를 백성이 원망하고 겨울에 큰 추위를 백성이 원망하는 것은 그들이 참으로 어렵기 때문이다. 그 어려움을 생각하여 살기 좋도록 해 줄 것을 꾀하면 백성들이 편안해질 것이

---

127 율곡의 안민 정신은 『東湖問答』에서도 매우 구체적으로 표명되고 있는데, 율곡은 다음과 같이 말한다. "아침이 다 지나도록 밥상만 차려 놓고 배 한 번 불러 보지 못하는 것처럼 빈말뿐이고 실효가 없으면 어떻게 일을 할 수 있겠는가? 지금 經書를 강의하는 자리와 上疏하는 말 사이에 나라를 다스릴 만한 좋은 계책과 바른 의논이 없는 것이 아닌데도 한 가지 폐단의 개혁과 한 가지 계책의 실시도 볼 수 없으니, 이는 오직 실효에 힘쓰지 않았기 때문이다. 지금 주상께서 꼭 치화(治化)에 힘써 옛날의 바른 도를 회복하고자 한다면 마땅히 실효에 힘쓰고 형식적인 겉치레는 일삼지 말아야 할 것이다."(『栗谷全書』 卷15, 「東湖問答」, '論務實爲修己之要') 여기서 율곡은 안민을 위한 실질적인 계책의 수립과 그 실천을 통하여 실효를 거둘 수 있어야 한다는 務實的인 安民의 윤리관을 표명하고 있다.

128 『栗谷全書』 卷25, 「聖學輯要7」 第4 爲政(下): 可愛非君, 可畏非民, 衆非元后, 何戴, 后非衆, 罔與守邦, 欽哉, 愼乃有位, 敬修其可願.

다.”[129]라고 한 점을 주목한다. 율곡은 스스로 지방관과 중앙의 여러 관직을 맡아 위민의 일을 하면서, 어려운 경제 실상에서 가장 긴요한 점은 가난한 백성들의 삶의 어려움과 불편을 해결하는 것이었음을 잘 알고 있었다. 그러므로 율곡은 안민(安民)·편민(便民)이야말로 진정한 애민의 덕실천의 공효라고 생각한 것이다.

율곡은 “「강고(康誥)」에 ‘어린아이를 보호하는 것과 같이 하라.’고 하였으니, 마음으로 정성껏 구하기만 하면 비록 적중되지는 않더라도 멀지는 않을 것이다. 대개 자식을 기르는 법을 익힌 뒤에 시집갔다는 사람은 없다.”[130]고 한 『대학』의 입장을 논하면서 ‘백성을 어린아이 보호하는 것과 같이 하라.’는 의미에 대해서 생각한다. 흔히 백성을 어린아이 보호하는 것과 같이 하라고 하면 백성을 유아적(幼兒的)인 존재로 낮추어 보는 것이 아닌가 하는 선입견을 가질 수 있으나, 자애로운 어머니라면 설령 어린아이가 말을 하지 않더라도 아이가 원하고 필요로 하는 것을 알고 행하듯이, 모름지기 왕이라면 백성들이 원하고 필요로 하는 것이 무엇인지를 알고서 그것을 이루어주어야 한다는 데 본의가 있다. 즉 백성을 사랑하는 애민의 마음의 지극함을 표현한 것이 바로 백성을 어린아이처럼 본다는 의미이다. 율곡은 이러한 애민의 실천정신을 『동호문답』에서 다음과 같이 표현하고 있다.

---

129 『栗谷全書』 卷25, 「聖學輯要7」 第4 爲政(下): 穆王曰, 夏暑雨, 小民惟曰怨咨, 冬祁寒, 小民亦惟曰怨咨, 厥惟艱哉, 思其艱以圖其易, 民乃寧.

130 『栗谷全書』 卷25, 「聖學輯要7」 第4 爲政(下): 康誥曰, 如保赤子, 心誠求之, 雖不中, 不遠矣, 未有學養子而后嫁者也.

백성을 보호하고자 한다면 백성의 부모라는 마음을 가지고 백성을 갓난아이같이 보아야 할 것이다. 갓난아이가 우물에 빠지려고 할 때는 아무리 서로 원수 간이라도 그 가족을 전멸시키고 싶은 정도에까지 이르지 않았다면 반드시 놀라 뛰어가서 구출할 것인데, 하물며 부모의 마음이야 어떻겠는가? 지금은 갓난아이가 우물에 빠진 지 이미 오래되었는데도 적막하게 수년 동안 자기 몸이 상한 것같이 하는 정치를 볼 수가 없으니, 이는 다름이 아니라 왕이 백성의 부모라는 마음이 아직도 지극하지 못한 바가 있기 때문이다. 참으로 백성의 부모라는 마음을 가지고 있다면 백성을 위해 이익을 취하고 해로운 것을 없애려고 최선을 다할 것이니, 백성의 생활이 어찌 곤궁하겠는가? 백성을 위해 걱정하고 부지런히 해서 밥 먹을 겨를도 없이 하여 백성이 원하는 것을 알아내어 반드시 이루어 주고, 백성에게 해를 끼치는 것을 물어서 제거해 줌으로써 백성을 보호하는 실효를 다해야 한다.[131]

자애(慈愛)의 마음을 가진 부모라면 어린 자식에 대한 어진 마음을 행동으로 나타낼 것이라는 애자(愛子)의 태도를 애민(愛民)에 비유한 것이다. 율곡은 이상적인 인격인 성인이 되는 것은 치인을 함에 있어서 마치 부모가 자기 자식을 사랑하는 그 마음으로 온 백성에게

131 『栗谷全書』 卷15, 「東湖問答」: 如欲保民, 則以父母生民爲心, 視之當如赤子, 夫赤子之入井, 雖仇怨之人, 苟不至於欲滅其家, 則必驚起而救之, 況其父母之心乎. 當今赤子之入井, 久矣, 寂寥數年, 不見如傷之政者, 無他, 主上父母生民之心, 猶有所未至故也. 誠以父母生民爲心, 則爲之存利而去害, 將無所不用其極矣, 民生豈有困瘁之理乎. 所當憂勤惕念, 不遑暇食, 求其願欲而必遂之, 咨其弊瘼而必除之, 以盡其保民之實.

인덕(仁德)이 미치도록 해야 하는 데 있다고 강조한다. 이러한 입장에서 율곡은 유가(儒家)들이 자애로운 치인의 덕을 온 백성에게 실현하는 덕치(德治) 즉 왕도정치(王道政治)[132]를 할 수 있는 역량을 함양해야 한다고 역설하였다.

이에 율곡은 『맹자』에 언급된 고전적인 덕치(德治)·인정(仁政)의 면모를 제시하면서 안민(安民)·애민(愛民)에 대해서 생각한다.

> 늙어서 아내 없는 것을 환(鰥)이라 하고, 늙어서 남편 없는 것을 과(寡)라 하고, 늙어서 자식 없는 것을 독(獨)이라 하고, 어려서 아비 없는 것을 고(孤)라고 한다. 이 네 부류의 사람들은 세상에서 가장 곤궁한 자들로서 호소할 데가 없는 사람들이다. 문왕(文王)은 정령(政令)을 발하여 인정(仁政)을 베풀 때에는 반드시 이 네 부류의 사람들을 먼저 돌보았다.[133]

율곡은 치인에서 중요한 것은 구휼(救恤)이라고 인식한다. 곤궁하고 외로운 환(鰥)·과(寡)·독(獨)·고(孤)의 백성들이 호소하는 것을 자기 자식의 피끓는 절규로 들어서 해결해 주려는 애민의 덕치를 치인의 본령이라고 여긴 것이다. 이 점에 대해서 율곡은 다음과 같은 정이

---

132 王道政治는 율곡이 가장 이상으로 삼은 治人의 방법이다. 율곡은 『東湖問答』에서 "治平을 이루는 방도 두 가지가 있다. 仁義의 道를 몸소 행하여 남을 차마 해롭게 하지 못하는 정치[不忍人之政]를 행하고 天理의 올바름을 극진하게 하는 것은 王道이고, 仁義의 이름만을 빌려 權謀術數를 씀으로써 功利의 私를 이루는 것은 霸道이다."(『栗谷全書』 卷15, 「東湖問答」, '論君道') 라고 함으로써, 王道政治가 經世濟民·天人合一을 할 수 있는 도덕 정치라고 규정하고 있다.

133 『孟子』 「梁惠王下」: 老而無妻曰鰥, 老而無夫王寡, 老而無子曰獨, 幼而無父曰孤, 此四者, 天下之窮民而無告者, 文王發政施仁, 必先斯四者.

천(程伊川)의 말을 인용하면서 그 의미를 밝힌다.

> 지극히 인(仁)하면 천지가 한 몸이 되고, 천지 사이의 온갖 만물은 사지(四肢)가 되고 온몸이 된다. 자기의 사지(四肢)와 온몸을 보고도 어찌 사랑하지 않을 자가 있겠는가? 의서(醫書)에 '손발이 풍(風)을 맞아 굳은 것을 사체불인(四體不仁)이라고 한다.'는 말이 있는데, 이는 아픈 것이 그 마음에 연결되지 않았기 때문에 이렇게 말한 것이다. 수족(手足)이 나에게 있는데 그 아픈 것을 알지 못하는 것은 불인(不仁)이 아니고 무엇이겠는가? 잔인한 마음을 가지고 은혜를 베풀지 않는 자는 이와 같이 자기를 버릴 뿐이다.[134]

여기서 율곡은 부모와 자식의 관계로 왕과 백성을 이해하기보다는 천지와 인간의 관계, 온몸과 사지(四肢)의 관계로 이해함으로써 백성을 치자(治者)와 대등하게 여기며, 한편으로는 사람이 자기 몸을 아끼듯이 애민해야 한다는 생각을 정이천의 입장을 통해서 표명한 것이다. 사람이라면 누구나 인(仁)을 본성의 덕으로 갖추고 있으므로 다른 사람에 대해서 애인(愛人)의 인덕(仁德)을 실천하지 못하는 것은 그 어진 마음을 일으키지 않은 탓이라고 율곡은 생각한다. 백성을 사랑하지 않는 불인(不仁)은 '불능(不能)'이 아니라 '불위(不爲)'[135]에 해

134 『栗谷全書』 卷25, 「聖學輯要7」 第4 爲政(下): 程子曰, 至仁則天地爲一身, 而天地之間, 品物萬形, 爲四肢百體, 夫人豈有視四肢百體而不愛者哉. 醫書, 有以手足風頑, 謂之四體不仁, 爲其疾痛不以累其心故也, 夫手足在我, 而疾痛不與知焉, 非不仁而何, 世之忍心無恩者, 其自棄亦若是而已.

135 '不能'과 '不爲'는 『孟子』에 보이는 개념인데, 윤리학에서 중요하게 간주된다. 이는 맹자가

당하므로 공부하는 사람들은 치인에서 애민의 덕을 실천하기 위해 더욱 노력해야 한다고 깨우쳐 주는 것이다.

3. 혈구지도(絜矩之道)의 도덕실천

율곡은 안민의 도리를 논하면서 애민을 말하고, 같은 맥락에서 '혈구(絜矩)의 도'의 실천 문제를 주장하고 있다. 율곡은 애민하는 치인의 덕을 언급할 때 『대학』에 전하는 혈구지도(絜矩之道)를 인용한다.

> 위에서 노인을 노인으로 섬기면 백성들이 효를 하려는 마음이 흥기(興起)하고, 위에서 어른을 어른으로 받들면 백성들의 공경하는 마음이 흥기하며, 위에서 외로운 이들을 가련하게 여기면 백성들이 몰인정하게 되지 않기 때문에 군자는 혈구지도(絜矩之道)가 있다.[136]

여기서 '혈(絜)'은 헤아린다는 뜻이요, '구(矩)'는 모난 물건을 만드는 법규와 같은 것이다. 그러므로 혈구지도는 내 마음을 잣대 삼아

梁惠王과의 대화에서 도덕실천을 함에 있어서 천부적인 도덕성의 부족을 지칭하는 '不能'과 천부적인 도덕성은 있으나 행하지 않음을 지칭하는 개념인 '不爲'를 중심으로, 왕이 愛民의 德治인 王道政治를 반드시 해야 함을 강조하면서 다음과 같이 언급한 대목에서 볼 수 있다. "지금 은혜가 족히 禽獸에게는 미치되, 功效가 백성에게 이르지 않음은 유독 어째서 인가? 그렇다면 깃털 하나도 들지 못함은 힘을 쓰지 않기 때문이며, 수레에 실은 나무 섶을 보지 못함은 시력을 쓰지 않기 때문이며, 백성들이 보호를 받지 못함은 은혜를 쓰지 않기 때문이다. 그러므로 왕이 왕노릇을 하지 못함은 '하지 않는 것[不爲]' 일지언정 '하지 못하는 것[不能]'은 아니다."(『孟子』「梁惠王上」)

136 『大學』「傳10章」: 上老老而民興孝, 上長長而民興弟, 上恤孤而民不倍. 是以君子有絜矩之道也.

남의 마음을 재고, 내 처지를 생각해서 남의 입장을 헤아린다는 뜻으로서, 자기 마음을 미루어 남에게 그렇게 대하거나 행하는 것을 의미한다. 즉 혈구지도는 윗사람이 효도하고 공경하고 가련하게 여기는 마음을 가지게 되는 것을 말하는데, 이렇게 하면 백성들이 모두 그와 같은 어진 마음을 가지게 된다는 것을 일깨운 것이다. 윗사람이 내게 무례하게 대하는 것을 원치 않는다면 반드시 이런 마음으로 아랫사람의 마음을 헤아려 역시 무례하게 부리지 말며, 아랫사람이 내게 불충(不忠)하게 대하는 것을 원치 않는다면 또한 반드시 이런 마음으로 윗사람의 마음을 헤아려 불충하게 섬기지 말아야 할 것이라고 율곡은 생각한다.

또한 혈구지도는 "충서(忠恕)가 도에서 떨어진 것이 멀지 않다. 나에게 베풀어지기를 원하지 않는 것은 남에게도 베풀지 말라."[137]라고 한 『중용』의 표현에서 그 윤리적 의미를 찾을 수 있다. 나의 마음을 다하는 것이 충(忠)이며, 나를 미루어 남에게 미치는 것이 서(恕)이므로, 혈구지도(絜矩之道)는 충서(忠恕)를 본의로 한 인도(仁道)를 지칭하는 것이다. 나의 마음을 다하여 다른 사람에게 혈구지도를 실천하면 곧 인덕(仁德)이 구현됨으로써 '이인(里仁)' 혹은 '대동사회(大同社會)'가 이루어져 안민(安民)하고 편민(便民)하게 된다. 이 점에서 혈구지도는 치인(治人)의 도를 실천하는 핵심적인 방법이라고 할 수 있다. 그렇기에 율곡은 주희가 "백성들이 모두 함께 혈구지도의 마음을 지니고 흥기한다면 어찌 한 사람이라도 얻지 못하는 이가 있겠는가? (혈구

137 『中庸』「13章」: 忠恕違道不遠, 施諸己而不願, 亦勿施於人.

지도를) 잡은 바는 간략하나 미치는 바는 넓으니, 이는 천하를 화평하게 하는 핵심적인 방법이다."[138]라고 한 점을 강조하고 있다.[139] 이와 같이 율곡은 치인의 요체·애민의 요체로서 혈구지도를 제시하고 있으며, 혈구지도는 자신을 미루어 백성들의 마음을 헤아리는 인덕(仁德)을 구현하는 것임을 강조한다. 그러므로 백성들을 혈구지도로써 어질게 대하면 민심을 얻을 수 있다. 율곡은 이러한 위정의 의미를 다음과 같이 논한다.

> 맹자가 말하기를, "걸(桀)·주(紂)가 천하를 잃은 것은 그 백성을 잃은 것이고, 그 백성을 잃은 것은 그 민심(民心)을 잃은 것이다. 천하를 얻는 데는 방법이 있는데, 그 백성을 얻는 것이 곧 천하를 얻는 것이다. 백성을 얻는 데는 방법이 있는데 그 민심을 얻는 것이 곧 백성을 얻는 것이다. 민심을 얻는 데는 방법이 있는데, 그 하고자 하는 것을 거두어 주고 싫어하는 것을 베풀지 않을 뿐이다."라고 하였다.[140]

율곡은 맹자의 입장과 같이 치자(治者)가 백성들의 즐거움을 즐기

138 『栗谷全書』 卷25, 「聖學輯要7」 第4 爲政(下): 彼同有是心而興起焉者, 又豈有一夫之不獲哉, 所操者約, 而所及者廣, 此平天下之要道也.

139 세부적으로 본다면 주희는 絜矩之道를 두 가지 방식으로 해석하였다고 할 수 있다. 하나의 해석은 '남의 마음을 가늠할 때 공평한 기준을 사용한다는 원칙'이고, 다른 하나의 해석은 '남들에게 필요한 것이 무엇인지 잘 헤아려 남도 나와 같이 공정한 몫을 얻도록 하는 방식'이다.(전병욱, 「'혈구지도'에 대한 해석을 통해 본 주자의 공동체 윤리」, 『동양철학연구』 83집, 동양철학연구회, 2015. 8., 188쪽 참조)

140 『栗谷全書』 卷25, 「聖學輯要7」 第4 爲政(下): 孟子曰, 桀紂之失天下也, 失其民也, 失其民者, 失其心也, 得天下有道, 得其民, 斯得天下矣. 得其民有道, 得其心, 斯得民矣, 得其心有道, 所欲, 與之聚之, 所惡, 勿施爾也.

면 백성들 역시 그 즐거움을 즐기고, 백성들의 근심을 근심하면 백성들 역시 그 근심을 근심할 것이므로 이와 같이 할 때 비로소 민심을 얻을 수 있다고 본 것이다. 이렇게 한다면 백성을 동원하여 국가의 일을 하는 경우에도 백성들은 그 일이 백성을 근본에 두고 하는 일임을 알기 때문에 수긍하게 되는 것이다. 그러므로 율곡은 "편안하게 해 주려는 방법으로써 백성을 부린다면 비록 피로하더라도 원망하지 않고, 살려 주려는 방법으로써 백성을 죽인다면 비록 죽더라도 원망하지 않는다."[141]라는 맹자의 말이 치인의 지극한 도리를 보여 주는 혈구지도의 적용이라고 생각한다. 백성을 살리려는 애민의 마음으로 위정(爲政)하는 과정에서 불가피하게 백성들이 희생된다고 하더라도 백성들이 이를 원망하지 않음은 진실된 애민의 마음, 혈구지도의 마음으로 치인할 때 비로소 가능한 것임을 일깨우고 있다. 이 점에서 율곡은 혈구지도의 덕성을 함양하여 치인의 도덕실천을 온전하게 하는 것이 중요하다고 강조한다.

4. 구민생(救民生)의 도덕실천

애민(愛民)을 치인(治人)의 근본도리로 삼는 율곡의 입장에서 안민의 실천방법으로 제시하는 구민생(救民生)의 의미는 매우 크다. 구민생(救民生) 즉 '백성의 생업(生業)을 보장하여 경제적 안정을 이루어 주

141 『孟子』「梁惠王下」: 以佚道使民, 雖勞不怨, 以生道殺民, 雖死不怨殺者.

는 것'은 백성들의 삶에서 가장 기본적인 경제적 기반을 확보해 주는 것을 의미한다. 율곡의 구민생(救民生)은 백성들이 일상의 의식주(衣食住)를 제대로 갖추지 못하고 있음을 직시하면서, 그 경제적인 문제를 해결하기 위해 실천적인 노력을 하는 것이다. 이러한 맥락에서 율곡은 민생을 위한 덕실천을 논함에 있어서 백성들에게 생업(生業)을 만들어 주는 '제민항산(制民恒産)'을 중요한 문제로 삼으며 이에 대한 『맹자』의 논점을 제시한다.

> 항산(恒産)이 없더라도 항심(恒心)을 갖는 것은 오직 선비만이 그렇게 할 수 있고, 일반 백성들은 일정한 재산이 없으면 그 때문에 항심을 가지지 못한다. 항심이 없다면 방탕한 짓이나 사악(邪惡)한 짓 등 못 할 것이 없다. 죄를 지은 뒤에 뒤따라 처벌한다면, 이것은 그물을 쳐서 백성들을 잡는 것이니, 어찌 어진 사람이 왕의 자리에 앉아 그물을 쳐서 백성들을 잡는 일을 할 수 있겠는가?[142]

율곡은 여기서 맹자가 제기한 항산항심론(恒産恒心論)을 주요한 논점으로 삼는다. 항산은 일상의 삶을 유지할 수 있는 기본적인 생업(生業)이며, 항심은 사람이 항상 지니고 있는 선한 마음이다. 무항산(無恒産)이어도 유항심(有恒心)인 것은 군자의 덕을 갖춘 선비들이 할 수 있는 바이며, 덕을 닦지 못한 일반 백성들 즉 중인(衆人)들은 무항산(無恒産)이면 무항심(無恒心)이 될 수밖에 없다. 율곡이 생각하는

142 『孟子』「梁惠王上」: 孟子曰, 無恒產而有恒心者, 惟士爲能, 若民則無恒產, 因無恒心, 苟無恒心, 放辟邪侈, 無不爲己, 及陷於罪, 然後從而刑之, 是罔民也, 焉有仁人在位, 罔民, 而可爲也.

치인은 백성들을 요순(堯舜)의 백성으로 만드는 것을 이상으로 삼지만,[143] 백성들은 유학 공부를 본격적으로 할 수 없는 상황으로 인해 도덕실천의 마음이 약화되어 있다. 따라서 백성들에게는 항심이 없다는 것이다. 그러나 선비는 공부를 통해서 의리(義理)를 알기에 비록 항산이 없다 하더라도 항심이 있다. 항심을 갖추지 못한 백성이 의식주를 해결하기 위해 악행(惡行)을 한 경우에 잡아서 처벌한다면, 이는 마치 그물[罔]을 쳐 놓고 잡는 것과 같이 무책임하고 안타까운 일이 된다. 왜냐하면 현인(賢人)이나 위정자(爲政者)는 백성의 가장 시급한 민생 문제를 해결해 주는 것이 본령인데 그 책임을 다하지 못하였으니, 이는 마치 그물을 쳐 놓고 백성들이 걸려들도록 하여 잡아들이는 것과 다름없는 짓임을 율곡이 문제 삼은 것이다.[144]

그러므로 율곡은 이 문제를 직시하면서 어진 군주는 백성들이 부모를 섬길 수 있고, 처자(妻子)를 먹여 살릴 수 있을 정도로 산업을 융성케 하여 생업을 안정적으로 유지할 수 있도록 한 후에 백성을 선

143 율곡은 『東湖問答』에서 신하를 다음과 같이 세 종류로 분류하면서, 大臣이 바로 사람들을 堯舜의 백성과 같이 선한 마음을 실천하는 어진 사람으로 만드는 진정한 治人의 道를 실천하는 자라고 다음과 같이 규정한다. "관직에 나아가 兼善하는 자에 세 가지 부류가 있다. 첫째, 도덕을 몸에 잘 터득하여 자기를 미루어 남에게 미치게 함으로써 자기 왕으로 하여금 堯舜과 같은 왕이 되게 하고, 자기 백성으로 하여금 요순시대의 백성이 되게 하려고 하여, 왕을 섬기는 데나 자기의 몸가짐에 모두 正道로만 하는 사람은 大臣이다. 둘째, 오로지 나라만 걱정하고 자신은 돌보지 않으며 진심으로 왕을 섬기고 백성을 보호할 수만 있다면 쉽고 어렵고를 가리지 않고 정성을 다해 행하여 비록 다소 간의 차이가 있지만 끝까지 社稷을 편안케 하려는 자는 忠臣이다. 셋째, 그 지위에 있을 때에는 그 직분을 지킬 것을 생각하고, 임무를 맡았을 때에는 그 능력을 발휘하기를 생각하여, 그릇이 비록 나라를 경영하기에는 부족하지만 才幹이 관직 한 자리를 감당할 만한 사람은 幹臣이다."(『栗谷全書』 卷15, 「東湖問答」, '論臣道') 즉 율곡은 爲政을 가장 잘할 수 있는 인재를 大臣으로 규정하고, 이들이 이상적인 사회를 만들어 갈 수 있다고 주장한다. 그것은 大臣들이야말로 백성들을 깨우쳐 주는 敎民을 하여 堯舜의 백성처럼 선한 마음을 가진 사람으로 만들어 갈 수 있기에 그러한 것이다.

144 『栗谷全書』 卷25, 「聖學輯要7」 第4 爲政(下)-安民 참조.

한 길로 인도해야 한다고 주장한다. 빈곤에 허덕이는 백성들은 스스로가 죽음에서 벗어나기도 힘든 지경이므로 이러한 상황에서 예의를 강박하는 것은 치자(治者)의 올바른 위민·애민의 도리가 아니라고 본 것이다. 이에 따라 율곡은 왕도정치의 시작에 해당하는 민생의 도리 실천 문제를 설파한 맹자의 입장을 거론한다.

> 농사철을 어기지 않게 하면 곡식은 이루 다 먹을 수 없을 만큼 넉넉하게 될 것이고, 세밀한 그물을 못에 넣지 않게 하면 물고기는 이루 다 먹을 수 없을 만큼 넉넉해질 것이며, 적절한 시기에 한하여 산림(山林)을 벌채하게 하면 재목은 다 쓸 수 없을 만큼 넉넉하게 될 것이니, 곡식과 물고기가 이루 다 먹을 수 없을 만큼 넉넉하고, 재목이 이루 다 쓸 수 없을 만큼 넉넉하다면, 백성들에게 산 사람을 부양하고 죽은 사람을 장사(葬事) 지내는 데 유감이 없도록 할 것이다. 산 사람을 부양하고 죽은 사람을 장사 지내는 데 유감이 없도록 하는 것은 왕도정치(王道政治)의 시작이다.[145]

여기서 왕도정치의 시작으로 제시된 민생 구제의 여러 사업은 모두 백성들에게는 매우 시급한 일이다. 애민의 정치는 복잡한 수사(修辭)와 논리로 백성들의 마음을 어지럽게 하는 것이 아니라, 백성들의 생활 가운데서 가장 긴요한 바를 해결해 주는 것에 불과함을 율곡은

---

145 『栗谷全書』 卷25, 「聖學輯要7」 第4 爲政(下): 不違農時, 穀不可勝食也, 數罟不入洿池, 魚鼈不可勝食也, 斧斤以時入山林, 材木不可勝用也, 穀與魚鼈, 不可勝食, 材木不可勝用, 是使民養生喪死, 無憾也, 養生喪死, 無憾, 王道之始也.

맹자의 입장을 통하여 각성시키고 있는 것이다. 이러한 맥락에서 율곡은 주희가 '덕으로써 민심을 얻는 것을 근본으로 삼기 때문에 이를 왕도의 시작이라고 했다.'는 점을 강조한다.[146]

또한 율곡은 천지의 덕을 본받아서 백성들의 민생을 도와야 한다는 『주역』의 말을 인용하면서 안민의 도리 실천을 역설한다.

> 하늘과 땅이 사귀는 것이 태괘(泰卦)이다. 왕은 이를 본떠서 하늘과 땅의 도(道)를 바탕으로 잘 이루고[財成], 하늘과 땅의 마땅한 도움으로[輔相] 백성을 돕는다.[147]

천지(天地)가 사귀어서 음양이 조화를 이루면 만물이 무성하게 이루어지므로 '태(泰)'가 되는 것이다. 그러므로 임금은 마땅히 천지가 통하여 사귀는 '태(泰)'의 상(象)을 체득하여 천지의 도를 바탕으로 잘 이루고[財成], 천지의 마땅한 도움으로[輔相] 백성을 유익하게 해야 한다고 율곡은 생각한다. 이에 대해서 정이천은 '재성(財成)'은 그 시행할 방도를 잘 마름질하여 이루는 것이라고 하고, '보상(輔相)'은 백성들에게 천시(天時)를 쓰고 지리(地利)를 따르며 교화(敎化)와 육성(育成)의 공(功)을 도와서 그 풍성하고 아름다운 이익을 이루어 내게 하는 것이라고 했다.[148] 율곡은 이러한 『주역』과 정이천의 안민하는 천인

---

146 『栗谷全書』 卷25, 「聖學輯要7」 第4 爲政(下)-安民 참조.

147 『栗谷全書』 卷25, 「聖學輯要7」 第4 爲政(下): 易曰, 天地交, 泰, 后以, 財成天地之道, 輔相天地之宜, 以左右民.

148 『栗谷全書』 卷25, 「聖學輯要7」 第4 爲政(下): 程子曰, 天地交而陰陽和, 則萬物茂遂, 所以泰也, 人君當體天地通泰之象, 而以財成天地之道, 輔相天地之宜, 以左右生民也, 財成, 謂財制成其施爲之方也, 輔相, 使民用天時因地利, 輔助化育之功, 成其豐美之利也.

합일(天人合一)의 정신을 귀감으로 삼아, 인성 함양 공부를 하는 사람들에게 애민의 정신으로 민생을 두텁게 하여 백성들을 잘 육성하는 성인(聖人)의 실천적 책무 의식을 일깨우고 있는 것이다.

5. 교민(教民)의 도덕실천

사회 태평과 백성들의 편안함을 이루기 위해 실제적으로 노력한 율곡에게 있어서 교민(教民)은 안민(安民)의 가장 높은 단계에서 수행되는 실천적인 주제이다. 그렇기에 율곡은 성인 되는 인격 형성 공부를 체계화하고 집대성한 『성학집요』에서 치인(治人) 즉 위정(爲政)의 마무리 단계에서 '백성의 교화(教化)를 위한 도리' 실천의 방법을 구체적으로 논하고 있다. 백성 교화는 백성을 가르치고 일깨워 주는 교민(教民)을 말한다. 율곡이 『성학집요』에서 치인을 논함에 있어서 백성 교화의 문제를 뒷부분에 구성한 것은 민생(民生) 문제의 해결을 선결 과제로 간주하기 때문이다. 즉 율곡은 '선민생후교화(先民生後教化)'의 철학을 가지고 있었던 것이다. 그러나 당시의 유가(儒家)들은 민생보다는 백성들의 교화를 더욱 강조함으로써 율곡의 입장과는 적지 않은 차이가 있었다. '선부후교(先富後教)'의 입장을 견지하는 율곡의 관점은 다음의 글에서 볼 수 있다.

> 신이 생각건대, 『예기』에 이르기를 "노는 땅이 없고 일 없이 지내는 백성이 없어서 절제 있게 먹고 때에 맞추어 일을 하여 백성들이 모두

편안하게 살 수 있어서 일을 즐거워하고 공업(功業)을 힘쓰며, 왕을 높이고 윗사람을 친하게 여겨야만 학문을 일으킨다."고 하였으니, 먼저 부유하게 하고 그다음에 교화하는 것은 이치와 사세의 당연한 것이다. 그러므로 안민(安民) 뒤에 명교(明教)로써 끝을 맺었다.[149]

율곡은 『예기』에서 백성들의 생업이 확보된 후에 학문을 일으켜 배우도록 했다는 입장을 수긍하면서 선부후교(先富後教)가 타당하다고 주장하고, 이에 입각하여 『성학집요』에서 안민 다음에 백성을 교육하는 문제를 구성하게 되었다고 설명한 것이다. 그렇다면 명교(明教)·교민(教民)은 어떻게 해야 하는 것일까? 율곡의 『성학집요』의 '위정편(爲政篇)'에서 교민(教民)을 강조하면서 '교화를 일으키는[興教] 근본', '교육을 세우는[立教] 절목', '학교를 일으켜 선비의 습성[士習]을 바로잡는 것', '선한 것과 악한 것[淑慝]을 분별하여 풍습을 바로잡는 것' 등의 실천방법을 논하고 있다. 본 절에서는 율곡이 교민의 실천방법으로 주장하는 이들 네 가지 초점에 대해서 탐구하고자 한다.

첫째, 율곡은 '가르침을 일으키는 근본'을 제시하고 있다. 율곡은 가르침을 일으키는 흥교(興教)의 근본에 대한 공자의 입장을 제시하면서 그 의미를 언급한다.

법령[政]으로 인도[道]하고 형벌로 다스리면[齊] 백성들이 형벌을 면(免)하여도 수치심이 없다.[150]

149 『栗谷全書』 卷25, 「聖學輯要7」 第4 爲政(下): 臣按, 禮記曰, 無曠土, 無游民, 食節事時, 民咸安其居, 樂事勸功, 尊君親上, 然後興學. 先富後教, 理勢之當然, 故安民之後, 終之以明教.

교민(教民)은 법이나 형벌로 다스리는 법치(法治) 중심이 아니라 덕치(德治)를 근간으로 해야 한다는 것인데, 그 이유는 강제성을 수반한 법령이나 형벌을 통해서는 백성들이 자기 행위에 대한 진정성 있는 성찰이 불가(不可)하기 때문이다. 단지 형벌로 백성을 가르치려 한다면 백성들이 죄를 짓고 형벌을 피하고서도 부끄러워할 줄을 모르게 되는 것이다. '부끄러워하는 것'은 악한 행위에 대한 자기 반성을 의미하는데, '형벌을 면하여도 수치심이 없다.[免而無恥]'는 것은 형벌로는 참된 교화가 어려움을 표현한 것이다. 그러므로 율곡은 '덕으로 인도하고 예(禮)로 다스리면 부끄러움을 알고, 또 착한 데로 나아갈 것이다.'라고 하는 공자의 교화론을 중시하고 이를 근본으로 삼는다.[151] 예로써 다스리고 가르치면 백성들이 불선(不善)을 수치로 여기고 또 선에 나아간다는 것이다. 율곡은 주희가 "덕과 예의 효력은 백성들로 하여금 날마다 자기도 모르는 사이에 선에 나아가게 함에 있다. 그러므로 백성을 다스리는 사람은 그 말단적인 정(政)과 형(刑)만 믿을 것이 아니라, 그 근본을 깊이 파고들어야 한다."[152]고 언급한 점을 토대로 율곡은 덕교(德教)가 바로 교민의 근본이 된다고 강조한다.

둘째, 율곡은 교민하는 '입교(立教)의 절목(節目)'을 구체적으로 제시한다. 유가(儒家)들의 고전적인 입교의 절목은 『서경』에 보이는데, 이는 순(舜)이 말하기를 "설(契)아, 백성들이 서로 친하게 지내지 않으

150 『論語』「爲政」: 子曰, 道之以政, 齊之以刑, 民免而無恥.
151 『栗谷全書』 卷25, 「聖學輯要7」 第4 爲政(下)-明教 참조.
152 『栗谷全書』 卷25, 「聖學輯要7」 第4 爲政(下): 德禮之效, 則有以使民日遷善而不自知, 故治民者, 不可徒恃其末, 又當深探其本也.

며, 오품(五品)을 따르지 아니한다. 그대에게 사도(司徒)의 직을 맡기니, 삼가 오교(五教)를 펴되 너그러이 하라."[153]고 한 데서 나타난다. 백성들이 오품(五品) 즉 부자(父子)·군신(君臣)·부부(夫婦)·장유(長幼)·붕우(朋友)의 다섯 가지 인륜을 잘 지키지 않으니, 설(契)에게 교육을 담당하는 벼슬인 사도(司徒)를 맡겨 오교(五教)를 책임지도록 한 것이다. 율곡은 이러한 『서경』의 입장에 따라 교민의 요목을 오교(五教)에 두고, 방법적으로는 관대함의 덕으로 교육을 수행해야 한다는 덕교(德教)를 지향한 것이다. 이와 같이 관대함으로 교육을 한다면 부자간에는 친함이 있고, 군신 간에는 의리가 있으며, 부부간에는 분별이 있고, 어른과 아이 사이에는 차례가 있으며, 벗들 사이에는 믿음이 있는 인륜을 배어들게 할 수 있다는 것이다.

율곡은 더욱 구체적인 입교(立教)의 요목을 『예기』「왕제(王制)」에 의거하여 적시하고 있다.

> 사도(司徒)가 육례(六禮)를 닦아서 백성들의 성품을 절제하고, 칠교(七教)를 밝혀서 백성들의 덕을 일으키고, 팔정(八政)을 정제하여 음탕한 것을 막고, 도덕을 순일(純一)하게 하여 풍속을 같게 만들고, 노인을 봉양하여 효(孝)를 다하고, 고독한 이를 가련하게 여겨 부족한 것을 채워 주고, 어진 이를 숭상하여 덕을 높이고, 불초(不肖)한 이를 미워하여 악을 물리친다.[154]

---

153 『栗谷全書』 卷25, 「聖學輯要7」 第4 爲政(下): 帝曰, 契, 百姓不親, 五品不遜, 汝作司徒, 敬敷五教, 在寬.

154 『栗谷全書』 卷25, 「聖學輯要7」 第4 爲政(下): 司徒修六禮以節民性, 明七教以興民德, 齊八

교민을 함에는 마땅히 그 교육 체계를 갖추는 것이 중요하므로 사도(司徒)가 육례(六禮), 칠교(七教), 팔정(八政)을 입교(立教)의 요목으로 세웠다는 점을 율곡은 강조한 것이다. 이러한 입교의 정신은 도덕을 잘 지키고, 효도를 다하며, 소외된 사람을 구제하고, 현자(賢者)를 숭상하여 덕을 배우고, 악을 하지 않도록 사람들을 교육하는 데 있다. 여기서 율곡은 교민함에 있어서 정밀한 교육 제도를 구축하여 체계적인 교화가 이루어지도록 해야 함을 역설하였다.

율곡은 교민의 세 번째로 '학교를 일으켜 선비의 습성[士習]을 바로잡는 것'을 들고 있다. 사람은 배워야 비로소 올바른 도리를 알게 되며, 백성을 교화하려면 배움으로 시작해야 한다고 하면서, "옛날의 교육기관으로 가(家)에는 숙(塾)이 있고, 당(黨)에는 상(庠)이 있었으며, 술(術)에는 서(序)가 있고, 국(國)에는 학(學)이 있었다."는 『예기』의 진술을 거론한다.[155] 율곡은 옛 유가들은 이와 같은 다양한 종류의 학교를 통해서 백성들이 자신의 선한 본성을 알게 되고 법도를 깨우치는 명명덕(明明德)과 신민(新民)의 공효를 실현할 수 있다고 생각했다. 그러나 율곡은 역사적으로 유학의 교학(教學)이 제대로 구현되지 못

政以防淫, 一道德以同俗, 養耆老以致孝, 恤孤獨以逮不足, 上賢以崇德, 簡不肖以絀惡.(여기서 六禮는 冠禮·婚禮·喪禮·祭禮·鄕禮·相見禮이며, 七教는 父子·兄弟·夫婦·君臣·長幼·朋友·賓客, 그리고 八政은 飮食·衣服·事爲·異別·度·量·數·制이다.)

155 『栗谷全書』 卷25, 「聖學輯要7」 第4 爲政(下): 古之教者, 家有塾, 黨有庠, 術有序, 國有學.(중국 고대에는 다양한 교육기관이 있었음을 보여 주고 있다. 세부적으로 보면 마을에서 25家가 한 閭가 되어 있는 거리에는 '塾'이 있었는데, 백성들은 家에 있는 '塾'에서 교육을 받았다. 또 500家가 한 黨이 되고, 이 黨의 교육기관을 '庠'이라고 하였다. '庠'에서는 閭塾에서 뽑혀 올라온 사람들을 가르쳤다. 術은 州인데 2,500家가 한 州가 된다. 州의 교육기관을 '序'라고 하는데, 黨學에서 뽑혀 올라온 사람들을 가르쳤다. 그리고 天子가 거하는 도읍과 제후의 國中의 학문을 '國學'이라고 하는데, 여기서는 임금의 맏아들과 衆子·卿大夫와 선비의 아들 그리고 준재로 뽑혀 올라온 선비들을 가르쳤다고 한다.)

하고 지리멸렬(支離滅裂)한 상황이 있었음을 지적하면서 유학의 도를 교육하는 것이 시급하다고 주장한다.

> 중고(中古) 이래로 도술(道術)이 분열되어, 노자(老子)·장자(莊子)·양주(楊朱)·묵적(墨翟)·신불해(申不害)·한비자(韓非子)·소진(蘇秦)·장의(張儀)의 설이 백성들을 혼란케 하였고, 한(漢)·당(唐)으로 내려오면서 불교가 겹쳐, 천하가 혼잡하여 따를 곳을 알지 못해 호걸다운 선비도 많이 빠져들었다. 이때를 당하여 인재가 배출되어 간간이 실용(實用)에 적합하였다. 송(宋)나라 이후부터는 정자(程子)와 주자(朱子)의 공이 우주를 떠받치니 도술이 통일되었고, 이 외에 다른 갈래가 없어져서 마땅히 인재를 이루기가 용이할 듯했는데, 오직 사람들이 배우지 않았기 때문에 세도(世道)는 날로 떨어지고 인심은 더럽혀져서, 의리는 돌보지 않고 오직 이익만을 구하니, 인물이 잘 나타나지 않아 도리어 이단(異端)이 횡행하던 때만도 못하다. 그러므로 이욕(利欲)의 해(害)가 이단의 해보다 심한 것을 알 수 있다. 깊이 개탄할 만한 일이니 왕은 마땅히 급하게 서둘러서 복고(復古)하여 잘 교화하여 성취해야 한다.[156]

---

156 『栗谷全書』 卷25, 「聖學輯要7」 第4 爲政(下): 中古以來, 道術分裂, 老·莊·楊·墨·申·韓·蘇·張之說, 惑亂斯民, 降及漢·唐, 重之以竺學, 天下貿貿, 莫適所從, 豪傑之士, 類多沈溺, 然而當是之時, 人材輩出, 往往適於實用. 自宋以後, 程朱之功, 撐拄宇宙, 道術一統, 更無他岐, 宜若易於成材, 而惟其不學, 故世道日下, 人心汚穢, 不顧義理, 惟利是求. 人物之眇然, 反不及於異端橫騖之時, 足知利欲之害, 甚於異端也, 深可慨嘆, 殿下所宜汲汲復古, 以敎誨成就之也.

율곡은 다양한 이단(異端)의 설이 횡행(橫行)하여 천하에 유도(儒道)가 혼란스러워진 적도 있었으나 정자(程子)와 주자(朱子) 등이 유학의 근본을 굳건히 함으로써 도학이 다시 정립되었다고 본다. 그러나 이러한 상황에서 사람들이 학문을 하지 않아 윤리가 쇠락(衰落)하며, 인심이 부악(腐惡)해지고, 의리를 포기하는 해악(害惡)이 사회를 휩쓰는 점을 지적하면서, 학교교육을 굳건하게 세우는 흥학교(興學校)의 기풍을 세워서 사람들이 유학의 도를 체득하도록 해야 한다고 역설한 것이다. 이러한 맥락에서 율곡은 정이천이 학교교육의 모범을 정연하게 제시한 점을 주목하고 있다.

> 천하를 다스리는 데는 풍속을 바르게 하고, 어진 인재를 얻는 것을 근본으로 삼아야 하니, 먼저 근시(近侍)와 현유(賢儒)와 모든 집사(執事)들에게 예(禮)로써 명령하고, 마음을 다하여 사람을 물색하되 덕업(德業)이 충실히 갖추어진 이를 사표(師表)로 삼아야 한다. 그다음으로는 뜻을 독실하게 하고 학문을 좋아하며 자질이 어질고 행실이 닦인 이가 있으면 사람을 보내어서 이를 초빙하여, 서울에 모아 아침저녁으로 서로 강명(講明)하여 학문을 바르게 해야 하니, 그 도(道)는 반드시 인륜(人倫)에 본원을 두고 물리(物理)를 밝혀야 하며, 그 교(敎)는 『소학(小學)』의 쇄소응대(灑掃應對)에서부터 시작하여 효제충신(孝悌忠信)을 닦는 데까지 이르게 하며 예악(禮樂)을 잘 행해야 할 것이다. 이것을 잘 인도하고 격려하며 점점 좋아지게 하여 성취해 나가는 길은 다 절도와 차례가 있으니, 그 요령은 선을 택하여 몸을 닦아서 천하를 덕화(德化)하는 데 이르고, 향

인(鄕人) 한 사람 한 사람부터 성인(聖人)의 도에 이르고, 그 학행(學行)이 모두 이에 합한 자가 성덕(成德)이 된다.[157]

율곡은 정이천이 주장한 이러한 입장이 학교를 일으켜 선비의 습성을 바로잡는 전범(典範)을 제시한 것이라고 보면서, 어진 선비를 교사로 발탁하여 사람들이 쇄소응대(灑掃應對)하고 효제충신(孝悌忠信)하는 일상의 도덕을 깨우쳐서 선을 익히고 실천할 수 있다면 모든 사람이 성인과 같은 좋은 품성을 함양하게 될 것이라고 생각한다.

율곡은 교민하는 방법 그 넷째로서 '선악을 분별하여 풍속을 바로잡는 것'에 대하여 실천방법을 제시한다. 이 논점에 대해서 율곡은 『주역』의 "산(山) 위에 나무[木]가 있는 것은 점괘(漸卦)이다. 군자는 이를 본받아 어진 덕에 의거하여 풍속을 착하게 한다."[158]는 '점괘(漸卦)'의 내용을 중심으로 전개한다. '점괘(漸卦)'의 괘사(卦辭)에서 산 위에 나무가 있는 것은 높은 것에는 점차적인 것이 있다는 뜻이니, 군자는 점(漸)의 상(象)을 본받아 어질고 착한 덕으로써 풍속을 점진적으로 아름답게 교화시켜 나가는 것을 나타낸다. 이 점에서 율곡은 사회의 풍속을 아름답게 하는 교민은, 선악을 분별하는 지성적인 능력에 근거하면서 조급해하지 말고 점진적으로 선을 실천해 나가는

157 『栗谷全書』 卷25, 「聖學輯要7」 第4 爲政(下): 治天下, 以正風俗得賢才爲本, 宜先禮命近侍賢儒及百執事, 悉心推訪有德業充備足爲師表者. 其次, 有篤志好學材良行修者, 延聘敦遣, 萃於京師, 俾朝夕相與講明正學. 其道必本於人倫, 明乎物理, 其教自小學灑埽應對以往, 修其孝悌忠信, 周旋禮樂. 其所以誘掖激厲, 漸摩成就之道, 皆有節序, 其要在於擇善修身, 至於化成天下, 自鄕人而可至於聖人之道, 其學行皆中於是者, 爲成德.

158 『栗谷全書』 卷25, 「聖學輯要7」 第4 爲政(下): 易曰, 山上有木, 漸, 君子以, 居賢德善俗.

데 있음을 주지시키는 것이다. 이렇게 한다면 사람들은 덕을 잘 실천하는 실덕(實德)의 성품을 갖추게 된다는 것이다.

또한 율곡은 "선[淑]한 이를 표창하고 악[慝]한 자를 구별하여 선한 이가 사는 마을에 정표(旌表)를 하며, 선한 것을 드러내고 악한 것을 병[癉]되게 하여 물리쳐서 명성(名聲)이 들리게 하라. 교훈과 법을 따르지 않으면 그 사는 마을에는 경계를 달리하게 하여 그들로 하여금 악을 두려워하고 선을 따르도록 하라."[159]는 『서경(書經)』「주서(周書)」의 말을 부언하면서, 선한 사람을 존경하고 덕을 기리는 기풍을 세워서 선한 사람을 본받아 덕을 실천하도록 권장하는 정책을 적극적으로 구사해야 할 필요가 있다고 주장한다. 이와 같이 율곡은 치인의 도리를 실천함에 있어서 사람들이 선악을 잘 분별하도록 함이 풍속을 바로잡는 실제적인 방법이라고 강조한 것이다.

이러한 맥락에서 율곡은 『성학집요』에서 백성들이 적극적으로 선을 따르고 실천하게 되는 점을 다음과 같이 언급한다.

> 하늘이 이 백성을 낳을 때에 그들에게 사목(司牧)을 세웠는데, 사목은 실로 왕과 스승을 겸하였다. 목자(牧者)로서 그들을 기르고, 왕으로서 그들을 다스리며, 스승으로서 그들을 가르쳐야만 이 백성들이 그 삶을 편히 즐길 수 있고, 그 악을 고칠 수 있으며, 그 선을 흥기시킬 수 있다.[160]

---

159 『栗谷全書』 卷25, 「聖學輯要7」 第4 爲政(下): 旌別淑慝, 表厥宅里, 彰善癉惡, 樹之風聲, 弗率訓典, 殊厥井疆, 俾克畏慕.

160 『栗谷全書』 卷25, 「聖學輯要7」 第4 爲政(下): 天生斯民, 立之司牧, 司牧實兼君師, 牧以養

본래 교민을 함에는 좋은 스승이 있었기에 백성들이 자신의 선을 흥기하게 할 수 있었음을 율곡은 강조하고 있다. 그러나 후대로 오면서 도학(道學)이 행해지지 않고 치자(治者)가 궁행(躬行)하는 실상이 없게 되었기에 교육이 그 실효를 상실하게 되었다고 주장한다. 이와 같이 교화의 모범이 되어야 할 치자(治者)들의 문제점이 교민에 큰 장애가 되므로 사회의 윤리가 무너지며, 풍속이 퇴폐하게 된 것은 필연적이라고 율곡은 개탄한다. 이러한 맥락에서 율곡은 『동호문답』에서 "백성을 교화(敎化)하고자 하면 먼저 몸소 행해서 인양(仁讓)의 도를 흥기하게 하고, 공도(公道)를 회복하여 기강(紀綱)을 진작시키며, 선악을 구별함으로써 풍속을 변화시키고, 염치(廉恥)를 장려함으로써 사기(士氣)를 진작시키며, 도학(道學)을 숭상하여 사람들이 나아가는 방향을 정립해 주어야 한다."[161]고 표명한 바 있다. 이는 교민의 덕실천은 치자(治者)들의 모범적인 도덕적 삶의 추구와 인의(仁義) 실천에 의거해야 함을 역설한 것이다.

여기서 율곡이 교민(敎民)을 통해서 사람들에게 일깨워 주려고 하는 도리는 다음과 같은 일상의 도덕을 의미한다.

> 대개 옛 도라는 것은 산을 겨드랑이에 끼고, 바다를 건너뛰는 것이나, 허공을 달리는 것과 같은 것을 말하는 것이 아니다. 다만 부자(父子)간에는 인(仁)을 다하고, 군신(君臣) 간에는 의(義)를 다하고,

---

之, 君以治之, 師以敎之, 然後斯民得以安其生, 革其惡, 興其善焉.

161 『栗谷全書』 卷15, 「東湖問答」: 如欲敎化, 則先躬行以興其仁讓, 恢公道以振其紀綱, 別淑慝以變其風俗, 勵廉恥以作其士氣, 崇道學以定其趨向.

> 부부(夫婦)간에는 별(別)을 다하고, 장유(長幼) 간에는 예(禮)를 다하고, 붕우(朋友) 간에는 신(信)을 다하는 것을 말한다. 이것은 다 천성(天性)을 근거하여 발해서 의덕(懿德)이 되는 것이니, 본래 실행하기 어려운 것이 아니다. 다만 앞에서는 기품(氣稟)의 구애를 받고, 뒤에서는 물욕으로 빠지게 하고, 그 위에 또 항산(恒産)이 없기 때문에 점점 갈 바를 잃고, 죽음을 구제하려고 해도 힘이 부족하여 그 양심을 잃으며, 다만 형벌의 무서운 것만 알고, 명의(名義)와 절개(節槪)를 지키는 데 근심하지 않으며, 간사함을 더하고 거짓을 조장시켜 교묘하게 법망(法網)을 피하는 데 있을 뿐이다.[162]

일상의 기본적인 인간관계에서 도리를 다하고 선(善)을 하며 인(仁)을 실천토록 품성을 함양하는 것이 교육의 근본이다. 이러한 교육은 곧 인성교육을 의미하는데, 율곡은 사람들이 물욕을 없애도록 교육적인 노력을 다하고, 항산(恒産)을 확보해 줄 수 있도록 한다면 모두 양심과 법도를 지키는 선한 품성을 발현할 수 있을 것이라고 주장한다. 그러나 율곡은 사람들이 "교(教)를 베푸는 데는 근본이 있고, 백성을 교화하는 데는 차례가 있는 것을 모르고, 한갓 그 이름만 생각하여 그 실상을 얻지 못하며, 근본을 뒤로하고 말단을 먼저 하니 가르침은 있어도 효과가 없다."[163]고 비판한다. 이러한 맥락에서 율곡

---

162 『栗谷全書』 卷25, 「聖學輯要7」 第4 爲政(下): 夫所謂古道者, 非若挾山超海, 陵空駕虛之謂也, 只是父子盡其仁, 君臣盡其義, 夫婦盡其別, 長幼盡其禮, 朋友盡其信之謂也, 此皆根於天性, 發爲懿德, 本非難行者也, 惟其氣稟拘於前, 物欲汨於後, 加之以產業無恒, 展轉失所, 救死不贍, 喪其良心, 徒知刑辟之可畏, 不恤名節之可守, 增邪長僞, 巧避法網.

163 『栗谷全書』 卷25, 「聖學輯要7」 第4 爲政(下): 不知設教有因, 化民有漸, 徒慕其名, 未得其實, 後本先末, 有教無效.

은 학교에서 선악을 분별하는 교육을 하는 것이 교민의 핵심이라고 지적한다.

> 선을 들어 권장하여 나아갈 방향을 알게 하고, 악을 물리쳐서 징계함으로써 그 배반됨을 알게 하면, 앞으로 학교의 교육은 성대해질 것이요, 향당(鄕黨)은 공경(恭敬)과 겸양(謙讓)의 기풍이 흥기할 것이니, 한 시대가 크게 다스려져서 형벌을 사용하지 않고 예악(禮樂)이 융성할 것이다.[164]

율곡은 학교교육에 대해서 큰 기대감을 가지고 그 교육적 기능의 정상화를 강력하게 주장하고 있다. 그는 학교를 '수선(首善)' 즉 인격 함양 교육의 핵심이라고 보고, 도덕실천의 인성교육을 통해서만이 사람들이 인간다운 삶을 누릴 수 있다고 인식한다. 그렇기에 율곡은 치인(治人)의 완성은 사실상 교민(教民)에 있다고 본다. 교민을 통해서 인간다운 인간, 윤리적 인간으로 자신을 정립할 수 있다는 것이다. 이러한 맥락에서, 율곡은 치인의 마지막 단계에서 특히 성왕(聖王)의 정치적·교육적 책무와 노력이 매우 중요하다고 강조한다.

> 오직 왕이 곧 몸소 실천할 뜻을 세우고, 곧 인정(仁政)을 베풀며 점차로 교육을 시행해 나가면 양육과 교화(教化)가 병행하여 서로 이루어질 것이다. 백성을 교화(教化)하는 도는 그 핵심이 이와 같다.[165]

164『栗谷全書』卷25,「聖學輯要7」第4 爲政(下): 旌善以勸, 而使決所趨, 癉惡以懲, 而使決所背, 則將使學校致教育之盛, 鄕黨興敬讓之風, 時升大猷, 刑錯不用, 禮樂濟濟矣.

왕이 애민(愛民)에 대한 실천적 입지(立志)와 인정(仁政)을 실시하고 이를 바탕으로 백성들을 교육한다면 그 실효는 율곡이 상정한 도덕적 이상사회인 대동사회(大同社會)를 이루는 것으로 귀결될 것이다. 이러한 맥락에서 율곡은 백성 교화의 진정한 길을 제시하면서, 성인(聖人)을 목표로 교육하고 공부하는 사람들은 그 실현을 위해서 노력해야 한다는 도덕실천 지향의 인성교육을 강조한 것이다.

6. 장을 마치며

율곡은 성인(聖人)의 실천적 덕으로서 겸선(兼善), 안민(安民), 사회태평(太平)과 같은 치인(治人)의 도리를 역설한다. 율곡은 『성학집요』 '위정편(爲政篇)'에서 치인의 덕에 대해서 매우 정밀하게 논하고 있는데, 이는 인성교육의 본령이 수기(修己)에 그치는 것이 아니라 치인(治人)의 가치를 온전하게 충족해야만 한다는 윤리관에 입각해 있음을 보여 준다. 그리고 『성학집요』 '위정편'의 가장 앞부분에서 백성들을 위한 구체적인 덕의 실천을 제시한 위민(爲民)·애민(愛民)의 가치 구현을 드러낸 것은 성인 되는 공부의 본령이 또한 백성을 위한 것에 있음을 밝힌 것이다.

율곡은 치인의 도리를 논함에 있어서 애민(愛民)의 도덕실천은 안민(安民)의 실효를 이루는 실제적인 것이 되어야 한다는 점을 표명했

165 『栗谷全書』 卷25, 「聖學輯要7」 第4 爲政(下): 惟是人君, 方立躬行之志, 方發施仁之政, 而漸次設敎, 則養與敎, 可以竝行而相成矣. 化民之道, 其要如此.

는데, 이는 백성들의 경제적 어려움을 해결해 주는 안민을 우선시한 입장이다. 율곡은 성인이 된다고 하는 것은 수기를 바탕으로 치인을 함에 있어서, 부모가 자기 자식을 사랑하는 어진 마음으로 모든 사람들에게 인덕(仁德)을 실천하는 데 달려 있다고 인식한다. 이러한 입장에서 율곡은 특히 유가(儒家)들은 백성들을 마치 자식을 사랑하는 것같이 자애로운 마음으로 덕치(德治) 즉 왕도정치(王道政治)를 할 수 있는 역량을 함양해야 한다고 강조하였다.

또한 율곡은 혈구지도(絜矩之道)의 실천을 권면하는데, 이는 자기의 마음을 미루어 남에게 그렇게 대하거나 행하는 것으로서 윗사람이 모범적으로 효도하고, 공경하고, 가련하게 여기는 마음을 실천하여 백성들에게 인덕(仁德)을 미쳐 나가는 애민의 실효를 드러내는 것이다. 치인의 도덕실천에서 혈구지도는 어진 마음으로 사람들을 대하는 애민의 요체이다. 즉 혈구지도는 자신을 미루어 백성들의 마음을 헤아리는 인덕(仁德)을 구현하여 그들을 선하게 하는 애민의 도리인 것이다.

다음으로 율곡은 치인의 도덕실천에 있어서 구민생(救民生) 즉 백성의 생업(生業)을 보장해서 삶의 어려움을 해결해 주어야 한다고 강조한다. 군자나 진유(眞儒)가 아닌 일반 사람들의 경우에는 무항산(無恒産)이면 무항심(無恒心)일 수밖에 없으므로 먹고사는 문제를 해결해 주고 이 바탕에서 선한 마음을 잘 유지할 수 있도록 해야 한다는 것이 치인에서 민생을 중시하는 율곡의 입장이다. 그렇기에 치인의 근본은 백성들의 산업을 도와서 부모를 모시고, 자식을 부양하는 일상의 삶에서 경제적인 어려움이 없도록 함에 있다는 것이다.

마지막으로 율곡은 교민(敎民)을 제시했는데, 이는 교민을 치인의 도덕실천에서 가장 높은 단계로 간주하고 있음을 반영한다. 그렇기에 율곡은 인격 형성 공부의 모범을 보여 준 『성학집요』에서 치인 즉 위정의 종결점으로 '백성의 교화(敎化)를 위한 도리'를 실천하는 방법을 구체적으로 논한 것이다. 율곡은 '선민생후교화(先民生後敎化)'의 윤리관에 입각하여 흥교(興敎), 입교(立敎), 정사습(正士習), 정풍습(正風習) 등을 중심으로 교민의 실천을 역설했다. 좋은 삶이란 단지 물질적인 풍족함에 머물러서는 이루어질 수 없으므로 본래 품부한 선한 성품을 잘 유지하고 발현할 수 있는 교화의 노력이 필수적이라는 것이다. 그러므로 율곡은 교민을 위해서 좋은 스승이 있어야 하며, 합리적인 교육제도를 구축해야 하고, 사회의 윤리가 바로 서야 한다고 강조한다. 이를 위해서는 인성 함양의 교육을 수행하는 것이 중요하다고 언급한다.

율곡은 이와 같이 치인의 도덕실천을 온전히 하게 된다면 민생을 구할 수 있을 뿐만 아니라, 사람들이 품부받은 선한 성품을 실현할 수 있는 교육적 성과를 현시할 수 있다고 본 것이다. 그러므로 율곡은 수기(修己)를 위한 도덕실천의 노력을 통하여 스스로 좋은 인성을 함양하면서 치인(治人)의 도덕실천을 철저하게 수행할 때, 성인(聖人)과 같이 도덕적으로 온전한 인성을 함양할 수 있다고 주장하였다.

참고문헌

원전류

『栗谷全書』(율곡연구원)
『栗谷全書』(한국학중앙연구원)
『栗谷全書』(한국고전번역원, 한국고전종합DB)
『退溪全書』
『與猶堂全書』
『禮記』
『書經』
『周易』
『論語』
『孟子』
『中庸』
『大學』
『大學或問』
『朱子文集』
『朱子語類』

단행본

금장태, 『한국유학의 心說』, 서울대학교출판부, 2002.
王陽明 저, 정인재 외 역주, 『傳習錄』, 청계, 2004.
유성선, 『율곡철학의 이해』, 강원대학교출판부, 2008.
윤사순, 『퇴계 이황의 철학』, 예문서원, 2013.
이동인, 『율곡의 사회개혁사상』, 백산서당, 2002.
이영경, 『율곡의 윤리사상』, 철학과 현실사, 2005.
이영경, 『한국사상과 마음의 윤리학』, 경북대학교출판부, 2023.
이영경 외, 『인성교육의 철학적 성찰』, 교육과학사, 2016.
이이 저, 정재훈 역, 『동호문답』, 아카넷, 2014.
이종성, 『율곡과 노자』, 충남대학교출판문화원, 2016.
정낙찬 외, 『한국의 전통교육』, 영남대학교출판부, 2002.
陳來 저, 이종란 외 역, 『朱熹의 哲學』, 예문서원, 2002.
황의동, 『황의동의 율곡철학연구』, 책미래, 2022.
황의동 외, 『율곡 이이』, 예문서원, 2003.

논문

강보승, 「인성함양의 관점에서 고찰한 퇴계의 리발설과 율곡의 기질변화론」, 『퇴계학논집』 22권, 영남퇴계학연구원, 2018. 6.

강봉수, 「율곡의 『성학집요』에 함의된 도덕교육론」, 『윤리교육연구』 12집, 한국윤리교육학회, 2007. 4.

高海波, 「道德實踐的動力問題: 以東亞的性理學爲例」, 『道德和文明』 2019年 第5期, 2019. 7.

권문봉, 「율곡의 교육개혁론 고찰 -『학교모범』을 중심으로-」, 『한문학보』 15집, 우리한문학회, 2006. 12.

김경호, 「조선 후기 율곡교육사상의 전승과 변용」, 『율곡학연구』 22집, 율곡연구원, 2011. 6.

김명우, 「조선시대의 향교 교관 : 예우와 파견중단시기를 중심으로」, 『중앙사론』 제10·11합집, 중앙대학교 중앙사학연구소, 1998. 12.

김성혜, 「四學 교관에 관한 일 연구」, 『교원교육』 제30집 4호, 한국교원대학교 교육연구원, 2014. 10.

김재경, 「격물과 윤리적 딜레마」, 『유교사상문화연구』 78집, 한국유교학회, 2019. 12.

김지은, 「율곡 도덕 감정론의 지각 기제: 율곡의 誠意를 중심으로」, 『율곡학연구』 35권, 율곡학회, 2017. 12.

박균섭, 「은병정사 연구 : 학문과 학풍」, 『율곡사상연구』 19집, 율곡학회, 2009. 12.

박수정 외, 「전통사회 교원 평가의 원칙과 실제 : 조선후기 예조 소속 교원을 중심으로」, 『교육행정학연구』 30집 2호, 한국교육행정학회, 2012. 6.

신창호, 「율곡 교육론의 구조와 성격」, 『동방학』 24집, 한서대학교 동양고전연구소, 2012. 8.

안재호, 「도덕 실천 역량에 관한 율곡의 이론 체계 淺析 : 心, 意를 중심으로」, 『철학탐구』 61집, 중앙대학교 중앙철학연구소, 2021. 2.

이원석, 「『대학』의 주요개념에 대한 이언적과 이이의 해석 비교: 格物致知와 仁에 대한 해석을 중심으로」, 『유교사상문화연구』 75집, 한국유교학회, 2019. 3.

이원재, 「조선초 향교 교관 정책에 관한 검토」, 『교원교육』 35집 2호, 한국교원대학교 교육연구원, 2019. 4.

이영경, 「율곡의 敎師論」, 『유교사상문화연구』 78집, 한국유교학회, 2019. 12.

이영경, 「율곡의 수양론에서 誠意의 도덕실천적 특성」, 『유교사상문화연구』 85집, 한국유교학회, 2021. 9.

이영경, 「율곡사상에서 도덕실천의 動力과 實心」, 『율곡학연구』 47집, 율곡학회, 2022. 3.

이영경, 「율곡의 기질변화 수양법의 특성과 교육적 의미」, 『유교사상문화연구』 89집, 한국유교학회, 2022. 9.

이치억, 「기질의 문제로 본 퇴계와 율곡의 수양론」, 『퇴계학논집』 21권, 영남퇴계학연구원, 2017. 12.

이홍군, 「주희와의 연관 속에서 본 율곡 수양론의 특징」, 『퇴계학논집』 14권, 영남퇴계학연구원, 2014. 6.

임종진, 「동양적 의리론의 함의」, 『사회사상과 문화』 18권 4호, 동양사회사상학회, 2015. 12.

장숙필, 「율곡학과 기호유학」, 『율곡사상연구』 15집, 율곡학회, 2007. 12.
장승구, 「퇴계와 율곡의 수양론 비교」, 『율곡학연구』 40권, 율곡학회, 2019. 12.
전병욱, 「혈구지도에 대한 해석을 통해 본 주자의 공동체 윤리」, 『동양철학연구』 83집, 동양철학연구회, 2015. 8.
정우락, 「21세기 活學으로서의 남명학」, 『南冥學』 23집, 남명학연구원, 2018. 3.
정지연, 「致知와 誠意의 개념적 관련성 고찰: 『대학장구』와 『대학혹문』을 중심으로」, 『교육사상연구』 34권 1호, 한국교육사상학회, 2020. 2.
조성환, 「실천학으로서의 실학 개념 : 율곡 개혁론의 철학적 기초」, 『철학논집』 33집, 서강대학교 철학연구소, 2013. 5.
지준호, 「율곡 이이의 도덕교육론」, 『유교사상문화연구』 67집, 한국유교학회, 2017. 3.
최영진, 「欲求에 대한 孟子의 인식과 성리학적 전개」, 『동서인문학』 54집, 계명대학교 인문과학연구소, 2018. 2.
최정묵, 「율곡철학에 있어 도덕교육의 방법과 의의」, 『철학논총』 41집, 새한철학회, 2005. 7.
최진홍, 「율곡의 爲政論 : 퇴계의 治本論과 비교하여」, 『동양정치사상사』 8권 2호, 동양정치사상사학회, 2009. 9.
최혜미, 「『대학장구』 誠意의 주석에 대한 韓·中 학자들의 변석 양상 一考」, 『민족문화연구』 70권, 고려대학교 민족문화연구원, 2016. 2.
한재훈, 「조선시대 서원 학규의 시기별 경향」, 『韓國書院學報』 13집, 한국서원학회, 2021. 12.
황금중, 「율곡의 敬과 誠의 공부론적 성격 및 관계」, 『동서철학연구』 26호, 동서철학회, 2002. 12.
홍성민, 「주자 철학에서 감정의 적절성과 도덕성」, 『동방학』 35집, 연세대학교 국학연구원, 2016. 8.

색인